经济金融前沿译丛

监管华尔街

《多德—弗兰克法案》与全球金融新架构

REGULATING WALL STREET

THE DODD—FRANK ACT AND THE NEW ARCHITECTURE OF GLOBAL FINANCE

范瑞尔·阿查里亚 （Viral V. Acharya）

托马斯·库勒 （Thomas F. Cooley）

马修·理查德森 (Matthew P. Richardson)

英格·沃尔特 (Ingo Walter)　编

梅世云　盛文军　译

盛文军　审校

 中国金融出版社

WILEY

责任编辑：王雪珂
责任校对：潘　洁
责任印制：丁淮宾

图书在版编目（CIP）数据

监管华尔街《多德—弗兰克法案》与全球金融新架构（Jianguan Huaer-
jie《Duode—Fulanke Faan》yu Quanqiu Jinrong Xinjiagou）／（美）阿查里
亚等编；梅世云，盛文军译；盛文军审校．—北京：中国金融出版社，
2012. 12
　（经济金融前沿译丛）
　ISBN 978－7－5049－6627－8

　Ⅰ.①监…　Ⅱ.①阿…②梅…③盛…　Ⅲ.①金融法—法案—研究—美
国　Ⅳ.①D971.222.8

　中国版本图书馆 CIP 数据核字（2012）第 242657 号

出版
发行
中国金融出版社

社址　北京市丰台区益泽路 2 号
市场开发部　（010）63272190，66070804（传真）
网上书店　http://www.chinafph.com
　　　　　　（010）63286832，63365686（传真）
读者服务部　（010）66070833，62568380
邮编　100071
经销　新华书店
印刷　保利达印务有限公司
装订　平阳装订厂
尺寸　169 毫米×239 毫米
印张　28.5
字数　520 千
版次　2012 年 12 月第 1 版
印次　2012 年 12 月第 1 次印刷
印数　1—3000
定价　69.00 元
ISBN 978－7－5049－6627－8／F.6187
如出现印装错误本社负责调换　联系电话（010）63263947

序　言

本书得以完成要感谢纽约大学斯特恩商学院的协作努力及其所提供的奖学金。令我惊叹的是，其中一部分学者发表的白皮书系列汇编成了《重建金融稳定：如何修复失灵的金融体系》这本书，并于2009年3月由约翰威立国际出版公司出版发行。这些学者有望为2010年《多德—弗兰克华尔街改革与消费者保护法案》的经济分析提供动力和支持。我也很惊讶，他们能在如此短的时间内完成这件事，并且能够理解得如此透彻，还能够提出一些有利于健全金融市场改革的新视点和新方法。在各章节中，斯特恩商学院的阿查里亚、库勒、理查德森、沃尔特，以及他们的同事们不仅考虑到了《多德—弗兰克法案》各章节的收益和成本，而且清楚地阐明了这个法案在实现这个目标时可能获得的成功、可能产生的一些结果和一些意想不到的后果，以及实施每个章节的改革所要付出的代价。他们的努力应该得到肯定。①

同样令我感到震惊的是，本书并不是对原书的放大而是把学术和应用研究推到了一个新的层次。有关系统性风险的概率和成本测量的新工作，建议根据造成系统性风险的大小对银行征收不同的税收，分析应急资本的新形式，对沃克尔规则及其后果明确的讨论以及探索让实体解决故障所造成的影响，所有这些都令人深思。正如一位科学家说："为什么我就没有想到这本书里面所提出来的那些问题呢？"比如说，政府收购一个银行时，银行必须要支付员工留下来进行平仓的薪水——因为他们将不会再有稳定的政府工资。新的金融保护机构对消费者有益还是有害——它是否能够减缓系统性危机？

别人也许不会给作者一个适当的归属（因为所有的好点子都是可以自由传递的），但是很多银行家和市场经济人将会应用本书里的论点和分析使现实情况符合自己所认为正确规则的具体形式，同时应用它们指出监管机构和其他法规意想不到的后果。另一方面，监管者也会应用本书的结构和有关经济的论点做出反击，并制定更适当的法规。应用本书的观点和看法，以及其他人的成果，我希望能出现一个精准的天平，既不会削弱金融体系也不会创造假象。我

---

① 我将在我的评论中谈及这本书，因为这本书与斯特恩商学院很多教职员工的共同努力分不开。我只是担心我不能够给予这些学者们恰当的赞誉，也担心自己不能够正确辨别这些论证和分析出自了谁的口。

也希望新的金融监管架构能够预防今后可能发生的故障。

2008 年秋冬，全球金融体系陷入一片混乱。自此，在各种会议、电视节目、网络论坛、书籍和文章中，曾有过无数次关于这次危机及其原因、责任者和金融体系缺陷的讨论。美国国会听证会、委员会、G20 会议、政府和中央银行提案等也同时提到了这些问题。人们的愤怒始终指向华尔街——有关救助资金和奖金的问题，指责中央银行和立法机关没有及时制止甚至纵容了金融体系无节制的发展。如本书所讨论的，尽管美联储的独立性完好无损，但作为最后贷款人它已经失去了有力支柱。此外，积极的货币政策是否只关注通货膨胀，而不是资产价格和风险的变化；又是否如一些人所说，以抑制通货膨胀为目标的经济政策加速了经济危机的发生；对这些问题我们似乎已经丧失了求证的机会。同时，此次经济危机直接影响了就业和那些曾经拥有房产和充实的资产负债表的人。如本书所示，虽然政府对住宅抵押贷款、政府资助企业和信用等级评定机构的支持理应成为《多德—弗兰克法案》的核心环节，但是这项立法 1/4 的内容着重于将有流动性的场外市场利率互换交易转移到清算公司。在这一点上，令人矛盾的是 50% 以上的经纪商之间的交易已经被清算了，这是继经济危机后出现的大幅度增长。本书将明确陈述有关房产经纪的问题以及《多德—弗兰克法案》中遗漏的一些内容。

《多德—弗兰克法案》提出的起因是对华尔街分配不公的愤怒和呼吁。我希望这次金融市场的混乱能提供机会来帮助我们反思和理解这次经济危机并从中学习：金融机构本身应该做出改革措施（如清算交易的改革）；弥补监管制度的缺陷或者调整旧规则以适应现实状况。要了解这些内容就需要讨论、争议和投入，尤其最重要的是需要时间来收集和分析数据。该法案的第 2319 页要求 11 家不同监管机构必须在一年半的时间内采用 243 项新的正式法规，这无疑是一项巨大的工程。令人震惊的是，金融体系中有如此多的问题正在逐渐暴露出来。目前的情况是，国会不能确切指出危机产生的原因，也没能清楚地知道如何阻止未来经济危机的发生。国会为什么不能明确地制定新规则？为什么国会将制定规则的实际责任交给某些机构，这些机构制定出来的新规则要么打击，要么鼓励华尔街新工作机会？

此外，如果目前这些问题到了如此重要和具有破坏性的程度，那么为什么新的法案需要如此长的时间框架来出台？为什么这些规定如此模糊（如禁止银行与客户之间包含"实体性利益冲突"的交易这一规定）？为什么沃克尔规则——该规则在某种程度上限制了自营交易、对冲基金业务和私募股权投资，事实上在长达四年甚至可能是七年的时间中并没有得到施行？本书对这些难题做出了精彩论述。

我并不能肯定地说，市场失灵和（被错误评估的）外部经济效益是这次经济危机产生的唯一原因。实现金融改革的基础薄弱也是重要原因之一。如果这些规则不足以让财政部和美联储放松对倒闭金融机构的管制，又或者有太多非专业的机构来监管金融机构，那么金融监管机构的构成和法规应该有所改变。我怀疑这一点只有在雷曼兄弟违约事件造成监管机构意料之外的更大的混乱之前才会受到重视。同时，我也认为《多德—弗兰克法案》只能废止某一机构。

鉴于成功的改革通常都是难以预料的，经济学理论告诉我们，支撑金融制度改革的基础大体也是难以预料的，而这增加了在防止治理机制发生故障的过程中控制力不足的可能性。在新产品导入前，建立信息链接、法律规则、风险管理和控制机制等代价过于昂贵。很多机构的失败在于它们的支持成本超过了市场接受度。因此，这些进展迅速的金融改革将非常有可能失败或者造成危机——如抵押贷款上的缺陷，次贷产品创新的缺陷，对贷款发放者的管理失败，未能为贷款银行提供正确的激励机制，可调整利率抵押上的缺陷，信用评级机构在抵押贷款产品和合成品上的建模失败，投资银行在其抵押贷款产品上的监管失败，以及那些担保抵押贷款产品的机构的缺陷。如像花旗银行这样的大公司缺乏基础设施，还有美国国际集团方面也存在信用违约互换。不幸的是，抵押贷款上的缺陷往往容易对房产所有者以及这一行业造成严重的后果。

这些失败或者说缺陷都是可预见的。一些缺陷造成的代价较小，而另一些则会产生高昂代价。并非所有发展迅速的金融改革都会失败。在该法案出台之前，这些缺陷很难明确说明。然而，从这些缺陷中并不能得出这一结论：管制改革能够防止未来金融体系中的缺陷。正如本书所明确指出的，政府能够规范银行、保险公司这样的组织，却往往不能规范其他竞争主体，许多竞争主体如今还尚未在国际社会上出现。改革造福社会，同时改革也需要代价。这次危机让很多人得出一个结论：《多德—弗兰克法案》理应减缓革新的速度，以防止过快发展。但这很难得到证实，如本书在讨论政府监管和保障体系主体发挥的作用这一问题时所述。

要对这种两难局面采取应对措施并不容易。支持改革的基础是一项商业决定。金融机构的高级管理层必须决定何时需要更多资源来监管和了解改革进程。他们必须做出决定：改革带来的回报是否值得相应的风险，包括在不完善的信息系统和管理体制下的风险；这些回报是否得到了正确的评估；支持改革的资本是否充足。在应对经济危机进行的同时，金融机构也在建立一个全新的风险机制。改革带来的风险从一开始就应包括在决策之内。测量技术的采用为高层管理人员提供所需的信息来做出与生产线及其控制力相关的知情决策。在过去，风险管理对银行来说是一项报告和章程要求。随着风险和回报开始作为优化过程的一部分，这一情况已经有所改变。银行依赖国际结算银行来建立规避风险规则的行为是不合适的。其中一个例子便是，根据投资组合理论，银行的风险衡量指标不会允许动性震荡造成世界范围内的资产价格高度相关性的可能性。本书大篇幅地讨论了恰当的监管资本规定，以及现存规则中的一些意想不到的危险造成的后果。

我们还未能深刻理解银行的金融中介功能。市场能够发挥作用的原因是，如果卖方要先卖掉买家想买的东西时，中介机构愿意参与交易买下产品；反之亦然。金融中介机构为大多数非贸易市场提供流动资金或风险转移服务，并满足消费者、学生、商业和住房抵押贷款持有者、企业、养老基金、保险公司等的特殊要求。对银行中介服务的需要并非一成不变。流动资金价格会发生变动（随供需的不平衡性的增加，而增加并在经济受到冲击时趋向极端），这时中介机构由于不能很快确定新的估值而不再对基本资产价值抱有信心，并理智地停止中介服务的提供。在经济受到冲击时，流动资金价格和价值同时改变，有时流动资金价格比其价值变化更大，有时则情况相反。

中央银行的运作始终基于这样一种假设：在市场能够再次发挥作用之前，中央银行提供相同价值的抵押品来消除流动性危机。但是，如果这种假设是正确的，那么将不会发生流动性危机。每个中介银行都应该熟悉价值变化，并当价格偏离平均值时，采取措施限制资本的扩张和大量回收资本。流动性价值和基本价值的变化对价格降低或升高的影响程度是不确定的，并很难在短时间内分析清楚，其所要花费的时间也可长可短。如果这一过程要花费较长时间，市场处于无序状态，随着时间的推移基本价值也会继续变化。

我相信关于金融改革和金融中介的经济分析是金融危机影响广泛的关键原因。经济受到冲击时首先影响的是金融市场不相关部门的中介服务，对某一市场的冲击通过中介机构得到转移因而降低该市场的风险，相反对其他受到损失的中介机构来说，又降低了其他市场的风险。

本书还论述了金融中介功能快速改革和崩溃的后果。金融改革影响补偿贸易，由于没有测量标准或者充分的风险控制，高层管理者难以了解承担风险的技巧。金融改革常常引起道德风险。借贷者往往不会在短期内花费资源来监管，而其他人在相同情况下会采取保护措施。如，美国国际集团为它的每一个对手提供抵押品，同时银行破产法允许它们在美国国际集团违约前提下没收抵押品，那么它的对手们则无须监管美国国际集团的信用和规模。对政府外债持有者来说，显然如此。这种制度中的道德风险是指债权人在金融危机中几乎没有什么损失。如果债权人会有损失，那么他们一定会监管或者迫使管理层改革监管。

　　银行的中介功能会时常失灵，这是市场的本质所定。市场发挥作用，从某种程度上说市场失灵可以被看做一种缺陷，但这种缺陷在经济危机时将不会如经济正常运行时那样发挥作用。实际上，市场的这种运行规律并不意味着监管机构能够更好地调控市场。监管机构只在一定距离监管市场，如果距离过近，情况会截然不同。

　　当读到本书有关《多德—弗兰克法案》及其带来的积极或消极影响的精彩论述时，我总无法明白监管机构是否解决了改革问题，以及它们是否明白中介业务的本质。但本书的确提到了道德风险问题、赔偿计划和会计问题——"逐日盯市"制度（MTM）和公司内部信息系统及对其他公司的影响。本书也提到了政府的作用和政府如何引导了不好的改革，如政府支持企业和信用评级机构的垄断。在这方面，本书也同样涉及了中央结算机构在场外衍生品市场中的新作用。

　　2008年金融危机及其余波促使金融机构自律，这次教训也会减缓未来经济冲击的后果。

　　2010年颁布的《多德—弗兰克华尔街改革与消费者保护法案》要花费数年的时间来实现。关于这些新规则的形式的不确定性会妨碍社会进步。我确信，在未来数年内随着各种事件的不断展开，我将会定期回顾本书有关经济的分析。最后，祝贺本书的创作团队能取得如此难能可贵的成就。

迈伦·斯科尔斯
斯坦福大学商学院

前　　言

2008 年秋季，正值金融危机的顶峰，纽约大学斯特恩商学院启动了一个项目计划，目的在于看看到底是什么出现了错误，能够做出什么样的政策选择，以及此时所能采取的最好的行动方针是什么。这个项目的最终结果是出版了由商学院 33 位学者共著的一系列白皮书，这些书不仅在一些政客和政府工作人员中广泛传阅，而且世界各地的从业者和学者也几乎人手一本。总之，白皮书系列文章以公众利益为视角，旨在为那些熟知现代金融与经济理论观点和机构规章的人们在重大问题的讨论上提供一个独立且可供辩论的观点。而这件事情的结果就是 2009 年 3 月，约翰威立国际出版公司出版发行了《重建金融稳定：如何修复失灵的金融体系》这本书。

借鉴各位学者共同努力之后得出的见解，理所应当会考虑第二步计划，该计划特别侧重正在讨论的种种改革建议，给其优点提供客观的评价，添加一些新的思路来填补空白或改善成果，并提出其可能对全球金融体系和经济造成的整体影响。共有 40 名斯特恩商学院的教师和博士生加紧为此奋斗，实际上包括第一个项目中的所有参与者和一些新加入成员。首先，2009 年 12 月我们制作了关于美国众议院金融改革法案的电子书。继该项改革法案，2010 年 4 月提出了参议院法案，要求我们对分析进行重要修改。这两项法案会议协调时需反复修改，2010 年 7 月 21 日由奥巴马总统最终签署。与此同时，关注巴塞尔、伦敦、布鲁塞尔和其他全球金融监管中心的事态发展。

在此过程中，我们详细阅读了整个法案和先前的法案，我们和业内的同事展开讨论，透过现代金融经济的视角找出优点和缺点。我们这样认为，我们的第一个项目促进了一些辩论的形成，为《多德—弗兰克法案》作了准备，正如我们在国会作证、演讲、研讨会和世界各地的其他论坛上评论各种版本的改革建议一样。

可以预见，许多改革会失败。一些花费低廉，但另一些无疑花费巨大，并不是所有快速发展的革新都会失败。结局未见，很难判断是否失败。然而，规范该行业可成功阻止未来经济危机这一结论不会从失败中得出。此书明确提出，当政府能规范诸如银行和保险公司等机构时，他们无法规范国际社会未来的许多竞争实体提供的服务。革新可造福社会，但革新需要付出。此次危机使得许多人认为《多德—弗兰克法案》应该减缓革新从而阻止过快增长，但此书旨在讨论政府在对全部实体的监管和保证作用中扮演的角色，因此很难证明上述结论。

解决这一进退两难的局面是很困难的。用基础设施建设支持革新是一个商业决定，金融实体的高级管理人员必须决定何时让更多的资源得到监督并领会革新。他们必须判断革新的回报是否有价值，是否有风险，其中包括不完整的信息系统和控制的风险；必须判断回报是否得到正确估量和是否有足够的资本支持创新。金融实体正在建设全新的风险系统应对危机。革新风险纳入了最初的决策。正在兴建的测量技术为相关产品线及其控制的明智决策的高级管理人员提供需要的信息。过去，银行风险管理一直是银行报告和监管的一项要求。风险和回报的改变被看做优化过程的一部分。一些银行依靠国际结算银行设置风险规则的行为是不恰当的。例如，依赖投资组合理论的风险指标价值不允许流动资产冲击导致世界各地资产价格高度相关有发生的可能。该书很大篇幅提出并讨论适当的资本监管规则及其结果，用来解决现行规则的一些缺陷。

我们对中介机制还没有深入了解。市场起作用是因为买家打算买之前卖家就想卖时中介机构愿意介入买卖，反之亦然。金融中介机构主要在非贸易市场提供资金流动或风险转移服务，满足消费者、学生、商业或住宅抵押贷款持有人、公司、养老基金、保险公司以及其他的特别需求。中介服务的需求是不稳定的。流动资产价格的变化——缺乏需求和供给同步增加，中介机构在相关资产的价值和作为无法迅速确定新估值的中介服务供给中合理退出已不再有信心，这形成了极端的冲击。遭到冲击的流动资产价格和估值是同时改变的；有时流动资产价格比估值变化更多，偶尔也相反。

中央银行一直在某种设想下经营，即为有价值的提供抵押品解决流动性危机，直到市场再次运转。然而，如果这是真的，就不会有流动性危机发生。每个中介会了解估值，作为价格偏离均衡值，它们将介入从而减少利差，得到大量资本回报。关于什么样的价格下降或增加的比例，这种由流动性或基本价值的变化所造成的不确定性是很难快速分析出来的。有时很快，有时则需要更长时间。然而，如果耗时很长，市场就会混乱。随着时间的延续，基本价值继续改变。

我认为，通过革新和中介推动的经济，是金融危机有如此广泛影响的关键原因。冲击影响遍及整个金融市场不相关部门的中介，就像市场中被中介传播的冲击，该中介减少其他中介机构的损失，而这些中介用减少其他市场的风险作为回报。

本书讨论了快速创新的结果和中介过程中发生的障碍。创新影响补偿，因为如果没有风险测量或者足够的风险掌控，高级管理人员要从风险中掌握技能是有一定难度的。创新会导致道德风险问题，放贷人往往不会在短期内花费资源来监督那些其他人紧抓不放的实体（比如说，自从美国国际集团发布抵押品给其交易对手，和在美国国际集团违约的情况下破产法案允许那些交易对手持有抵押品之后，交易对手就不需要监督信贷或者是美国国际集团的业务规模了。很明显在这个时候，政府是外债持有人）。系统中真正的道德风险是在金融危机中债权人遭受的损失几乎为零，如果真的出现这种情况，那么债权人就要监管或者是让管理人员监管创新了。

中介过程，必须时不时突破，这是市场的本质。在一定意义上市场障碍可以算做一种市场失灵的现象，但这只是在市场遭遇危机时，他们就像平常没有发挥作用所造成的一种失灵一样。事实上，市场的这种工作方式并不意味着监管机构可以把市场控制得更好。他们隔岸观火，殊不知构想与现实完全不同。

当我浏览本书关于《多德—弗兰克法案》的精彩言论和该法案可能产生的好的或者不好的结果时，我不能够确定有一天，2010 年《多德—弗兰克华尔街改革与消费者保护法案》是否能够成为美国金融改革框架的基本原则，是否会在世界范围内造成广泛影响。该法案或多或少与在危机期间和危机之后召开的 G20 国家元首会议上通过的基本条例相一致，并且在巴塞尔银行监管委员会、欧盟、英国欧洲大陆以及其他地方得到了平行发展。本书展现了对立法和该法案提出的各种举措的综合客观的分析，以及这些举措对金融企业、各类市场和向前发展的最终用户的影响。毫无疑问，还会有更多的惊喜和现有立法意想不到的后果。我们试着尽可能多地预测和勇敢地面对这些未知的结果。我们也有信心为读者提供一个连贯而严格的框架去思考在全球金融发展的路上将会遇见什么样的问题。

我们很感激能够收到读者对我们第一本书所提出的建议。他们对强化我们的思想和在本卷书中告知我们向前看等方面，帮助颇多。对 Joanne Hvala, Jessica Neville, 以及对斯特恩商学院的其他教职人员致以特别的感谢，谢谢他们的大力支持；感谢 Sanjay Agrawal, Anjolein Schmeits 的勤奋阅读和校审手稿；感谢 Philipp Schnabl, Kermit Schoenholtz 对本书每一章的编排提出宝贵的建议。当然，在最后还要对约翰威利国际出版社的整个团队表示钦佩，对 Pamela van Giessen 非凡的专业水平和把我们的思想影印成书的惊人周转期表示首肯。

纽约
2010 年 9 月
范瑞尔·阿查里亚
托马斯·库勒
马修·理查德森
英格·沃尔特

目　　录

绪　　论

《多德—弗兰克华尔街改革与消费者保护法案》简介
Viral V. Acharya，Thomas Cooley，Matthew Richardson，
Richard Sylla，and Ingo Walter

最近，弗里德里希哈耶克的经典之作《通往奴役之路》成了亚马逊的头号畅销书。这本书告诉了人们国家过度控制的危害。同时，作为大多数现代经济和资本主义基础的书，亚当·斯密的《国富论》排名在上万本书之前。在这个不确定的时代，在自由市场之中，我们的自信心处于前所未有的低迷阶段，相反，对政府能力和规章制度的质疑却达到了顶峰，这难道不是一个生动的反映吗？因此，对美国国会和奥巴马政府来说，施行多德—弗兰克华尔街改革和2010年颁布的《个人消费者保护法案》，以及说服公众并让他们相信在不久的将来金融稳定将会恢复，并不是一个无足轻重的工作。

自20世纪30年代以来，人们广泛认为这项法案是影响最大的法规，也是影响最深远的改革。相较于另外一些由美国证券交易委员会、美联储以及美国和欧洲其他的监管者们倡导的监管改革，这项法案将以一种深远的方式变更其金融市场结构。在这本书的序言中，我们用三种不同的方式对这项法案做整体评估。从经济理论所显示的第一原则来看，我们应该要系统地管理金融领域；接着，以一种比较的方式，把我们现今提出的法案和20世纪30年代大萧条时期施行的法案联系起来；最后是，现在所颁布的法案应该如何防范和应对2007—2009年发生在当代社会的金融危机。

《2010年多德—弗兰克法案》的背景

对这个法案的背景我们已有很好的了解，但是有必要再次重温一下。

如若在金融业内广泛充斥着不堪一击的短期债券，并且受到其长期资产的共同冲击，那么势必会对金融企业造成巨大障碍，同时也会成为扰乱家庭和企业的"第三者"。目睹了19世纪50年代到大萧条时期的金融恐慌，参议员卡特·格拉斯和国会议员亨利·斯蒂格尔推行了所谓的《1933年格拉斯—斯蒂

格尔银行法案》。他们把联邦存款保险公司落实到地方，以防止零售银行挤兑。同时，在银行倒闭之前，给这个陷入困境的存款机构提供有序的解决方法。为了防止银行牺牲联邦存款保险公司的利益进行投机活动，他们严格保护存托银行的一些准许的业务活动，如商业放贷和交易政府债券、一般责任债券等，并要求分拆一些高风险的资本市场活动给投资银行。

截止到设立该法案之际以及往后的几十年，《1933年银行法案》在某种程度上带来了一些健全的防范市场失灵的经济调节方法。

找准市场失灵，换句话说，就是为什么单个经济主体和机构的集体成果并没有带来社会效率。这种情况其实反映了由储户挤提所造成的金融脆弱性。

通过政府干预解决市场失灵，这是通过投保小额储户预防损失的一种做法。

识别和控制干预的直接成本以及由于干预所产生的道德风险的间接成本。即收取银行存款保险的前期保费；限制它们从事高风险和过多的周期性的投资银行活动；通过后续的一些增强措施，要求那些处于困境中的银行采取"及时纠正措施"，这将为那些处于早期低迷时期的银行提供有序的解决方法。

然而，随着时间的推移，银行业还是在这些监管改革方案的边缘徘徊，而它们的净效益（这个我们稍后会做详细的解释）虽说能够保证政府担保的到位，却也大大地卸下了政府遏制银行利用担保承担过多风险的系统防御。今后还有可能出现更糟糕的情况是，20世纪70年代对金融领域实行的宽松监管制度使影子银行系统（也叫"平行银行系统"）产生了。事后看来，虽然其中有些或多或少能够称其为金融科技方面的必然创新，但是要抵制一些言论却非常困难。美联储的前任主席保尔·沃克尔说过，大多数平行银行系统发展的目的是为了规避现有的规章制度的限制。

影子银行系统包括以下几个部分：货币市场基金，主要是筹集未投保的短期资金并投资金融企业，实际上重新引入了传统银行业脆弱的期限错配风险，而这些都是银行法案想要控制的。投资银行，它行使商业银行的多种职能，反之亦然。一系列金融衍生品和证券化市场，它们为那些迄今缺乏流动性的贷款提供大量的流动性，而且在监管银行的影子下，它们的经营不受管制（或者说受到的管制较弱），结果是产生了一个不透明且高融资的平行银行业。在银行系统外出现的多数创新使得其他的监管机构丧失了效力。20世纪30年代引入用来处理中介机构信息不对称的美国证券交易委员会就是一个很好的例子。

在很多方面，平行银行系统反映了对套利的监管、机遇以及金融领域的走向，以便采取多种组织形式和促进金融创新，而金融创新可能会规避防止银行冒险的监管设施的监管。在某些方面，要忽视这些套利监管，或者至少让它们处于自由状态是可行的。原因有很多：在老练的金融部门面前稍显幼稚的监管部门；意识形态横流的时代；以及人类不能够充分理解现行规章意想不到的后果，并找出处理这些后果的方法。

结果是银行法案开始采取很大的让步。在其存在的四十年间，平行银行系统在美国的经济发展过程中赚取了 1 000 亿美元的中介费用，而且达到了存款商业银行系统的规模。传统的银行都渐渐转变为大型的综合金融机构（LCFIS）。不断扩大的规模以及与传统银行/影子银行的连通性使得很多的银行因机构庞大而破产，因过于体制化或者过于封闭而破产——更有甚者是被强制破产。存款保险制度是明确的，有规范性的，并且有遏制风险的机制。但是也被能够为未投保的大额存款提供有效保险的大型的综合金融机构所取代。换句话说，通过预测政府的干预来达到目的，因为政府干预通常是明确的、无限制的，并且不存在道德风险问题。

毫无疑问，肯定会有能够遏制这只"金融巨兽"的力量。大型的综合金融机构不断增强的全球性以及各个国家之间为了吸引银行资金流入可能导致监管竞争进行到底的威胁引发了 20 世纪 80 年代末期审慎资本要求的设立。这就是《巴塞尔协议Ⅰ》提供了一个风险资本测量的标准以及确保银行的负债产权比率不会太高。然而，影子银行却让这只"金融巨兽"在全球遏制的情况下轻易地就规避了这种尝试性做法。最终《巴塞尔协议Ⅰ》与之前出现的《银行法案》一样，出现不久就废弃了。《巴塞尔协议Ⅰ》对风险类别的粗制滥造使得自己很轻易地就被淘汰出局。《巴塞尔协议Ⅰ》中各项条款充其量只能算是跟得上银行活动发展的步伐，而不是走在银行活动发展的前面。最终，由于各种不足落得一个悲惨的结局。也许这个协议最愚蠢的地方就是，它不像《银行法案》那样明确界定了什么是市场失灵，怎样应对市场失灵。《巴塞尔协议Ⅰ》的条款只是片面关注机构的个别风险而不是集体风险。殊不知，关注集体风险能够确保银行系统的金融稳定，除非所有的金融机构都惊人地做出完全一致的行动。

快进入 2004 年，很多人说这一年是完美风暴开始发展的一年，并将遍布全球经济。全球银行都通过短期借款寻求获得大规模资金进入美国和英国，越来越多地通过未投保的存款和银行同业拆借负债，融资利率达到历史低位。他们开始制造大量的尾部风险（指那些小概率却造成了灾难性结果的风险事件）。举个很典型的例子：只要住房市场非周期性跌落的话，人们所谓的安全资产（如次级抵押贷款中相对的 AAA 级部分）也可能会破产。由于大型的综合金融机构愿意以低廉的价格买入原抵押贷款机构的贷款，然后把这些贷款重新包装好后，四处分卖或者直接留在自己的账目下。在这种经济情况下就掀起了一股信贷热潮。在美国，政府强烈要求大部分公民都能够自置居所，这使得次级抵押贷款成为了一个特别具有吸引力的类别，而其目的为的就是制造这样一种尾部风险。他们把注意力集中在个别机构的风险和审慎标准上，而忽视了整个金融系统制造的尾部风险。他们甚至通过低风险权重鼓励制造部分 AAA 级次级抵押贷款。

正如国际货币基金组织在 2008 年 4 月做的全球金融稳定报告上所记载的一样，所有这些事件的最终结果是从 2004 年到 2007 年全球银行资产负债表双重增长，但是其风险却变小了。事实上，大型的综合金融机构已经在住房市场上下了一个资本高度不足的单向赌注，美国政府自己的影子银行——房地美（Freddie Mac，联邦住房抵押贷款公司）和房利美（Fannie Mae，联邦国民抵押贷款协会），以及世界上最大的保险公司——美国国际集团也同等程度地加入了。然而，这些机构在独立存在时似乎是安全的，而合并在一起却不堪一击。就如 2007 年住房市场的崩溃一样，尾部风险具体化了，而大型的综合金融机构也像空中楼阁一样倒塌了。首批大型银行的倒闭发生在影子银行世界，美联储的援助就像给它们带来了救命的氧气。但是，即便是在商业银行的投资组合中，银行同业拆借市场的压力以及底层房屋抵押的内在质量差的状况，预示着 2008 年秋天当美联储不再援助它们时，一些银行就不得不破产了。紧接着出现了全球性的恐慌，这更加清晰地表明，全球整个银行系统处于濒危状态，并且急需一条纳税人支持的生命线，这同样也是市场所需要的。

这次灾难之后，政府和管理者们开始寻找方法防止或者减轻灾难的复发。发现需要重新思考规章制度的合理性一点也不奇怪。在危机全面爆发之前，人们在美国财政部长保尔森的紧急要求中就已经开始意识到这一点了。危机使焦点明朗化，并且首先导致众议院颁布了一个法案，接着是参议院颁布了另一个法案，这两个法案结合在一起并集中体现在《多德—弗兰克法案》和《2010年消费者保护法案》中。《多德—弗兰克法案》的关键任务就是处理好金融领域把整个金融系统置于风险之中，然后牺牲纳税人的利益使自己脱离困境这个不良的倾向。

《多德—弗兰克法案》真正起到了这种作用吗？

在回答这个问题之前，让我们先看看这个法案的一些要点。

识别管理系统风险。设立系统风险委员会，这个委员会可以把非银行金融公司看做系统重要性的机构来监管它们，万不得已的时候还能够让它们破产。同时，在美国财政部下面建立一个机构，搜集、分析并发布一些相关的信息，以便预见将会发生的危机。

结束"大而不能倒"机构。要求那些要平仓的系统重要性机构出示破产计划和有序的清算程序；排除由纳税人为清盘融资而要求被清算机构管理层辞职；清盘成本由股东和债权人承担，如果需要的话，事后税款分摊给其他幸存的大型金融企业。

扩大美联储的职责和权力。授予美联储当局管理所有系统重要性机构的无上权力，同时要求其履行维护金融稳定的责任。

限制无条件的监管介入。防止或限制对个别机构提供紧急联邦援助。

重新恢复《格拉斯—斯蒂格尔法案》（即沃克尔规则）的一些有限形式。限制银行控股公司在自营交易活动中，如对冲基金和私人股本的最低投资，并且禁止它们把这些投资抽离出来。

监管并使金融衍生工具透明化。提供标准化衍生品的中央清算，对场外复杂衍生品（即集中清算平台之外进行监管）。使所有的金融衍生工具都透明化，把复杂的衍生品剥离到资本充足的子公司，但那些用于商业上套期保值的衍生工具除外。

此外，这部法案还介绍了一系列的改革的范围，如按揭贷款的国际惯例，对冲基金的信息披露，评级机构冲突的解决，证券化机构在相关资产中保有足够利益的要求，货币市场基金的风险控制，股东的薪酬决定权和管理权。其中，最受人欢迎的改革（虽然就金融危机而言是次要的）当属消费者金融保护局（BCFP）的建立。该局将会制定规则来管理消费金融服务和由银行机构、非银行机构提供的金融产品。

以经济调控理论评价《多德—弗兰克法案》

以经济调控理论评价这个法案需要我们对这个法案如何处理好 2007—2009 年的经济危机做出评价。首先，这个法案有没有处理好相关的外部性？外部性是指某个经济主体的活动使他人受益或者受损，也称做溢出效应或者邻里效应。以金融危机为例，在金融系统中，外部性造成了巨大的系统性风险，尤其是一旦住房市场上采取调控措施，那些很多建立在短期债券之上的金融公司将会在一夜之间互为全部破产的风险。

并非外部性造成的全部成本由从事经济活动的经济主体承担，除非市场能够合理地给外部性定价。通常，正如"无形的手"也不能通过价格有效地调控外部性一样，外部性交易市场也是缺失的（例如碳排放）。经济学家们提出了解决这类市场失灵的方法，通常就是征收"庇古税"，这种税是以与约翰·梅纳德·凯恩斯同时期的英国经济学家庇古 A. C. 命名的。一般情况下，这种税对修复市场失灵是侵略性最小的方式，因为这种税政府不用强力干预家庭和企业作出的某一具体决定。金融危机时期，政府将会根据金融企业造成系统性风险的程度征收此税。而且，庇古税将会增加政府的税收收入，政府可以利用这些税收减少税种或者把其用于改善金融市场的基础设施，或者用于弥补由于系统性失灵所造成的损失。不幸的是，正如《多德—弗兰克法案》中所阐明的一样，这种税收在政治上并不受人欢迎。然而，通过本书的讨论，我们知道我们喜欢这种解决方案，同时我们详细地阐述了怎样估量系统性风险及系统性风险以什么样的形式向政府纳税。

经济理论也阐明了存在市场缺失的情况，是由于市场经济主体之间的信息不对称，以及他们做出有约束力的承诺的能力是有限的，这一点保险领域在此方面的分析非常详细。这种市场失灵不是总有明确的解决方案，很多现代的规章制度也包含了以制定合约或其他约定来克服市场失灵，以期降低损失获得经济效益。然而，交易成本并不能使人们完全克服这种失灵，人们永远生活在"第二等好"的世界中。最终，一些因系统性风险缴纳庇古税的企业说，在处理那些意想不到的结果时，政府干预的手段必须更强硬一些。

通过运用经济理论监管这面镜子，我们看到了，在应对《多德—弗兰克法案》造成的意想不到的结果之时，这部法案是否解决了相关的市场失灵？

这部法案经过了 2009 年众议院的法案、参议院的法案，和参众两院的年会之后逐步形成。它给人的第一反应是这部法案的确把它的精华部分用在了合适的地方。振奋人心的是，新的金融部门监管制度明确指出了要开发管理系统重要性机构的工具，并力图给那些谨慎的管理者们处理风险的权利与工具。要求平仓的大型复杂金融机构提供破产计划，能够帮助他们理解自己的组织架构；在他们遭遇痛苦或失败时，能够帮助他们应对随之而来的挑战。如果这种要求能够很好地实施，就可以起到对市场复杂性征收税收的作用，市场复杂性似乎是市场失灵的另一种表现，在这种失灵下个人收益远远大于社会收益。

同样，即便许多与最初的提案相比该法案的最后措辞淡化了，但限制大型复杂金融机构自营交易投资的沃克尔规则仍提供了一个限制市场复杂性更为直接的方法，而且简化了解决方案。沃克尔规则还涉及了因商业银行的直接担保而产生的道德风险。在很大程度上，商业银行旨在维护支付和结算系统，以确保强劲的家庭和企业贷款。通过银行控股公司这个体系，这些担保有效地降低了因周期性更长、风险性更高等功能造成的成本，如进行专有投资，经营对冲基金或私募股权基金等。然而，能够行使这些功能的银行有很多，商业银行的存在并不重要。

同样备受欢迎的是对衍生品市场的全面检修。当一个大的衍生品经销商遭遇困境时，这种检修旨在消除导致市场失灵的黑幕（例如贝尔斯登公司事件）。衍生品的集中清算和努力让监管机构了解价格透明度、交易总量及风险暴露的，并以汇总的形式向公众公开，这样能更好地处理交易对手风险，将其定价到双边合同当中，并了解其可能造成的影响。通过使系统性的非银行主体接受美联储和美国证券交易委员会更严格的检查，这个法案也力求达到更大的透明度。

但是，在察觉这部法案的优点之际，有些专家拒绝接受《多德—弗兰克法案》2300 多页脚本的完结。该法案规定了 11 个联邦机构接受 225 个以上的新的金融规则。规则合并的尝试已经微乎其微，在当前危机下造成失误的监管者却获得了更多而不是更少的权利。但是由于大量的金融危机监管失败需要修复，我们还有什么选择呢？如若在国会与不完善的监管机构之间，选择一个来制定实施金融改革的程序，那将会是一个轻松的抉择。在美联储、美国证券交易委员会以及美国商品期货交易委员会等一系列监管机构详细说出执行计划之前，金融部门将不得不忍受那些还未得到解决的大量的不确定性。

也就是说，从提供健全稳健的监管结构这个角度来看，这部法案表现平平，至少可以从四个重要的原因中看出这一点。

第一，该法案没有涉及政府对金融部门担保的不合理定价问题。这将会使更多的金融企业进行低于市场利率的融资活动，并且承担过多的风险。

第二，系统重要性企业将被迫承担自己的损失，但却并非它们在这个系统中对他人施加的成本。在某种程度上，这部法案在直接解决金融领域市场失灵的主要来源方面已经滞后了，这也是系统性风险。

第三，在很多方面，这部法案只是用其形式（银行）而不是其功能（银行规则）来监管金融部门。这种特性不利于这部法案很好地应对金融领域可能出现的新组织形式，满足全球资本市场的变幻需求，以及对该法案的规定作出响应。

第四，这部法案在改革和监管影子银行系统的各个部门方面有重大的遗漏，这些部门都具有系统重要性。而且，这部法案不能够识别系统重要性市场——单项合同的集合与机构——当他们经历冻结时也需要有序地解决。

这四个基本错误的综合结果就是政府对金融领域的隐性担保将会长期存在一些机构死角中，并且逐步扩大到别的机构。资金的分配可能会迁移到这些死角，在将来新的机构死角又会产生在影子银行系统中，最后为下一个大的金融危机埋下隐患。因此，法案的实施和以后的监管都应该防御这种危险。

政府担保使金融系统的价格错位，导致道德风险产生

1999 年，任职于里士满联邦储备银行分行的经济学家约翰·沃尔特和约翰·温伯格，对美国为其金融机构提供了多么大的金融安全网进行了研究。运用相对保守的标准，他们记录出，在8.4万亿美元的负债中，有45%的负债获得了一定形式的担保。十年后，娜杰日达·梅里斯法和约翰·沃尔特以一个惊人的结果更新了这项研究。现在，在25万亿美元的负债中，有58%的负债发生在安全网内。由于没有合适的定价，政府担保严重扭曲了：他们会导致资助的金融公司融资，造成道德风险，使市场准则丧失。而这些反过来又会导致过多的风险承担。联邦存款保险公司（FDIC）为存款机构提供保险，暗中支持政府赞助企业（GSEs）——房地美和房利美——和帮助我们经常所说的"大而不能倒"的大型复杂金融机构（LCFIs）。通过众多银行的破产，需要填补的联邦存款保险基金，迄今为止非常明显的政府赞助企业的债务以及对大型复杂金融机构的过度救助，2007—2009年的金融危机暴露了问题的严重性。

《多德—弗兰克法案》在政府担保这个问题上并没有取得什么进展。固然这种担保已是多年存在的问题，然而该法案却很少尝试去改变存款保险的定价，到现在为止，即使银行发展的势头良好，却依然有效地返回保险费。而在系统重要性金融公司中，尤以政府资助企业为典型代表，他们的风险选择已经出现了差错，考虑到他们拥有政府担保的债务，所以该法案没有做任何革除这些弊端的尝试。但是，这种扭曲尤其反常，它为政府资助企业提供了各方面的便利：让他们能够四处寻求提高次级房屋所有权的政治目标，利用他们所谓的坏账银行来防止住房市场上的另一次毁灭性的坍塌。末了，美国几家大型保险公司在标准保险合同中，通过最低限度的保证，能够并且在以前就已经开始举债经营。如若这些公司破产，《多德—弗兰克法案》也很少有条款来合理地处罚这些投保人，目前只有很少的国家担保资金，这并不足以解决这些大型保险公司的债务。在这个法案中，没有对这些公司的系统性风险收费，但是他们的担保人允许逐出局的可能性或者说这些大型银行强制为这些保单埋单的可能性却微乎其微。纳税人对这些保单的紧急救助是最可能出现的结果。这些机构依然是像以前那样"大而不能倒"，而且可能是未来经营过度和危机的中心。

当然，法案的支持者们可能会说，至少通过建立"有序清算机构"（OLA），已经彻底解决了"大而不能倒"公司的问题。但是，当我们把有序清算机构层层解剖后，它似乎更加琢磨不透了。和为大型复杂金融机构重组的破产法或所谓的"生存遗嘱"（指企业濒临破产时用于逐步结束其生产行为的设计方案）中所固有的被迫进行的债转股的转换相比，选择一个以联邦存款保险公司为基础的接管模式来清算如此庞大而复杂的企业，制造了更多的不确定性。时间会告诉我们，有序清算机构是否能足够可靠地把亏损算到"大而不能倒"公司的债权人头上（排除联邦存款保险公司的投保储户），但是通过与其他那些非"大而不能倒"公司相比较利差，就能很快得知大型复杂金融机构债券的市场价格。

该法案并未充分劝阻个别企业危及系统

由于系统重要性公司的破产，将超越其损失的成本强加在了别的金融公司、户主及实际部门甚至是别的国家上，简单地清除利益相关者包括管理层、股东和债权人在内的是不够的，这些企业必须提前为导致系统性风险埋单。这一点不仅是这部法案的条例规定的，而且当其他金融公司可能面临相关破产企业影响时，还要求他们支付这些成本，将会使情况变得更糟。这简直就是一个旨在解决外部性的不良经济方案。

令人有点惊讶的是，该法案并没有对大型金融公司造成系统性风险采取事先收费，而且实际上在应对这些失灵时，该法案很可能妥协于此类机构故意让自己能力大打折扣的行为。最难以置信的是，在这个重大经济危机的中期，竟然有向幸存的金融公司酌情征收费用，来挽回破产公司所造成损失的政治意愿：事实上，从事前激励和事后放松对自己融资约束的角度来看，这种情况将会鼓励幸存的企业提振疲弱的经济产出。因此，根据该计划，可能出现的结果是：金融部门可能不会为自己造成的系统性风险付账——就如同发生在这次危机之后的事情一样——也会避免自己为别人的过激行为和错误付款的任何一种可能性。而且通过把自己的贷款和投资选择联系起来，金融公司将会聚集起来。这两种情况不会降低，相反会增加系统性风险和金融脆弱性。

同样不确定的是，觉得这项法案在金融危机中的确增加了系统性风险的争论将会产生。毫无疑问，虽然在系统性风险出现之前，由监管机构组成的金融稳定监督委员会有更多的权力来解决这个风险，但是其中暗含的一个假设是这个委员会有更多的资金来处理这个风险。然而，鉴于监管失误的历史经验，这似乎是一个困难的任务。相反，这部法案降低了美联储为非存款机构提供流动性的能力，而且，就如刚才所提到的，并没有为那些有重要事情且有偿付能力的金融机构预先提供资金。这个委员会受到了太多的限制，以至于在流动性危机期间唯一的选择就是可能会把系统重要性企业纳入"有序清算机构"的程序中，而鉴于这种程序的不确定性，又有可能引发一场全面爆发的危机。为了避免这种结果的出现，有必要拥有一个清晰明确且优先于"有序清算机构"的程序。

该法案落入了一个熟悉的陷阱，即通过形式而非功能来进行监管

有关这个陷阱的最突出的示例就是：在弄清楚哪些非银行金融机构可能也

被列入系统重要性机构并且也会受到相应的管理之后，这个法案把所有的焦点都集中在了银行控股公司上面。正如我们所阐明的，在一定条件下，该法案允许向银行控股公司提供联邦援助，但是这种援助却不提供给其他的系统重要性企业，尤其是提供给大型的互换产品交易商。正如非银行金融机构所预见的麻烦那样，这将掀起一股收购小型存款金融机构的浪潮，以破坏其限制的意图。系统性风险的重要领域将会发展起来，譬如，衍生品的集中清算开始实施了。当系统性风险具体化时，即便是暂时的，也有必要运用美联储的最终支付功能来确保有序解决。

考虑一下中央结算的掉期（从合适的信用违约掉期开始，但最终是包括利率掉期在内的其他几种掉期）。正如马克·吐温所说的，"把所有鸡蛋放在同一个篮子里面，然后照看好那个篮子"是明智的。这部法案提供了一些审慎的标准来照看好这个篮子。但是，如果这个篮子濒临急剧坠落的边缘，那么有必要采取应急反应来保住那些鸡蛋——在这种情况下，是指票据交换所的交易对手。当一个票据交换所陷入困境时，对美联储提供紧急流动性援助的限制将会是灾难性的。因为有序的清算只需要数周就可以完成，否则就需要数月的时间。对这种情形最合适的应对方法就是提供暂时的联邦援助，最后，将实现的清算损失转嫁到票据交换所的参与者身上，并通过参与者的资本贡献实现其私人资本重组。为什么非要迫使资金流动援助要经过委员会（甚至可能是国会）表决通过，而不是对这部法案开一个特例，围绕这样的监管自由裁量权让市场来解决这种不确定性呢？

监管套利没有得到充分解决，所以影子银行的大部分都还是维持原有形态

2007—2009 年的金融危机就是金融机构利用资本要求和监管中的漏洞进行冒险活动，相反就意味着有很好的资本和密切的监督，这样的例子数不胜数。(1) 金融企业选择不合格的监管机构来监督他们（例如，美国国际集团选择储蓄机构监理局来管理其金融产品集团）。(2) 在一个评级机构、证券发行人以及投资者之间的利益冲突扩大化的监管环境中，大量收购那些所谓的AAA 级证券。(3) 平行银行的发展利用批发融资和场外衍生品来开展本属于商业银行的活动，并且不受银行法规的束缚。

公正地说，在金融改革中，《多德—弗兰克法案》未曾忽视这些现象。比如说，它在处理对监管的依赖、与评级机构之间的利益冲突问题上做出了重大举措；场外衍生工具也重新受到监管；大量使用举债经营的手段，如资产负债表融资，也被认为是重大问题。但是，类似金融活动的基本原则，或者，对于这个问题，经济上等同的证券应该受到相同监管规则监管的问题，在这部法案中并没有得到重视。

如现在在中介融资市场中已经占有数万亿美元的出售和回购协议（回购），已经公认是系统重要性市场。这类市场在哪些方面执行除活期存款之外的其他功能，为什么他们要用这些方法来监管？此外，如果有少数金融公司被认为存在风险且它们的身份不明确时，这些市场可能被冻结，而这些市场有序解决冻结和预防低价出售资产清盘仍然处于无计划的状态。继雷曼兄弟公司破产之后，货币市场基金的赎回风险处理也陷入了停滞状态。

20 世纪 30 年代金融危机的教训

接着，我们应用从历史的经验教训，对《多德—弗兰克华尔街改革与消费者保护法案》作一些比较性评价。正如 20 世纪 30 年代的监管改革一样，《多德—弗兰克法案》产生于严重的金融危机和"大衰退"之际。这部法案涉及的问题，那些出现在我们金融架构中显而易见的失败已经说明了这一点。有些人遣责这部法案没能够约束金融机构的冒险行为，而另一些人则责怪这部法案管得太宽，阻碍了金融市场的效率。以历史为基准，我们对这部法案所提出的一种可能成功的新的监管架构做一个比较公平合理的评价。

犹如商业周期一样，金融危机是反复出现的现象。1934 年以前的美国经济史是一个不断出现危机的时代。在这个时期，美国的金融系统一度停滞不前，出现了严重的经济萎缩现象。当然，最严重的当属发生在 20 世纪 20 年代到 30 年代的银行危机。这场危机导致了大萧条时期长期严重的经济萎缩。此外，在这场危机的刺激下，出现了金融监管大扩张的现象，同时也产生了很多中央监管机构，比如说我们那个时候非常信赖的联邦存款保险公司（FDIC）和美国证券交易委员会（SEC）。

20 世纪 30 年代以前，对金融系统和一般证券市场的监管相对而言是比较松的。然而 20 世纪 20 年代是不同寻常的十年，那十年出现了巨大的技术变革，贫富不均现象不断扩大，融资和债务急剧扩张。这十年以一次银行危机的爆发而结束。1929—1932 年，有四千多家银行破产。很明显，1914 年和美联储一起创建的监管机构并未能充分地消除恐慌前遏制银行挤提，需要有更多的干预来直接应对银行破产和风险承担。

随之而来的是应对金融危机的一系列大胆的举措。这些举措有两个目标：首当其冲的是，创建一个遏制恐慌持续发展的机制。正如我们在随后的段落和章节中所描述的那样，结果就是我们在 2007—2009 年金融危机中严重依赖的一套机构所做的成败参半的事情。第二个目标是建立一些遏制导致金融危机中市场失灵的机构，使整个金融的将来更牢固。

20 世纪 30 年代所采取的行动的确非常剧烈。创建联邦机构去借用公共信贷，并利用自己的收益贷款或者投资私人企业或者非金融企业。货币制度从一个以金本位制为基础的制度转变成国家不兑现纸币制度和国际金汇兑本位制。在中央银行中，美联储的权力变得更大更集中了。在许多重要方面，银行系统得到了调整，而且通过引入零售存款的存款保险，提高了其安全性。随着联邦对证券业的管理，美国证券交易委员会（SEC）及其相关措施也出现了。

遏制恐慌

为市场提供流动性　在 20 世纪 30 年代银行危机早期，流动性短缺非常明显。1932 年 1 月，国会采纳总统赫伯特·胡佛的建议，成立复兴金融公司（RFC），援助那些疲弱的公司。那些公司在大萧条中已经丧失了争取私人信贷的能力。复兴金融公司的资本来源于联邦政府，并且授权获得多次借贷，使其足以发放抵押贷款给银行、保险公司和铁路公司。随后 1932 年颁布的修正案扩大了复兴金融公司为国家、农场主和银行提供贷款的权力。有成千上万家银行在这次联邦注资中受益。但是，复兴金融公司最终也被取消了。

最重要和最持久的革新是 1932 年的《紧急救济建筑法》，这部法案对《联邦储备法》第 13 条第 3 款做了补充。该法案写道：在特殊和紧急的情况下只要有需要，并获得了 5 名以上成员的赞成票，联邦储备系统的理事会就能让美联储贷款给任何个体、合伙企业或公司。1933 年《紧急银行法》的条例进一步扩大了这些权力。

总的来说，这些法案是为了给那些有需求的地方提供流动性，却让美联储在危机中干预经济的权力得到了巨大的扩张。2007—2009 年的金融危机中，美联储就是依靠这个权力来援助贝尔斯登公司、美国国际集团以及其他公司的。正如 20 世纪 30 年代的改革者所设想的那样，援引《联邦储备法》的第 13 条第 3 款，美联储作出了大量的信贷行动。但是美联储行使权力的方式，如迫使大型公司兼并，挽救一些非银行金融机构而不救济其他机构，备受责难。美联储无疑加剧了机构"大而不能倒"的问题，它还思考财政政策的责任是什么，并寻求国库的来源。

作为对美联储的明显错误做出的反应，《多德—弗兰克法案》对《联邦储备法》第 13 条第 3 款赋予美联储的权力作出了一些新的限制。这些限制措施能够限制其在以后危机中行动的有效性。这就体现了一个通过形式而非功能监管的监管困境。在第 2 章中，我们讨论：法案对美联储给予特定的非银行公司流动性的权力做出了限制，这是否会限制美联储在危机中的灵活性。我们建议用更好的方式来降低美联储在危机中做出的临时性准财政行动的风险。

停止银行挤提

1933 年，富兰克林·罗斯福上台的时候，银行危机引起了人们极度的恐慌，要求改革的呼声一浪高过一浪。面对这些压力，罗斯福采取了很多应对措施，比如说，把银行收归国有，放松对银行兼并或设立州际银行的控制，建立一个高度集中的银行体系。当时，这些措施在各地得以实施，引起了很多积极的反响。

正如 1907 年的情形，为了判定个体银行是否有偿付能力，有无流动资金重新开业，对待恐慌做出的即时反应就是宣布建立"银行假日"。这种措施使得银行系统平稳下来，但是这只是维持了 1907 年后期的现状。部分银行准备金制度的基础依然存在脆弱性。银行通过从事风险融通，持有随时需要的储备的一小部分来偿还储户等手段，来借入存款并盈利。储户很难评估银行破产后不能偿还的风险，因此恐慌和银行挤提的可能性依旧存在。

1933 年 6 月颁布的银行法案，也就是我们所说的《格拉斯—斯蒂格尔法案》中，有几项应对恐慌和挤提的改革，是这部法案中最重要且实施时间最长的改革。它引入了存款保险制度，由财政部和美国联邦储备银行共同出资建立了联邦存款保险公司。依照该法案的要求，所有加入了联邦储备系统的银行都必须在联邦存款保险公司投保一定限额的存款。只要联邦存款保险公司批准，其他银行也可以投保。投过保的银行必须根据其存款的投保额度，缴纳一定的保险费。在联邦存款保险公司建立后的 6 个月内，97% 的商业银行存款都已经投保了。

毋庸置疑，联邦存款保险公司的建立是应对 20 世纪 30 年代银行危机最成功的政策。联邦存款保险公司在经济上是成功的，因为它解决了一个明确的问题：银行对小额储户偿付能力的不确定性。更为重要的是，它在解决这个问题时，承认了在准备金较少的银行中存在着矛盾和风险。为了对自己制造的风险负责，准备金较少的银行自己也投了保。这些成本又转嫁给了银行借款人、定期存款储户以及投资者。银行挤提的现象消失了，银行破产的数量与之前的几十年相比，也空前地减低了。随着时间的推移，联邦存款保险公司也建立了一个非常有效的机制，允许无偿还能力的壮大银行在不扰乱市场的情况下破产。

联邦存款保险公司在不断发展中，在某些方面更有效了，但在其他方面则正相反，在 2007—2009 年的金融危机中变得明显的问题越来越大。大量的金融中介加入了影子银行系统，而那些适用于以存款为基础的商业银行的解决方案却不适用于影子银行系统。因此，在影子银行方案挤提和恐慌的担心更容易复发。再者，我们能够清楚地看到，那些解决方案能够很成功地处理无偿还能力的商业银行的问题，却不适用于大型复杂金融机构。

《多德—弗兰克法案》通过扩大联邦存款保险公司应对大型系统性机构问题中的作用，在处理后者（即大型复杂金融机构）的问题方面取得了很大进步。但是该法案在处理前者即影子银行系统的问题上却没有什么成就。特别是货币市场与回购市场上挤兑的可能性，在以后的经济危机中依然是一个真正的威胁。由于该法案不承认，金融领域很大一部分的存款已经不再是传统意义上在联邦存款保险公司投保的存款，而属于货币市场存款和银行同业回购的形式。因此，相对而言，该法案对这个问题的处理是疲弱的。正如我们早期所注意到的那样，在联邦存款保险公司怎样成立和系统性风险评估在其建立中所起作用方面上，该法案保持了彻底的沉默。这个 20 世纪 30 年代的改革者认为至关重要的问题，却由于几十年的监管干预渐渐消失了。

加强金融系统的安全性

限制风险行为。1933 年的银行法案，不仅建立了联邦存款保险公司来遏制银行恐慌，而且要求证券分支机构与商业银行分离，并且限制后者以投机为目的提供信贷，该法案也禁止对活期存款支付利息。此外，该法案允许国家银行在各个州设立与州立银行的分支银行同等规模的分行。1932 年，胡佛总统与议员格拉斯试图制定一部将商业银行与投资银行分离，允许国家银行在整个州设立分行的法律，但最后以失败而告终。

在大动乱时期，1933 年法案之所以在政治上是可行的，是因为所有的政治家和相关的私人利益都得偿所愿。格拉斯让商业银行与投资银行相分离，并且限制以投机为目的的借贷。他认为那些条款通过消除利益冲突和风险借贷行为可以让银行业更安全，因为在他看来，利益冲突与风险借贷都可能会让股票市场和银行业崩溃。在储户的眼里，斯蒂格尔通过存款保险让银行业更牢靠了。他阻挡了一些比较宽松的分支条款的制定，这些条款能够达到相同的目的，但是会对他的小单一制银行造成竞争威胁。投资银行从中获益，因为他们的竞争者——商业银行的附属投资机构已经消失了，而通过禁止支付活期存款利息，商业银行也从中受益了，因为这不仅降低了成本，增强了特许权价值，并且扩大了承担过度风险的激励机制。很多政治家钟爱这项措施，因为他们认为活期存款利息会鼓励银行承担更多的风险来支付这些利息成本，这样会使处在大萧条的银行破产。

20 世纪 30 年代的改革通过大量的法规和准入控制，也使银行与储蓄机构免于竞争，变得更加安全。事实上，美国的商业银行业与互助储蓄业建立了卡特尔垄断联盟。这种垄断联盟也是罗斯福着手处理其他产业的标志，有助于解释为什么银行业改革最终不再发挥效力。20 世纪 70 年代，储户们发现只要他们把自己的那些资金投入到新的金融市场创新——由经纪公司提供的货币市场基金和现金管理账户，他们可以获得更多的报酬，并且还是照样把这些资金用于交易当中，这样商业银行与互助储蓄部门在金融系统就丧失了地位。这些流通工具对利息没有限制，因为这些利率可以用他们的存款来支付。因此，储户们有能力投资那些金融集团和公司发行的利率更高的短期商业票据，并且转让一部分挣得更多但风险稍大的利润。

20 世纪 80 年代，国会做出了一系列的反应：增加存款保险的限制，取消一些存款利率的限制，准许一些银行贷款。然而，这在无意之中鼓励了银行进行更多的风险借贷，导致了十年后更多的银行破产，也给互助储蓄机构带来了更多的危机。20 世纪 90 年代，一场大的合并运动席卷了美国的银行领域，这得到了国会的援助。1994 年，国会制定了有关全国银行分行权限的法令，随后又放松了对州与州之间的一系列类似的双边分支机构的管制，少数大型银行很快就持有美国银行存款的大部分份额。

1933 年，格拉斯·斯蒂格尔使商业银行与投资银行分离的措施持续了六十多年的时间，直到 1999 年才正式废止。从 20 世纪 70 年代起，废除这项措施的运动就在各个领域一直进行着。学术研究表明，在格拉斯·斯蒂格尔实施这项措施以前，商业银行与投资银行的附属机构比独立的投资银行承担更少而非更多的风险。在银行业中，一些美国大型商业银行认为，较之于别的国家批准设立的综合银行、商业银行与投资银行合并的银行以及别的金融服务社，它们处于一个相对不利的地位。然而，随着银行变得更加复杂，却没有任何代替格拉斯的措施来遏制风险的出现。

唯一例外的是在国际上产生的，广泛、积极要求资本标准化，即《巴塞尔协议》的出现，该协议提供了基于共同风险的银行资产评估的方法以及所需的资本水平。这些需求的基本思路是使个别银行的风险偿付能力达到风险所需的水平。该协议首先从银行的主要账户着手，但是很快对收取交易账户的基于风险值的资本费用实行了一体化。最后，他们进一步增加了风险类别的级别来完善所需的资本计算。达成以上国际共识即便有某些好处，但是最佳结局却是灾难性的。这些标准已经很容易使他们从个别银行的风险角度测量资产的风险，却忽略了系统性风险，而系统性风险是银行监管的主要理由。而且，他们忽略了新的脆弱性，而这些脆弱性是银行的负债以未投保的大额存款融资的形式发展起来的。

解决信息不对称的问题。在 1933 年格拉斯·斯蒂格尔的商业银行与投资银行分离措施还未实施之前的三周，在 1933 年 5 月证券法的指导下，美国国会就开始使华尔街进行改革。证券法主要有两大条例，一是要求证券新产品必须要在政府机构登记注册，即联邦贸易委员会（后来很快由当时还未设立的证券交易委员会代替）。二是要求新产品的潜在投资者必须要提交招股章程，章程中包含足够的信息登记表以便判断新产品的价值。

1933 年以前，证券业是不受联邦法约束的。即便在 20 年以前，各州市就已经颁布了所谓的《蓝天法》，要求证券的卖家必须要向买家披露该证券的相关信息。这些改革主要是和信息有关的，20 世纪 30 年代以前，大部分有关上市公司的信息都只有业内人士、企业管理者及其董事以及那些向公司提供资金和建议并管理其证券的投资银行家才能够知晓。在某种程度上，有组织的证券交易所，通过让公司向投资者和交易所提供他们所要上市的证券相关信息，减轻了投资者和业内人士之间的信息不对称。然而这种上市要求却不能够统一，而是随着交易所自身利益而改变。在 1929 年大崩盘和"大萧条"中，很多投资者都遭受了损失，这些损失对那些知晓企业信息的业内人士来说无疑是一个政治挑战，尤其是国会调查发现了市场操纵和"造市"的证据之后。

1934 年 6 月的《证券交易法》扩大了 1933 年法案要求所有上市证券必须注册和披露信息的要求。该法建立了证券交易委员会并要求上市证券公司向该机构提供年度财务报表（资产负债表和损益表）和季度利润报表。这些信息都成为了公开信息，并且将雇用规范会计核算程序的独立审计师来核实这些信息，这对会计专业和证券分析起了推动作用。

国会又在证券业新的监管制度中增加了很多后续条例。毫不夸张地说，20世纪 30 年代，华尔街和美国公司的很多活动家憎恶这次改革加在他们头上的这些监管制度。这些制度不仅降低了他们相对于投资者和政府的影响力，而且增加了其经营成本。但从长远来看，他们中很多人会承认，新的监管制度是在华尔街与美国公司中从未出现过的好东西。为什么会这样呢？因为该制度建立了投资者对它的信任，而且在随后的几十年，华尔街总算成为了一个公平竞争的地方，而且由于这种制度保留下来，以前困扰投资活动的信息不对称就大大减少了。没有 20 世纪 30 年代的改革，很难想象美国的证券投资阶层能够达到20 世纪末的那种成就，或者像投资共同基金和养老基金之类的机构投资者，也不会达到现在的兴旺程度。

然而，2007—2009 年的金融危机暴露了 20 世纪 30 年代危机的发生是制度的明显弱点。首先，金融市场和金融公司变得前所未有的复杂，让证券交易委员会和投资者很难理解。随着时间的推移，证券交易委员会和别的监管机构逐渐开始依赖外部信息源，比如评级机构，但是其信息受到了市场失灵的不良影响。此外，很多新产品和公司已经超出了传统监管机构内的职权范围。对冲基金、金融衍生品交易和复杂产品之类的创新都增加了金融世界的信息不对称。

《多德—弗兰克法案》试着去遏制这些复杂性的不断增长。特别是，正如我们在本书中所解释的那样，该法案试图揭露不透明的衍生品场外交易市场，这种行为是值得称赞的，而且能够扩大到向监管机构透露，并以某些汇总的形式，甚至可以透露给市场参与者，因为有关交易对手风险的信息对于评估系统性风险来说是最相关的。同样，该法要求设立金融研究办公室来分析搜集数据，并及时提供系统性风险在经济中增长程度的报告。随着监管重点转移到个别机构的微观层面，宏观审慎的重点监管形式，在现有银行和金融部门的监管中已经消失至今了。再次声明，该法案为了确保上述这些目标能够达成，极大地扩展了监管机构的责任和范围。

时光能够倒流吗

20世纪30年代的改革是导致随后几十年金融稳定的原因吗？废除20世纪30年代的部分监管架构是增加过去二三十年金融不稳定的原因吗？现今，一些观察家试着以肯定的方式来回答这两个问题 。但是，缅怀这个早期体系可能不合时宜了。

20世纪30年代改革在促进长期的金融稳定方面取得了成功，任何有关这种成功的评价都需要在世界经济大环境中考虑美国。20世纪30年代改革看似成功的一个方面不是改革立法所固有的，而是美国在20世纪40年代到60年代享有的经济实力的独特地位造成的，这点似乎变得很明显了。第二次世界大战削弱了所有其他大国的经济实力，但美国的经济却增强了。

随着别的国家从战争中恢复过来，重建了与美国更为正常的经济关系。而美国却掀起了一个通货膨胀的热潮。20世纪30年代金融监管构架的错误变得越来越明显。比如说，20世纪60年代末和20世纪70年代的信贷萎缩和直接投资都是由存款利率的管制上限造成的。

近几十年来，在世界经济以及国家和世界金融体系中，已经有太多的变化来证明一点：由于废除了20世纪30年代改革的一些方案，金融危机发生的可能性增加了。这些改革方案确实有助于解决20世纪70年代到80年代的金融不稳定现象。然而，美国人，包括银行家和银行投资者，可能从消除监管存款利率和解除20世纪80年代到90年代银行设立分行的限制中获益。

早期实践显示，金融体系的发展正在制造新的风险，而这些风险是旧的格拉斯·斯蒂格尔法案不能解决的。格拉斯·斯蒂格尔的限制条款鼓励了脆弱的影子银行的崛起。在重建稳定性方面，影子银行需要受到更像银行一样的对待，然而却从未实现过。1984 年，伊利诺伊大陆银行的倒闭表明了银行批发融资的危险，而在当时伊利诺伊大陆银行是第一个被视为"大而不能倒"的银行。1988 年，长期资本管理公司的倒闭使系统性风险的增长更为突出，也增强了更好的银行破产机制的必要性。然而这些征兆都被忽视了。虽然在这些事件的后续报道中指出，系统性风险的新形式开始出现，而且有必要把它们扼杀在萌芽状态。即便《多德—弗兰克法案》的那些关键执行细节有待充实，但至少该法案在意识到解决和遏制那些有系统重要性的大型复杂金融机构存在的风险问题上迈出了一大步。

防止最近一次的危机——《多德—弗兰克法案》是怎样预先形成的

从讨论迄今，我们应该清楚，制定一个有效的监管政策并非易事。不像实验室科学那样依赖于受控环境，经济体制本质上更具有活力，且由于市场和金融机构性质的变化驱使它们朝一个或另一个方向不断发展。这些发展使政策制定者们很难充分预见变化的方向和程度，但这并不意味着政策制定者不应该为未来做打算。按照理想的做法来说，我们所需要的是那些能够经得起环境的变化，依然保持效力，没有留下大范围的意想不到的后果的政策。虽然，它们在最低限度上必须解决那些不可能自行消失的当前问题。

《多德—弗兰克法案》是否能够达到这个最低标准呢？2003 年和 2004 年开始（在这两年之间，信贷繁荣相对平稳），直到 2008 年秋天（这一年不得不挽救金融系统），这部法案中的条款成效如何呢？该法案是否阻止了金融资产负债表上巨大的资产负债比率的形成？是否阻止了所有必然反对美国住房市场上进行实质性修正的事情？该法案是否充分地处理了贝尔斯登、雷曼兄弟和美国国际集团的破产问题以及货币市场上随之而来的压力？

诚然，"回到未来"的做法有其局限性。我们不想要帮我们赢得最后的战役或者仅仅是下一场战役的法律，因为若想不到下一场战役将会完全不同也是同样危险的。这种行为指出了《多德—弗兰克法案》所提供的保护伞的不足。而且由于该法案的未完成部分中仍然还要考虑很多事物，知道这些不足是很有用处的。正如那些严重的局限性一样，我们已经提到了系统重要性机构中直接税的缺乏，这与其对系统性风险的贡献相称。也正如严重的局限性一样，我们提及了不能为影子银行机构提供充分的解决机制的问题。然而问题是：《多德—弗兰克法案》在其他方面是否能够满足此需求？我们依然有所怀疑。

让我们回到 2003 年。重新看看信贷热潮时期的 2003 年到 2007 年第二季度那些惊人的数据：全球最大的十家银行的资产负债表规模都扩大了一倍以上，在这个时期内从大约 7 万亿欧元达到了 15 万亿欧元。在同一时期，对这些银行的资产负债表风险的监管评估（为了计算银行的一级资本而做的评估）逐渐多了很多，从 3.5 万亿欧元上升到 5 万亿欧元。在 2007 年第二季度，人们认为这个系统已经很好地资本化了。事实上，按这种标准来看，只能是说比起 2003 年得到了更好的资本化，很明显，某些事情出了差错。

金融领域集体资产负债表的表面上的安全要归功于全球排名前十的银行，是因为这些银行聚敛了大量由住房按揭贷款支撑的 AAA 评级份额。这些资产一直以来就比同级的公司资产贷款安全性要高。根据巴塞尔资本协议的资本要求，这是其低风险费用（原来的 1/5）的首要原因。①在当时——本身就是对今后一段时间的一个很强的假设，即便承认由抵押贷款支持的 AAA 级证券的确要比公司贷款安全得多，但资本要求条款忽视了一个事实，这个事实就是：如果抵押贷款违约率达到一定水平，以至于 AAA 评级部分可能也要承担一些损失，那么整个系统就处在风险当中。接着，我们解释一下这种金融脆弱性——不会受到《多德—弗兰克法案》的阻止。

《多德—弗兰克法案》要求把系统重要性机构确定下来，并使其接受更高的资本和流动性要求。如果疲软的全球经济复苏，这些要求在不久的将来是不太可能提出的。假设一个新的 8%一级资本要求曾在 2003 年实际的 4%的地方存在过，这样一个更高的要求真的发挥作用了吗？在信贷危机蔓延过程中存在的问题，不是资本要求的水平问题，而是其形成原因问题。假定资本要求的水平已经提出来了，但是巴塞尔协议的风险权重却没有任何变化。与 AAA 评级的公司贷款相比，由抵押贷款支持的 AAA 级证券还能够继续享有 1/5 的负债风险权重。结果是，在经济上，容易滋生抵押住房贷款融资的基本扭曲依然存在。更糟糕的是，通过提出资本要求，银行家们只能获得较低的股权收益率（ROE）。因此，为了恢复其股权收益率，银行家们的资产组合更倾向于住房抵押贷款支持的证券，其经济实质是提高了杠杆，而从巴塞尔协议的风险权重的意义上看，仍然是维持安全。②

《多德—弗兰克法案》可以做一些不同的事情来防止从 2003 年起开始累积形成的抵押贷款风险。首先，监管者不要采取一个假设的立场，认为一种资产比另一种资产的安全性要高，而是应该通过运用金融部门每年的压力测试（这种压力测试是以不同银行投资组合的资产组成为基础的）来评估。如果它们都集中在抵押贷款上，从系统性风险的角度来看，就很难算是一个比较安全的资产。或者说，系统性风险本身能够以一个简化的方式进行评估，即调查银行的股权收益是否反映了更大的系统性风险，比如说，他们是否与整体市场或者金融部门的相关性更高。如果在 2007 年之前能够实施，我们的研究证明这些措施将会：（1）指出最具系统性风险的机构是投资银行（它们也是负债率最高的机构），然后是房利美和房地美；（2）建议以更高的资本要求对它们进行收费，或者对它们征收系统性风险税而不是纯粹地对所有的经营机构都提高资本要求的水平。

其次，监管者应该认识到，相对于其他资产，如果一个特定的资产基于过去的表现而得到资本缓释，那么，作为对这种资本缓释的反应，上述那些银行将会划拨更多的款项在这个资产上。随着时间的推移，这种划拨方式将会导致低质量的贷款，而且两项资产将会在他们的风险特质上汇聚，甚至可能互换风险等级。忽略资产配置对决策的反应，把资本要求的设计当做一个纯粹的统计工作，重点放在对资产的过去亏损的评估和缓解方面，这是巴塞尔工具包中一个致命的错误，也是《多德—弗兰克法案》没有解决的地方。

当然，《多德—弗兰克法案》并不仅仅注重资本要求，它也提出了流动性的要求。然而在 2003 年储存更多的流动性并不是很难的事情，因为像中国之类的经常项目盈余的国家会有巨额资本流入到经常项目赤字的国家，如美国、英国和西班牙。由于《多德—弗兰克法案》——尽管该法案计划建立消费者金融保护局——但很少采取行动来防止美国次级抵押贷款中出现的巨大信贷泡沫，所以可以说它一文不值。在很大程度上，这种信贷泡沫是由于政治上故意扩大自用住房的结果造成的。该法案并没有解决表现最差的影子银行——房利美和房地美——这两家公司都是处于房屋扩张的中心，而且在 2008 年初秋将其纳入政府的监管当中，它们使美国的纳税人花费了超过所有的华尔街机构的费用，而且没有上限。即便我们确信这是下一个政策的重点，但是把房利美和房地美从《多德—弗兰克法案》的金融改革中分离出来仅仅是突出了它们在抵押贷款中强烈的政治作用。然而不幸的是，从该系统金融稳定的角度来看，这个作用是极其扭曲的。

值得一问的是，通过限制诸如花旗集团之类的银行的自营交易活动，《多德—弗兰克法案》的沃克尔规则条款是否有利于防止危机的出现。制定沃克尔规则可能产生的结果是，在很长一段时间内，它们不会限制银行的冒险活动（即使是现在，它们很可能只限制高盛集团这样的大玩家）。但是，假设这些条款具有限制性，它们能阻止系统性风险的形成吗？答案并不是很清楚。自营交易在自己账户上被定义为短期交易，由于一味地借入短期存款，发放长期贷款，且未持有期限错配的充足资本，商业银行承担了大量的风险。风险承担的形式并不是机械地称做自营交易，但是如若没有充足的资本，期限错配只是另一种形式的套利交易，虽然这种交易在大部分时间能够获得收益，但是也很可能彻底毁灭，这种期限错配的一部分就像银行一样钻了薄弱的资本要求的空子。因此，很多是取决于沃克尔规则如何解释将资产移入结构性投资工具（SIVs）和"管道"投资工具的过程。不难想象，对沃克尔规则的理解将会使这些活动变得更具吸引力（相对于那些短期自营交易而言），同时也会造成更多的尾部风险。

最后，该法案赋予了审慎监管机构对陷入困境中的系统重要性机构实施破产的权利，同时也要求这些机构事先提供清盘计划以便能够有序地解决问题。然而，我们认为，仍然存在着很大的不确定性。而且，如果真的发生的话，将会迅速蔓延。

为了阐明这点，我们假设在 2003 年至 2007 年第二季度中，金融领域爆发了一股信贷热潮，紧接着整个美国的住房价格暴跌。2008 年 3 月，由于相对于杠杆率而言其股本基础比较差，贝尔斯登开始陷入困境（当然，从巴塞尔资本角度而言，该企业还是保持着良好的资本化）。贝尔斯登的资产负债表有朝向住房市场的资产方，也有极其脆弱容易招致挤兑的负债方。特别是，贝尔斯登每个晚上都要对按揭证券中 75 亿多美元的回购合同进行展期。即使这些都是 AAA 级份额，但回购市场的融资方，预计将来主要是货币市场共同基金会遭受损失，并担心是流动性不足引起的，贝尔斯登主要的货币市场金融家——富达和联邦——担心不得不在一个流动性不足的市场大量低价清算相关抵押品（因为在不违反其到期期限的情况下，他们不能够拥有长期资产）。他们不愿意对回购债券协议展期，贝尔斯登不得不动用其 20 亿美元的流动资金储备，并在一周内使其资产负债表濒临没有任何可供抵押的（只要投资者不担心再投资风险并要求一个实质性的折扣）资产的边缘。3 月中旬，贝尔斯登面临破产。

2008 年 3 月的前两周可以算是贝尔斯登破产的进行阶段。由于贝尔斯登即将破产，官方不得不决定是否让其破产。破产将导致那些仍在发行的、支持回购的资产大幅清盘，这将把损失转嫁给贝尔斯登的商业票据供应商——并且，主要是货币市场共同基金的供应商。简单来说，贝尔斯登的破产将导致一些货币市场基金跌破净值（指资产净值每股低于 1 美元），正如 2008 年 9 月中旬允许破产的雷曼兄弟一样，美国货币市场基金最后也跌破了净值。一般情况下，因为他们中很多人接触到证券投资组合类似于贝尔斯登的投资银行，所以这会使他们把自己的债券突然从货币市场兑现。使情况变得更为复杂的是：贝尔斯登是一个主要的有大量信用违约掉期的清算者，扮演的是一个有效的清算银行的角色（如果不是很准确的话，也算是一个清算所），就像一个私人实体与自己的其他投资银行业务一样。因此，贝尔斯登的破产在可能传染到交易对手贷款网络方面，将会造成严重的不确定性——正如 2008 年 9 月中旬，美国国际集团的破产没有得到政府的支持一样。

现在，我们假设《多德—弗兰克法案》在贝尔斯登破产的时候就已经确立了。首先要关注的事情就是美联储可能没有能力迅速采取行动，以担保的形式促进摩根大通公司收购贝尔斯登，以此为贝尔斯登公司提供直接援助。《多德—弗兰克法案》限制《联邦储备法》第 13 条第 3 款中赋予美联储的贷款权限。美联储将不得不要求系统风险委员会启动工作过程。我们很难知道系统风险委员是否会做出回应，并以足够的速度和凝聚力来应对形势的要求，但是对美联储的限制无疑将会使恐慌雪上加霜。同时注意到，即便沃克尔规则是一个有力的版本，对贝尔斯登公司资产负债表的结构和风险方面也不会造成任何影响，因为沃克尔规则并没有限制非银行机构的自营交易。

《多德—弗兰克法案》做过的一件事情是，以多种形式提高市场的透明度。这对贝尔斯登公司的情况还有些帮助。此时，监管者面临的一个最大的难题是交易对手风险的不确定性以及他们可能造成的后果。援引《多德—弗兰克法案》的一些适用条款，贝尔斯登公司正在清算的信用违约掉期，很有可能被中央结算以外的方式清算了。对它们来说，中央结算所和监管者们本来会有获得各种交易对手完整信息的渠道，因此能够评定贝尔斯登公司结算的掉期中是否存在大量的结算风险，而且即使有些掉期没有经过中央结算，《多德—弗兰克法案》的透明度要求也应该指出有关这些掉期的交易对手的信息存在于集中的数据存储库中，比如说，美国证券集中托管结算公司（DTCC）。具备了这些知识后，在考虑到《多德—弗兰克法案》要求的（更大的）担保物或保证金之后，如若没有重大的风险，监管者们就能够处理一些隐藏的损害并安抚市场。

高盛集团说，如果没有告知另一交易对手大量的无担保风险，那么这个交易对手现在就将会面临资产账面价值严重降低的现象，也就会产生唯一一个不确定性。如果没有一个清算方案来应对这个风险，监管者将尽力向贝尔斯登公司所在的这个市场发布信息。在这个市场中，由于贝尔斯登公司的破产，高盛集团也陷入了困境。因此监管者发布信息的缺乏将会成为各大市场的不良信息。在这种情况下，需要的是一个临时的机制来应对无担保风险，比如说，通过《联邦储备法》第 13 条第 3 款中所涉及的美联储紧急借贷援助，为高盛集团提供定量的保守的资金来应对风险。但是，必须有一个以最终的中介及风险产生的清算费用为基础的加税补偿。

问题解决的过程将会由贝尔斯登公司的困难引发出来，而且原则上头寸的有序清算可能进行。但是仍然存在着重要的问题：实施该法案的监管者们

（财政部、美联储、联邦存款保险公司）能够一直坚持遵守传递其交易对手风险的损失这个前提吗？正如我们开始所说的那样，虽然该法案在想要解决"大而不能倒"的公司问题方面是正确的，但是就确切的解决方案和清算程序方面还留下了很多的不确定性。市场不能够很好地消化这些不确定性，历史也多次证明监管者们也不能够做到这点，因此应该要有一个优于《多德—弗兰克法案》条款的应急权力。

贝尔斯登的例子也突出了《多德—弗兰克法案》的一个通用的问题，就是该法案并没有谈到对什么是银行和什么是银行业务的理解，因此该法案没用处理影子银行系统的很多问题。该法案也没用涉及，如何应对引发贝尔斯登公司破产的商业票据和证券回购市场挤兑的问题。如果回购合同上的清算价值和商业票据控股的预期回收率结果大打折扣，提供融资的一些货币市场基金将有可能被迫跌破面值。如果没用一个清算方案来解决货币市场基金的失灵，货币市场基金的投资人将会争先索要自己的存款赔偿，这会给这些基金的进一步赎回问题造成一定的影响。一些投资者可能还投资了其他基金，并且意识到了这笔存款的损失，那么他们可能需要清算另外一些基金，因为它们可能会导致其他基金的挤提。

再提一下，一些机构可能需要美联储暂时提供流动性来停止赎回，也就是说在货币市场基金资产的保守估值方面采取预防措施。另外，破产基金的平仓将不得不用那些美联储赎回的投资者们补偿回收的额外损失进行有序的解决。然而，同样的问题也出现了。假设这是《联邦储备法》第13条第3款提供给一个非银行控股公司的紧急借贷，金融稳定监督委员会能很快批准吗？或者这些程序的结果的不确定性会不会使投资者急于甚至更快地撤出自己的存款，从而加剧挤提想象。

因此，几乎能够确定，即便有《多德—弗兰克法案》，我们也要知道一些事情，比如说如果允许贝尔斯登公司破产，那么在雷曼兄弟破产之际将会发生什么呢？然而有些人可能会说允许贝尔斯登在2008年3月破产而不是让雷曼兄弟在2008年9月破产也许是一件好事，而且更重要的一点是两家公司的破产需要有序地解决。反过来，这个也需要暂时的流动性援助来遏制挤提或者需要官方中止赎回一段时间，通过这样的方法，对破产机构资产的有序平仓才能够实行。

问题的关键是给予回购合同与金融衍生品合同的免税额，《多德—弗兰克法案》将其明确下来。明确地把这些确定了下来。很明显，这种免税是有必要的，因为如果没有它，大量的合同将可能受困于一个垂危公司的破产问题之中。然而这种免税必须要出现了系统异常才行。在前联邦存款保险公司时期，就出现了银行挤提。纽约的商业银行结算所中止了个人银行存款的赎回，并把这些存款转换成清算所的连带责任证书的形式。然后，我们应用相应的存款保险更直接地处理储户的挤提。2007—2009 年的经济危机中，我们面对着大量的储户挤提想象，美联储不得不使出浑身解数来应对危机，给予这类存款少量的联邦存款保险公司的保险额来有效地中止挤提。在这些事情中，几乎所有出现大规模危机的银行都需要这种暂停支付。如果有序解决的过程能够顺利进行，系统性异常破产——那些要求立即支付的所有索赔必须停留一天或者几天的时间——可以在《多德—弗兰克法案》的背景下实施。比如说，如果监管者用 24 个小时的时间来把交易对手的金融衍生品转给第三方，并且在交易对手没有中止或者不需要中止合同的情况下，这样流动性问题将会减弱很多。但是这需要美联储运用其紧急借贷工具，而这个工具又受到了《多德—弗兰克法案》明确的限制，不能用于个人非银行金融机构的这种情况。

有一个好消息是：《多德—弗兰克法案》提供了大量的自主权给审慎监管机构——美国联邦存款保险公司和美联储系统——来设计有序解决危机的程序。我们回到未来的那部分测试已经清楚地阐明，为了该法案能够成功杜绝纳税人出资的紧急援助，审慎监管机构需要设计出：（1）解决方案和破产计划，这些方案和计划不仅仅是为系统重要性机构制定的，同时也面向系统重要性市场和小机构的集合组织；（2）加强遏制整个系统的短期债权人挤提的机制建设。挤提不仅仅存在于零售存款中（该类型存款的挤提自 1934 年起就已经解决了），而且在批发融资中也存在（比如，回购协议、商业票据以及金融衍生品等），而后者才是最近这次金融危机的核心所在。很明显，我们还没有制定任何方案来应对这方面的问题。

结论

我们准备为金融监管体系实施新的改革，要记住一件非常有用的事情，那就是 20 世纪 30 年代主要的一轮改革是适当地建立在"大萧条"之后，政策制定者和立法者所遇问题的基础之上的。实施的很多项改革都能够带来长久的利益并且至今沿用着。然而，最近这次金融危机暴露的问题和 20 世纪 30 年代金融危机所面临的问题却并不一样。因此，如果一心只想着用 20 世纪 30 年代的那些方法来解决现在的问题的话就会是一个严重的错误。这就是为什么我们不得不把注意力主要集中在前人怎样成功解决导致金融危机的重大缺陷：金融公司无偿享有政府担保，系统性风险防控失败，未能实现大型系统性机构的有序清算机制，以及不能把影子银行系统纳入监管轨道。

在《国富论》中有一段不怎么有名的句子，亚当·斯密对其作了出色的解释。

可以说，限制私人接受一个银行家支付的期票，任何款项，无论是多是少，如果他们自己都愿意接受，或者说，如果他们所有的邻居都愿意接受，限制一个银行家发行此类票据就是一种违反自然的自由的想象。因为这是适当的法律业务，我们不应该侵犯，而应该支持。毫无疑问，这些法规在某些方面可能被视为违反自然的自由的想象。但是这种少数几个人的自然的自由权利的行使，可能会影响整个社会的安全，而且应该受到政府法律的限制。最大的自由也就是最大的独裁。为了防止火灾的蔓延，限制人们建设隔墙也是一种违反自然的自由。这与我们在这里所提出的银行贸易的规章制度是完全一样的。

《多德—弗兰克法案》收取储蓄银行以及其审慎监管机构建设隔墙的费用是正确的，然而火灾却有可能发生在影子银行系统的其他区域。

《多德—弗兰克法案》要求在火灾爆发（即指金融危机的爆发）时要采取有序的解决方式，这一点是正确的。但是，在提供熄灭大火的紧急救援时却踩了急刹车。这就相当于在火警报告系统失灵，洒水器还没有开启时，把整个系统暴露在危险当中。

《多德—弗兰克法案》结束了让纳税人负担所有灭火的费用是正确的，但是却没有任何经济意识，没想过要收取失火人邻居的费用，特别是那些很有可能着火的人家。

唉，如果政府只是继续通过房利美和房地美来为将来的火灾提供资助，而周围仍然没有隔墙的话，《多德—弗兰克法案》试着要做的很多事情都是徒劳的。

最后，我们为《多德—弗兰克法案》的雄心和所做的大量重写金融领域规章制度的尝试喝彩。该法案代表了立法机构以及其职员、审慎监管机构、学者们、政策智囊团，当然还有金融业的活动议案通过者们这几个月来的辛勤劳动。但是同样重要的是，要知道，在我们这个时代，金融部门监管最具雄心的检修并不能完全解决个别机构的私人激励把系统置于危险之中的状况，也给我们如何应对以后的危机留下了一个很大的不确定性。而且从立法之日起，在某些地方就很可能是不合时宜的了。然而，并不是说要把所有的都遗弃，而是可以把其用在适当的时候。要想知道怎样运用，请关注本书其余的内容。

概述

本书的其余内容总共包括五个部分：金融架构，系统性风险，影子银行，信贷市场和公司控制权。每个部分由几个章节组成，这几个章节专注于《多德—弗兰克法案》的某个方面，因为这些方面都与一系列的重要机构、市场、风险以及解决风险的方式有关。反过来，每个章节陈述了整体的问题，我们的总结以及对《多德—弗兰克法案》立法有关问题的评估，我们今后该如何解决该法案的错误和失败以及对全球金融立法向前发展的影响。自始至终，我们试着在管理外部性的良好经济理论的指导下陈述这些分析报道，而且总是在预测拟议规则的一些意想不到的后果以及金融机构围绕这些规则进行监管套利的机会。

在金融架构这一部分，我们研究了三个问题。第一个问题是，在《多德—弗兰克法案》之后的金融监管架构大致会是怎样的，哪个监管机构会管理哪套系统机构和市场以及有哪些重大的差异；第二个问题是，该法案是否足够明智地始终保护着中央银行的权力和联邦储备系统的未来，但同时又是否对美联储的行使"最后贷款人"的职能（该职能可能对系统重要性公司的问题有序解决已经足够了）作出了很多的限制；最后一个问题是，即使在处理金融机构的系统性风险方面，新建立的消费者金融保护机构表现得似乎有点异常，但是它是否能够为社会有用的目的而服务呢？

在系统性风险这一部分，是这本书中最重要的部分。我们依次研究了：该法对系统性风险估测的建议，推荐除了描述性的标准以外，同时应用以市场为基础的措施和监管压力测试，以及收集金融公司互联性的相关信息。然后在系统性风险征税这一章节，我们站在了这部法案的一个相当关键的立场，认为该法案不愿意并最终拒绝对系统重要性机构享有的抵押物以及因他们的破产造成的外部性征收费用，这是一个重大的逻辑错误。事实上，我们阐明了为什么《多德—弗兰克法案》的提案会恶性地刺激企业建立系统性风险。该法案不喜欢采用资本、应急资本和流动性，我们评估表上的各项提案的可能功效，包括《巴塞尔协议Ⅲ》和一些新的协议，阐明在什么时候以及为什么这些协议不足以成为一个为更直接的系统性风险负责的替代者。

在系统性风险接下来这两个章节里面，主要是对冒险行为的直接限制（大型银行和沃克尔规则）以便把短期自营交易、对冲基金、私募基金从银行控股公司中分离出来。这个条例是否足以应对"大而不能倒"公司的问题？而且如果清算机构要处理大型复杂金融机构的破产问题很多，那么是否能够充分有效地实现自己的最终目标呢？在这两个问题上，我们仍心存疑虑，但最大的疑虑是在《多德—弗兰克法案》中是否有深思熟虑的有序解决方案。事实上，我们多少有点担心，在这个过程中甚至有比过去更大的不确定性存在。在这部分的最后一章中，我们主要详细地讨论了系统性风险与保险公司监管方面的问题。这些问题是引起危机的首要方面，并且贯穿了美国国际集团冒险行为与破产的整个过程，但是令人惊讶的是，该法案在这些问题方面却仍有很大一部分未解决。

在影子银行这一部分，我们主要调查了那些与银行机构功能类似，但受到监管相对较弱或者压根就不受监管的市场和机构。在货币市场基金这一章节，我们解释了为什么《多德—弗兰克法案》没有充分解决如何应对货币市场基金上大规模的挤提问题。目睹雷曼兄弟公司破产之后，我们同样也提出了一个有序的解决方案。接下来是"再回购协议市场"，这一章展现了另一个明显的遗漏，即便在贝尔斯登公司中出现的对回购协议的挤提才是本次危机中最突出的失效机制。此外，我们提出了回购协议授权，将来监管者能够考虑用来应对回购协议的挤提。接着，我们讨论了有关资产管理基金（即对冲基金共同基金以及交易型开放式指数基金）透明度的提议的实现是否太远太艰难了。最后，我们解释了为什么《多德—弗兰克法案》最大的成功之一最终会是在管理场外衍生品方面。该法案以450多页的篇幅来讨论场外衍生品市场的综合改革，这里也有很多值得佩服的地方，特别是中央清算和透明度的建议方面。很多的建议都已经留给了审慎监管机构。从杠杆率以及场外交易市场模糊不清引起的系统性风险的角度来看，需要大量的调整和修改以便使该法案的实施在今后几年中能够更到位。

信贷市场这一部分，我们强调了该法案的重大遗漏。即，该法案完全忽略了政府资助企业（尤其是房地美和房利美）是金融领域最重要的系统重要性机构。我们建议能有一套机制来放松对房地美和房利美的监管，并且整顿美国住房抵押贷款融资——无论是从短期来看还是从长远的角度出发——以便建立一个更有生机更私有化的抵押贷款证券化市场。接着我们讨论了评级机构的规则以及《多德—弗兰克法案》是否处理了在发行人支付费用的模式下评级的证券化产品之间的利益冲突。接着是证券化改革是否充分处理了贷款的"贷款并证券化模式"的激励问题以及在分担由危机引起的资产负债表风险的监管套利问题。

本书的最后一部分是关于公司控制权的问题，我们着手处理了薪酬改革与公司治理的问题。这项改革是否有必要，对那些没有完全内部化的由大型金融公司支付的系统性风险成本是否有效力？最后我们探讨了会计和金融改革，涉及了"逐日盯市"记账（逐日盯市是否发布了早期压力信号或者是使压力加剧了），风险的会计处理与其以资本为目标的监管对策。

注释

①毫无疑问，《巴塞尔协议Ⅱ》的资本要求适用于欧洲的银行。然而适用于美国的商业银行的《巴塞尔协议Ⅰ》的资本要求并没有给 AAA 级款项资本化处理的特权。经过 5 年到 10 年，美国这些商业银行通过把不在资产负债表之内的资产纳入到投资管道和结构性投资工具当中，就能够减少自身的资本要求。此外允许美国的投资银行应用自己内部的模式来计算 2004 年的风险，这使 AAA 级款项的资本要求实际上降到了零。然而，为了论证，我们将坚持在实践中履行《巴塞尔协议Ⅱ》的资本要求。

②同样，商业银行剥离部分资产进入投资管道和结构性投资工具中以降低监管资本的任何倾向，也都会变得更强。

第一部分
金融架构

第1章 金融监管架构

Thomas Cooley and Ingo Walter[*]

有效的监管架构包括四大重要支柱，这四大支柱在所有金融体系之中都是共通的。良好的架构应该鼓励创新和效率，提供透明度，确保安全与稳健以及促进在国际市场中的竞争。在为达到这些目标而努力的同时不可避免地给政策权衡造成了困难。比如说，确保金融更稳健的措施可能会使金融中介机构的效率和创新能力降低；促进金融创新的措施可能会减少透明度、安全性和稳健程度；各大金融中心的竞争压力可能会引发一场应对内部和外部冲击保持系统稳健的竞争。

不幸的是，我们很容易对金融架构基准的基础达成一致，却很难对其做出详细的定义，要在实践的过程中校正它就更是难上加难了。我们知道过多的监管会增加监管的费用，但是这些费用是什么样的费用呢？我们也知道监管不足会引发灾难，但是这只有在事件发生之后我们才能发现。最适度的监管是一门平衡不可估量的事物对抗不可知的事物的艺术。因此，金融危机是一个经常性发生事情的想象就一点也不奇怪了。

在本章节中，我们阐明了金融监管的实际方案，并确定了其对金融产品、市场和企业的关键属性所造成影响的性质。然后我们缩小了那些包含在2010年《多德—弗兰克华尔街改革与消费者保护法案》中监管方案的范围以及世界各地中类似措施的范围，并且在那些能够成功地为公众利益服务的金融体系监管机构的四大支柱的基础上，对其进行评估。

1.1 行走在监管制度这根钢丝绳上

本卷的序言清楚地阐明了，金融中介是一项困难重重的重要的经济活动。经常有涉及信息不对称，昂贵的国家鉴定和市场缺失之类的市场失灵现象出

* 作者得益于"金融监管架构"工作组对纽约大学斯特恩商学院的电子书：《金融改革的实时解决方案》的讨论。纽约大学的经济学教授劳伦斯·J. 怀特也是这本书的作者之一。

现。即便是在 20 世纪早期几个稍微简单些的事件，诸如此类的使金融系统屈服的问题也是不断重复出现的，直至 20 世纪 30 年代设计出了一套更为稳健的监管架构，这套监管架构不知怎么持续运转了很长一段时间。在随后的几十年里，这套监管架构不断地改变以适应新的机构、新的金融工具、金融全球化、定期的冲击以及市场失灵等情况。随着时间的推移，它越来越像一套以多种方式调整了很多次数以便有效地适应现代金融中介不断增长的复杂性的架构。最终，这套监管架构达到了一个引爆点，并惊人地失败了，给世界经济带来了巨大的损失。

虽然 2007—2009 年金融危机最糟糕的阶段已经过去，但是主要机构的不足依然存在着。这些不足依旧对将来的金融稳定增添了严重的风险。因此，建立一个新的监管架构势在必行，而且想想怎样使新的架构运行也是至关重要的。

监管架构对资源的分配以及经济的发展是非常关键的。没有有效的金融系统的经济明显会浪费更多的经济资源。相较于其他类似的拥有一套有效的金融系统的经济，发展肯定也会更慢。比较脆弱的金融系统的经济，继续投入世界金融市场中寻找低成本资本，因此这些经济深受全球冲击的影响，有时候还会用自身的冲击破坏系统。良好的金融监管架构必须能够平稳地应对来自国内和国际上的实体经济和金融系统的冲击。

然而，金融机构增加了另一层的复杂性，以执行监管要求，这对金融架构产生影响。监管机构是否应该按其功能组织起来（比如说，商业银行业务、投资银行业务以及金融市场、资产管理及保险业务等），使它们获得足够的行业专业知识，以便对自己监管的究竟是什么有一个合理的认识？或者这些监管机构是否应该以与自己监管的公司（从金融集团到社区银行不等）一致的方式组织起来？这样这些监管机构就能够更好地监管金融体系和复杂性，并防止在监管基础设施上不需要投资的地区过度投资的现象。

由于整个金融架构的系统性风险（宏观审慎风险）远远超过了监管机构监管个体企业风险（微观审慎风险）的职权范围，那么应该由谁来监测系统性风险的形成呢？这反过来也提出了一系列的问题，就是谁应该决定公司什么时候破产；如果这些公司不能再独立发展，又应该怎样让它们破产？以及破产这些公司的人应该是造成破产的当事人、旁观者还是在第一现场目睹破产发生的人？

在良好的架构中，形式是服从功能的，这在金融架构中也毫不例外。体制、机构的建立应该适应那些美国法律中已经通过了监管变化，而且其建立也主要是依靠监管目标的特定的宏观决策。比如说，即使从金融集团中分离出一些下属机构成为独立的金融股票交易经纪人，如果金融集团依旧保持自身内部的复杂性、利益冲突和不透明性不改变的话，一个相当大的监管架构可能会与所需要的有很大不同。

最后，是监管执行这个最关键的问题。监管执行通常是由那些高尚和勤劳的公务员来实施的，但是，这些公务员却抵制那些他们应该管理的最好和最聪明的职员。随着善意的监管被目的和现实歪曲的监管套利所破坏，大量的例子都验证了这场不公平的战役。

许多监管问题都处在危险当中。我们应该如何保护消费者呢？面对公司支付我们应该怎么做呢？面对抵押贷款我们又应该怎么做呢？我们应该如何管理金融衍生品呢？等等一系列的问题都摆在眼前。所有这些问题对某些人来说都是重要的，但是有个问题对所有的人都重要，即我们如何组建这样一个监管系统——在这个系统中一个或者少数几个金融机构作出的决定不会使整个系统停止运转，也不会使世界经济陷入困境当中。就是这个问题存在着系统性风险，毫无疑问这也是最重要的一个单一问题。

2010 年的《多德—弗兰克华尔街改革与消费者保护法案》以及 20 国集团在其他区域举办的会谈至少有一部分是反映了民心——尤其是对银行家的强烈的反感情绪——因为这些银行家主要是通过特殊的利益、主要政治交易和操纵来游说人们。但是这些都已经成为我们金融体系和金融监管的历史。现在我们的目标是为新的金融监管提供新结构的有根据的说明，以及提供一个可能会做得更好的想法。由于监管和政府干预都已经是一个公认的市场失灵的问题，因此我们需要接受一种固有的说法，就是不应该让完美成为不错的敌人（也就是说我们应该要寻找更好的方法）。

金融行业的监管辩证法是先进和复杂的，它经常要面对那些有牢固地位且与政界关系良好的"玩家"，反对那些在商业上最聪明、最以自我为中心的人的个人经济利益。这个产业越是复杂，合理监管的挑战就越大。没有哪个地方有比大规模的、复杂的、全球性金融服务集团更惊人的情况了，因为这些金融集团实在是太难以监察、控制和规管了。

综观我们的思路，我们相信迄今为止应对所有这些重要的系统性风险问题的最好办法就是，让引起系统性风险的公司支付导致风险的合理费用。正如我们在本书的第 4 章和第 5 章中详细讨论的那样，这种措施需要对系统性风险进行衡量、估价以及征税。另一个唯一可替代的方法就是，要求那些制造系统性风险的机构变得更加精简。这些机构可以采取我们在第 7 章中所探讨的方法，就是把风险过多的下属机构分离出来成立独立的公司。

无论通过给系统性风险正确定价还是把高风险的业务分割成非系统公司，

能否去除金融系统的风险，强大的监管能力是必需的。2007—2009 年的金融危机突出了其他那些成功抑制系统性风险方法的失灵。比如说，管理人的自我监管，合适的企业监管，产业的自我监管以及市场条例。现在，金融行业所得到的教训确保了公司级和系统级风险管理在下一次将会运行得更好的话已经为时太晚了。

1.2 金融监管的替代方法

体现在 2010 年《多德—弗兰克华尔街改革与消费者保护法案》中的新的监管架构是一个复杂的酝酿过程——这个过程变化很大，但是这种变化却没有一个总体性和连贯性的结构设计。事实上，这个新的监管架构只是处理了部分国际金融中最引人注目和最具危险性的一些方面，而这种类型的国际金融在过去的一二十年已经发展起来，即影子银行系统的发展。这些都是执行银行关键功能的金融集团的企业或经营单位，但是这些企业或经营单位在很大程度上属于监管体系之外。它们包括对冲基金、私募股权基金、共同基金、金融衍生品以及引发市场风险、信贷风险、流动性风险和经营风险的回购市场。就像水最终流入大海一样，资金流寻找花费最小、监管最少的捷径，而这些捷径大部分来源于影子银行。因此，除非监管架构困住这些资金流，不然到最后就注定失败。

从 2007—2009 年全球性金融危机的结束开始，吸取其中的宝贵经验，我们能够确定四种替代方法来完善金融架构以符合我们心中的标准。这四种方法就是：鼓励创新和效率，提供透明度，确保安全与稳健以及促进在国际市场中的竞争。

改良的不干预政策

第一个选项主要涉及维护体制的现状——《格雷姆—里奇—比利雷法》为美国的金融集团提供机会，也承认其他国家的普遍的银行规则，并允许银行或者银行控股公司在特定的防火墙和其他保障下进行任何形式的资金融通以及全球性的资本投资。这些保障将会得到改良以应对系统性风险和吸取 2007—2009 年金融危机的教训。这个选项深受美国主要金融公司的喜爱，其他地方的主要监管机构也重新使用了通用银行模式或金融集团模式。尽管有很多相反的例证，但是他们还是认为机构越大经营越广就会越好。

不干涉政策是奥巴马政府的首要政策。该政策在 2009 年 3 月宣布了一揽子的拟议监管改革和新的应对系统性风险的措施。《多德—弗兰克法案》在很大程度上已经反映了这些条例。这种方法的成功主要取决于政府制定和执行了一套有效的规则。政府通过一系列新的或注入新的活力的监管机构，控制住了大量的不同类型的金融机构。随着大量的金融中介进入影子银行领域并且处于现有监管机构的职权范围之外，结果导致了透明度的丧失以及市场上信息不对称的暴增。因此，鉴于监管机构通过现有监管架构的执法规则来防止危机的惨淡记录，得到监管架构的权利成了一个巨大的挑战。

改良的不干涉政策的关键要素能够提高所有金融中介机构的安全性和稳定性，它涉及了四个方面。一是给予系统性风险的监管者适当的权限和工具；二是应用资本要求和流动性要求，给系统性金融企业的隐性公共补贴定价；三是提高金融系统的流动性；四是制造金融系统需要的破产工具。

20 世纪 30 年代美国的金融改革在当时那个时代的确引起了巨大变革，而且在很多方面也是有先见之明的。现今这种改良后的不干预政策得到了发展。这种方法主要是填补失灵系统的漏洞，建立预警机制和改正以前错误的做法。这些做法有望即时赶上下一个大的危机以防止整个系统的破坏。

这种改良后的不干预政策能够成功吗？很多还要依赖于我们新的系统风险监管者——美联储办事能力的好坏。有没有可能说那些一直证明自己是大到复杂到不能管理的系统性机构，其实也是真得太大、太复杂、太具关联性以至于过去的监管架构很难监管，在不断发展的新的监管领域却被认为缺乏安全性了？

这其中也有监管俘获的问题。通过这种放松政策，投资银行业能够说服美国证券交易委员会让他们提高自己 2004 年的杠杆率或者银行业在政治上能够俘获联邦存款保险公司并打破其保险税额的限制；抑或商业银行业能够破坏公允价值会计中恶战的进展并允许银行在 2009 年操纵盈利。但是，这种放松政策对将来的监管俘获来说并不是一个好的征兆。同样不妙的是，2010 年雷曼兄弟公司破产审查员的报告指出，通过从系统裂缝中溜过——比如说巧妙运用回购协议交易，该公司能够共同欺骗监管机构、审计师、评级机构、律师和投资者。这种欺骗不会是最后一次。今后的一些年里，会有很多人才致力于避税、逃税，混淆和很少或者根本没有商业或社会目的的金融创新。

美联储是系统性金融企业的主要监管机构，但其批评家认为美联储在最近危机出现前的轨迹记录实在是非常差，美国财政部也是这样。在此次危机中，两机构控制损毁的努力打破了所有的先例，但是这些努力却加剧了金融系统中的道德风险和竞争浓度。即便这样，它也不一定就比英国央行和英国金融服务管理局的联合努力，或欧洲央行（它不具有直接的监管能力）和一群欧洲大陆国家的监管更糟。像美国这样，为了世界各地主要金融系统的监管架构，一切又要从头开始了。

过度悲观肯定为时过早，但是随着美联储的职权从货币政策进一步延伸到政治敏感的宏观审慎和微观审慎领域，美联储扩大政治化的趋势就是板上钉钉的事情了。因此，如果不干预政策允许这些新的权限歪曲货币政策，那么我们能够确定这肯定是它的一个政治缺陷。

然而，综合运用流动性要求和资本要求，以及更密集的监督成本来成功地给系统性风险定价是大有前途的。上述这些税项旨在使制造系统性风险公司的负外部性内化。最终，监管机构的成功依赖于如何有效地反映隶属于它们的金融机构的系统性风险，以及这些要求如何延伸到影子银行系统当中。如果董事会和管理层都各司其职，他们会重新审查其余的大型金融集团的成本和收益，比如说找到大型金融集团为了不课重税而采取非系统性组织形式这种逃避方式。

《格拉斯—斯蒂格尔法案》2.0

提出恢复格拉斯—斯蒂格尔类似的银行活动限制的说法是有益的，但是投资银行和影子银行系统其他不稳定的活动是不符合商业银行的个性特征的，即经营支付系统；接收存款和发放商业贷款；充当货币政策的传导者。这些活动包括企业债券和股票、资产抵押债券和某些其他债券、衍生工具的信用违约掉期等证券、资本投资之类的证券承销和交易以及内部对冲基金的管理。这类活动同样也被视为是不符合联邦储备贴现服务、债务担保以及政府为了保障商业银行的公共事业属性而采取的其他资助形式的准入机制。

根据这一监管选项，在金融危机之际为了能够完全进入到政府的安全网中（高盛集团和摩根士丹利），传统的投资银行转变成了银行控股公司，现在又将恢复到经纪自营商的地位，而且将会采取系统性风险监管机构额外监督的形式进行有效的监管。商业银行的投资银行部门将被出售、公司化或者分拆给股东，并受到同样的监管。外国金融集团的美国投资银行部门同样也将分离出来，或者说把外国金融集团这个母公司中的子公司单独资本化。

有些人建议，事实上，如若早点发现和效率、创新、稳健和竞争性这四条标准相违抗的基准的话，1933 年的《格拉斯—斯蒂格尔法案》的限制就能够很好地实施半个世纪之久。

以银行为基础的融资和以资本市场为基础的融资之间的史诗般的战争，在国内和国际上，给所有的金融中介机构造成了竞争性压力。在《格拉斯—斯蒂格尔法案》实施的 66 年之间，美国的金融体系在经过了大量的冲击和货币标准的多次变动之后，仍然是稳定繁荣的。

另外有一种观点说，即便有《格拉斯—斯蒂格尔法案》的限制，美国的金融体系仍然能够保持繁荣，这是因为"二战"后美国整个国家经济在世界上占有强有力的经济地位。在这个时期，纽约成为了全球领先的金融中心，只有伦敦可以与之抗衡。随着自己的投资银行部门加入了他们在伦敦和纽约全球主要的竞争对手的行列，所有一直受控于综合银行的大陆金融中心就逐渐衰落了。在没有获得央行流动性服务，以及不能像伦敦巴林银行和香港百富勤证券公司破产时那样受到公共援助，很多投资银行倾向于建设一个全方位服务的综合业务模式，并蓬勃发展起来。在共同基金业务（富达和先锋），养老基金（美国教师退休基金会和英国爱马仕企业基金会）以及对冲基金（索罗斯和老虎）中的买方股票交易经纪人同样也是如此。

在政府支持和资助的银行控股公司中生存并得到发展的那些金融专家们建议，格拉斯—斯蒂格尔的现代版本将不会具有破坏性。那些合并和收购的小型企业——从佩雷拉温伯格到拉扎德兄弟公司不等，以理性的企业建议为基础，都欣欣向荣地发展了起来。杰弗里斯中型投资银行也是这样，该公司做了一些可行的中型企业业务，并且提出要放弃政府的资助，这种做法与其集团竞争对手完全相反。

当然，这个只是轶事证据，但是它也表明，伴随着格拉斯—斯蒂格尔式重新监管的出现，一个强有力的非银行金融中介产业将会很快产生。这个产业由更加透明的公司组成，这让他们受到系统性风险监管机构和功能性监管机构相对比较直接的管理。

功能分拆，规模限制以及沃克尔规则

正如格拉斯—斯蒂格尔所做的那样，限制银行活动范围的一个不太苛刻的方法是：意识到在系统性多功能企业当中有些金融活动是不允许的。这些活动包括：经营内部对冲基金；建立资产负债表以外的，没有任何商业目的且致力于逃避监管约束的子公司；大额现金证券的自营交易，以及那些对金融中介来说是不可或缺核心流程的衍生工具；在非金融活动中，如房地产和私人股本，充当主要的投资者。

金融集团坚持认为这种功能分拆将会限制其协同效用，而这对其经营模式来说又非常关键。但是，我们不清楚这种协同效用是否如他们所说的那样真的存在，或者说如果真的存在的话，是否代表公众利益。

替代或补充功能分拆的方法是限制那些合并商业银行部门的金融集团的规模，这样的话他们就会被迫变为非系统性企业。这个指标包括市场份额上限或存款上限或资产上限，这将不涉及活动的禁令，但是规模受限的金融集团很快

将会失去所从事的特定商业领域的临界质量，而且可能会尝试把重点放在最有利可图的资产上然后抛售其他资产。比起功能分拆的具体活动，这可能是一个与市场接轨更紧密的完美解决方案。

到目前为止，鉴于企业规模和效率、稳定性和竞争性之间关系的不明确性，规模限制也许还是有些优点。矛盾的是，迄今决策者对危机的普遍答复是使金融巨头变得更大更具系统性（雷曼兄弟公司除外）。

全球联合

在金融监管讨论中一个持续的主题是全球联合与分散的问题。即使是那些之前我们提及的支持改良的不干预政策的人，他们所关注的也是全球的协调。特别是防止出现竞争扭曲的现象，因为这种扭曲会阻碍金融的持续全球化[①]。但前提是，全球资本流动对世界经济增长作出了重大贡献。

观察家们指出，诸如英国、瑞士、日本、法国和美国等各国政府最终会支持涵盖金融集团的安全网和其管辖范围内的其他系统性公司。在大型跨国公司建立在小国家的这种情况下，体制失灵的系统性风险外溢蔓延到了主权风险是显而易见的事情。较之于美国，这些国家有更强烈的动机为其金融公司保障安全和实施稳健的政策，然后让这些公司自行决定是否改变自己的商业模式来规避损失。这种动机也显示出，大部分系统性金融公司的国家在这些公司的统一和协调方面都会有极大的兴趣，并希望它们运转良好。

批评家们认为，大多数国家都执著于混业经营模式，以至于他们不可能赞同任何有可能导致金融集团结构变化的稍难掌控的监管架构。此外，他们花了几十年的时间在资本充足率上达到《巴塞尔协议》的要求，并利用限制的放松来逃避监管，这些对全球协调的有效监管改革来说不是一个好兆头。事实上，《巴塞尔协议》是监管协调失败的典范。《巴塞尔协议Ⅲ》现在正在讨论当中，但是大多数的主权监管机构认为《巴塞尔协议Ⅱ》是一个大灾难。这意味着统一法规需要消耗很长的一段时间，而且诸如美国之类的国家来看不会受这些法规的限制。

另一种方法是，让全球系统性金融机构作为总公司单独注册成立的子公司经营非国内金融业务，并主要受东道国的监管。有人认为东道国监管机构和本国的经济行为联系更紧密，并且最终会促进安全网的发展，有效保证当地业务的安全运营，而这属于总公司的国家的纳税人所做出的扶养义务。可以理解，这种观点受到很多像瑞士这样的小国家的热情欢迎，因为在这些小国家中有很多全球性的大型的系统重要性金融公司。

正如国际贸易中的保护主义一样，分散监管的费用虽然是分布广泛而且难以估量，但是这笔费用却相当大。过去，很多国家的银行受到政府准入限制和直接控制的保护避免了竞争，然而他们却也必须要接受国内监管的限制。而现今的全球经济，这种方法已经不可行了。银行跨越国家管辖范围的操作能力使他们规避了这些法规的限制。

但这几乎就意味着国家有一个内驱动力去完善一个漏洞百出的监管环境。比如说，即便英美两国想要寻求各种不同的监管方式，但是他们也没有任何理由参与穷追不舍的监管竞争。虽然最近英美两国经济出现了问题，但纽约和伦敦依旧保持着世界主要金融中心的地位，为什么呢？答案很简单，主要是因为两国都拥有良好的体制、良好的法律制度并承诺实施良好的监管。如果只是因为资本成本较低的话，两国可能会继续成为疲软公司想要经商的地方。

我们之前所考虑的所有事情，在给出一些具体的事实之后，可以得出金融中新的监管架构最可靠的方法——首先我们假设这个方法能够实施，而且是以一种有条理的、一致的、具有国际协调性的、持久方式，并且能够坚守公众的利益——那么位于这些替代方法首位的是：改良的不干预政策。

在微观经济学和全球大规模金融中介的产业组织的背景下，通过为系统性风险制定和实施影子价格，综合银行和金融集团将会得出自己的战略性结论。希望他们把自己的公司分隔成更小的规模，从而会成为系统风险小、更专业、更容易监管的企业。至于股东们，他们就能够在风险和收益的标准上决定自己想要投资什么样的金融公司，而不是以金融集团股份制的形式拥有一个固定的业务组合。金融理论和经验性实例显示他们将会有更好的结果。[②]

但是那些对政治和监管俘获严重愤世嫉俗的人可能会认为，主张让具体活动的分割（选项三）作为第二最佳替代方法，具体根据沃克尔规则的原有建议。任意一个选项都代表预先阻止另一个金融危机的形成，至少在短期内是这样的。如果选项一失灵了，那么在下一个大的金融危机爆发之后选项二就肯定要认真考虑了。

1.3　立法

以我们建议的应该为金融架构改革设置的标准和满足这些标准存在的选项为基础，2010 年《多德—弗兰克华尔街改革与消费者保护法案》该怎样满足这项标准呢？

总的来说，该项立法对金融领域监管这一问题并没有一个明确的或一致的解决方法。该法案包含所有上述四个方法的要素，但主要阐述改良的不干预政策和对银行活动的一些限制。也许该法案最大的失败就是没有慎重地考虑什么是银行和银行业的问题。因此，该法案没有一套明确和连贯的政策来应对影子银行系统，并以一种系统性的方式把该项系统纳入监管范围之中。事实上，该法案所涉及的架构性的妥协导致了一个笨重的结构。

一个监管机构委员会——金融稳定监督委员会，授权监测系统性风险并采取相关措施来遏制它。美联储监督和调控包括非银行金融机构在内的系统性公司的作用大大增强了，但是美联储自身遏制危机和为影子银行系统提供帮助的权力受到了限制——这一点我们会在下一章节中提到。很难想象还会有比这个更复杂更具政治色彩的任务。

该法案要求所有综合资产在 50 亿美元以上的银行控股公司，以及理事会指定的非银行金融公司将有可能受到美联储颁布和管理的提高审慎监管标准要求的限制。银行控股公司的 50 亿美元的门槛就意义重大了。以美联储所感知到的风险、公司的复杂性、所从事的经营活动以及规模大小为基础，美联储保留了重要的灵活性以区分哪些银行控股公司将受到更严格的审慎监管标准的监管。

该法案没有制定特定的审慎要求条款，但是划定了理事会可以提高审慎标准的领域以及美联储必须执行该项标准的领域。这些更严格的标准包括：提高的资本标准，精确的杠杆率要求和流动性要求，风险管理要求，浓度限制（25% 的资本存量和剩余），破产计划（即所谓的生前遗嘱）以及压力测试。美联储管理的特定的公开贸易公司必须建立独立的风险委员会。

立法的另一项重要的特征是，美联储必须对那些理事会认为对金融稳定造成严重威胁的金融公司实行严格的 15:1 的杠杆比率。而且，美联储在与理事会和联邦存款保险公司磋商后，还要建立整治制度——在概念上类似于联邦存款保险公司的即时纠正措施（PCA）。

此外，美联储有实施其他审慎标准的自由裁量权，包括：提出应急资本要求，增强公众披露，提出对短期债务的限制，以及监管者认为必要的可降低风险的其他措施。该法还留下了一个可能性，就是美联储可能会决定让非银行金融公司把自己的金融业务分给各个独立的实体。

至于资本要求，该法案努力不要重蹈《巴塞尔协议 II》的覆辙。柯林斯修订本规定，目前适用于美国保险存款机构的，以风险为基础的资本要求和杠杆率要求，必须要在一些美国的银行控股公司中实施，这些公司包括：外资银行机构的中间控股公司，存款控股公司和系统重要性的非银行金融公司。它规定无论最终达到的是什么样的资本和杠杆标准都必须要成为未来任何一个《巴塞尔协议 III》的基础。

立法避开了规模和业务或者"活动拆分"的限制。相反，它设想美联储和理事会将成功地实施上述的增强风险限制的规定。该法案没有限制最大的金融公司通过兼并扩大规模，但是如果合并后的公司的综合负债超过了美国所有金融公司综合负债总额的 10% 的话，任何一家金融公司都不允许并购另一家金融公司。

否则，大型银行和其他系统重要性金融企业将像以前那样，由他们的作用来决定，即便他们将受到更严密的监测和遭受很多新的系统性监管限制（比如消费者保护，金融衍生品交易和高管薪酬等限制）。

该法案赋予了美联储一项特权，就是获得了监管机构 2/3 的票数之后，美联储有权干预任何一个系统重要性金融公司影响流动性的行为。同时也规定，未事先经过国会的批准，政府资金不能用于任何债权人紧急救助。该议案包括一个新的有序清算机场，该机场将代替破产法和其他可适用的破产法律，这些法律在特定情况下可以用来清算金融公司和其若干附属公司。在新的清算管理局下，如果某些条件得到满足，财政部长将有权委派联邦存款保险公司接收任何金融公司。

解散由系统重要性公司所支付的年度保费资助的保险基金这一要求，成了共和党激烈反对的焦点，并最终从立法中剔除，这一要求的省略违背了学术界很多观察家的意见。这种类型的基金是对政府的一种补偿，因为政府对"大而不能倒"公司的借贷成本做了政策性的补贴，而这种补贴是未来必要救援行动的预留资金。但是，治理的费用却要由管理更完善、风险更小的幸存的公司来支付。我们仍旧认为，无论如何这种做法都是没有任何意义的。

通过限制银行以一级资本的 3% 投资专有对冲基金和私人股权基金的数量，以及禁止进行除了美国政府或其机构的债券和市政债券以外的任何形式的自营交易，《多德—弗兰克法案》确实弥补了沃克尔规则大大疲软的形式（之后我们将对其做进一步研究）。该法案还要求系统重要性非银行金融公司持有额外资金，并留意一些自营交易活动的限制，但是并没有明文禁止这些活动。沃克尔规则以其疲软的形式一直实施了两年才失效，之后将会由两年的过渡期甚至有展期的可能。鉴于这些条件，沃克尔规则似乎也不可能很快对银行或者影子银行的行为造成约束力，如果还有约束力的话。

一种积极的解释是该法案在增强金融系统的透明性方面作出了很大的努力，它摆脱了过去十多年异想天开的文化。该法案规定要通过规范的清算组织对其金融衍生品进行委托结算，和通过监管交易所或者掉期合约执行系统来进行委托交易。该法案执行新的监管并且监测美联储、财政部和美国证券交易委员会的活动，它在着手处理评级机构的信息作用发挥方面，以及理解那些过去损害他们作用的关键市场失灵方面还有很大的欠缺。[③]

最后，《多德—弗兰克法案》很少真正关注国际监管努力或协调。国会议员和奥巴马政府理所当然地认为，无论在美国发生什么样的改革都将会是首次出现的，然后都会毫无悬念地成为世界的模板。一个特例是人们愿意将《巴塞尔协议Ⅲ》中修正后的最低银行资本充足率标准作为讨论内容的一部分。在不确定的时期内，该协议在经过充分协商后可能得到施行。

新监管系统的组织架构肯定很庞大。美联储处在该架构的中心地位，不仅责任大大扩大了，随之而来的还有很多新的权力。同样，在保护金融安全和稳定以及解决"大而不能倒"的公司的问题和随之而来的内在道德风险上，财政部和联邦存款保险公司也各自有其明确的任务。美国证券交易委员会的任务也大大增加了，制定法规，监测金融交易和确保透明度。

然而，这个新架构存在一个明显的疏忽，那就是没有足够重视监管机构的金融需求。因此，该架构在监管过程中仍然扮演着一个非常强大的政治角色。美联储将保持自身的独立性且是自行出资的。但是，它受到的政治作用的影响比以往任何时候都还要强烈，其行动的独立性也受到了限制。新的消费者金融保护局是由美联储独立设立的。联邦存款保险公司的独立性似乎受到了比以往更大的限制，因为它解决无力偿债的银行和非银行金融公司的问题权力大大增强了，但是没有事先收取保险费的权力，其征收确定的风险费用的能力受到了国会的限制，并且将一直受到限制。现在，他必须从财政部借款以支付解决无力偿债的大型复杂金融机构的问题成本。美国证券交易委员会的职责扩大了，但是还像以前一样没有能力资助自己，它照样还是要受到政府拨款的摆布，因此很容易遭到政治俘获。

1.4　总结

总而言之，金融中介和金融架构的结构不允许在社会上施加政治上无法接受的费用，不管是通过舍弃在经济问题中值得保护的个体，还是允许企业层面的失败影响其他金融机构并最终影响整个金融系统都是不行的。

保持金融系统的正确运行和稳定关乎公众利益。它不可避免地呈现了决策者的艰难抉择，是选择金融效率与创新，还是选择体制和系统的安全性和稳定性呢？而且，由于充当资本分配者的银行和其他金融中介提供的服务，几乎影响到了经济中的所有事情，监管失灵很快就会变成一个对经济中实业部门造成重大后果的创伤事件。

有关金融监管的新模式还有大量要确定下来的事情。其中有很多都要依靠在实施《多德—弗兰克华尔街改革与消费者保护法案》的过程中，那些尚未

制定的规则和尚未做出的决定。我们认为，给系统性风险正确的定价以及从金
融中介内部收取费用，对良好地执行我们提出的金融架构的四个关键标准，是
首要的和最好的选择。

注释

①见资本市场监管委员会（2006）和麦肯锡公司（2008）的例子。

②见施密德和沃尔特（2009）的例子。

③见本书的第 15 章。

参考文献

［1］Acharya, Viral, and Matthew Richardson, eds. 2009. *Restoring fina-cial stability*. Hoboken, NJ: John Wiley & Sons.

［2］Bodnar, Gordan M., Charles Tang, and Joseph Weintrop. 1999. Both sides of corporate diversification: The value impacts of geographic and industrial diversification Working Paper , Johns Hopkins University.

［3］Campa, Jose M., and Simi Kedia. 2002. Explaining the diversification discount. *Journal of Finance* 57: 1731 – 1762.

［4］Committee on Capital Markets Regulation. 2006. Interim report of the Committee on Capital Markets Regulation (The Paulson Report). Washington, DC: U. S. Government Printing Office.

［5］DeLong, Gayle. 2001a. Focusing versus diversifying bank mergers: Analysis of market reaction and long – term performance. Working Paper, CUNY.

［6］DeLong, Gayle. 2001b. Stockholder gains from focusing versus diversifying bank mergers. *Journal of Financial Economics* 59: 221 – 252.

［7］Denis, David J., Diane K. Denis, and Keven Yost. 2002. Global diversification, industrial diversification, and firm value. *Journal of Finance* 57: 1951 – 1979.

［8］Fauver, Larry, Joel F. Houston, and Andy Naranjo. 2004. Cross – country evidence on the value of corporate industrial and international diversification. *Journal of Corporate Finance* 10: 729 – 752.

［9］Gande, Amar, Manju Puri, Anthony Saunders, and Ingo Walter. 1997. Bank underwriting of debt securities: Modern evidence. *Review of Financial Studies*

10 (4): 1175 – 1202.

[10] Houston, Joel, and Michael Ryngaert. 1994. The overall gains from large bank mergers. *Journal of Banking and Finance* 18: 1155 – 1176.

[11] Kane, Edward J. 1987. Competitive financial reregulation: An international perspective. In *Threats to international financial stabilith*, ed. R. Portes and A. Swoboda. Cambridge: Cambridge University Press.

[12] Kane, Edward J. 2001. Relevance and need for international regulatory standards. Brookings – Wharton Papers on Financial Services: 87 – 115.

[13] McKinsey & Co. 2008. Sustaining New York's and the US' global financial services leadership. Report commissioned by Mayor Michael Bloomberg and Senator Charles Schumer. Mayor's Office of the City of New York. Available at www. nyc. gov/html/om/pdf/ny_report_final. pdf.

[14] Puri, Manju. 1996. Commercial banks in investment banking: Conflict of interest or certification role? *Journal of Financial Economics* 40 (3): 373 – 401.

[15] Saunders, Anthony, and Ingo Walter, 1994. *Universal banking in the United States*. New York: Oxford University Press.

[16] Schmid, Markus M. , and Ingo Walter. 2009. Do financial conglomerates create or destroy economic value? *Journal of Financial Intermediation* (October).

[17] U. S. Department of the Treasury. 2009. Bank regulatory reform: Rebuilding financial supervision and regulation. Washington, DC: U. S. Government Printing Office.

[18] Walter, Ingo, ed. 1986. *Deregulating Wall Street*. New York: John Wiley & Sons.

[19] Walter, Ingo. 2004. *Mergers and acquisitions in banking and finance*. New York: Oxford University Press.

第2章 中央银行的权力与联邦储备系统的未来

Thomas Cooley, Kermit Schoenholtz,
George David Smith, Richard Sylla, and Paul Wachtel[*]

联邦储备系统在 1907 年金融危机大恐慌时应运而生，而后发生的一些金融危机也使该系统在结构和权力等方面发生了变化，这些危机中最著名的当属 20 世纪 30 年代发生的大萧条。因此，2007 年至 2009 年间发生的金融危机使美联储在其权力和范围上有进一步的变化也不足为奇。2010 年颁布的《多德—弗兰克华尔街改革与消费者保护法案》（以下简称《多德—弗兰克法案》）对联邦储备系统在其作用和责任方面的变化作出了规定。美联储必须加强其在系统性风险评估和监管方面的责任，并要资助成立一个新的消费者金融保护局（BCFP）。美联储的政策范围也有所拓宽。除了要保证价格稳定和充分就业，美联储现在还必须将金融稳定视为一个明确的目标加以实现。在扩大联邦储备系统权力的同时，《多德—弗兰克法案》也对一些方面加以了限制。特别是，美联储借贷和提供流动性资产的能力受到削弱，此外该系统的运作与借贷项目还将接受更多审核。

最近的金融危机凸显了美联储和其他中央银行在危机发生时干预经济的强大权力。毫无意外的是，这些干预让公众对联邦储备系统所做的选择，它在危机中应该扮演怎样恰当的角色以及其行动的透明性方面进行了激烈的辩论。一家中央银行如此深入地牵涉为一个日渐弱化的金融系统提供流动性的现象前所未有。

一家中央银行在金融危机发生时应扮演什么角色这一话题由来已久。在沃尔特·白芝浩的帮助下，在 19 世纪 60 年代到 70 年代时英格兰银行便认识到最后贷款人应采取的恰当行为是在有良好的抵押物的基础上，以无限量的贴现向市场提供惩罚性利率的流动性，这一举措的目的有两个，一是可刺激借款人

* 作者们写此文章得益于"中央银行的独立与联邦储备系统的作用"工作小组对纽约大学斯特恩商学院所出的电子书《金融改革的实时解决方案》的讨论。该书作者包括：大卫·巴克斯（David Backus），伊塔马尔·德雷克斯勒（Itamar Drechsler），托马斯·默滕斯（Thomas Mertens）。

一有能力就尽快还款，二是可让银行维持充分的流动性。在最近的金融危机中，美联储施行一系列白芝浩式的措施将流动性适时传递给所需之地。

但美联储和其他中央银行对一个半世纪前白芝浩的观点吸收得过了头，它们除了给市场提供贷款，还贷款给身陷囹圄的个人、机构，有时甚至还是在不良抵押物的基础上提供贷款。每当中央银行扮演最后贷款人的角色时，不论它所作出的有利于个人、机构的决策有多冷静多专业，该决策都会有一些政治上的附加影响。

甚至在给市场提供贷款时，美联储都以空前的程度在干预，它对创造巨额储备反应迅速，并不断以新方法在支撑这些金融机构，以防美国金融体系大规模瓦解。美联储所扮演的最后贷款人的传统角色已有所扩充，它现在又成了最后投资人。有人可能会争辩这不失为防止金融体系普遍系统性瓦解的一种恰当的方式。但这不免会让人更为忧虑美联储的权力范围。

此外，尽管这些决策都被断定为审慎且专业的决策，但它们对政治产生的负面影响是不可否认的。那些未经选举的来自有权又独立的金融机构的领导人作出一些政治决策时，都会遭到民众的普遍反对，对于这点，我们无须诧异。在美国，公众对于银行业当局者们看起来毫无约束的权力的争议可追溯至殖民时期。

毫无意外的是，美国国会现在已经将注意力转移到可以加强金融业监管和避免危机发生的方法上。《多德—弗兰克法案》中介绍的美联储角色的变更几乎都源自对中央银行的作用及其活动的适当范围的深刻思考。此外由这次危机和美联储在这次危机中扮演的角色所激起的公众愤怒仍然引发了一些深深的反思，我们将试图就这二者作出区分。

我们首先从一些历史背景入手，这些背景均凸显了美国人长期以来对中央银行所怀有的反对情绪。接着回到《多德—弗兰克法案》上，对一些关于公众愤怒和实质性问题之间的表达加以区分，这些实质性问题都值得推敲。我们认为先前美国国会通过的一些改革法案中最为过分的平民主义因素在《多德—弗兰克法案》中已经删除殆尽，而我们持此观点旨在预示我们所得出的结论。与此同时，该法案还削弱或削减了美联储的一些权力，而这些权力在缓和这次危机时却发挥了重要的作用。反之，该法案在很大程度上寄希望于一些陌生、复杂且可能还难以处理的监管与决议机制来预防和控制未来危机的发生。如果这些新的结构最终毫无用处，那么美联储在一些借贷形式上应急权力的缺失势必会导致比此次更为严重的危机发生。

2.1 历史背景

汉密尔顿和第一个中央银行

公众普遍抵制实力强大的中央银行的历史至少都和美国历史相当。当 1790 年财政部部长亚历山大·汉密尔顿向国会提议特许开设一间运营时间达二十年的合众国银行时，他所激起的争议贯穿了整个美国历史。由于当时像英国这样一个中央集权的强国才对美国的自由造成过巨大威胁，而英格兰银行在战争中对英国施以援助并一直在该国政府的赞助下得以运行，也会对美国造成同样的威胁。所以在大部分美国人眼中，汉密尔顿似乎试图在美国建立类似的威胁性机构。他们认为最好是让联邦政府的权力更为受限和弱化，而各州建立的当地金融机构规模也最好变得更小。

让建国者们就联邦政府的角色与结构争辩的是有关政治权力的问题而不是经济学的竞争理论。在各类州宪法里，执法权力受到严重的约束，而在联邦宪法里，中央政府的行政权则受到立法权的约束，立法权代表的是各州的权力和利益。因此，一个执法分支机构竟要赞助一个代表财政权力大量集中的机构的做法势必立刻就引起争议。

然而，汉密尔顿既更像一位经济学家，又比他的反对者们更能接受一个"有力"的中央政府。他预想合众国银行将成为一个重要的附属物来帮助联邦公共金融的运营。当时对于一个还只拥有三家地方银行的国家而言，合众国银行还可以开设支行并采用全国性系统，为私营部门提供贴现、存款和发行纸币等业务。该银行还将成为一家特别的大型私有企业，以限制短期政治影响为其新目标，现在我们称为中央银行独立。同时，汉密尔顿还提议联邦政府要拥有该银行 20% 的股份，以彰显其与公共的联系及其公共责任。此外，他还规定该行有义务向财政部长例行报告其运营状况。

国会在 1791 年初讨论了他的议案并迅速通过法案来执行。不过，在众议院的争辩中，议员们却更为倾向于选民们的观点，詹姆斯·麦迪逊（James Madison）就认为宪法并未赋予国会任何明确的权力去成立任何企业，包括银行在内。司法部长埃德蒙·伦道夫（Edmund Randolph）和国务卿托马斯·杰斐逊（Thomas Jefferson）也曾向总统乔治·华盛顿（George Washington）提出汉密尔顿提议的合众国银行是违反宪法的。

基于宪法中的"必要和适当"条款，汉密尔顿就此做出了一段冗长的辩驳，指出了他的内阁同事们推理上的一些缺陷，并首次确定了宪法的"默示权力"条令，该条令后来成了一条重要的国际性宪法原则。最终他说服了华盛顿签署了合众国银行法案。

合众国银行为美国经济提供了出色的服务。对财政部而言，它也是一个很有效率的财务代理人。在缴纳联邦税时，它会接收期货或存款负债，这些负债来自一个不断扩展的由国家特许银行组成的系统，这样它便能有效管控美国银行业系统及其信用状况。此外，它还通过援助几家陷入短期储备不足困境的银行行使有限的最后贷款人的功能。

然而，在1811年，合众国银行特许期到期时，国会并没有延长该期限。这其中除了一些合宪性和权利集中的争议性问题外，一些利益团体的游说也发挥了一些作用。国家特许银行——1811年便多达100家——终于有了可以扳倒一个监管者和一个竞争对手的机会。没了合众国银行，它们便有机会能够接手联邦政府的银行业务。这些国家特许银行的自身利益超过当时在任的麦迪逊总统（Madison）和财政部长阿尔伯特·加勒庭（Albert Gallatin）支持延长合众国银行联邦特许期的偏爱。

第二个中央银行

没有了合众国银行，在1812年美英战争期间，美国筹资的境地变得复杂与为难。除了新莱格兰地区，其他所有州立银行都中止了其负债对基础货币的可兑换性，由此造成了严重的通货膨胀。1815年战争一结束，国会便痛定思痛，立即着手特许成立第二个合众国银行，特许期同样为20年，并于1816年开张营业。第二个合众国银行是在第一个中央银行的基础上有所扩充。联邦政府仍控股20%，银行董事会成员中联邦政府也占有1/5的席位。

第二个合众国银行和第一个合众国银行一样表现非凡。它在战后协助财政部恢复货币的可兑换性，不过为了达到该目标，它在一段时期内施行紧缩信贷政策，并由于信用紧缩造成1819年大恐慌，这让它广受责难。在19世纪20年代至30年代初期间，尼古拉斯·比德尔，这位才华横溢又傲慢不已的银行家是当时第二个合众国银行的总裁，他是一个名副其实的央行行长。比德尔对第二个合众国银行个人认同让其朋友和敌人只得关注他的个性，这对第二个合众国银行而言利弊参半。在比德尔的领导下，第二银行处理国内和国际支付系统，帮助财政部管理债务，防止1825年英国金融危机对美国造成影响，并在一段时期内保持了经济快速增长且无通货膨胀的局面。

然而，在国会于1832年通过其特许续期的请求后，当时的总统杰克逊却对此加以否决。他的否决咨文带有典型的民粹论调，并一一列举了过往与该银行的合宪性有关的论断和有关享有垄断特许且有权有势的大型金融机构会带来何种威胁的争论，同时还提出了一些新的论证，包括对银行资本中的外资拥有权的担心。杰克逊割断了联邦政府与合众国银行之间的联系。直到 1914 年，美国才再一次有了中央银行。

没有中央银行只得勉强应付

在没有中央银行后，美国发展各式各样的替代机构来取代中央银行的地位，但是这些机构都无法像第一个、第二个合众国银行那样促进美国金融稳定。[①] 1836 年以后，财政部通过一些主要城市里的银行票据交换所开始行使中央银行的部分职能，而随着联邦银行体系于 1863 年内战期间建立后，它则是通过一些大城市特别是作为中央储备城市的纽约的大型国有银行来行使中央银行的部分职能。财政部持有自身的基础货币储备，并能将这些储备注入银行系统以预防或缓解流动性危机。在危机发生时，为了满足恐慌储户们的要求，票据交换所可对其会员发行贷款证券来获得更多的基础货币储备。

在合众国银行体制的管理下，美国仅历经两次银行业危机，分别发生在1792 年和 1819 年，也就是相隔二十年相继发生。而之后，银行业危机却平均每隔十年就发生一次，分别发生于 1837 年、1839—1842 年、1857 年、1884年和 1904 年。但直到 20 世纪，也没有一次危机足以冲破反对更为集中控制的银行和货币政策的政治阻力。美国社会大部分地方仍旧还是农村，危机发生时，绝大多数人甚至只能求助于本地资源。而随着 20 世纪大规模都市化和经济分工与经济相互依存的深入，以上情况将会有所改变。

联邦储备介绍

到 1907 年，美国经济已跃居世界首位，但尴尬的是它发生银行业危机的频率竟然高过拥有中央银行的欧洲国家。在发生 1907 年大恐慌时，J. 皮尔朋特·摩根，一位私人银行家充当了一个类似中央银行家的角色，有效地整合了各种方式来避免恐慌的蔓延。这种私人手里的力量竟在公共领域中发挥作用，这对有望被选上的政客而言尴尬至极。因此，恐慌过后，国会立刻着手为联邦储备法的通过作准备，该法案最终于 1903 年通过，美联储也在 1914 年建立。1914 年之后，银行业危机并未就此消失，但其发生的频率大大减少。联邦储备法反映了美国历史倒流的趋势：它创立了一个权力分散的中央银行。

然而，权力分散的美联储并未能避免或减轻美国发生有史以来最为严重的一次金融危机，经济大萧条的深度与持久度在相当程度上反映了美国金融系统的大规模瓦解。由于货币供应和物价水平大幅下跌，美联储实施宽松的信贷政策，几乎发挥不了任何效用。要说它发挥了什么作用的话，那就是它在金本位制下的不正当行为可能还促进了本国危机往国外传播。美联储的问题绝大部分都出在制度上。在 1914 年成立时，联邦储备系统实在太过联邦，它反映出各个州在国会里所代表的权利观点；也就是说，联邦储备系统是地方储备银行和纽约储备银行的综合体，它实际上在资金中心和国际金融等事务上起到了一个带头作用，但它是一个管辖不力的系统。

在 1930 年末至 1933 年期间，银行挤兑和倒闭风行，最终数以万计的银行遭殃，可当时却没有一种协调行动来遏制这种风潮，联邦储备系统这种权力分散的结构有助于对此作出解释。直到 1935 年，马里纳·纳克尔斯，一个来自犹他州的银行家，在所有调控特征中选择以银行立法为基础，对一个权力更为集中的全系统的董事会进行重组，确立了大多数我们现在所知的美联储的集中权力。纳克尔斯利用美联储的新结构和他个人的权利从财政部争取到了更多中央银行的独立自主权。但由于它在 1936 年和 1937 年仓促吸收超额准备金，新的美联储反而还扩大了经济大萧条的影响。鉴于这次失败，再加上它在战时以低利率援助财政部筹措经费，美联储实际上成了财政部的"陪臣"，直到 1951 年财政部协议通过，它才恢复其自主性。

但就范围更广的美国金融而言，各州的权利要求和民粹主义却绝不会消失。直到 20 世纪末期，美国银行才至多能在一个州设立分行，大多数银行最多只能在一个城市甚至一个办公室内设立分行（所谓的单一银行制），国会和联邦监管当局在金融上继续对各州和地方照顾有加。如果那些有权有势的国会议员代表的选民认为放松信贷非常重要的话，一旦美联储降低利率，这些议员就会对其褒奖有加，而一旦它提高利率，他们又会对其加以谴责。直到 20 世纪 70 年代，美联储的放宽信贷政策导致严重的通货膨胀，名义利率创历史新高，美国的民粹主义才进入短暂的平静期。至此，美联储的自主性及其价格稳定目标的首要性才基本上得到普遍支持。

2.2 联邦储备和《多德—弗兰克法案》

苟延残喘的民粹主义

2007 年金融危机爆发以来，美联储大力介入缓解金融崩溃所带来的经济问题，但这招来骂声一片。尽管美联储对此要负绝大部分责任，但国会议员们也乘机指责美联储在危机发生之前和危机发生时有所失职。美联储前主席艾伦·格林斯潘在任职期间，长期以来都施行低利率政策，最终导致房价产生了不可持续的泡沫，由此一些观察员们将他列为最无耻的混蛋。虽然大多数立法规定反映出国会在提高金融监管效率上付出了很大的努力，但有一部分显示国会对此次危机爆发余怒未消。

要找出这样的例子并非难事。国会议员罗恩·保罗，一位现代版的安德鲁·杰克逊，就想"终结美联储"，他以此为标题命名的专著也非常畅销。他的这个论断比他的自由民粹主义观点吸引了更多的观众。2009 年通过的《格雷森—保罗修正案》将使美联储在决策审计和快速预测上受限于国会。尽管《多德—弗兰克法案》削弱了保罗议案的威力，但该法案仍旧对美联储的自主性造成了威胁。例如，在这次危机中，如果美联储有任何行动，总审计长都会被要求向国会递交一份完整的审计报告和美联储管理的评估报告。此外，如果美联储有任何借贷行为没有明确地免除货币政策操作，该法案还允许美国政府问责局对这些行为进行附加审计。此类审计也许在那些参与预测国会政策决策的美联储决策人眼中就是一种强制性威胁。不过随着经济逐渐复苏，公众对于美联储干预行为的怒气也许正日益平息，这些条规可能也预示了货币政策中政治压力的回归，这已成了美国金融史的常规特征。

最后贷款人的新限制

国会在美联储的任务单上添加了一条明确的指令，就是必须维持金融稳定。国会还在美联储董事会内新任命了一位监管副主席，以此加强美联储在监管上的力度。同时，国会——至少是默许——批准美联储推出积极且广泛的白芝浩式方案以在危机时能够提供流动性。与此同时，它还明显地变更了美联储维持金融稳定的有效手段，这里大肆削减，那里又大幅增加。但是要对这些变更造成的综合影响作出评估却不可能，部分原因在于许多变更都会由金融稳定监管委员会作出详细说明，该委员会作为一个新近成立的监管者团体，负责系统性监管。

至少，当危机发生时，立法上的一些变更会使美联储更难以一种适时的方式对危机加以干预。详细说来，美联储对非银行团体提供紧急借贷的能力受到了一些限制。从 2008 年春季开始，美联储就一再依赖联邦储备法令中条款 13中的第 3 条提出的紧急借贷能力，该条款授权中央银行可以在金融紧急的情况下为非银行机构（个人、合营企业和集团）提供贷款。对于美联储的反对者而言，美联储为特定机构（如贝尔斯登和美国国际集团）提供紧急贷款的行为是它任意运用公共资金搭救金融机构的缩影，而这种行为也并不在任何民选官员的监管之下。对于美联储的拥护者来说，这种权力能够让美联储和美国政府在金融系统面临拖欠贷款浪潮时迅速作出应对。如果运用得当的话，这种紧急接待能力便与白芝浩式的在有良好的抵押物基础上，以惩罚性利率向任何个人提供借贷的方法一致。在金融危机中，根据联邦储备法令条款13（3）提供的贷款可能有助于避免金融动荡从雷曼兄弟和美国国际集团向其他相关的大型弱势机构扩散。

《多德—弗兰克法案》明显地缩小了该权力的范围。首先，该法案禁止美联储贷款给特定的非银行机构。除了那些"参与具备广泛合格性的借贷项目或工具的机构"，美联储再也不能向任何"个人、合营企业和集团"提供紧急贷款。其次，该法案还声明"任何紧急借贷项目或工具都旨在向金融系统提供流动性，而非援助一家失败的金融公司。同时该法案还强调对紧急借贷的保障非常充分，完全可以避免纳税人蒙受损失，而且会适时有序地终止此类借贷项目"。设定这些限制的目的想来是为了降低所谓的"大而不能倒"的影子银行的道德风险，阻止纳税人去协助影子银行进行重组与清盘。立法创建了一个新的以联邦储蓄保险公司带头的决议机制，而这种非银行机构的重组将在该机制下进行（有关该机制的分析，请参看第7章）。

最后，在新的多德—弗兰克机制下，美联储有关在危机发生时向具备偿付能力且抵押物良好的金融机构提供高效流动性的项目，如在危机中发展起来的特别的借贷工具等必须得到财政部部长的首肯。财政部部长为何必须参与那些无损纳税人利益且旨在提供流动性的项目不甚清楚。但这样一来不仅徒增了对美联储自主性的担忧，还在银行与影子银行间造成了一些新的区别，以前美联储可未经财政部首肯和不受联邦储备法令第13章第3条款的约束运用权力提供流动性，而影子银行则不仅须经财政部批准，还须获得紧急借贷权力。[②]

究竟完全禁止紧急援助性贷款是不是解决美联储紧急贷款的最佳方式还值得怀疑。这样做的话，一个政策安全阀就会被该法案移除，75多年来，一旦发生不可预见的情况，这个安全阀都起到了作用。实际上，国会正指望通过其他监管改革和新的决议机制来避免或是控制金融危机。替代美联储紧急借贷的政策办法可能会要求紧急贷款事先须经总统批准（同时要通知国会），或是对美联储的借贷范围加以限制而非完全禁止，也可能会要求总统在紧急追加预算提案中将用来从美联储那获得全部紧急援助性资产的拨款经费包括在内。

当得以适时对危机作出应对的时候，要求对中央银行所作出的准财政行为负责和确保货币政策的独立性之间不可避免会有冲突，而一些替代措施的综合体将缓和这些冲突。在我们看来，要求财政部在作出一番稳定危机的努力后，及时促进将非财政部或非代理债务从美联储的资产负债表中移除这种方式效果更好。通过这种方式可以明确一个事实，就是当美联储还是最后投资人时，在紧要关头它可以暂时扮演政府银行的角色，但又不能在其资产负债表中长期持有这些资产，而《多德—弗兰克法案》中却并未直接解决财政政策和货币政策的混淆问题。

仅将焦点放在对非银行机构限制紧急资金同样显得不当。"大而不能倒"造成道德风险的问题源于美联储为困境中的大银行贷款（1984 年贷款给伊利诺伊大陆银行），但立法机关并未对美联储贷款给个体银行加以约束。这可能是因为 2008 年美联储做过最不得人心的事就是对非银行机构贷方施以援救（特别是贝尔斯登和美国国际集团）。立法机关对非银行机构加以限制的目的似乎专门是为了避免这种极其不受欢迎的紧急贷款行为再次发生。

不过，从一个分析或常识性的视角来看，如果银行和非银行金融机构都存在同等的潜在危险，那么最后贷款人必须区别对待二者的做法几乎毫无道理可言。为什么最后贷款人竟然可以不管其自身职能，只因为金融机构要承担的法律标准而没能支撑金融体系？早在 19 世纪白芝浩就有力地表达了这种实用主义观点："只要有良好保证，现金储备的持有者们……必须贷款给商人和小银行家们，给'这个人和那个人'。"③可以想象，新规出台的作用之一便是促使那些身陷囹圄的非银行金融机构向银行转变，以便向美联储借钱——就像高盛集团和摩根士丹利，雷曼兄弟在 2008 年一破产后，它们就转变成了银行控股公司。如果是这样的话，缓解"大而不能倒"问题的目标可能依旧难以捉摸。还有一个相关问题就是，相比一家处境相似的银行，该法案是否为一家能力有限的非银行金融机构尽力通过决议过程提供了更大的可能性。会对银行有更多（感知的）耐心吗？

诚然，在一个民主社会里的中央银行必须接受审查，而推选出来的行政官们也必须对其负责。它有力的借贷工具也需要受到仔细监管。因此，我们希望能够出台一项程序，使其不仅能为中央银行完成它的政治责任，又能维持中央银行从金融和经济稳定利益出发而适时干预的职能。通过预先授权一项备用权力（可能规模有限）以防危机中有不时之需，一旦该备用权被运用再伴之以一些能够立即生效的监管程序，此问题便得以解决。④

紧急借贷工具让美联储（和政府）得以迅速对突发的系统性冲击作出应对。提议中的结构会拖延美联储决策的进度，并使该决策带有政治色彩，这一点在与议会系统的对比下尤为明显，行政部门基本上不出一夜便可施行财政变化政策。不难想象这样一种情形，最后贷款人因为不能及时作出应对而给国家安全、金融系统和国家经济带来风险。我们只需回顾 1930 年至 1933 年发生的经济大萧条就可看到美联储的不作为和延迟采取行动造成的消极后果。

美联储的信息公开新要求

通过要求美联储完全公开与其交易有关的全部详情，包括交易期限与交易方等，多德—弗兰克可谓是在中央银行的业务行为上作了一番惊人的变更。此类公开涉及的不仅是紧急借贷项目，还包括传统形式的贴现借贷与公开市场业务。就所有情况而论，信息总是在明显的拖延后才会被公开：一个特殊贷款项目结束一年后，其信息才会被公开，而每个常规贴现窗口或公开市场交易通常都是结束约两年后才会公开其信息。这些发布的信息将为研究团体提供大量可用数据并能让公众完全知晓中央银行的交易详情。有条款规定独立政府机构可以在合理地迟延后再公开其运作详情，公众一般也不会对这种条款有异议。在经济大萧条时，不成熟的信息公开要求只会使局面更加复杂，而法案中的公开拖延则可避免这种不稳定性。[5]

不过，大家想知道法案的信息公开新要求将如何影响美联储的政策工具也是合乎情理的。

在我们看来，法案的信息公开新要求将弱化贴现窗口贷款作为一个危机管理工具的职能。银行一直都害怕它们从美联储的贴现窗口贷款信息的披露会彰显其脆弱性并引发银行挤兑。近年来，除非危机发生，贴现窗口贷款一直都在被忽略，这在很大程度上也是这个原因。因此，银行对挤兑的担心在危机发生时更为强烈。很显然，美联储自20世纪90年代以来为了鼓励更多贷方使用贴现窗口和为了强化该窗口作为一个政策工具的价值所做出的努力成效甚微。对于美联储而言，当金融系统被明显的流动性不足所威胁时，要想说服银行去使用贴现窗口比过去更加困难，这要归咎于信息公开新要求的出台。

扩大美联储其他权力和改变其管理

《多德—弗兰克法案》中与美联储直接相关的一大特点就是对具有系统重要性的金融机构施行新的监管机制。金融稳定监督委员会（Financial Stability Oversight Council，FSOC）——由主要监管当局组成——将与财政部新设的金融研究办公室进行磋商。该办公室有权收集并分析有关金融系统中系统性风险的信息。国会有权命令美联储对存在系统性风险的非银行金融公司施以监管。在新的FSOC决定的职权与美联储委员会新设的监管副主席的共同作用下，美联储内部的金融监管和稳定得到更多的重视并趋向制度化。这种对过去监管安排的改组将有利于避免对系统性问题的善意忽略，这种善意忽略在危机爆发之前便已盛行。不过，到底这个格局复杂的新机构将如何对金融业的发展作出灵活应对尚待分晓，而金融业的发展还将不断有力地刺激系统性风险的出现。

一些观察员认为美联储一直都有能力将其监管延伸至影子银行，所以这些新的结构根本毫无用处。然而，这次危机却凸显了清楚认识影子银行系统中的系统性危机的需要。国会有权将美联储的注意力引向需要附加监管的领域并有权命令其作出行动，但各类监管者将如何在一个分析团体（财政部金融研究办公室）、一个审议机构（同意扩大监管范围和对美联储行动授权的国会）和监管者（美联储）之间有效地协调对方的活动也成了一件重要但又无法确定的事。通过将信息公开和对隐性政府补贴收费作为揭露和控制系统性风险的手段，监管者们在让市场规律发挥作用这条路上到底能走多远也不甚清楚。

为了让破产金融机构进行有序清算，联邦存款保险公司新设了一种机制，美联储则在该机制中起到次要作用。清算过程的目标在于在不触及"大而不能倒"和不造成纳税人损失的情况下对重大失败的公司进行系统性分解。在财政部、联邦存款保险公司和美联储一致认为清算具有系统重要性后才可开始清算过程。接着，联邦存款保险公司再尽快以预期的速度提供存款和其他负债的保证。同样，其有效性还须拭目以待。

最后，相比早期的立法草案，《多德—弗兰克法案》并未进行任何管理上的变动，因为此类管理变动可能会使美联储地区银行的高层任命带有政治色彩并对美联储的独立性造成威胁。法案作出的有限变更可能会被视为是对金融部门和美联储之间过分的亲密关系作出的谨慎反应。例如，美国政府问责局将对现行任命美联储银行董事的系统进行研究，旨在探究公众代表的民意与效度之间的冲突。法案还禁止由会员银行任命的联邦储备银行董事参选联邦储备银行董事会主席。⑥最终的法规中并未包含早期议案中提及的更为严苛的变更（包括纽约联邦储备银行主席任命须经过参议院核准）。

消费者金融保护

《多德—弗兰克法案》中一个主要部分就是创建消费者金融保护局。消费者金融保护局是一个独立的消费者保护机构，总部设在美联储，并由其提供经费。该局负责保证美国消费者在进行抵押、信用卡和其他金融产品交易时能获得清楚、精确的信息，同时还要保护他们不受隐性费用、滥用条款和欺骗行为的误导。在下一章我们会单独探讨消费者金融保护，不过由于该局位于美联储，在此也值得就其对美联储有何牵连进行简要评论。虽然该局由美联储提供经费，但其局长又是由总统任命并经参议院核准，表面看来双方没有任何牵连。由于该局必须是一个独立机构，因此它本就不应过多牵涉美联储的正常运作。但将该局设在美联储又不甚合理。很显然，这是政治争论的结果，这使得立法者们基本上可以不公开成本也不必再寻求拨款来解决成本问题。由此，冲突是潜在的。消费者保护具有许多商业和消费者方面的成分，由此它带有浓厚的政治色彩，这也是它这么有民粹主义政治吸引力的原因所在。《多德—弗兰克法案》的艰难通过也充分证明了政客们可以在不考虑较大后果的情况下以特别的方式对监管者们施加巨大压力去保护消费者和商业利益。不难想象消费者金融保护局采取行动或不采取行动的情况可能会进一步对美联储造成政治干扰。

2.3 中央银行的后危机角色：一个衡量《多德—弗兰克法案》的基准点

自 17 世纪末以来，中央银行的角色便一直在变化。在成立之初，中央银行的首要职能是为政府充当财务代理人。之后在 19 世纪时，沃尔特·白芝浩有力地明确了中央银行发挥最后贷款人职能的重要性。中央银行在经济稳定中的政策作用——设定政策利率和管理货币增长——直到 20 世纪中叶才作为其重要职能出现。差不多同时，许多国家的中央银行也开始承担监管和调控银行的大部分责任，大多数中央银行承担支付系统和结算系统的整合性、有效性及可达性方面的责任。

通过对美联储提出一个明确的新目标，《多德—弗兰克法案》反映了中央银行的角色在后危机世界中不断改变的观点。除了现行的实现充分就业和稳定物价的指令，《多德—弗兰克法案》还授予了美联储一个稳定金融的明确职责；第 1108b 条声明"委员会必须识别、衡量、监管和减轻美国金融稳定方面的风险"。

哪些是中央银行的职能？而哪些不是中央银行的职能

现代中央银行的职能涉及三个方面：货币政策的制造与实施、个别金融机构的监管与调控和金融部门的整体系统性调控。最后一项职能除了涉及支付系统的传统性职能，还包括一些对全系统风险方面的关注，而全系统风险是由于金融机构和市场的复杂性和互联性有所增强才引起的。

考虑到这些角色，我们便可看到，在美联储的结构中有一些要素不可避免地限制了其独立性。美联储要对国会负责。与欧洲中央银行不同的是，只要多数议员通过，国会便可更改对美联储的指令。与此同时，12 家联邦储备银行是由独立的委员会分管并归会员银行所有，这使得联邦储备系统还得受限于银行的调控，而这些银行本应由它加以监管。再加上美联储在危机时还得与财政部紧密合作，在制定货币政策时，联邦储备系统就必须时刻保持警惕以防卷入政治干预风险。在制定过程中要想保持低且稳定的通胀预期就得具备持久的政策警觉性。

虽然《多德—弗兰克法案》禁止了美联储的一些准财政活动，并增大了其监管权力可能的范围，但实质上，该法案并未改变这个事实。联邦储备系统依旧是数十年演变的一个务实的结果，并依旧在平衡公众对银行家的不信任和它本身对政客的不信任上讨价还价。不过片面的是，美联储被广泛视为政府机构中最为独立的机构之一。当然，和许多其他工业世界的中央银行相比，美联储确是如此，即便是最犀利的评论家们通常都会称赞美联储职员正直、忠实和专业。

货币政策

制定旨在维持经济稳定的货币政策必须由一家独立的中央银行来完成，对于这种观点其少有人辩驳。尽管有人（如罗恩·保罗和其他自由论者）提倡废除中央银行，经济学家和历史学家们已经充分证明，比起那些政府掌权的机构，独立的中央银行能让通货膨胀率更低并更为稳定，且不会对经济产出造成长期影响。

中央银行可运用其工具来引导经济向政府所设的目标迈进。在美国，美联储有维持物价稳定和保证充分就业的双重使命。许多其他中央银行——欧洲中央银行就是一个值得注意的例子——只有维持物价稳定的单一使命。一家中央银行影响利率和货币与信贷的增长是为了实现其特定目标，一家独立的中央银行在追求这些目标时可以不用考虑选举周期，选举周期可能会诱使民选的政策制定者去追求短期目标，例如，追求不能持续的高就业率和实质增长而忽略了长期的通胀影响。

有人认为中央银行的职能必须始终围绕货币政策，因此任何别的责任会导致其分心，因而无法实现其维持经济稳定的首要任务。事实上，一份早期的参议院草案上确实建议删减中央银行的其他职责，只留下制定货币政策这一项职能。然而，这样一来就忽视了货币政策制定者、金融监管和审慎监管之间的重要联系，这种联系要求现代中央银行的作用更为宽泛。

监管、调控和最后贷款人

上文提到，白芝浩在 19 世纪介绍了中央银行应该在金融系统中担当最后贷款人的理念。实际上，货币政策制定的现代理念也是在中央银行的借贷活动中逐渐发展而来的。传统上，中央银行为金融系统提供流动性。其至在中央银行的宏观经济作用得到承认之前，中央银行对银行系统的借贷活动就已经影响了经济总量。诚然，新的美联储所发布的极为成功的新政策之一就是提供资金以应对农业周期导致的季节性基金短缺。当特殊的流动性问题威胁到银行系统的运作时，中央银行也得承担最后贷款人的角色。贷方必须对借方的信息了如指掌才能保证贷款可靠，这是非常合理的。因此，银行监管与调控通常都与最后贷款人有所联系也并非偶然。

尽管限制了美联储的紧急贷款权力，《多德—弗兰克法案》在其他方面强化了最后贷款人和调控与监管职能之间的联系。它授权美联储——受限于新设的金融服务管理理事会提出的建议——对具有系统重要性的非银行机构进行监管。它还批准美联储可通过其广泛的贷款工具为非银行机构提供紧急流动性（但不包括贷款给个体非银行机构）。

一些经济学家声称中央银行的最后贷款人角色已经过时。[⑦]他们认为，在现代高度发展的金融市场中，不应该有这种资金周转困难但又有偿付能力的公司存在。有偿付能力的公司要能够一直在银行间同业拆借市场、回购市场和较长期的信贷市场上安排融资。在2007—2009年金融危机发生后的时期内，这种观点回溯到了1907年大恐慌之前的一些恰当的安排，它似乎反映出他们过分乐观地相信金融市场能够避免崩溃。

可以想象，对个体银行机构的监管和调控可以不必是中央银行的职能。在一些国家，该职能由其他政府机构来执行。在美国，美联储也一直和负责给银行颁发特许执照的州立或国家机构还有存款保险局一起承担这些职能。

不过，作为美国的最后贷款人，美联储必须能及时获得任何潜在贷款方的信息，这至关重要。中央银行必须在银行监管和调控中起带头作用就是争论的关键，有人可能会问真正的问题是否在于美联储和其他有监管权力的机构之间有效的沟通。然而，实际上，监管者角色和最后贷款人被分离开来的一些实例——如在英国，英格兰银行担当最后贷款人，而金融服务局则监管潜在借贷方——凸显了发生危机时，双方进行有效沟通的困难。因而，英国财政大臣乔治·奥斯本最近宣布了删减金融服务局将银行监管的带头人地位归还给英格兰银行的计划。

更重要的是，将最后贷款人和监管角色相结合的益处更胜于迅速沟通的好处。在发生流动性危机时，调控和监管过程中发展起来的技巧和专门知识可以帮助最后贷款人在必要时进行革新。例如，在2007年至2009年危机发生期间，如果就美联储监管者们而言，他们在金融系统上缺少广泛的实践经验，那么要想迅速紧急引入若干新的美联储借贷工具（如财宝拍卖工具和一级交易商信贷工具）就会困难重重。同样地，调控和监管的经验对于所谓的宏观审慎权力的发展和自如运用至关重要，这种权力旨在控制系统性金融威胁。

因而在此背景下，对受到监管的机构进行区分尤为重要。在与那些因为本身形势不稳定而会对金融系统整个造成直接威胁的机构打交道时，最后贷款人的角色可能是最有关联性的。大量小型金融机构的信息被共同披露而集体站不住脚时，便会造成这样的系统性威胁。在这次危机中货币市场共同基金的经历便是一个恰当的例子，不过这样的实例毕竟是少数，即便是发生在 20 世纪 80 年代的储贷危机都不是真正意义上的系统性危机。此外，这次危机的经历也暗示了大型复杂的金融机构更易导致系统性破坏。鉴于这个原因，将最后贷款人和对大型复杂的金融机构的监管相结合比起将最后贷款人和对其他金融机构的监管相结合似乎更有力。

《多德—弗兰克法案》很大程度上甚至保留了联邦储备银行对于小型银行的监管职能。自然，这 12 家联邦储备银行也毫不情愿地放弃它们的监管角色，因为这是它们的主要活动之一。保证所服务区域内大大小小银行稳定健康运行被联邦储备银行视为保证其服务区域的经济健康所不可或缺的部分。在对银行进行监管过程中获得的机密信息在制定货币政策时可派上用场，特别是这些信息可以帮助政策制定者们对信贷的需求和供应进行预测。然而，比起对小型银行进行监管，对包括非银行机构在内的具备系统重要性的金融机构进行监管要紧迫得多。[8]

系统性风险监管者

尽管系统性风险并非一个新的概念，但一个明确的系统性风险监管功能的概念是新的。处理系统性威胁是美联储的一项内隐的职责，因为只有它的最后贷款人工具才可以对系统性风险问题作出应对。在处理威胁金融系统运行的破产问题、千禧危机或"9·11"恐怖袭击等时，美联储的贴现窗口就是解决这些问题的工具。继"9·11"事件之后，在 2007 年至 2009 年金融危机期间，美联储成功地满足了与日俱增的流动性需求而不至于威胁到金融系统稳定性的那一周，美联储的贴现窗口使用率达到史前最高。

在普遍发生金融紧急情况时，为了对系统性威胁进行管理，美联储有权大范围地贷款（给非银行机构）。不过，由于这些权力自 20 世纪 30 年代被创造以来从未被用过，公众在 2008 年 3 月前对它们几乎一无所知。得益于事后的认识，我们看到贴现借贷权力在 20 世纪的发展为美联储应对系统性风险提供了一个可贵的工具。不过，它并未让美联储成为一个有责任去监管和预防系统性风险发生的真正意义上的系统性监管者。实际上，最近的这次危机凸显了没有一个机构明确负责应对系统性风险而可能会导致的后果。

设立一个系统性风险监管者是《多德—弗兰克法案》的一个重要部分，要想行之有效，这样的一项监管权的影响得要向多个方向延伸。

首先，系统性监管者要加大对那些相互联系紧密的大型机构的监管，因为任何一家破产都会导致系统性问题。

其次，它必须能解决由那些遭受共同损害的较小机构所引起的系统性问题。例如，2008 年货币市场共同基金挤兑事件的发生便凸显了由那些所谓的影子银行所造成的风险——此类银行没有存款保险和最后贷款人，即使是它们的资金都可以几乎或完全在不知不觉中被储户取走。类似的资金问题也影响了这些机构——如经纪自营商——它们依赖质押式回购市场。金融服务管理理事会应当授予美联储对此类承载风险的市场融资活动施行监管的权力，任何机构自行引发系统性风险的行为也包括在内。

最后，经济条件也能导致系统性风险活动的发生。21 世纪初以来，长时期的低利率创造了一个促进信贷快速扩张甚至有些过剩的环境，导致危机发生的抵押信贷市场的环境尤为如此。此外，货币政策中的新元素——所谓的宏观审慎权力——构成了系统性风险管理的一个重要潜在元素。

多德—弗兰克金融服务管理理事会是否将成为大家所需的一个强有力的系统性监管者还不甚清楚。金融服务管理理事会将明确授权美联储对具备系统重要性的金融机构进行监管，而非亲自直接行使该权力。从理论上而言，该权力让它得以对任何金融机构的系统性风险活动加以控制——影子银行、对冲基金和保险公司，例如——还包括这些不受监管的机构。若任何金融机构的行为构成系统性威胁，监管者就有理由对其加以关注。

然而，国会仅仅是一个松散的伞式组织，除了别的之外，它还有以下任务。"识别美国金融稳定的风险，这类风险可能是由一些相互联系紧密的大型银行控股公司或非银行金融公司陷入重大财务困境或无力偿还的境地所引起，也有可能是由这些公司一些正在进行的活动所引发，还有可能是源于金融服务市场以外的因素"和"一些金融活动或行为可能会引起或增加严重的流动性或信贷风险或其他问题，而这些问题会影响银行控股公司、非银行金融公司和美国金融市场，因此在主要的金融监管机构对这些金融活动或行为采用新的或有所提高的标准和保护措施时，国会应为这些监管机构提供建议"。

国会在很大程度上还将担当一个间接的角色：当它认为需要对系统性风险采取行动时要建议监管者们加大监管力度。因此，系统性监管者们不直接处理系统性问题——对引发系统性风险和制定货币政策的机构进行监管。而美联储将会是金融服务管理理事会中唯一的参与者，因此也不存在带头人。由于系统性监管者的大多数职能及其所关切之事均与美联储的基本职能密切关联，因此有人认为应当让美联储在系统性监管中起到一个更为中心的作用。[9]美联储不断对市场进行监管并须保证支付系统的完整和健全。商业周期和金融周期之间联系紧密：要想在没有金融稳定的情况下保证经济稳定绝不可能。鉴于其本身的专业知识背景及其相对政府而言一定程度上的独立性，美联储自然就成了评估商业稳定和金融稳定这两个政策目标之间可能发生的交易的机构。美联储已经具有管理系统性风险的重要工具且正在开发新的工具。

　　《多德—弗兰克法案》保留了美联储作为最大银行的主要监管者的角色,它还允许国会授予美联储监管其他具备系统重要性的金融机构的权力。如果国会能够有效地以这种方式进行,那么大多数重要的系统性问题最终将被摆在处于中央银行的面前。然而,《多德—弗兰克法案》显著地限制了美联储的紧急借贷权力。对给个体非银行提供紧急贷款加以限制是否会导致无法快速及时对危机作出应对并带来潜在系统性风险,未来势必会成为一个重要问题。

2.4　结语

　　就许多观察员而言,他们认为 2007—2009 年发生的金融危机源于美联储在艾伦·格林斯潘领导期间所犯的错误。在他行使其巨大的权力试图阻止金融崩盘时,他很大程度上偏离了货币政策的正常管辖范围。毫无意外,金融改革应当包括对美联储角色的一些慎重反思。一个宪政民主国家强调的是民选官员的义务性及其责任性,因此一个强大和独立的中央银行在使得其反宪政民主内并非一个正常实体。

　　然而,《多德—弗兰克法案》却合乎情理地完全保留了美联储的独立性。在国会先前的讨论中对中央银行的独立性提出了一些挑战,这些挑战造成了误导并潜在地使公众对这次危机表达愤怒。基于愤怒进行改革是很难有效果的。幸而,《多德—弗兰克法案》并未理会对美联储的大多数猛烈攻击。不过,它还是对美联储的紧急借贷权力加以了限制,并构建了新的应对系统性风险的结构,这种新结构在面临真实事件检验时将会接受评判,而这些新的结构能不能在危机发生时缓和危机目前尚不明确。

　　最后,一些充满竞争性的目标让人难以对中央银行的角色下定论也是不争的事实。尽管大家都认同制定货币政策是中央银行的职责,也是中央银行独立性必须存在的理由,但针对美联储应该对个体金融机构的监管和调控及对金融业整体的系统性监管负多大的责任则是众说纷纭。要想经济稳定,全面的金融稳定也是必不可少的,因此在中央银行的各种授权之间存在着潜在的冲突。即便是将物价稳定作为唯一使命的欧洲中央银行,因为决定(面临激烈反对)持有一些面临严重资金挑战的会员国家如希腊、西班牙和葡萄牙等国的国债而被卷入了一个扩大的角色当中。

　　我们认为一个中央银行的三项职能之间的坚固联系充分地表明在恰当的监管下,中央银行应当对这三项职能拥有广泛的权力。《多德—弗兰克法案》

朝着该方向行进了一段距离，但还未走完全程。在验证那些可能不大灵活的用于阻止和缓和金融危机的工具是否有效之前，对一些美联储的危机管理工具进行禁止或弱化才是关键。针对美联储用于缓和在最近这次危机中出现的金融不稳定的一些危机管理工具，该法案颁布了禁令，除非这些工具得到了金融服务管理理事会的授权。可以很清楚地证明延迟的危机干预不如及时的危机干预有效。金融危机的历史表明强大的领导力和及时的危机干预可将管理良好的经济与管理糟糕的经济区分开来。一个新的因而也是未经检验的监管理事会在危机中是否能比一个经验老到的中央银行家表现出更强的领导力目前还不清楚。

注释

①美国的银行很多，且以世界标准来看都为小型银行。到 20 世纪时，尽管均为联邦特许银行，甚至纽约的货币中心"国家"银行的职能都仅限于一个州或地区的范围，这凸显了公众对于金融系统的大小与权力及地方银行存款利息所持续的影响等方面的不断关注。参看乔治·大卫·史密斯和理查德·希拉：《资本市场》，见 S. I. 卡特勒编：《20 世纪的美利坚合众国百科全书》，第三卷，纽约，斯科莱布诺出版社，1996。

②对美联储借贷给交换实体进行禁止，而并未对贷款给那些与存储有关的机构加以限制，进一步对银行和非银行进行了区分。其依据似乎在于监管者们更易控制与银行有关的交换实体所承担的风险，但这还有待观察。

③沃尔特·白芝浩：《朗伯德街》，51 页，引自布莱恩·麦迪根，在 2009 年 8 月 21 日于怀俄明州的杰克逊洞举行的联邦储备银行堪萨斯分行经济研讨年会上所作的"白芝浩在实践中的格言：制定和施行政策以对抗金融危机"的演讲。

④例如，为了约束美联储承担信贷风险和让中央银行负有责任，马丁·费尔德斯坦提议国会授予财政部通过美联储从其资金中划拨长期私人信贷的权力。参看费尔德斯坦：《授予美联储什么权力》，载《经济文献》，2010（48），135～136 页。

⑤在 1932 年，国会要求重建金融公司公开其借款人（大多数为银行）详细信息时，新一波银行挤兑风潮接连发生。

⑥这些变化似乎反映了国会对于纽约联邦储备银行董事会前任主席斯蒂芬·弗里德曼的灰心，在高盛集团成为一家银行控股公司后，他还同时担任该公司的董事。弗里德曼在同时担任这两个职位时，他还带头公开为纽约联邦储备银行寻找下一任接班人，而这个接班人恰恰又来自高盛集团，在此期间他被曝出有个人金融交易行为（这在美联储是明令禁止的）而备受责难。

⑦如马文·古德富伦德和罗伯特·G. 金：《金融放松管制、货币政策和中央银行业》，见《重构美国金融服务》（马里兰州、拉纳姆：美国企业研究院研究成果，1988），481 页。

⑧艾伦·布林德（《中央银行应该有多中央》，载《经济文献》，2010（48），132 页）

同意美联储对于小型银行的监管未受到过多强制，而且"不在其核心使命范围之内"。

⑨值得注意的是，欧洲中央银行被认为在新的欧洲系统性风险委员会中会享有这样的一个中央地位。

第3章 消费者金融保护

Thomas Cooley, Xavier Gabaix, Samuel Lee,
Thomas Mertens, Vicki Morwitz, Shelle Santana,
Anjolein Schmeits, Stijn Van Nieuwerburgh, and Robert Whitelaw

3.1 综述

近年来，许多消费者们不知如何对金融产品进行评估和作出决定，这种情况日益备受公众关注。消费者们在一生中所做的一些重要决定涉及一些金融产品：住房按揭贷款、汽车贷款、大宗耐用消费品贷款、为退休所进行的投资，还有保证家庭安稳的保险等。在过去，政府和雇主们通常会为公民或雇员们作出金融决定，例如提供一定金额的退休收益计划和社保；如今，越来越多的人开始自己作决定。此外，由于金融产品变得越来越繁杂，而消费者们也面临不同服务提供商所提供的繁多的选择，这让他们作决定时显得更为复杂。因此，为了让消费者们在面对如此复杂的选择时能作出明智的决定，他们必须对金融方面有一定的了解。

不幸的是，研究显示许多消费者甚至缺乏基本的金融知识，而这些知识在消费者对金融产品作出明智选择时是必需的（布朗斯坦和韦尔奇，2002；卢萨尔迪，2008；卢萨尔迪、米歇尔和库尔托，2009）。许多消费者连一些基本的金融概念如复利、风险分散、实际价值和票面价值的区别，股票和债券的区别等都不甚了解（卢萨尔迪，2008）。这种金融知识的缺乏导致消费者们作出了欠佳的选择。具备较高金融知识水平的消费者们更多地为退休作出计划，而金融知识水平较低的消费者们则是贷的多，存的少，并在还贷时存在更多问题（卢萨尔迪，2008）。考虑到金融信息的复杂性，即便是金融知识水平居中的消费者们在作出金融决策时也有一定困难（佩里和莫里森，2005）。美国消费者们金融能力的整体缺乏，使他们收支相抵、未雨绸缪，或是选择和管理金融产品面对有可能产生的风险（卢萨尔迪，2010）。例如，许多美国消费者们在贷款买房上就作出了欠佳的选择。在由服务商提供的所有选择面前，许多人都没有获得较为优惠的贷款，反而选择了一些相对利益而言在风险方面欠佳的贷款（威利斯，2006）。

显然，即使美联储强制银行公开信息，该问题也同样存在。即使有了这些披露的信息，消费者们对金融产品的一些重要方面仍旧一知半解，作出的决策通常也很不理智（巴—吉尔和沃伦，2008）。信息披露似乎失败的原因之一在于过多的信息被提供给了消费者，因此他们面临着信息泛滥，这通常会导致消费者们只关注了一小部分易于理解的信息而并非是那些对作出有效决策所必需的最为关键的信息（西蒙，1978）。尽管谨慎和精确非常重要，但消费者们在作决定时往往依赖简单的顿悟，这样一来消费者们在面临复杂的选择时，更易发生以上问题（卡恩和巴伦，1995）。信息披露似乎失败了的原因之二在于消费者们都过于自信，他们可能会以某种方式对所披露的信息进行自我解读，这种方式会有助于他们得出所期望的结论，即使得出的结论并不合理（昆达，1990）。例如，一个消费者如果错误地认为他将永远不用后续付款的话，可能会选择办理一种惩罚费和利率都高的信用卡（巴—吉尔和沃伦，2008）。

更糟的是，越来越多的人担忧一些金融公司故意设计和主动宣传一些金融产品，以在效益和风险权衡方面误导消费者（布朗斯坦和韦尔奇，2002；亨德森和皮尔森，2008）。据称，虽然从信用分值看来，许多置业人士都满足常规贷款的条件，但他们选择了贷款利率更高的次级抵押贷款。有关消费者没有注意到贷款还款期限的例子数不胜数。研究显示，消费者们通常都不会注意到或是低估了被附加到其他更为明显的产品花费上的巨大费用，而当那些费用较为隐性时尤为如此（坎贝尔，2006；莫尔维兹·格林利夫和约翰逊，1998；威利斯，2006），一些公司在金融市场上可能会利用这种情况（盖拜伊克斯和莱伯森，2006）。某些特定的消费者群体——如年老的美国人（阿格沃尔、德里斯科尔、盖拜伊克斯和莱布森，2009；卢萨尔迪、米歇尔和科尔多，2009）、教育水平较低的人、少数民族和妇女（卢萨尔迪，2008）——可能具备较低的金融知识水平，因此特别容易上一些没有职业道德的金融产品营销行为得当。这些担忧促成政府在过去通过了一些涉及消费者保护的干预政策。

3.2 危机和《多德—弗兰克法案》

作为应对当前金融危机的一部分，《多德—弗兰克法案》在联邦储备系统内创建了一个独立的机构——消费者金融保护局（the Bureau of Consumer Financial Protection，BCFP）。根据《多德—弗兰克法案》，美联储、联邦存款保险公司和美国货币监理署（Office of the Comptroller of the Currency）继续对银行进行监管，以保证其安全和稳定，但它们原本对消费品进行监管的权力移交给了新的独立的消费者金融保护局。成立消费者金融保护局的意图在于统一现行《消费金融保护法》的监管与执行，致力于保证消费者们能够获得可以理解的金融产品方面的信息，并加强他们的金融知识水平和保护他们利益不受卑劣行径损害。

在本书的其他章节中我们曾辩论造成此次危机的根本原因在于银行对过于冒险消费者的保护实质上缺乏，因此我们强力支持创建这样一个保护局。虽然消费者保护，或是它的缺乏，在金融危机中只是小事件，但它也许充分地起到了一个次要的推动作用。金融业所暴露出来的系统性风险最初就是住房市场风险。换言之，在危机中引发一连串后续事件的正是房价的下跌。这次下跌源于此前房价疯狂飙升，令人无法承受。由于抵押市场很容易获得信贷，这大大助长了住房市场的投机狂热风气，而此前房价飙升本身也起到了加剧投机的作用。因此，更多的消费者保护通过对抵押市场施以作用也许可以抑制住房需求，这样一来，房价的飙升和后续的下跌也许不会这么戏剧化，而危机也可能不会如此严重。

尽管如此，要界定究竟多大程度的消费者保护将有效也并非易事。例如，就一些消费者而言，他们可能认为负分期偿还浮动不采用利率的抵押贷款，或是首付较低，或是不用的首付还是极为理智的行为。比如，还有一些消费者也许会理性地预期他们的收入会逐渐增加（如医学生），而这些贷款可能会使他们去买一些暂时无法支付的房产。在这些情况下，相关的风险主要是由贷方承担，或是由那些接手原始贷方贷款的一方承担。有效的消费者保护不应阻止个人经手此类理性的博弈。同时，其他消费者们很明显被诱导去选择一些风险更高的而非最优的产品，在某种程度上他们都是被误导性或欺骗性的营销策略所诱导，而有了一个更好的体制后，金融系统的脆弱性将整体有所降低，这样消费者们就会得到更周全的保护。当然，房地产泡沫的破灭也不是就得引发金融危机。正如我们所看到的，2000 年发生的技术泡沫的缩小虽然造成财富急剧缩水，但并未引发金融危机，根本的问题取决于金融机构的风险性行为。

尽管《消费者保护法》的颁布在此次金融危机发生之前，但很明显，这些法律并无效用。因为执行的权力现在落在至少 11 家机构的手上，即便是对金融公司的子公司，他们也都拥有职权，因此在执行上存在一些冲突。在这些机构中，联邦贸易委员会是唯一将消费者保护纳入其首要职权范围之内的。我们可以看到现行监管框架的几个主要缺点。第一，消费者保护就如一个孤儿，没有单个的机构负责其监管与执行。第二，金融组织可以通过将金融机构的形式更换为另一种形式来选择监管者和他们中意的监管法规。第三，这些机构中大部分都没有诉讼经验。而唯一的例外——联邦贸易委员会——则仅对金融机构具备有限管辖权。第四，由于控制分散，这些机构在收集信息时无法充分发挥其作用。因此，我们认为一个统一的联邦消费者保护局能够改善现行的体制。

消费者金融保护局负责监管提供金融服务的公司，旨在消费者们办理按揭房贷、信用卡或购买其他金融产品时保护其利益不受侵害。该局将在不扩大现行法律框架的基础上统一现行监管架构，而金融服务业中负责消费者保护的各分支机构也从属该局。消费者金融保护局的具体目标包括以下方面：帮助消费者们理解和运用相关信息；通过确保针对金融产品所披露的信息易于理解来保护消费者们不受欺骗或欺诈；进行研究；提供金融知识教育。

《多德—弗兰克法案》对消费者金融保护局规定了若干职责。第一，该局有权自行进行数据收集和研究，以对消费者金融产品和服务市场进行监管，并对这些产品和服务的适当性进行评估。第二，它有权根据现行消费者金融法来设立规则，并采取适当的强制执行来处理违规事件。第三，该局还负责实施金融教育项目。第四，该局负责收集、调查和回应消费者的投诉。第五，该局有责任确保长期以来在金融产品和服务市场得到不周服务的消费者群体能够获得合适的金融产品和服务。第六，该局有责任保护弱势消费者，包括年长者、服役人员及其亲属。为了帮助达到这些目标，该局会成立以下办公室：公平贷款和平等机会办公室、金融教育办公室、服役人员事务办公室和年长美国人金融保护办公室。

该法案中有十个具体方面值得注意。

第一，有几种金融产品不在消费者金融保护局监管范围内，包括由汽车经销商、零售商和模式化住房提供的金融服务。由保险公司、房地产经纪商、会计人员、报税员和律师等提供的产品和服务业不在该局监管之下，而只受到当前系统的监管。

第二，尽管该局能对所有存款机构设立规则，但资产少于100亿美元的小型银行与信用社并不受该局执行权力管制，而是受到其当前监管者的监管。

第三，一般而言，该法案并不优先于或令州法律无准备，除非州立消费者金融法对国民银行和州立特许银行存在区别对待，遇到此情况时由货币监理署和消费者金融保护局协商决定。

第四，总统在征求参议院意见和获得赞同后直接任命该局局长。任期为五年，该局直接由美联储拨款。

第五，该法案在《抵押改革与反掠夺性贷款法令》的基础上为抵押信贷市场补充了一些监管规定。主要条款包括：（1）禁止为房地产经纪人提供激励机制（如为贷出特定种类贷款的经纪人支付报酬）；（2）限制提前支付罚金；（3）限制高成本抵押贷款；（4）也许最为重要的是，要求贷方作出"合理且精诚的决定，认为借方有"合理的能力来偿还"贷款。

第六，该法案还在德班修正案的基础上对资产超过100亿美元的借记与信用卡公司补充了一些监管规定。具体而言，该法案要求交换费合理，并须在实际发生成本的基础上收取，正如美联储规定的那样。该法案还规定支付卡发行人和网络商在与供应商签订合同时，不得禁止为现金、支票或借记卡支付打折。他们也不能禁止供应商拒绝同意用信用卡进行一些低于某些门槛的交易。

第七，只有当消费者金融保护局设立的法规威胁到金融系统的安全及稳定时，这些法规才可被撤销，但这必须由金融稳定监督委员会三分之二以上的人通过而决定。

第八，在制定新的规章制度时，消费者金融保护局被要求得考虑来自其他监管者的意见，不过并不一定要采纳这些意见。

第九，这些规章允许业内人士参加一些试验项目和市场测试以进行一些比消费者金融保护局所规定的还要有效的信息披露。

第十，如果有研究保证的话，消费者金融保护局有权禁止或限制强制性事前约定争议仲裁。

3.3　消费者金融保护局的评估

在对现行立法进行评估时，有两个典型特别有帮助：联邦贸易委员会的消费者保护局及加拿大金融消费者局。联邦贸易委员会的消费者保护局下所设的金融实务部有责任保护"消费者在金融服务业不受到欺骗或不公平对待，包括保护消费者免受掠夺性贷款或区别性贷款行为、欺骗性或不公平的贷款服务、讨债和信用咨询或其他债务援助行为等的侵害"（联邦贸易委员会网站，2009）。虽然联邦贸易委员会的目的与行事方法均非常适合提供消费者保护和金融教育，但其管辖权力仅局限于非储蓄机构的信贷市场行为，因此在消费者们所面对的五花八门的金融产品面前，联邦贸易委员会无法恰当地保护好消费者，而消费者金融保护局将承担联邦贸易委员会的许多消费者金融保护责任。

加拿大金融消费者局监管形形色色的金融服务提供商，包括所有银行、联邦注册的保险公司、信托公司及借贷公司以及零售业协会等。其监管责任包括消费者保护和消费者教育，因此同美国消费者金融保护局相比，它更多地将重点放在教化与告知公众上。为了强化消费者保护法律，加拿大金融消费者局可以让金融机构保证适时修正问题，如果必要，它还会征收罚款或执行刑事处分和采取进一步行动。加拿大还为该局提供一个研究机构以收集数据。这个功能让公众得以知晓许多信息——例如，有关信用卡的利率及特点的数据库。此外，该局还提供在线测验，让消费者们得以测试他们对信用卡及抵押贷款的了解程度。

对于建立一个独立的消费者保护局即消费者金融保护局这件事情，我们非常认同，正如现行立法所体现的，消费者金融保护局的建立在这个方向上踏出了重要的一步。虽然也担心如果运行不当会有过度监管的风险，我们依旧同意统一执行消费者保护的使命。我们也赞成该局的使命还包括帮助消费者们理解和运用相关的信息；保护他们免受不公平或欺骗性待遇；进行相关研究及提供金融知识教育。

该局的独立性尤为重要，而该局作为联邦储备系统下一个独立机构的结构似乎也有助于它实现自主这一目标，特别是相关的经费安排避免了每年的国会拨款流程，而因为该流程被强加是受不受欢迎的政治压力。然而，将该局纳入美联储架构之下又暗示着银行偿付在消费者保护之前。这种想法似乎很合理，但该想法也暗示了这两个目标之间存在冲突——一些不甚明朗的事情。适当的消费者保护不应反过来影响金融机构，但将该局纳入美联储架构之下提醒着我们有多大可能得到适当的监管。

理想上，该局对所有金融公司和产品要拥有完全的法规制度和执行权力。虽然《多德—弗兰克法案》为该局统一了大多数权力，但仍存在一些麻烦的例外。例如，汽车贷款和养老金一直是两种极受追捧的金融产品，但也一直饱受滥用的诉病；然而，汽车经销商和保险公司却被明确地排除在该局的监管范围之外。尽管《多德—弗兰克法案》让联邦贸易委员会——现在的汽车经销商监管者——能更快、更容易地制定与汽车金融有关的法规，但我们觉得这种权力分割让很大一部分消费者的资产没有受到监管。同时，由于消费者金融保护局无权监管小型银行和金融机构，我们担心如果现行监管不力，将无法充分保护好消费者权益。更糟的是，金融公司也许可以通过监管套利来充分利用这种不被监管的情况。此外，金融公司可以重新规定其信贷方向，将其发放给监管较少的区域。

消费者金融保护局为消费者保护设定的是一个联邦下限而非上限，这尤为重要。州保护法律通常比联邦法律更为严格，而《多德—弗兰克法案》在实现这一目标上所做之事值得赞许。

正如我们上文所探讨的，许多消费者的金融知识水平不足，难以对复杂的金融产品进行评估，因而可能会作出被误导的决定，我们同意给消费者金融保护局赋予消费者金融教育和信息提供的责任。此外，该局可以出台消费者指南、对比标准费率或合同以及提供金融知识测试。然而，如研究显示，现有的金融教育可能不足以阻止消费者作出不好的选择（布朗斯坦和韦尔奇，2002），我们认为还需要加大教育力度。

为了援助这些金融教育并不能满足其需求的消费者，消费者金融保护局应积极干预以全面提升福利。尽管这在《多德—弗兰克法案》中并未明示，我们建议该局应选择要求金融服务提供商们在其目录中包含常规金融产品，即使是毫无经验的顾客也要能轻易理解。此外，和其他产品相比，该产品还须为顾客提供参考。该局还应保证消费者们审慎作出违约期权选择，因为一些消费者，特别是生手很有可能不会主动选择。这种违约期权在增加401（K）退休计划的参与人数上大获成功。当违约期权是为了让雇员参股时，要退出就得主动选择，参与率就大幅增长。此外，该机构还可以考虑为一些特定的产品盖上批准印章，信息不足的消费者们就有机会购买那些被消费者金融保护局审查过的且能提供独立信息的金融产品。虽然现行法令并未赋予该局权力与责任去实施这些做法，这些做法也可被视为是确保"消费者产品的市场公平、透明且具有竞争性"的一个总目标。

具有潜在害处的产品可能需要额外采取措施。一旦有滥用、欺骗或欺诈发生，消费者金融保护局就有权起诉。我们也认可该局有权禁止将销售金融产品作为最后手段的行为，这在法案中并未明示。不过，也不得禁止任何未经市场检验的产品。只有消费者诉讼和广泛的市场研究证明某产品或服务被大范围地误解、误用和有损消费者利益时才能加以禁止。这种限制条款旨在降低过度监管的危险，过度监管可能会使一些市场人士处境更为不利并可能扼杀金融创新。

最后，消费者金融保护局不仅应着重阻止消费者作出误导性选择，还须注重健全对经纪人的激励机制。为了确保获得可靠的金融建议，该局应就对经纪人颁发执照的做法进行审查并设立最低标准。此外，该局还应被赋予审查和监管经纪人赔偿的权力。《抵押改革与反掠夺性贷款法令》中针对抵押经纪人的引导性激励颁发禁令——在该局权限范围内——就是此类监管的楷模。此类措施可以确保消费者在慎重作出长期金融选择时获得可靠建议。

即便是这些我们了解透彻的市场，要确切规划教育、监管和干预也显然并非易事。

要想预测将来需要什么监管或是什么还未被发明出来的革新产品也是不可能的。消费者金融保护局将来能够成功的关键在于要严密及系统地不时对其项目进行重新评估。换言之，该局须在其进行的各项监管工作的影响方面收集数据，并对新产品和市场或现有领域的新尝试等试点项目进行评估。伊利诺伊州要求某些地方的高风险抵押贷款申请人提交贷款以供财务顾问审查，这一立法试验便是佳例（Agarwal、Amromin、Ben–David、Chomsisengphet 和 Evanoff，2009）。这种正在进行的试验和监管对于提升效果极为关键。因此，我们支持法令要求该局运用可得证据和数据对其采纳的任一重大规则或命令进行评估并做到从不间断。

消费者金融保护局的成立对于金融机构和金融服务机构的未来会有何意义？首先，关键得注意到适当的消费者保护和银行以及其他金融机构的安全稳定之间绝无任何固有冲突。不过，消费者们日益增长的金融知识和保护消费者们不被误导或欺骗的行为在市场上某些领域会减少一些公司的利益这种情况可能会发生，从社会福利的立场来看，争议这些行为是否应被禁止显得困难重重。与之相反，一家运转良好的消费者金融保护局不仅要保护消费者，还要提供额外的利益，如在竞争刺激下有所增加的竞争力和效率。此外，公司要积极开发增值的革新产品，而不是那种靠利用决策不善来增加收益的产品。

当然，有了政府在经济其他方面的干预经验，一些怀疑论者可能会对消费者金融保护局实际上能否带来恰当的消费者保护有所质疑，过度的错误监管会带来相当的危险。首先，对所有金融产品或服务类型的任意限制可能会轻易降低社会福利。例如，发薪日贷款就多次受到打击，但有证据显示在遭受自然灾害时能够进行高利率贷款可以缓解个人财务困境（莫森，2009）。避免因为错误使用这些产品而产生相关花费更好的方式是命令金融机构披露有助于消费者克服其认知偏差来进行决策的信息（贝特朗和莫森，2009）。就《多德—弗兰克法案》而言，对抵押贷款的限制似乎会成为大家最为关心的话题。几乎可以肯定的是，提前还款罚金的减少与对高成本抵押贷款的限制也将降低信贷的可得性，而对贷方也将承担责任保证借方证明他们能够偿还贷款。

其次，几乎可以肯定的是，有目的规则（也就是一些公司形式机构的规则而非基于任意定义的产品类别而制定的规则或条例）导致运用投资技巧以规避这类错误的管制。税法及对该法作出的应对便很好地例证了这种管制带来的影响。一些例外、漏洞或股权分离情况的存在及其复杂性让整个行业都致力于以各种形式来避税。在消费者保护的背景下，不仅保护消费者的目标会被破坏，大量资源也会潜在地发生转移。《多德—弗兰克法案》将许多金融服务提供商排除在消费者金融保护局的监管之外，而如果真的发生的话，整个行业将如何适应以充分习惯这些情况还不得而知。

最后，过多的管制可能会增加公司提供金融产品的成本，而价格控制也可能减少收入。对信用卡公司收取的利率进行限制就是后一种情况的例子。短期看来，这种类型的管制会让公司退出市场，正如我们所看到的许多州的一些保险公司的情况一样；这对于从充分竞争的市场上受益的消费者而言却是帮了倒忙。该法案允许消费者金融保护局限制交换（借记卡）费就是对这一问题的一个具体阐释。虽然该问题微不足道，但是这也警示随着消费者金融保护局施展监管拳脚，可能会发生金融服务管制过于严厉的情况。对历来未曾得到周到服务的消费者和团体购买金融产品或服务进行限制，也可能会无心地伤害到他们。尽管有过度监管的担忧，我们仍支持该法案要在满足服务不周的市场的需求与保证提供金融产品或服务的公司的持久性的基础上平衡消费者保护。

总而言之，虽然我们都很希望一个资金充足且人事出色的独立的消费者金融保护局在教育和保护消费者以及改善其福利等方面能够取得重大成功，但我们也担心该局的成立以及其成立后要承担的来自外界的压力可能会破坏其潜力并弊大于利。

参考文献

［1］Agarwal, Sumit, Gene Amromin, Itzhak Ben – David, Souphala Chomsisengphet, and Douglas D. Evanoff. 2009. Do financial counseling mandates improve mortgage choice and performance？Evidence from a legislative experiment. Ohio State University, Fisher College of Business, Working Paper, 2008 – 03 – 19.

［2］Agarwal, Sumit, John Driscoll, Xavier Gabaix, and David Laibson. 2009. The age of reason：Financial decisions over the life – cycle and implications for regulation. *Brookings Papers on Economic Activity*, no. 2：51 – 117.

［3］Bar – Gill, Oren, and Elizabeth Warren. 2008. Making credit safer. *University of Pennsylvania Law Review*, 157（1）：1 – 101.

［4］Bertrand, Marianne, and Adair Morse. 2009. Information disclosure, cognitive biases and Payday borrowing. Working paper, University of Chicago.

［5］Braunstein, Sandra, and Carolyn Welch. 2002. Financial Literacy：An overview of practice, research, and policy. *Federal Reserve Bulletin*, November 1, 445 – 457.

［6］Campbell, John. 2006. Household finance. *Journal of Finance* 61（4）：1553 – 1604.

［7］FTC web site. 2009. December 3. www. ftc. gov/bcp/bcpfp. shtm.

［8］Gabaix, Xavier, and David Laibson. 2006. Shrouded attributes, consumer myopia, and information suppression in competitive markets. *Quarterly Journal of Economics* 121（2）：505 – 540.

[9] Henderson, Brian J. , and Neil Pearson. 2008. The dark side of financial innovation. Working Paper, George Washington University.

[10] Kahn, Barbara E. , and Jonathon Baron. 1995. An exploratory study of choice rules favored for high – stakes decisions. *Journal of Consumer Psychology* 4 (4): 305, 325 – 326.

[11] Kunda, Ziva. 1990. The case for motivated reasoning. *Psychological Bulletin*, 108 (3): 480 – 498.

[12] Lusardi, Annamaria. 2008. Financial literacy: An essential tool for informed consumer choice? SSRN Working Paper No. 1336389.

[13] Lusardi, Annamaria. 2010. Americans' financial capability. Report prepared for the Financial Crisis Inquiry Commission.

[14] Lusardi, Annamaria, Olivia S. Mitchell, and Vilsa Curto. 2009. Financial literacy and financial sophistication among older consumers. NBER Working Paper No. w15469.

[15] Morse, Adair. 2009. Payday lenders: Heroes or villains ? Working Paper, University of Chicago.

[16] Morwitz, Vicki G. , Eric Greenleaf, and Eric Johnson. 1998. Divide and prosper: Consumers' reactions to partitioned prices. *Journal of Marketing Research* 25 (November): 453 – 463.

[17] Perry, Vanessa G. , and Marlene D. Morris. 2005. Who is in control ? The role of selfperception, knowledge, and income in explaining consumer financial behavior. *Journal of Consumer Affairs*, 39 (2): 299 – 313.

[18] Simon, Herbert A. 1978. Rationality as process and as product of thought. *American Economic Review*, 68 (2): 1 – 16.

[19] Willis, Lauren E. 2006. Decisionmaking and the limits of disclosure: The problems of predatory lending: Price. *Maryland Law Review*, 65 (3): 707 – 840.

第二部分
系统性风险

第 4 章　对系统性风险的测算

Viral V. Acharya，Christian Brownless，
Robert Engle，Farhang Farazmand，
and Matthew Richardson[*]

4.1　概述

从 2007—2009 年的金融危机中得到的最深刻的教训是一些大型金融机构的破产可能会对整个金融体系造成损失。我们称为具有系统重要性的金融机构，它们的破产不可避免地使监管者们处于两难境地，因此没有预先制定的解决方案，为了维持整个金融体系的运作，监管者们必须救助这些破产的金融机构。在最近的危机中，监管者不仅对参与保险的债权人进行了救助，还包括没有投保的债权人，甚至还有股东。有人预期这些救助将会导致在经济良好时期对市场纪律的妥协，鼓励过度的杠杆率和风险承担。这会增加金融体系中的系统性风险，通过让这些机构破产来控制系统性风险的观点被广泛地接受，从而抑制它们在经济良好时期承担过多风险。首先，也是最重要的，监管者需要确定哪些机构事实上具有系统性风险。实际上，监管者不能有组织地衡量和量化单个机构的系统性风险。

有一些金融机构开展的是周期性较强的业务，因此与总的经济情况密切相关，如果这些机构也是高杠杆率，特别是短期债务，如果出现与它们相关的不利信息时，这些金融机构就可能会发生挤兑事件。所以，这使这些金融机构更倾向于破产和清算。如果其破产与总体经济情况无关，那么清算将直接进行，因为金融部门中良好状况的金融机构会去收购它们或它们的资产。但是，当金融机构的资产风险与经济相关、其他的金融部门也处于压力之下时，这些金融机构就很可能会破产，对它们的清算也会非常困难。如果低价出售资产导致外

---

　* 作者参考了纽约大学斯特恩商学院电子书《是时候进行金融改革》中关于"衡量系统性风险"的论述，同时包括 Nicholas Economides，Sabri Öncü，Michael Pinedo 和 Kermit L. Schoenholtz 的观点。

部效应，还可能对金融系统中其他成员造成潜在的不稳定。在这种情况下，通过金融机构破产对资产价格的影响，系统性风险会进一步增加。很多观察员将在 2007—2009 年危机期间所谓的缺乏流动性的有毒资产价格下降归因于（至少一部分是）几个高度杠杆率的金融公司对经济中的住房价格进行了单向的押注——这种单向押注的失败导致了很多持有相似资产的低杠杆率的金融机构出现了资金困难的情况。

在出现危机的情况下，金融机构间的相互关联也会导致系统性风险。金融机构通过双边关系、多边关系、合同，以及通过市场的互联网络而相互关联。在正常情况下，这些相互关联有利于金融系统及其成员。例如，金融机构可以通过相互关联来分散风险和积累特定功能的资本。在危机的情况下，却不是这种状况。第一，这些相互关联（包括通过市场）可能无法正常地运作，导致了一些特定机构面临过度的和预想不到的风险。第二，众多相互关联和相互承诺无法快速地更改，因此在危机情况下，可能会在金融公司间传播风险和损失，导致金融机构连锁的破产。第三，某些机构是重要金融网络的核心，它们的破产会导致更多的金融机构破产，这些机构可能是"大而不能倒"，或者由于与其他机构相互关联，虽然其规模不是特别。

贝尔斯登公司、雷曼兄弟和美国国际集团（AIG）的破产都可能产生不确定的系统性风险，相互关联会传播违约风险。在贝尔斯登的案例中，风险由于政府的资助得到了遏制。随着美国货币市场基金（一只货币市场基金暴跌引起了投资者对其和其他的货币市场基金的挤兑）引起雷曼兄弟债券的损失，风险开始传播。在美国国际集团（AIG）的案例中，美国国际集团的交易对手方的头寸非常大，包括其他潜在的系统性金融机构和市政当局的风险敞口，在美国以及欧洲都无法让其破产。

最终，即使它的规模没有产生破产的系统性影响，但大规模的清算也会导致市场的恐慌，金融机构在中介职能上的损失可能持续数月，或者数年，才能重新恢复。例如，1984 年大陆伊利诺伊银行破产的案例，1998 年长期资本管理公司的濒临破产，2008 年秋季的花旗集团。当然，这带来了对"大而不能倒"预期的厌恶和随之而来的道德风险问题。

4.2　《多德—弗兰克华尔街改革与消费者保护法案》

2010 年 6 月，美国议会将白宫在 2009 年秋季通过的《弗兰克法案》和参议院在 2010 年通过的《多德法案》合并在了一起，白宫签署了议案将其变为法律，监管者面临着对法案实施的任务。《多德—弗兰克法案》的主要特点是契合实际和遵守纽约大学斯特恩商学院所出的一本书［《重建金融稳定》，由阿查里亚和理查德森编辑（2009）］中的建议，在本章中包括同一作者很多的章节。法案的另一特征是金融体系的问题，为严厉监管体制的实施留下了很多余地。

法案的重点是系统性风险，并成立了金融稳定监督委员会，由财政部长担任主席，由来自联邦政府的金融机构监管机构的最高领导人组成——美联储、货币监理署（OCC）、消费者金融保护局、证券监督委员会、联邦存款保险公司（FDIC）、商品期货交易委员会（CFTC）、联邦住房金融管理局（FHFA）和全国信用合作社管理委员会（NCUA）和一个具有保险专长的独立成员。委员会的职责是识别威胁美国金融稳定的风险，这些风险可能源于相互关联的银行控股公司或非银行金融公司重大的财务困境或失败，也可能源于金融服务市场之外。[①]另外，委员会需要消除投资者或者其交易对手方认为政府会在其经营失败时提供庇护的预期来实现，以及对未来威胁美国金融体系稳定的风险作出应对。

为了识别美国银行和非银行金融机构的系统性风险，委员会可以决定外资银行和非银行金融机构接受联邦储备理事会的监管。实施这一步骤，委员会必须"认为美国非银行金融公司的实质性财务困境或其活动的性质、范围、尺度、规模、集中度、关联性或者上述因素的结合，将威胁到美国的金融稳定。"[②]如果公司通过组织或者实施规避监管，但仍然被认为具有系统性风险，委员会有权决定其受到联邦储备理事会的监管，委员会每年会对这些机构是否具有系统性风险进行评估，可以终止对一些机构的监督。

委员会的主要作用是当系统性风险产生时进行识别，然后向监管部门提出建议。根据经验，那些在一个或多个产品领域高度集中的金融机构，很可能是系统性风险金融机构的候选者。这些金融机构很可能在既定的产品市场上营销和交易。它们破产很可能对其他的金融机构产生重大的交易对手方风险和造成破坏。因此，它们应该被视为具有系统性。

法案明确委员会应负责"识别系统重要性金融市场设施和支付、清算、结算业务"。我们尤其赞同对拥有和参与支付体系这样重要的公共事业功能的金融机构实施附加的系统性风险标准，例如清算（如延续到 2008 年 3 月的贝尔斯登破产时的信用衍生品、摩根大通和纽约银行的回购协议）、支付和结算（一些能够为家庭和公司提供服务的大型商业银行）。《多德—弗兰克法案》授权"对具有系统重要性的金融市场工具加强监管和对金融机构具有系统重要性的支付、清算和结算进行指导"，其中包括风险和流动性管理的标准。[③]

一个公开的问题是监管部门如何处理，这些机构附属于其他安全金融机构中的系统性风险。确实我们的建议——在第 13 章中提及的，"对场外衍生品进行监管"——将私有金融机构中的公共事业功能（例如作为清算所）尽可能地转移（例如，对于日交易量充足的标准化产品），使公共事业具有足够高的资本标准，以至于使其消除大部分与功能履行相关的系统性风险。

展望未来，随着大量的场外金融衍生品开始被集中清算，清算所因其重要的功应被认作系统重要性机构并适用审慎风险标准。但是，仍然会有一些没有清算的场外衍生品，作为衍生品市场的重要组成部分。监管者将不得不特别警惕，以确保在未清算衍生品市场的重要企业仍然处于他们的监管之下。

据我们所知，系统性机构的具体名单并没有确定。国际上，金融稳定委员会（FSB），作为监管机构和中央银行的国际机构，根据银行的国际结算，已经编制了包含28个全球金融机构的名单，为了演练跨境监管，诸如制定所谓监管计划，这些机构被视为"系统性风险机构"。这份名单（详见附录A）包括来自英国、欧洲大陆、北美和日本的6家保险公司和22家银行，尽管并没有透露采用的具体标准。

对于最重要的系统性风险，《多德—弗兰克法案》要求对系统重要性的机构进行更加审慎的监管，而且"为阻止发生或减轻由大型的相互关联的金融机构的实质性财务困境或经营失败或经营活动而引发的金融不稳定风险，美国金融稳定委员会可以向联邦储备理事会建议确定及改进适用于联邦储备理事会监管的非银行金融公司和大型相互关联的银行控股公司的审慎标准以及报告与信息披露要求。美国金融稳定委员会的建议比适用于未显示出相似风险特征的其他非银行金融公司和银行控股公司的监管要求更严格。④

这些更加严格的附加标准应该根据：

（A）公司杠杆的比率；（B）公司表外敞口的程度和性质；（C）公司与其他重要的非银行金融公司和银行控股公司的交易与关联的程度和性质；（D）作为美国家庭、企业、联邦政府的信用来源和美国金融体系流动性来源，这些公司非常重要；（E）公司作为低收入、少数族裔或公共水平低的社区的信用来源的重要程度以及破产对这类社区获得信用支持的水平的可能影响；（F）被托管的资产而不是公司本身的资产，被管理的那些资产都不同程度地扩散了；（G）公司业务的性质、范围、尺度、规模、集中度、关联性或上述因素的结合；（H）公司已经受到一个或更多主要金融监管机构监管的程度；（I）公司金融资产的规模和性质；（J）为公司经营活动提供资金支持的债务的规模和性质，包括其对短期融资的依赖程度；（K）委员会认为有必要的其他风险的相关因素。⑤

虽然从（A）到（K）这些因素抓住了很多重要的风险特征，但把一个重要的因素遗漏了。机构系统性风险的核心应该是该机构的资产与危机中金融部门总资产的联动效应。而且，除了两个因素——因素（C）和在（G）中提到的关联性，都是站在单个银行的立场上来处理银行风险。

监管那些具有系统性风险的金融机构的政策并没有在法案中具体化。委员会制定和提议的一系列政策，由理事会执行。这些政策包括：[6]

风险资本要求；

杠杆比率限制；

流动性要求；

解决方案和风险敞口的报告要求；

集中度限制；

或有资本要求；

短期债务限制；

整体风险管理要求。

我们对法案解释的意图是给予理事会一定的弹性去降低大多数由委员会认定的最具系统重要性金融机构的风险。向委员会提供工具使其能够识别系统性风险是非常必要的。因此，为了支持委员会分析系统性风险评估相关数据和信息的工作，法案设立了金融研究办公室（OFR）。

办公室的目的是支持委员会履行其目标和职责，第一，代表委员会收集数据，并向委员会和成员机构提供数据；第二，对所报告和收集的数据类型和格式进行标准化处理；第三，从事应用研究和关键性长期研究；第四，开发风险衡量和监测工具；第五，从事其他相关服务；第六，向金融监管机构提供办公室活动结果。[7]

办公室主任可以通过报告以评估一项金融活动，或是重要金融市场的发展，或是对美国金融稳定产生的重大潜在风险。作为一个组织机构，由两个核心部分组成。[8]

第一，数据中心应以公众易得的方式准备并公布：金融公司索引数据库；金融工具索引数据库；以及办公室数据的格式和标准，包括报告金融交易和头寸数据的交易。

第二，研究和分析中心代表委员会开发并维护独立的分析能力和计算资源。（i）开发和维护美国金融稳定风险因素的度量标准和报告体系；（ii）监测、调查并向委员会和国会报告系统性风险等级和模式的变化；（iii）执行、协调和赞助有利于改进金融实体和金融市场监管的研究；（iv）根据压力测试或其他对成员机构所监管金融实体稳定性的评估结果作出评估报告；（v）为支持金融监管者的特定建议与帮助的要求而维护专家系统；（vi）调查金融市场的崩溃与失败，报告调查结果，并据以提出建议；（vii）从事研究并对设计系统性风险的政策影响提出建议；以及（viii）促进金融风险管理的最佳实践。[9]

自从金融研究办公室成立以来，对系统重要性金融公司进行评估，在财政部中作为一个相对独立的智囊团，我们非常支持它的建立。办公室的组织结构和功能非常具有灵活性，因而可以收集和深入研究，而其他的政府机构（例如美联储）不可能进行这样深入的研究。

4.3　对《多德—弗兰克法案》的评价

我们对《多德—弗兰克法案》的评价主要集中在以下一些问题：系统性风险机构可以被实施以市场为导向的对系统性风险持续测量标准；评估系统性风险与关联机构的联系；金融研究办公室在评估中所起到的作用；采用压力测试和保险风险敞口报告一起去评估系统性风险（不仅仅是在危机中进行而是定期进行）；以及系统性的机构名单是否向公众公开。

基于市场的系统性风险措施

虽然我们并不同意由法案所提出的标准，我们并不推荐纯粹依赖基于阈值（临界值）分类的具体标准。假如，银行根据规模来划分系统性风险的类别，那么解决方案只适用于规模大的金融机构。显然，这非常有利于接近门槛较低的在目录级别较高的银行，仍然在这个规模之下。确实，较大的银行可以简单破产来保持一些常见的总风险资产上的敞口。例如，房地产市场。在这种案例中，真正的系统性风险并没有被实质性地降低，因为金融部门间存在着关联效应，即使现在包括更多小型的金融机构。基于杠杆比率的较粗分类也会导致监管套利的出现。这种规则的适用可能导致小型的金融机构也面临同样的风险，例如货币市场基金，当有严重的危机时都会面临挤兑。优质的商业票据发行人将会陷入困境。这应该被视为经济口袋中潜在的系统性风险。

对系统性风险粗糙地分类的一种选择是采用基于市场的测算。一种措施是使用市场数据去评估那个公司风险最高，因此更容易测算整体经济衰退时遭受的损失，例如大萧条时期和2007—2009年大衰退时期。这种措施对于市场情况易于控制，能够很好地对市场状况作出反映。基于市场测算的主要研究包括阿查里亚、理查德森、菲利本（2010a，2010b）；Adrian 和 Brunnermeier（2008）；Brownlees 和 Engle（2010）；De Jonghe（2009）；Gray 和 Jobst（2009）；Huang，周和朱（2009）；Lehar（2005）等。

这些测算以股票市场的数据为基础，因为每日一次的频率数据是最容易获得的，也是受救市的期望影响最小的。例如，一种边际预期损失（MES）的简单测算方法估计了某一公司经历大盘市场较大幅度的下跌的预期损失。公司如果具有较高的 MES，或者杠杆比率，它们的资本在经济危机中会大部分被消耗掉，难以满足其所需的最低偿付能力标准，以及因此面临着较高的破产风险或监管干预。这种理念现在在纽约大学斯特恩商学院的波动性实验室得到了应用。

总之，我们看到这两种方式——依赖简单的系统性风险标准，例如规模、杠杆率和关联性，以及依赖基于市场的系统性风险评估——作为补充。第一种更加透明，容易确定具有系统性风险的候选者；第二种事实上是建立在实际检查的基础上，可能会遗漏一些候选人（例如，一些明显机构同最初看起来，并不明显地具有系统性风险）。例如，自 1963 年以来，证券交易商和经纪人每年都被视为最具系统性，根据股票市场的数据（MES），即使他们仍然没有受到实质的监管。与之相比，美国国际集团是单向大批量保险的供应商，但股票市场数据库并没有识别出其具有系统性风险，直到 6 个月前危机发生。而且系统性风险目录可以被市场参与者用来监管套利，基于市场的系统性风险测算更加不容易逃避，除非金融机构系统性风险真正减少。

相互关联

测量系统性风险产生的一个关键问题是金融机构间的相互关联在某种程度上是不透明的，它们的确切性质在压力情况下和正常情况下可能完全不同。当情况改变时，交易对手方风险可能会出现相反的信号。例如美国国际集团作为综合保险卖给银行的报价外期权可能由于保证金或抵押物导致违约。这些问题没有简单的答案，但需要采取重要的措施。

为了能够评估金融机构间的关联性，以及金融机构在关联网络中所起的作用，必须详细了解衍生工具合约对其他机构的风险敞口和银行同业间的拆借负债。这要求从立法上强制金融机构提交报告，例如将所有的客户在形成时或者偿还债务时立即登记在储存库中，这些报告能够把风险和金融机构类型的信息汇集起来，从而可以获得联系网络的整个地图。

从评估系统性风险的立场上，提交这些报告数据非常重要，可以充分评估社会成本高昂或整体经济压力情况下交易对手方的潜在风险。例如，它看起来好像与每一个系统重要性机构都是相关的。（1）什么是造成最主要的风险因素最可能是在压力情况下才能知道。（2）在潜在风险压力情况下什么是最重要的交易者。一种透明度标准包括在第 13 章中规定的要求，"对场外衍生品的监管"。

金融研究办公室的成立是获得并采用必要数据的一个重要的步骤。它提供了一个框架，在这个框架中，数据被报告和分析，然后提供给监管部门。数据收集的选择在立法中不太明确，但将会由金融研究办公室的工作人员来决定。尽管我们鼓励金融研究办公室去获得位置数据和抵押协议，以使偶然的位置在压力情况下得到检验。即使所有情况的数据都能获得，在压力测试中对金融网络效果的分析也是非常复杂的。交易方对于特殊压力事件的反映可能取决于流动性考虑、他们自身的资金困境、覆盖稳定和破产两种结果，以及很多其他的因素。这种计算只有简单假设才能进行。据推测大量的分析将会在金融研究办公室和学术界进行。最近的研究参见 Chan – Lau、Espinosa、Giesecke 和 Sole（2009）；Nier、Yang、Yorulmazer 和 Alenron（2007）；Upper（2007）。

更为复杂的是这些网络的国际性。因为很多交易对手方是外国企业，进行压力测试的数据可能无法获得。另外，作为公司的子公司在检测下可能是外国注册的机构，资金的流向可能非常难进行跟踪。雷曼兄弟的破产正说明了这些问题。例如，存管信托和清算公司（DTCC）和仓储业的绝大多数掉期合同在金融空间的很多领域。它们分析了定位和价格，向公众提供信息，向监管者提供关于这些产品的机密数据。这些全球组织将会是监管环境自然的组成部分，它们的贡献受到普遍的欢迎。

《多德—弗兰克法案》一个重要的方面是场外（OTC）衍生品的章节。在第13章中所提及的"对场外衍生品的监管"，立法要求更广范围的场外衍生品集中清算或集中交易。因此，场外衍生品内在的交易风险也会对其交易对手方产生风险。集中交易对手方会自动地设置保证金，所以以风险将会从一个市场到另一个市场，但其中交易对手方风险仍具有潜在的系统性，必须进行审慎的检测。这种风险容易进行监管，因为清算所是公共机构，比较容易进行监管。因此改进场外衍生品市场的功能将会实质性地降低监测具有系统性的机构的网络经济效应的困难。

压力测试

为了能够预测到未来不常见的场景，例如某些场景需要首先被模型化和放在首位考虑，一个有效的预测方法就是进行所谓的压力测试——沿着由美联储在2009年2月至5月开展的监管资本评估项目（SCAP）练习的线路（参照附录B对监管资本评估项目的描述和它对市场的影响）。为了了解它的目标和研究发现，我们从报告中引用如下：[10]

"从宏观审慎的角度，监管资本评估项目是对代表着美国银行体系大多数的大型银行控股公司（BHCs）进行自上而下的分析，明确的目标是提高借贷总额。监管资本评估项目采用了一种常见的、概率的情况分析对所有参与的银行控股公司进行分析，看上去超越了传统的以会计基础的测算方式来决定所需的资本缓冲。宏观审慎的目标就是降低尾部结果的可能性，但是这种分析的起点是在宏观审慎水平上对每一个参与该项目的银行控股公司带来的风险和风险敞口的详细、特质数据的宏观审慎水平。这种机构特定的、粒化数据允许针对银行控股公司不同或特定的行为有特定的分析具有差异。例如，一种积极识别的监管资本评估项目对 10 家银行控股公司进行缓冲，但没有必要对剩余的 9 家机构进行缓冲。"[11]

我们认为压力测试应该作为美联储其中的一个监管工具，用来判断金融机构在有压力的系统性场景之下的风险，以及在这些场景下评估金融部门所有的系统性风险。这对于 2009 年监管资本评估项目的实施都是有价值的知识和经验。令人欣慰的是，《多德—弗兰克法案》规定系统性金融机构定期进行压力测试。

"理事会应当与主要的金融监管机构和联邦保险办公室合作，对由理事会所监管的非银行金融机构和以下条款描述的银行控股公司进行年度分析：（a）对该银行控股公司是否具有资本、具有固定资产进行评估，有必要承担不利经济条件带来的损失。"[12]

另外，法案要求系统重要性金融机构进行半年度测试。这种评估在危机期间应该频率更高，对其自身的测试进行补充。

最后我们在附录 C 中指出，学术研究（阿查里亚、理查德森、菲利本和理查德森，2010a）结果发现基于市场的系统性风险测算方式，例如 MES 和杠杆率有助于解释监管资本评估项目在 2009 年开展的成果。因此，我们认为可以将基于历史的系统性风险测算和通过压力测试预测的系统性风险作为基于市场的系统性风险测算的补充。监管者对评估金融机构系统性风险的有用的交叉检查和独立程序的有价值的情报都应该支持。

透明度

根据金融研究办公室的工作职责和政府进行的压力测试，我们建议需建立完善的对系统性风险测算和分类的透明度机制。透明度的一个重要好处是释放有价值的资本和交易对手方风险敞口信息，可以允许市场参与者更精确地对合同中的风险进行定价，并采取合适的风险控制措施。系统重要性金融机构公开披露主要针对的是这些机构具有的"大而不能倒"和"太具关联性而不能倒"的隐性担保。但是，隐性担保问题可以通过建立相关的职权部门和建立限制对其进行救助的程序来解决。不幸的是，一旦他们检测到可能会破产的机构，但并没有能力去解决。所以监管者会尽量封闭这些信息，而让金融机构的情况更加恶化，这会对整个金融体系造成更加严重的问题。但是所有的证据都表明市场对（参照附录 B）2009 年监管资本评估项目对美国银行相关权重和缺陷的评估所释放的信息非常欢迎，因为它紧跟着会实施一个可行的计划使它们能够调整资本结构——通过政府资本注入、稀释现有的股权和解雇现在的管理层等。例如，持续的对系统性风险采取基于市场的测算方法，例如预期边际损失（MES）容易被市场参与者计算。

要求作出系统性风险报告的一个重要好处是建立在跨机构和跨市场信息的基础上，可以让报告更加透明。同时也有利于提出金融机构的另一个风险问题——所谓的操作风险。如果操作风险导致了大型系统重要性机构破产，操作风险也可能导致系统性风险，操作风险实质上可以归因于公司程序上的缺陷（例如一家公司的风险管理系统）；其成员（由于不能胜任、欺诈或者未授权行为）；技术上（信息系统、数据质量、数学模型等）；信息透明度（公司内部的或者公司间的）非常有利于风险管理系统的运作。在公司里，必须对每天报告给更高一层公司的头寸总和制定规则——优选来自较重要的交易对手方的信息，从而降低违约和欺诈的可能性。在公司层面上，也应该分析公司独立部门的净头寸（包括相关性和风险关联性），由系统性风险监管者所要求的风险报告，对单个金融机构收集其风险敞口的信息实施最低标准，这种自上而下的结构是非常具有优势的。每隔一定的时间，这些收集的信息都分享给监管者和其他交易对手方。

4.4 纽约大学斯特恩系统性风险排名

纽约大学斯特恩学院商业虚拟实验室在 http：//vlab. stern. nyu. edu/welcome/risk 网页提供了一个每天更新数据的美国金融机构系统性风险排名。排名背后更详细的经济原理和数据模型可以参看 Acharya、Pedersen、Philippon、Richardson（2010a）和 Engle（2010）的相关研究，相关材料同样可以在该网页找到链接。

这些排名的一个核心指标是预期边际损失（MES）。MES 反映了当整个市场价格下滑超过 2 个百分点时，特定金融机构的股价下跌幅度。这一指标同时衡量了机构的波动情况及与整个市场的相关性，同时还反映了其在极端情况下的表现。MES 可以用来确定当发生金融危机时，特定金融机构可能面临的资金短缺状况。

当金融系统的合计资本低于审慎水平线时，金融系统的资本将不足以覆盖其负债，系统性金融风险就出现了，导致金融机构广泛地失败，并冻结资本市场，这将给金融中介系统造成严重的影响。

对于每个金融机构来说，纽约大学斯特恩虚拟实验室提供了一个系统性风险贡献度，SRISK%，表征了在危机中每个金融机构对整体资本短缺的贡献度。在危机中占高比例资本短缺的金融机构不仅是危机中的最大损失者，同时也制造或者扩大了危机。因此，SRISK%是一个在经济上吸引人的测度金融机构系统性风险的指标。

本节分为两个部分。第一部分给出了一个对系统性风险排名（以 SRISK% 和 MES）背后的统计模型的简要总结。第二部分将该模型（在真实情况下）应用在与2007—2009年金融危机相关的四个令人感兴趣的时间点：2007 年 7 月底，在危机即将到来前；2008 年 3 月 14 日，贝尔斯登即将倒闭前；2008 年 9 月 15 日，雷曼兄弟即将破产前；2009 年春天，在政府对金融系统进行 SCAP 压力测试前后。

系统性风险模型

为了更好地理解这一风险排名系统的工作，我们有必要提供排名背后更详细的分析，然后观察这些排名在金融危机前和金融危机期间的表现。第一步，计算 MES，接下来一步是计算 SRISK%。

计算 MES 所使用的经济技术手段在 Brownlees 和 Engle（2010）的论文中有详细的介绍。其核心的观点是单个金融机构市值和整个市场指数之间活跃的双边关系反映了市场对金融机构系统性风险的看法。MES 被定义为当一天中整个市场才能下跌超过 2 个百分点时，股票持有者的预期损失。i 公司在 t 天的情况可以用公式表示为

$$MES_{i,t} = E_{t-1}(-R_{i,t} \mid R_{m,t} < -0.02) \qquad (4.1)$$

对整体非常敏感的机构来说，这里的数字将会大于2%。MES 的计算采用的是时间序列方法。波幅的估计采用非对称 GRACH 模型（广义自回归条件异方差模型），相关性则用非对称 DCC 模型（动态条件相关模型）。误差项则通过对残差的经验二元密度函数中心平滑的方法估计。MES 等于机构波幅相对于市场预期损失（ES）的倍数加上一个残差确定的二阶量。

$$MES_{i,t} = \sigma_{i,t}\rho_{i,m,t}E_{t-1}(-R_{m,t} \mid R_{m,t} < -0.02) + tail\ correction \qquad (4.2)$$

这个方法在 Brownlees 和 Engle（2010）的论文中有所阐述。这是对股票持有者在危机中的预期损失估计的第一步。

在 Vlab 的网页上，公布了最大 100 家机构每天的计算结果，以 1990 年或其股票开始交易的时间为起点直到现在。对于每个市场价格下跌超过 2% 的日期，我们可以比较这些金融机构实际损失与预期损失。我们可以将预期损失最小至预期损失最大的公司进行排名。那么这些公司的实际损失排名与此是否一致？

通过计算排名相关度，我们发现在所有市场价格下跌超过 2% 的日子里，排名相关度的均值是 0.38. 金融危机中则是 0.44。这一相关度不显著于零的天数十分有限。在市场下跌中预期损失最大的机构，实际情况也基本一致，尽

管这一排名并不精确。

接下来，我们将危机中的日损失转换为在一个长期（如半年）危机中的市值损失，通过乘以一个常数。对于多步预测而言，乘以一个常数只是一种近似的解决方法，但是其是合理而且简单的，同时对横截面排名的影响也最小。

目标是当市场累积回报差时，如下跌超过 40%，估算市值的损失。因为衡量的是长期损失，它们在被用来预测前应当先指数化，至少是一个长期水平回报。对于单天的计算，差别是轻微的（到第三位小数点）。

$$E_{t-1}\left(-\sum_{j=1}^{126}\exp(R_{i,t+j})-1\,\Big|\,\sum_{j=1}^{126}R_{m,t+j}<-0.4\right)\approx\theta MES_{i,t} \qquad (4.3)$$

这个单位可以描述成 CrisisMES，类似地，如果其估算的是市场本身，那么它可以被称做危机的预期边际损失，CrisisES。其可以通过多次二元随机过程的模拟来估算。其中一些模拟了市场损失超过 40% 的相应情形。这一结果自然是高波动和高相关性的。这些结果的平均回报定义了 CrisisMES 和 CrisisES。

使用一个典型的参数，以估算花旗银行在 1977 年到 2009 年的状况，日均ES 为 2.4%，而 MES 则为 3.7%。在 10 000 次模拟中，CrisisES 为 38%，CrisisMES 为 53%。CrisisMES 与日均 MES 的比例为 14.3，而我们估计的 $\theta=18$。确切的数字会因为参数选择以及初始条件的不同而有所不同。下一步的研究将更充分地探讨这种关系。

最后，系统性风险的贡献则通过危机中金融机构遭遇的资本短缺来度量。因为公司市值的下降，股本负债率急速上升，使得公司面对偿债能力风险。当公司没有足够的资本，其可能出现债务违约或者债务的信誉问题。资本短缺的程度就是系统性风险贡献的程度。在进行这一计算时，我们采用现行的资本化市场以及最新的电子数据库中的准杠杆指标，定义为账面债务与股票市值的比例。如果股票市值下降使得其低于公司价值的 8%，就被认为是资本约束的，而且其资本不足将被纳入计算。这里以 D 代表账面债务，E 代表当前市值，剩余资本（Surplus Capital）将表示为

$$Surplus\ Capital = E - 0.08(D+E) \qquad (4.4)$$

从此前的公式（4.3）中我们可以得到危机中 E 的分布，那么剩余资本预测就简单地转为预测公式（4.4）。主要的变动就是市值的变化。如果这一剩余资本结果为负数，则公司是陷入困境的，而困难的大小就是危机中预期的资本短缺量。及

$$Distress_{i,t} = \min\left[0, 0.92(1 - CrisisMES) - 0.08D\right] \qquad (4.5)$$

整个金融部门资本短缺的总和就是合计资本短缺。任何有缺陷的公司都能导致系统性风险，由此导致的资本短缺占它资本短缺中一定的比例。我们称为

SRISK% 。正是这个指标反映了单个金融机构的系统性影响，而且这也是纽约大学斯特思系统性风险排名中用到的变量。

在一个不间断的基础上，纽约大学的斯特思电子数据系统提供了美国最大100 家金融机构的 MES 和 SRISK% 指标。这一结果被扩展到世界范围内的金融机构。最终的目标是为金融机构创造一个衡量系统性风险的标准，不仅局限于当地，而且扩展至其全球的影响。

2007—2009 年金融危机的系统性风险分析

这里，我们报告并分析金融危机中四个重要的时间段的 MES 和 SRISK% 指标。

第一，2007 年 7 月 1 日：因为金融危机并没有官方的日期，一些分析将2007 年 7 月 22 日贝尔斯登公司两个高杠杆率的对冲基金的破产认定为危机的开始点。不过，一个更理性的时间框架是当市场出现第一次系统性震荡时。第一个重要的事件发生在 2007 年 7 月底，当资产支持证券的发行市场被冻结。

第二，2008 年 3 月 1 日：2008 年 3 月 14 日贝尔斯登破产，随后在 3 月 17日出售给了摩根士丹利（同时政府对贝尔斯登的抵押资产进行保证）被认为是在危机中第一次出现大量大型复杂金融机构的经营失败。

第三，2008 年 9 月 12 日：在这个时间之前（例如，贝尔斯登、因迪美、房利美、房地美）、之中（例如，美林证券及美国国际集团）、之后（例如，美联银行、华盛顿共同基金，还有一些人认为包括花旗集团）都有大量的机构经营失败，危机中最主要的事件是 2008 年 9 月 15 日雷曼兄弟申请破产。

第四，2009 年 3 月 31 日：SCAP（即美国大型银行的统一压力测试）在2009 年 2 月开始并在 5 月结束。这一测试的结果表明在压力下银行业预期会遭受资本短缺。

测试的结果见表 4.1。具体来说，这个表格提供了在上述四个时期中 10家最重要的系统性金融机构（以 SRSIK% 为标准）的 MES 以及 SRISK% 指标计算结果。但是，因为各个时期的名单有所不同，系统性风险排名系统为在四个时期中至少进入过一次排行榜的金融机构都提供了相关数据，因此，这个表格上包括 17 家金融机构，尽管我们应当注意到，其中 7 家因为在危机中经营失败已经退出了。

我们相信对表 4.1 进行一些观察是有价值的。最重要的是，这个模型挑选出了在金融系统中制造最多系统性风险的金融机构。在危机中失败程度最高的主要机构（即或是破产，或是被收购，或是被紧急救助）——贝尔斯登、房利美、房地美、雷曼兄弟、美国国际集团、美林证券、美联银行、美国银行以及花旗银行——在相对较早的时期就已经被发现具有系统性。举个例子，除了美国银行、美国国际集团和美联银行外，上述公司都位列 2007 年 7 月 1 日前十名排行榜中。而在 2008 年 3 月 1 日，美国银行和美国国际集团也加入了前十名的行列，美联银行则排在了第十一位。

其次，金融系统中的系统性风险是由少数的机构导致的。举例来说，2007 年 7 月，仅 5 家机构就导致了整个系统 58.2% 的系统性风险。2008 年 3 月 1 日，尽管危机已经影响了更多的机构，系统性风险进一步扩散，这一比例仍达到 43%。由于危机的蔓延导致少数机构大规模经营失败，这一比例再创新高，在 2008 年 9 月达到了 51.1%（在此时我们注意到，SRISK% 的值已经与失败金融机构的资本短期比例接近）。此后，因为被救助的机构被其他机构收购，产业进一步集中，2009 年 3 月，4 家最大的商业银行——美国银行、JP 摩根、富国银行以及花旗银行——导致了 51.8% 的系统性风险。

表 4.1   2007—2009 年金融危机期间的系统性风险排名

	2007 – 07 – 01			2008 – 03 – 01			2008 – 09 – 12			2009 – 03 – 31		
	系统性风险	排名	边际预期差额	系统性风险	排名	边际预期差额	系统性风险	排名	边际预期差额	系统性风险	排名	边际预期差额
Citigroup	14.3	#1	3.27	12.9	#1	4.00	11.6	#1	6.17	8.8	#4	12.55
Merrill Lynch	13.5	#2	4.28	7.8	#3	5.36	5.7	#5	6.86	—	—	—
Morgan Stanley	11.8	#3	3.25	6.7	#6	3.98	5.2	#7	4.87	2.8	#7	9.16
JPMorgan Chase	9.8	#4	3.44	8.5	#2	4.30	8.6	#4	5.2	12.1	#2	10.55
Goldman Sachs	8.8	#5	3.60	5.3	#9	3.14	4.2	#9	3.58	3.7	#5	6.61
Freddie Mac	8.6	#6	2.35	5.9	#7	4.60	—	—	—	—	—	—
Lehman Brothers	7.2	#7	3.91	5.0	#10	4.88	4.6	#8	15.07	—	—	—
Fannie Mae	6.7	#8	2.47	7.1	#4	5.88	—	—	—	—	—	—
Bear Stearns	5.9	#9	4.4	2.9	#12	4.16						
MetLife	3.6	#10	2.57	2.2	#15	2.93	1.9	#12	3.20	3.2	#6	11.93
Bank of America	0	#44	2.06	6.7	#5	3.60	9.6	#2	6.33	12.7	#1	13.41
AIG	0	#45	1.51	5.5	#8	4.63	9.6	#3	10.86	—	—	—
Wells Fargo	0	#48	2.38	1.9	#16	4.14	3.0	#10	5.40	10.4	#3	12.15
Wachovia	0	#51	2.2	4.6	#11	4.64	5.7	#6	9.61	—	—	—
Prudential Fin.	3.3	#11	3.09	2.6	#13	3.94	2.1	#11	4.17	2.6	#8	15.89
U. S. Bancorp	0	#40	1.62	0	#54	2.41	1.1	#15	5.20	2.6	#9	10.4
PNC Financial	0	#49	2.46	0	#43	2.84	0.3	#32	3.78	1.6	#10	10.03

注：表 4.1 从 100 家最大的金融机构中排出了 10 家最具系统性风险的机构，时间从 2007 年 7 月 1 日到 2009 年 3 月 31 日，共四个时间点。MES 指标衡量了如果整个市场价格下跌超过 2%，特定公司的市值在一天中下降的程度。当市值低于资产的 8% 这一比例时，SRISK% 指标衡量了在危机中该公司所遭受的资本短缺占资本短缺总额的百分比。需要注意的是，这里在计算 SRISK% 时，加上了已经失败的机构的资本短缺数。

资料来源：www. systemicriskranking. stern. nyu. edu。

再次，相应地，我们来看看美国最大的银行之一，美国银行在危机蔓延前的状况。2007 年 7 月，较之 JP 摩根和花旗银行，这两家高度参与资本市场运作的机构，美国银行还被认为是一个保守的机构。我们的系统性风险排名系统也确认了这一点，其排在第 44 位，对整个资本短缺总额的预期贡献比例十分有限。在 2008 年 3 月，美国银行已经公告其将收购 Countrywide Financial，最大的次级抵押品借贷商。股票市场吸收了这一消息，而其系统性风险排名也上升至第 5 位，对系统性风险的贡献度达到 6.7%。在雷曼兄弟破产的前夕，美国银行的排名已经上升至第 2 位，贡献度达到 10.9%。最终，在 2009 年 3 月，美国银行还收购了美林证券，一个更具系统性的投资银行。毫不意外的是，美国银行此时成为了最具系统性的金融机构，其 SRISK% 的值达到了 14.9%。

最后，在 2008 年 9 月 15 日雷曼兄弟申请破产引发危机蔓延之前，我们来看一下对金融机构 MES 的估算结果。从表 4.1 中我们看到，三个机构非常突出，分别是雷曼兄弟、美国国际集团还有美联银行，其 MES 值（分别是 15.07%、10.86% 以及 9.61%）显著高于其他机构。唯一一家没列在表中（不在前十名 SRISK% 排行榜中）的达到这一标准的机构，华盛顿共同基金的 MES 值达到了 11.40%。当然，所有的这四家机构在 9 月 15 日的这个星期或是紧接着都以一种令人震惊的方式经营失败了。

表 4.1 对于 MES 以及 SRISK% 的排名与危机中系统性机构的发展状况事实上是一致的。在其经营失败前发现具有系统性风险的机构正是这一排名系统的研究目的，而且也被证明是成功的。这一衡量系统性风险的方法能够发现具有系统性风险的金融机构的事实表明，新的监管者应当运用这一模型更仔细地分辨机构，而资本管制方面这一方法也具有应用潜力。

附录 A：系统性风险机构

下面列出了金融稳定委员会（FSB）公布的 28 家国际系统性风险机构
北美的银行：
Goldman Sachs（GS. N）
JPMorgan Chase（JPM. N）
Morgan Stanley（MS. N）
Bank of America—Merrill Lynch（BAC. N）
Royal Bank of Canada（RY. TO）
英国的银行：
HSBC（HSBA. L）

Barclays（BARC. L）

Royal Bank of Scotland（RBS. L）

Standard Chartered（STAN. L）

欧洲的银行：

UBS（UBSN. VX）

Credit Suisse（CSGN. VX）

Société Général（SOGN. PA）

BNP Paribas（BNPP. PA）

Santander（SAN. MC）

BBVA（BBVA. MC）

Unicredit（CRDI. MI）

Bance Intesa，Deutsche Bank（DBKGn. DE）

ING（ING. AS）

日本的银行：

Mizuho（8411. T）

Sumitomo Mitsui（8316. T）

Nomura（8604. T）

Mitsubishi UFJ（8306. T）

保险公司：

AXA（AXA. PA）

Aegon（AEGN. AS）

Allianz（ALVG. DE）

Aviva（AV. I）

Zurich（ZURN. VX）

Swiss Re（RUKN. VX）

附录 B：监管资本评估计划（SCAP）

　　从宏观视角看，金融部门法案像石油在能源领域一样会推动经济增长。它在投资者中起着中介的作用，帮助资本从投资者手中转移到经济体中的生产者。正如在信贷危机中观察到的，逆向冲击很容易扰乱资本的转移，从而使经济复苏呈现脆弱性。

　　美国 2009 年 2 月开始实施、2009 年 5 月结束的监管资本评估计划（SCAP）起源于信贷危机期间，是针对那些大的和复杂的金融公司未来可能发生偿付风险而实施的。许多公司通过问题资产救助计划（TRAP）接受了金融援助，但是信贷危机依然在加深，引起的压力问题是金融部门能否抵挡得住危机的潜在恶化。

在面临这样危机的艰难时代，面临金融公司未来偿付能力的巨大不确定性，联邦储备当局需要采取行动实施压力测试来评估最大的美国银行在更恶劣经济环境下经受损失的融资能力。这样的测试可以给政策制定者提供如下信息：系统的金融稳定性和限制大规模金融崩溃对总体经济中生产和就业具有的逆向效应的潜在需要。

以下段落主要关注测试、压力测试以及用于衡量引入资本储备主要变量的那些公司。

金融评估计划（SCAP）集中在 19 家最大的金融公司，它们的总量占美国银行系统资产的三分之二、贷款的一半以上，而这些公司的破产将导致系统性金融危机。此项计划的技术目标是通过压力测试来评估在更严重负向冲击的环境下公司能够进行正常商业经营的能力。

两种场景将被评估，在第一个基础场景中，经济被假设沿着具有负向预期结果的现时路径运行，第二个场景被假设为经济沿着与现实预期相反的逆向路径运行，同时这种情况经济运行更加低迷。两种场景均提前两年实施，并考虑到通过一系列产品和活动造成的损失（如贷款、投资、抵押、信用卡余额）。交易资产超过 100 亿美元的公司将被要求评估潜在的交易损失和交易对手信用损失。

对于两种基本的案例和逆向案例，联邦储备当局通过特别的贷款分类对那些公司提出一个共同的贷款损失率范围作为评估目标的指导方针。例如，在基本场景下，一个显示 2 年累计损失率范围为 1.5% ~ 2.5% 的公司将在第一类别中给予第一留置权按揭贷款，相应的损失率范围在逆向场景中被设置为 3% 至 4%。正如 2009 年 5 月 7 日所描述的那样，联邦储备当局维持 SCAP 压力测试的结果报告，显示的损失率来自预期损失的方法，包括历史损失经验和涉及贷款绩效与宏观变量的数量方法。

但是，公司可以被允许偏离显示损失率，只要它们能够提供它们估计的合适的证据。更重要的是，监管者承认不同公司的差异，进而要求公司提供关于它们投资组合特别特征的数据用来评估它们的数量损失。

测试的目的是衡量一个公司一级资本消化损失的能力，更着重于一级资本的一般资本，"即反映这样一个事实：一般股权是资本结构中吸收损失的第一要素"。在逆向场景中，估计的资本缓冲能力相对于估计的损失较小的公司，将被要求增加它们的资本率。SCAP 计划缓冲的规模取决于在最坏案例场景下所估计的损失和公司在 2010 年末一级风险资本覆盖率超过 6% 的能力以及一级一般资本风险覆盖率超过 4% 的能力。

主要的发现是 19 家最大银行中的 10 家需要提高附属资本来遵守 SCAP 中所提出的资本充足率要求。在所有的案例中，由于一级一般资本不充足，缓冲的附属资本不得不提高。总之，不得不增加大约 75 亿美元，尽管这些公司有了一些重大变化，范围从 6 亿美元到 339 亿美元。数字远小于两年前所估计的损失，即两年前的损失达 6 000 亿美元，占总贷款的 9.1%。估计的储备总量能够吸收估计的损失的大部分。利用加总到 2008 年末的数字，要求提高的附属缓冲资本估计达 1 850 亿美元。然而，随着 2009 年第一季度的调整，数量减至 750 亿美元。表 4.2 和表 4.3 报告了 SCAP 的结果，它们分别显示了 SCAP 压力测试的总量和公司水平。

压力测试尚在评估公司吸收或抵消大的负面冲击的能力。从某种程度上说，负面冲击增加了公司的风险和它们失败或破产的风险。CDS 的扩展显示市场对 SCAP 的反应和它的发现。图 4.1 和图 4.2 显示在 SCAP 研究中公司的分支机构的 CDS 时间序列柱状图的扩展。

表 4.2　19 家银行控股公司在更加不利的情况下资本监管评估计划的总结果

更加不利的设定环境下 2009 年和 2010 年的估计	"更差"的情景	
	10 亿美元	占贷款的百分比
总的估计损失（未进行并购会计调整前）	599.2	—
第一留置权抵押贷款	102.3	8.8%
第二留置权抵押贷款	83.2	13.8%
工商贷款	60.1	6.1%
商业房地产贷款	53.0	8.5%
信用卡贷款	82.4	22.5%
证券（AFS 和 HTM）	35.2	NA
交易及相对方	99.3	NA
其他[①]	83.7	NA
并购会计调整	64.3	—
在更加不利的设定环境下可以弥补损失的资本外资源[②]	362.9	—

续表

更加不利的设定环境下 2009 年和 2010 年的估计	"更差"的情景	
	10 亿美元	占贷款的百分比
更加不利环境下增加的 SCAP 缓冲资本	—	—
SCAP 缓冲资本定义为额外的一级普通股资本或应急普通股资本	—	—
截至 2008 年 12 月 31 日的 SCAP 缓冲资本	185.0	—
减去 2009 年第一季度结果的资本措施和影响③④	110.4	—
SCAP 缓冲资本⑤	74.6	—

注：此表中的估计数是在假设经济结果比预期更不利的情况下得出的，不是对未来收入或损失的预测。

①包括其他消费性贷款和非消费性贷款以及各项承诺和义务。

②吸收损失的能力，包括拨备前收入净额减少的补贴贷款和租赁损失。

③资本运作，包括自 2008 年第四季度以来完成或承包的交易。

④包括需要建立 SCAP 缓冲的企业。

⑤有可能需要建立一个额外的一级资本缓冲，但前提是必须满足额外的一级普通资本缓冲，除非另有指定一个特定的 BHC。

注意：由于四舍五入的缘故，数字无法精确。

资料来源："监管资本评估计划"（Hirtle，Schuermann 和 Stiroh，2009）。

图 4.1 显示了要求增加它们的附属资本的公司的分支机构，这些是 G1 集团。注意，在 G1 集团中我们调整了 GMAC 的传播并把它们放在右边表示规模。图 4.2 显示了 G2 的柱状图，公司的分支机构不需要增加它们的附属缓冲资本。这些 CDS 柱状图的扩展显示了随着雷曼兄弟的破产所有的扩展均实质性地增加了，这是早期样本中大集团的峰值。有意思的是，随着压力测试结果的宣布，CDS 的扩展也增加了。尽管 G1 和 G2 之间有差异，相对于 G1 集团，在测试结果开始之后，扩展持续地逗留在更高水平的公司间，而我们观察到随着测试结果宣布之后，扩展在 G2 集团中有下降趋势。

CDS 扩展的现实意味着 SCAP 计划透明性的事实可能有助于市场参与者辨别不同的公司集团。市场参与者利用提供的信息可以在联邦储备当局宣布结果之前，就能够减少它们公司的相对系统性风险。在测试结果宣布之后，G1 集团公司扩展的下降显示了 SCAP 计划比预期更好的结果。

另一种方法，正如图 4.3 显示的，观察市场对 SCAP 计划的反应是考虑到隐含波动率的选择。这些隐含波动率是为期一年的货币远期要求权和从选项指标标准化领域而来的认沽期权。对于要求权和认沽权而言，现在的波动是每个集

表 4.3　监管资本评估计划 19 家银行评估结果

单位：10 亿美元

	AmEx	BofA	BB&T	BNYM	CapOne	Citi	FifthThird	GMAC	Goldman	JPMC	KeyCorp	MetLife	Morgan Stanley	PNC	Regions	State St	SunTrust	USB	Wells	Total
第一类资本	10.1	173.2	13.4	15.4	16.8	118.8	11.9	17.4	55.9	136.2	11.6	30.1	47.2	24.1	12.1	14.1	17.6	24.4	86.4	836.7
第一类普通股资本	10.1	74.5	7.8	11.0	12.0	22.9	4.9	11.1	34.4	87.0	6.0	27.8	17.8	11.7	7.6	10.8	9.4	11.8	33.9	412.5
加权风险资产	104.4	1 633.8	109.8	115.8	131.8	996.2	112.6	172.7	444.8	1337.5	106.7	326.4	310.6	250.9	116.3	69.6	162.0	230.6	1082.3	7814.8
2009 年更为不利的经济情境下的评估结果																				
损失估算总额（在购买账户调整前）	11.2	136.6	8.7	5.4	13.4	104.7	9.1	9.2	17.8	97.4	6.7	9.6	19.7	18.8	9.2	8.2	11.8	15.7	86.1	599.2
优先置留抵押	NA	22.1	1.1	0.2	1.8	15.3	1.1	2.0	NA	18.8	0.1	0.0	NA	2.4	1.0	NA	2.2	1.8	32.4	102.3
次级留置抵押	NA	21.4	0.7	NA	0.7	12.2	1.1	1.1	NA	20.1	0.6	0.0	NA	4.6	1.1	NA	3.1	1.7	14.7	83.2
商业/工业贷款	NA	15.7	0.7	0.4	1.5	8.9	2.8	1.0	0.0	10.3	1.7	0.0	0.1	3.2	1.2	0.0	1.5	2.3	9.0	60.1
商业房产贷款	NA	9.4	4.5	0.2	1.1	2.7	2.9	0.6	NA	3.7	2.3	0.8	0.6	4.5	4.9	0.3	2.8	3.2	8.4	53.0
信用卡贷款	8.5	19.1	0.2	NA	3.6	19.9	0.4	NA	NA	21.2	0.0	NA	NA	0.4	NA	NA	0.1	2.8	6.1	82.4
有价证券（AFS 和 HTM）	NA	8.5	0.2	4.2	0.4	2.9	0.0	0.5	0.1	1.2	0.1	8.3	NA	1.3	0.2	1.8	0.0	1.3	4.2	35.2
交易和对手方	NA	24.1	NA	NA	NA	22.4	NA	NA	17.4	16.7	NA	NA	18.7	NA	NA	NA	NA	NA	NA	99.3
其他（1）	2.7	16.4	1.3	0.4	4.3	20.4	0.9	4.0	0.3	5.3	1.8	0.5	0.2	2.3	0.8	6.0	2.1	2.8	11.3	83.7

续表

	AmEx	BofA	BB&T	BNYM	CapOne	Citi	FifthThird	GMAC	Goldman	JPMC	KeyCorp	MetLife	Morgan Stanley	PNC	Regions	State St	SunTrust	USB	Wells	Total
贷款损失率总额 (2)	14.3%	10.0%	8.6%	2.6%	11.7%	10.9%	10.5%	6.6%	0.9%	10.0%	8.5%	2.1%	0.4%	9.0%	9.1%	4.4%	8.3%	7.8%	8.8%	9.1%
优先留职抵押	NA	6.8%	4.5%	5.0%	10.7%	8.0%	10.3%	10.2%	NA	10.2%	3.4%	5.0%	NA	8.1%	4.1%	NA	8.2%	5.7%	11.9%	8.8%
次级留职抵押	NA	13.5%	8.8%	NA	19.9%	19.5%	8.7%	21.2%	NA	13.9%	6.3%	14.1%	NA	12.7%	11.9%	NA	13.7%	8.8%	13.2%	13.8%
商业/工业贷款	NA	7.0%	4.5%	5.0%	9.7%	5.8%	11.0%	2.7%	1.2%	6.8%	7.9%	0.0%	2.4%	6.0%	7.0%	22.8%	5.2%	5.4%	4.8%	6.1%
商业房产贷款	NA	9.1%	12.6%	9.9%	6.0%	7.4%	13.9%	33.3%	NA	5.5%	12.5%	2.1%	45.2%	11.2%	13.7%	35.5%	10.6%	10.2%	5.9%	8.5%
信用卡贷款	20.2%	23.5%	18.2%	NA	18.2%	23.0%	22.3%	NA	NA	22.4%	37.9%	NA	NA	22.3%	NA	NA	17.4%	20.3%	26.0%	22.5%
备忘：购买账户调整	0.0	13.3	0.0	0.0	1.5	0.0	0.0	0.0	0.0	19.9	0.0	0.0	0.0	5.9	0.0	0.0	0.0	0.0	23.7	64.3
除资本外用以吸收损失的各项资源（更为恶劣经济情景下）(3)	11.9	74.5	5.5	6.7	9	49	5.5	-0.5	18.5	72.4	2.1	5.6	7.1	9.6	3.3	4.3	4.7	13.7	60.0	362.9

更为恶劣经济情景下 SCAP 缓冲增加额（SCAP 缓冲被定义为额外的第一类普通股/或可能的普通股）

	AmEx	BofA	BB&T	BNYM	CapOne	Citi	FifthThird	GMAC	Goldman	JPMC	KeyCorp	MetLife	Morgan Stanley	PNC	Regions	State St	SunTrust	USB	Wells	Total
2008 年 12 月 31 日 SCAP 缓冲标准	0.0	46.5	0.0	0.0	0.0	92.6	2.6	6.7	0.0	0.0	2.5	0.0	8.3	2.3	2.9	0.0	3.4	0.0	17.3	185.0

续表

	AmEx	BofA	BB&T	BNYM	CapOne	Citi	FifthThird	GMAC	Goldman	JPMC	KeyCorp	MetLife	Morgan Stanley	PNC	Regions	State St	SunTrust	USB	Wells	Total
减去: 2009年第一季度资本活动和动产(4)(5)(6)(7)	0.2	12.7	0.1	-0.2	-0.3	87.1	1.5	-4.8	7.0	2.5	0.6	0.6	6.5	1.7	0.4	0.2	1.3	0.3	3.6	110.4
SCAP缓冲(8)(9)(10)	0.0	33.9	0.0	0.0	0.0	5.5	1.1	11.5	0.0	0.0	1.8	0.0	1.8	0.6	2.5	0.0	2.2	0.0	13.7	74.6
2008年9月底的边际预期差额	6.6	7.6	5.0	7.0	6.9	6.9	8.3	NA	6.5	6.7	7.0	5.2	7.4	4.2	8.7	6.2	5.3	4.3	6.2	NA

注: (1) 包括其他消费性和非消费性贷款以及各种承诺和义务。

(2) 包括其他消费性和非消费性贷款的损失。

(3) 弥补损失的资源包括2008年前四季度收入减去贷款和租赁损失准备金的变化额。

(4) 资本措施包括2008年第四季度以来已完成的或尚在进行的交易。

(5) 对于美银证券来说, 则包括合格的资产担保加权资产影响带来的资本利益。

(6) 对花旗集团来说, 则包括2009年2月27日公告的提供优先股交换带来的影响。

(7) 总额仅包括需要建立SCAP缓冲资本缓冲的BHC 2009年第一季度资本措施利影响。

(8) 额外的一级股本缓冲, 但是除非BHC有特殊情况, 额外的一级普通股资本缓冲就可以满足。

(9) 可能需要建立额外的一级资本缓冲, 其一级普通股/应急普通股资本需要扩大115亿美元, 其中91亿美元必须是新的一级资本。

(10) Regions需要扩大其资本缓冲金, 其一级普通股/应急普通股资本需要扩大25亿美元, 其中25亿美元必须是新的一级资本。

备注: "边际收益差额"一行信息是作者提供的, 其他的信息来自"监管资本评估项目"(Hirtle, Schuermann 和 Stiroh, 2009)。

数据来源: "监管资本评估项目"一行信息是作者提供的, 其他的信息来自"监管资本评估项目"(Hirtle, Schuermann 和 Stiroh, 2009)。

团（G1 和 G2）的跨部门平均数。尽管在 SCAP 开始之前，隐含波动率呈现增长的状态，可以清楚地看到，它们在测试结果宣布时达到顶峰，随后开始下降。

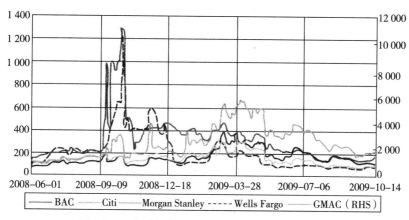

图 4.1　五年到期信用违约掉期合约利差（G1 组）

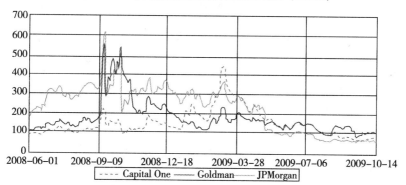

图 4.2　五年到期信用违约掉期合约利差（G2 组）

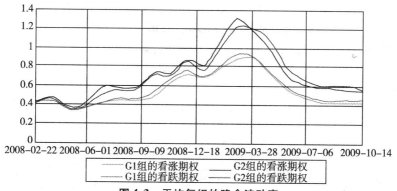

图 4.3　平均每组的隐含波动率

很明显，消除公司未来的不确定性是 SCAP 应用的主要目的。SCAP 评估需要增加潜在的额外缓冲来抵御未来的负面冲击，通过公开测试的细节和结果，美联储将以快速的行动来减少不稳定市场中的不确定性。压力测试的巨大优势是它集中于场景测试和公司在比预期更糟的经济环境下的运营能力。尽管对相关场景的假设和缺乏足够场景可能会产生问题，大的负面结果和公司运营能力看起来是为市场参与者提供了其需要的再保险。

进一步，从压力测试的教训中学习与公司和监管当局合作进行场景测试均是至关重要的。2010 年 3 月 26 日，关于这一主题的讨论中，联邦储备官员 Daniel K. Tarullo 指出联邦储备当局计划健全监管体系。这样一个正规监管体系的目的是监管公司的健康运行和确认其遵守资本充足率要求。希望此系统能够评估公司投资组合的风险和在需要的时候提供足够的资本缓冲以度过艰难时期。建议的监管系统将使用市场和公司层面的数据进行评估。再一次，透明性是一个重要的因素，它不仅有利于对监管机构提供与系统性风险相关的信息，而且也对市场参与者实行及时的市场约束。

附录 C：边际预期损失（MES）和监管压力测试（SCAP）

SCAP，是一种压力测试，联邦储备系统早在 2009 年春天就已实施，并在附录 B 中描述过。它试图确定一个企业能够承受多大的经济负面冲击，并以此确定这样一个冲击将使企业承受多大的损失。

考虑估计一个企业的边际预期损失（MES），即在过去市场最糟糕的时期，估计一个企业损失的平均百分比的一种以市场为基础的估计方法。在 4.3 节和 4.4 节曾描述过一种 MES 的非参数估计。MES 是一种尝试回答当经济或金融部门发生一个大的负面冲击时，一个公司有多少系统性风险问题的方法。

这样，虽然压力测试和 MES 有明显的相似之处，但也有一些不同。压力测试是前瞻性的，它测试多种将来可能会或可能不会发生的情况。相反，MES 则通过过去的股市数据去预测。如果在过去数据中没有呈现出严峻的压力后果，那么相比压力测试，MES 可能得出一个不精确的系统性风险结论。另一方面，MES 可以在检查中保持监管的自由裁量权和确保公司的系统性风险在监管者的掌控中，并为其提供一个比较的基准。

所以，金融企业在 2009 年春季 SCAP 的测试结果，其实可以用来衡量 MES 的效用。

表 4.3 包含 19 家银行部分 SCAP 压力测试结果和资本缓冲以及附属资本要求。最后一行（SCAP 缓冲）是指资本缺口或银行有待提高的附属一级资本。前两行（分别是一级资本和一级普通资本）是指银行已经到位的一级资

本和一级普通资本，最后一行显示了我们在 2007 年 10 月至 2008 年 9 月这些企业的 MES 计算。

图 4.4 显示了在 MES 中，资本短缺公司与资本充足公司的关系。图 4.4 揭示了 MES 和 SCAP 压力测试结果间存在一个很强的正相关关系。实际上，在 MES 层之间的公司，资本短缺企业和资本充足企业有一个明显的分离。

这提供了一个重要的见证，即以市场为基础的系统性风险测量方法包含了重要的信息内容。实际上，在众多的金融企业中，即使是用最简单的非参数估计 MES，也有一定的能力可以解释其系统性风险，就像通过更加详尽的压力测试所得到的结果一样。

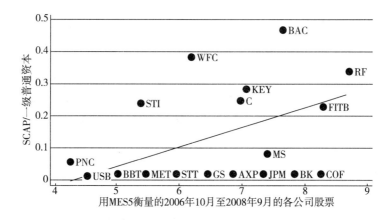

图 4.4　MES 对 SCAP／一级普通资本的散点图

MES5 是市场回报率低于 20% 的股票的边际预期损失，样本包括联邦储备系统在 2009 年春天进行压力测试的 18 家美国金融机构，MES5 用来衡量 2006 年 10 月至 2008 年 9 月期间的各公司股票。

注释

①HR 4173，Title I，"Financial Stability，" Subtitle A，"Financial Stability Oversight Council，" Sec. 112，"Council Authority. "

②HR 4173，Title I，"Financial Stability，" Subtitle A，"Financial Stability Oversight Council，" Sec. 113，"Authority to require supervision and regulation of certain nonbank financial companies. "

③HR 4173，Title Ⅷ，"Payment，Clearing，and Settlement Supervision，" Sec. 802，"Findings and Purposes. "

④HR 4173，Title I，"Financial Stability，" Subtitle A，"Financial Stability Oversight Council," Sec. 115, "Enhanced supervision and prudential standards for nonbank financial companies supervised by the Board of Governors and certain bank holding companies."

⑤HR 4173, Title I, Subtitle A, Sec. 113, "Authority to require supervision and regulation of certain nonbank financial companies."

⑥HR 4173, Title I, Subtitle A, Sec. 115.

⑦HR 4173, Title I, Subtitle B, "Office of Financial Research," Sec. 153. "Purpose and Duties of the Office."

⑧HR 4173, Title I, Subtitle B, "Office of Financial Research," Sec. 154, "Organizational structure; responsibilities of primary programmatic unites."

⑨HR 4173, Title I, Subtitle B. "Office of Financial Research," Sec. 154, "Organizational structure; responsibilities of primary programmatic units."

⑩See the Federal Reserve Bank of New York report on the SCAP exercies (Hirtle, Schuermann, and Stiroh, 2009).

⑪Ibid.

⑫HR 4173, Title I, Subtitle C, "Additional Board of Governors Authority for Certain Nonbank Financial Companies and Bank Holding Companies," Sec. 165, "Enhanced supervision and prudential standards for nonbank financial companies supervised by the Board of Governors and certain bank holding companies."

参考文献

［1］Acharya, Viral V., Lasse H. Pedersen, Thomas Philippon, and Matthew Richardson. 2010a. Measuring systemic risk. Working Paper, New York University Stern School of Business.

［2］Acharya, Viral V., Lasse H. Pedersen, Thomas Philippon, and Matthew Richardson. 2010b. A tax on systemic risk. Forthcoming NBER publication on Quantifying Systemic Risk, ed. Joseph Haubrich and Andrew Lo.

［3］Acharya, Viral V., and Matthew Richardson, eds. 2009. *Restoring financial stability: How to repair a failed system*. Hoboken, NJ: John Wiley & Sons.

［4］Adrian, Tobias, and Markus Brunnermeier. 2008. CoVaR. Working Paper, Federal Reserve Bank of New York.

［5］Brownlees, Christian, and Robert Engle. 2010. Volatility, correlation and tails for systemic risk measurement. Working Paper, New York University Stern School of Business.

［6］Chan – Lau, Jorge, Marco Espinosa, Kay Giesecke, and Juan A. Sole. 2009. Assessing the systemic implications of financial linkages. *IMF Global Finan-*

cial Stability Report 2, April.

[7] De Jonghe, Olivier. 2009. Bank to the basics in banking? A micro - analysis of banking system stability. Forthcoming in the *Journal of Financial Intermediation*.

[8] Gray, Dale, and Andreas A. Jobst. 2009. Tail dependence measures of systemic risk using equity options data implications for financial stability. Working Paper, International Monetary Fund, Washington, D. C.

[9] Hirtle, Beverly, Til Schuermann, and Kevin Stiroh. 2009. The Supervisory Capital Assessment Program. Federal Reserve Bank of New York. Available at http: //newyorkfed. org/research/staff_ reports/sr409. html.

[10] Huang, Xin, Hao Zhou, and Haibin Zhu. 2009. A framework for assessing the systemic risk of major financial institution. *Journal of Banking and Finance* 33 (11): 2036 - 2049.

[11] Lehar, A. 2005. Measuring systemic risk: A risk management approach. *Journal of Banking and Finance* 29: 2577 - 2603.

[12] Nier, Erland, Jing Yang, Tanju Yorulmazer, and Amadeo Alentorn. 2007. Network models and financial stability. *Journal of Economic Dynamics and Control* 31 (6): 2033 - 2060.

[13] Upper, Christion. 2007. Using counterfactual simulations to assess the danger of contagion in interbank markets. Bank for International Settlements Working Paper No. 234.

第5章 系统性风险税

Viral V. Acharya, Lasse Pedersen, Thomas Philippon, and Matthew Richardson[*]

5.1 系统性风险与 2007—2009 年的金融危机

2008 年秋冬到 2009 年，全球范围内的实体经济及金融市场经历了一轮明显的下滑。美国股市下跌了 42%，以美元计价，英国股市下跌了 46%。欧洲下滑幅度更大，达到了 49%。日本则是 35%。拉丁美洲国家更是达到了 50%。与此同时，全球 GDP 则下降了 0.8%（近数十年来首次出现下滑），而发达经济体则更是下降了 3.2%，全球贸易规模则下降了 12%。

经济学家们常说的系统性风险，指的就是这种状况。金融是经济的核心，扮演着资金供给者和资金需求者之间的中介角色。没有这一中介机制，企业很难获得贷款并进行商业活动，而对公众来说，获得助学贷款、汽车贷款、进行储蓄及一系列的金融交易活动将变得不可能。当金融系统的资本不足以应对其债务时，系统性风险就出现了。这将导致大量金融机构经营失败并影响资本市场，极大地损害金融中介机制，从支付系统到企业及家庭的借贷。

金融部门系统性风险消极外部性的一个活生生的例子是，相比其他机构，在金融危机中，有些机构对全局性的资本短缺造成的影响更大。市场并不对消极的外部性进行定价，因此在不能精确计量的情况下，市场就会过度发展。作为补救，经济学家倾向于向这种外部性进行征税。从 20 世纪 20 年代起，由于英国经济学家阿瑟·塞西尔·庇古在这一领域的开创性研究，这种针对外部性的税收被称为庇古税。庇古认为对外部性进行征税是解决问题的最好方法，因为这可以避免政府对市场参与者决策严重干涉。

---

* 作者对于卓·林舒马特（Anjolein Schmeits）的有建设评论的建议表示感谢，我们受益于对"大而不能倒"机构征税小组的讨论，这个小组为纽约大学出版了电子书《是时候进行金融改革》，该小组还包括 Thomas Cooley 和 Ingo Walter。

这一章讨论的是对金融部门系统性风险进行征税的问题。不幸的是，2010年推出的这个法案在金融改革方面并未涉及这一点，该法案关注的焦点是通过设计资本充足率要求来提高政府应对系统性风险的能力。

一些政策制定者也认为这是一个失误。如美国明尼阿波利斯联邦储备银行行长纳拉亚纳在 2010 年 7 月在蒙特利尔的一次演讲中谈道：

明知风险是难以避免的，金融机构并不能将其投资决定可能给社会造成的全部风险内在化……税收是一个适合的工具，因为其创造了一种激励机制，将这种外部性化为企业的成本……金融机构应当依据其风险给纳税人造成的负担缴纳税收……在我看来，资本和流动性要求本质上是保守的……我们需要的是前瞻性的工具，因为面临的是前瞻性问题。这也是为什么税收是更好的工具的关键原因，因为其是基于市场信息的。

像其他金融业规则一样，系统性风险税的关键是其不仅针对存款性机构，而是对所有的金融机构施加影响。特别是考虑到现代金融业各部门之间的紧密联系以及系统性监管的目的，金融业不应仅仅局限于吸收存款和发放贷款的商业银行，还应包含投资银行、货币市场基金、保险机构，以及一些潜在的主体，如对冲基金及私募基金。某个金融机构的经营失败可能引发多种类型的系统性风险，金融危机更是如此。这些风险包括交易对手风险，强制资产出售导致的溢出风险，流动性过剩（导致利率从经营困难企业传递到经营较好企业）以及在影子银行系统中发生的传染性风险。

这正是 2008 年 9 月出现的状况。我们一些最大的金融机构——政府支持企业（GSES）（房利美及房地美）、雷曼兄弟、美国国际集团（AIG）、美林集团、华盛顿共同基金、美联银行以及花旗集团——事实上经营失败了。在证券化市场几乎停止交易一年之后，资本市场的其他关键部分，如货币市场及商业银行票据市场同样冻结了——结果是贷款及公共债务市场的显著扩张。

问题的核心是巨大、复杂的金融机构的高风险激励以及其制造的系统性风险。这些机构的冒险行为将它们自己在危机中引入到一条特殊的道路上。为解决资金不足，机构利用资本管制漏洞发展了 20 000 亿~30 000 亿美元的高杠杆投资，专门用于信用投资组合，尤其是住宅房地产还有商业性房地产以及其他消费者信用。除非发生严重的经济衰退，在大多数情况下，这样的投向是安全的。但是，一旦发生衰退，这种类型的市场风险，这些系统性机构在最后必须坚持住，因为在衰退过程，它们特有的其他公司会破产。

为什么这些机构会进行这样的赌博？因为隐性担保（如"大而不能倒"）或是显性担保（如政府支持企业和存款性机构）的存在，这些机构拥有低成本的融资渠道。加上含有市场风险的信用投机可以提供高额的回报，这些机构纷纷进入。这种投机的收益全部计入了这些机构的股东的账户，但是这些机构破产的外部成本——导致其他机构的失败或是资本市场的停滞——最终却由整个社会承担。

我们现在知道这种对美国主要金融机构的债务担保严重扭曲了资本配置和金融机构的竞争。这种担保给予了这些机构不公平的优势，因为它们可以以更低的成本募集资金。这种担保是如此富有价值和普遍，这些巨大的机构几乎不受市场规律的制约，同时拥有了扩大其经营规模、范围、风险暴露、杠杆率及金融关联的不合理激励。结果是经济遭受了三重打击：由纳税者承担的繁重的金融救济成本，日益被"大而不能倒"机构占据的缺乏竞争和效率的金融体系，未来经济金融危机爆发的更大可能性。

这次规则的核心问题在于隔离各机构间的风险。但是除非将系统性风险的外部性成本内化到各金融机构，这些机构仍将有冒险的动力，而这种冒险的成本将不是仅由这些机构负担，而是由全社会来负担。换言之，单个机构或许会采取行动以避免自身的破产，但对于整个金融系统的破产则未必。在这个意义上，机构的风险对整个金融系统而言是一种消极的外部性。[①]

本章将对《多德—弗兰克法案》是否适用于处理这种消极外部性进行评估，本章安排如下。在5.2节"系统性风险管理"中，我们提供了一个完美条件下最优政策选择的最佳方案。5.3节"《多德—弗兰克华尔街改革与消费者保护法案》"中，我们在最优分析框架中比较了法案与最佳方案。5.4节"系统性风险税"中，给出了如何使最优政策生效的政策建议。在5.3节中，我们还将对这一法案的讨论与本书后面涉及系统性风险的有关章节进行了简要的联系：第6章为"资本、或有资本以及流动性要求"，第7章为"大型银行和沃克尔规则"，以及第8章为"清算授权"。

5.2 系统性风险管理

管理系统性风险面临以下三个挑战。

1. 识别并衡量金融体系的系统性风险。

2. 在衡量系统性风险的基础上，制定旨在将强加于金融部门外及外部实体经济之上的系统性风险成本内在化到金融企业中的最优政策。

3. 确保这一政策是有效的，不受未来监管套利的制约，并能解决由于政府担保如存款保险和"大而不能倒"引起的道德风险问题。

基于这些挑战，我们首先提出一个经济分析框架。构建一个关于银行系统的模型，在该模型中，银行是承担有限债务责任同时追求股东利益最大化的；

监管者提供了一些形式的安全网（如运用存款保险制度或"大而不能倒"为债权人提供担保）；在金融危机中经济面临系统性风险（如全系统成本）。我们假设当银行部门的平均资本低于其总资产的一定比例时，系统性风险将会出现，而系统性风险的成本则与它们之间的差额成正比。

在这样的条件下，可以得到，对监管者而言最优的政策是对各商业银行进行征税（如征收一定的费用），这一系统性风险税的额度应当由两部分平均加总而成。[②]

1. 发生违约时企业预计遭受的损失。

2. 金融危机发生时预计产生的系统性成本×该机构对系统性成本的贡献度，让我们依次来考虑这两个部分。

第一，发生违约时企业预计遭受的损失

也就是说，需要对政府给金融系统的担保进行定价，换言之，金融企业应当为它们得到的担保支付费用。因为担保的价格将通过改变其特定的风险特征影响机构，这将诱导每家机构在选择杠杆率以及风险承担时采取更加谨慎的态度。当前，在美国，联邦存款保险公司（FDIC）依据风险状况选择保费的水平。但事实上，仅当这一基金发生资本不足时保险费率才会改变，因此，FDIC 过去的方案，基本上没有采用这一最优政策（如 5.3 节中描述的，《多德—弗兰克法案》修订了联邦存款保险公司的方案）。

第二，企业对于危机预期系统性损失的贡献度（如每个企业对于总损失贡献的一个临界值）与金融部门发生资金短缺预期给整个系统带来的损失额的乘积。

因而，系统性风险同样需要进行定价，即金融企业需要将其给金融系统带来的消极外部性成本内部化。之后我们会解释危机中系统性风险的损失可以被看做该税收中时间序列部分（决定了税收总水平）。每个企业对这些损失的贡献度则可以被看做该税收横截面部分（决定了各企业支付比重）。进一步，与经济直觉一致，初始资本越低，风险资产持有越多。

概括地说，从经济学角度来看，有效控制系统性风险的最优政策是对金融机构享有的纳税者给予它们的隐性担保进行收费。金融机构应当为经营失败导致的预期损失及危机（这里宽泛的定义为金融体系作为一个整体出现资本不足的情况）背景下发生经营失败导致的预期损失支付税收、银行税、保险费或类似费用（原理与联邦存款保险公司存款保险费率一致，尽管其未能付诸实施）。

征收这一费用会使位于边界的金融机构持有更多的预先资本（或者是降低杠杆率），并降低风险仓位，即面对这一税收，金融机构会自觉地降低自己的系统性，这也将激励这些企业重新思考其商业模式。特别是它们将不得不考虑缩小它们的规模、经营范围、风险暴露以及关联性，权衡这些活动带来的回报与其所带来的保险费用。市场规律及审慎管理在系统性风险的正确定价上共同发挥作用，以创造一个更稳定、更具效率的金融体系。对仍然存在系统性风险，它们将会被征税，而税负成本将由金融企业的股东承担，而不是由广大纳税人承担。

尽管如此，执行这一政策仍面临不少困难与挑战。

挑战1：衡量系统性风险

监管者是否能准确地衡量银行的风险、杠杆率及关联性，尤其是当被检测的机构非常复杂而且几乎从事所有可能的金融中介业务？简单地说，如果监管是基于充满噪音的可测变量，这将激励这些机构进行"监管套利"并承担那些最难让监管者准确测量的风险。

尽管如此，准确测量并非不可能。关于系统性风险，第4章"测量系统性风险"，描述了多种发现并测量系统性风险的方法。在那一章中，我们提供了一个测量每个机构造成的系统性风险的简单直观的方法。基于上面提到的经济理论，我们认为系统性风险成本可以由当金融行业进入资本不足期（时间序列概念）时该机构对整个行业（横截面概念）资本不足引起的预期损失的贡献来衡量。即从相对意义上说，一个金融机构的系统性风险是在系统性事件即金融部门损失超过危机的临界值中由该机构导致的系统预期损失。

第一项——预期系统性成本——测量系统性风险的水平。在引发金融危机的因素及金融危机造成的经济损失超过一般经济下滑带来的影响方面有一些实证的证据。尤其是在引发金融危机的因素、巨额的紧急救助成本及真实经济的福利损失与银行危机的关联方面，实证证据在不断增加。这些研究的基本观点是银行危机有先行指标，而这些危机代表了显著的 GDP 比例——平均在 10% ~20%，最坏的危机则更高。重要的结论是，基于危机发生的可能性，系统性风险税可能是很重要的。

第二项——单个金融机构对金融危机成本的贡献度——决定哪个机构应对系统性风险负责。实证工作表明这与公司在危机中系统性权益损失的贡献度及公司的杠杆率相关。Acharya，Pedersen，Philippon，Richardson（2010a），Brownlees，Engle（2010）等提供了估计这一贡献度的方法，主要运用公开股票数据（同理，可用债券市场或贷款余额代替）、有关杠杆率的信息及引发金融危机因素的相关假设。[3]

运用上述方法得出的结果，表5.1提供了最具系统性特征的金融企业的风险度量，这些企业是从 100 家市值最大的金融公司中选出来的。

为了更加直观，我们选取了两个日期——2007 年 7 月 1 日，一个月后，7 月底即爆发了危机，以及 2008 年 9 月 12 日，雷曼兄弟破产前的一个周末（在房利美及房地美危机之后）。我们给出了两个评价标准，一是边际预期损失（MES），Y 用以表征当整个市场至少下跌 2% 时企业权益的日损失幅度；二是系统性风险贡献度，SRISK%，即在危机中企业损失对整个资本市场损失的贡献度。这里依据 SRISK% 值的大小进行排名。

从表中可以看出：

第一，在 2007 年 7 月 1 日及 2008 年 9 月 12 日，该方法不仅挑出了那些最终失败的企业，还挑出了金融系统中那些制造了大部分系统性风险的企业。举例来说，2007 年 7 月 1 日，花旗集团、美林证券、房地美、雷曼兄弟、房利美以及贝尔斯登在表中均排在前十位。在雷曼兄弟破产前的最后一个周末，美国银行、美国国际集团（AIG）及美联银行也加入了前十位的行列。这一清单覆盖了主要的金融企业，无论是失败的还是得到了巨大的政府援助的。

第二，少数几家公司捕获了系统中大部分的系统性风险。如在 2007 年 7 月，前十家公司覆盖了 90.2% 的系统性风险（关于公开交易公司），而前五家则占了 58.2% 的比例。在 2008 年 9 月 12 日，当危机正剧烈并影响了很多公司，风险也并未分散得很厉害，前十家仍占据了 76.8% 的比例，而 51.1% 的比例则由前五家公司占据。

第三，值得注意的是，从 2008 年 9 月危机爆发之初开始，MES 这一指标值显著提高，尤其是对于雷曼兄弟、美国国际集团（AIG）以及美联银行，其边际预期损失（MES）值高出其他公司数倍。当然，这之后不久，在 2008 年的秋天这三家公司都令人吃惊地失败了。

表 5.1　　2007 年 7 月以及 2008 年 9 月最具系统性风险的十家公司

公司（2007－07－01）	系统性风险（%）	边际预期差额	公司（2008－09－12）	系统性风险（%）	边际预期差额
花旗集团	14.3	3.27	花旗集团	13.1	6.17
美林证券	13.5	4.28	美国银行	10.9	6.33
摩根士丹利	11.8	3.25	美国国际集团	10.9	10.86
摩根大通	9.8	3.44	摩根大通	9.7	5.20
高盛	8.8	3.60	美林证券	6.5	6.86
房地美	8.6	2.35	美联银行	6.5	9.61

续表

公司（2007 – 07 – 01）	系统性风险（%）	边际预期差额	公司（2008 – 09 – 12）	系统性风险（%）	边际预期差额
雷曼兄弟	7.2	3.91	摩根士丹利	5.9	4.87
房利美	6.7	2.47	雷曼兄弟	5.2	15.07
贝尔斯登	5.9	4.40	高盛	4.8	3.58
大都会保险	3.6	2.57	富国银行	3.4	5.40

　　表5.1提供了100家最大金融机构中最具系统性风险的10家公司的概况，包括2007年7月1日及2008年9月12日两个时间点。边际预期损失（MES）描述了当整个市场价格至少下跌2%时企业股价的日损失幅度。这一指标包含了对企业波动幅度及其与整个市场的关联度的衡量，以及在极端市场情况下的表现。MES这一指标用来衡量面对危机时企业可能遭受的资本损失。当股票市值与资产之比低于8%这一比例时，系统性风险贡献度SIRK%衡量了在危机中，所有整个资本市场损失中由该企业贡献的比例（详见第4章，对系统性风险的测量）。

　　数据来源：www. systemicriskranking. stern. nyu. edu。

挑战2：对系统性风险进行征税

　　给定系统性风险的这　度量，如何基于金融机构可能对系统性风险的贡献对金融机构进行征税？

　　对金融机构的担保债券（即机构风险部分）的预期损失征收费用，类似于美国存款保险公司（FDIC）的费用。但若在其他债券方面没有一个可信的决议授权，目前并不能清楚地认定担保仅限于存款。举个例子，其他具有系统性风险的短期债券，如无保险存款、国外存款、银行间贷款、回购协议，可能存在隐性担保。如果真是如此，那么这些担保同样应当被定价以减少道德风险，或者，应当设立一个可信的决议授权，以在违约情况下处理这些债券。第8章分析讨论了建立这一决议授权的问题。

　　在处理系统性风险过程中（即在危机中，金融机构对整个金融部门资本损失应承担的部分），我们认为以下两个可操作的工具对于这一税收的实施具有价值。第一个方法，简要地说，是基于对系统性风险进行直接的税收调节，当然，前提是我们对各机构对系统性风险贡献度的测量。第二个方法，我们曾在5.4节中描述过，是基于系统性风险保险的市场价格，该保险是金融机构必须向私人部门、政府及中央银行联合购买的[④]。

　　金融危机中系统性风险的预期成本该如何估计？从经验上说，这一估计应当基于在广泛的时间序列中导致危机发生的因素，换句话说，必须衡量危机发生的概率。这些因素可能包括全系统的杠杆率、资产泡沫情况、市场流动性状况等（莱因哈特和拉尔夫，2009）。通过计算已发生的危机的成本，及危机发生的概率，监管者可以计算出预期成本。这些计算的一个用处是监管者可以调整预期成本以使其具有逆周期性——换句话说，在繁荣时期推高预期成本，而在衰退时期则降低预期成本。无论是海外的监管者还是学术界均认为，采取逆周期措施是金融改革的关键因素。[5]

给定了系统性风险的预期成本，接下来，监管者就可以估算每个机构对整个金融部门资本短缺的贡献比例——我们对于系统性风险引发的定义，监管者可能有不同的定义，如通过所有企业的交叉暴露而相互联系的程度。这个对系统性风险相对贡献度的估算必须建立在广泛的横截面分析的基础上，分析这些机构在危机时期的可能表现。本章表 5.1 给这一比较提供了一个例子，用这一部分乘以前文提到的预期成本即给出了必要的税收水平。

如果能够完美地实施以上的税收政策，金融机构的最佳选择将是更低的杠杆率并持有更少的系统性风险资产；换句话说，这将激励金融机构在进行风险活动时满足自身的资本金要求以及《格拉斯—斯蒂格尔法案》的相关要求。由于仍有一些系统性风险残留，金融企业仍将依其贡献对现今更低的预期系统性成本缴纳费用，因为当所有的企业都这样做的时候，金融危机发生的概率将降低。

正如我们看到的，主要的困难是估算一场危机造成的预期系统性成本。尽管拥有大量的证据，可以帮助监管者确定危机中政府救助及福利损失的成本，但是估计危机发生的概率可能是不现实的。这表明监管者除系统性风险税之外，对杠杆率和资产风险进行一些限制——换句话说，资本充足率规定及类似《格拉斯—斯蒂格尔法案》的限制——是有意义的。这些限制应当被设立，这样他们最可能不受税收水平计算正确与否限制。第 6 章和第 7 章，将分别就资本充足性规定和《格拉斯—斯蒂格尔法案》对风险承担的限制进行讨论。

挑战 3：道德风险是否解决

因为政府现在对单个公司风险因素及系统风险因素都进行了定价和收费，整个系统产生的风险减少，道德风险问题也得到了缓解。尽管如此，金融机构的行为并不是完全透明的，因此一旦担保和系统性风险的价格设定，以及必要资本充足率要求和《格拉斯—斯蒂格尔法案》的限制措施制定之后，金融机构原则上可以改变其行为。因私营市场（如 5.4 节中描述的那样）能比监管者更好地监督银行的行为，最优的合约通常需要某些类型的国家来支付以解决这些问题。[6]

在此，怎样的一个合约将被设定？

理论上说，这一合约可能对处于不良状态的银行进行严厉的处罚，以规避银行过度的冒险行为。直觉上，类似于所有的标准保险合同，通过使用大额度的免赔额来促使风险处在合适的水平。

这种合约的问题在于，在一个有限责任的系统中，处罚在某种意义上说是难以实现的，因为在处罚前股东已经出清了。尽管如此，在系统性风险的第二部分（特别是第 6 章和第 8 章）仍探讨了一些方法来调整激励进而重新引入市场规律。这些方法包括：为复杂金融机构设立一个破产制度，使这些机构能被允许有序的失败或资不抵债的公司重组（第 8 章）；要求金融机构在其资产结构中设定一种混合索赔机制，当困难达到一个预先设定的阈值时，其拥有一个强制的债转股机制（第 6 章）；通过征收意外所得利润税对金融机构进行惩罚，以达到降低系统性风险的目的，即使因为其对事后成功的征税减少了合法获利的机会；甚至采取更极端的解决方式，如股东双倍责任，一种在 20 世纪 30 年代早期美国流行的做法。[⑦]

5.3 2010 年的《多德—弗兰克华尔街改革与消费者保护法案》

给定我们对最优政策应蕴含的因素的观点，在系统性风险方面的金融改革条例应该是什么样子？

我们喜欢的方法是通过将系统性风险给其部门和实体经济造成的成本内化到金融机构中来抑制系统性风险。通过这种方式，金融机构将有机地调整自己，以使自己具有合适的规模、杠杆水平和风险状况。这种方法很有可能在很大程度上降低危机发生的可能性，同时也会缓解机构"大而不能倒"这一状况。

《多德—弗兰克法案》采取的另一种不同方案是管理系统性风险，从法案序言对其的描述来看，这一方法与 20 世纪 30 年代的法规并不相似。尽管如此，这一法案可能并不能充分地减少系统性风险，或者更糟糕的是，它只是简单地把系统性风险从一个地方移到另一个地方。也就是说，当法规没能对系统性风险进行充分的定义，而只是对发现的问题简单地创建指引（尽管其中一些是明智的）了事，要保证它能很好地实施以解决手头的问题实在是不太现实。

抛开这一点，判断这一法案成功可能性的方法是分析这一法案如何处理 5.2 节开始提到的关于规范系统性风险面临的三大挑战。（1）识别并衡量金融机构的系统性风险；（2）用衡量系统性风险来发展一个最优政策，旨在降低金融部门及外部实体经济的系统性风险；（3）确保这一政策不存在未来监管套利，同时能减少如存款保险及"大而不能倒"等政府担保引起的道德风险。

衡量系统性风险

基于计量方面的观点，《多德—弗兰克法案》认为一个企业具有系统性，如果这个水平的企业发生重大财务困境，会给金融系统或经济造成威胁；或者是，公司活动的性质、范围、规模、集中度、关联度或混合度会给金融稳定和经济造成威胁。特别是，该法案建议系统性风险的监管者考虑以下几个准则。第一，企业金融资产的性质和规模；第二，公司债务的性质和规模，包括对短期融资的依赖程度；第三，企业的杠杆率程度；第四，公司表外头寸的程度和性质；第五，公司与其他金融企业交易和关系的程度和性质；第六，公司作为资源对于家庭、商业、中央和地方信用以及金融系统流动性的重要性；第七，公司活动的性质、范围及混合度；第八，其他一个或多个联邦金融监管机构已对该机构实施监管的程度；第九，公司管理者或所有者对清偿、结算及赔付的偏好。

这些准则都是明智的。在成立新的金融稳定监督管理委员会的准确细节方面，这一法案同样是明智的。这一委员会有 10 个成员，包括财政部部长（主席），一个独立的成员，美联储、联邦存款保险公司（FDIC）、美国证券交易委员会（SEC）、商品期货委员会（CFTC）、财政部货币监理署（OCC）、联邦住宅金融管理局（FHFA）、全国信贷联盟署（NCUA）、新成立的金融消费者保护局（BCFP）等机构的领导人。对这一构成进行争论是困难的，因为接近最新数据的相关金融监管机构，都已经列席了。法案建议财政部内部成立一个由经济学家、会计师、律师、曾经的监管者及其他专业人士组成的金融研究办公室的方案，同样是一个不错的主意。该办公室将通过收集金融数据及开展经济分析对委员会的工作提供支持。最后一点，法案呼吁美联储，这一最独立的相关部门，来实施委员会的政策同样是明智的，因为美联储是最不可能被其他金融机构或者政治家操纵的机构。

尽管如此，仍有一个明显的遗漏，即缺乏对于杠杆率的共识，而系统重要性机构的一个关键特征是其资产收益率与整个金融部门在危机中趋同。尽管在此前的系统性风险衡量准则上明确地涉及了这一特征，但法案关注的焦点仍是单个金融机构的风险。阿查里亚、彼得森、菲利本及理查德森（2010a）概述的理论以及 5.2 节的描述表明，在某种意义上，就系统性风险而言，这种同步性是我们应当关注的关键变量。

降低系统性风险

对大部分涉及系统性风险的问题，《多德—弗兰克法案》有着良好的意愿。它认为系统性机构必须接受更高的监管标准并随着系统性风险等级的提高而提高。进一步地，这些审慎性监管标准覆盖了几乎所有可能方面。如法案规定：

为了规避或降低美国的金融稳定风险，这些风险会因大型、互联的金融机构的重大财务风险或经营失败而增大；委员会会建议联邦储备委员会关注处于其监管下的非银行金融机构的审慎性监管标准建立和改进情况，信息报告和披露要求的适应情况，对于大型、混合银行持有的企业要求：首先，比其他非银行金融机构更严格的标准；对美国金融稳定而言，这类银行持有的企业呈现的风险是不一样的；其次，在确定分段的基础上；最后，此前表述的系统性风险因素⑧，提高严厉的程度。

进一步地，这些更严厉的标准应当包括："基于风险的资本要求；杠杆率限制；流动性要求；缓冲资本要求；决议计划和信用风险报告的要求；增强公共信息披露；集中度限制；短期债务限制；全面风险管理要求。"⑨

此外，这一法案对被认为是具有系统性风险特征的银行控股机构和非银行金融机构强加了一些《格拉斯—斯蒂格尔法案》中可取的约束。其中一条是，当某家金融机构的债务超过美国全部金融债务的 10% 时，限制其通过并购扩张规模。另一条更有约束力，禁止银行控股机构通过所有权交易控制企业（能对具有系统性风险的非银行金融机构进行限制），定义为股票、债券、期权、商品期货、衍生品及其他企业本身的资金或账户上的金融工具。在系统性风险背景下，第 7 章深入地探讨了这一观点。

减少道德风险

在涉及前文提到的第三个也是最后一个准则，即规避监管套利和减少道德风险时，《多德—弗兰克法案》则显得不足。具体来说，这一法案在多个重要的方面没能充分解决"大而不能倒"的问题。

首先，在涉及资本、流动性及缓冲资金要求等严格审慎监管标准上，法案对大机构过于宽松了，因为这些标准对于大机构而言并不高。如果这些标准能降低系统性风险，这些大型金融机构可能仍旧保持大的规模，享受"大而不能倒"的保证，并依然具有过多的风险。

起初，在与参议院达成和解前，众议院的版本中包含了一个总额为 1 500 亿美元的"系统性决议基金"。在对"大而不能倒"这一担保进行定价方面，想法是对所有将来可能因金融部门救助进入该系统性基金的金融机构进行评估。这类似于美国联邦存款保险公司（FDIC）的费率，但对系统性机构给予更大的比例，大概覆盖纾困系统性负债的成本，如未参保的个人、商业和外国存款，银行间贷款，质押式回购，场外衍生工具，等等。毫无疑问，这一评估将抑制机构成为"大而不能倒"（而且，更普遍的，系统性）的机构，这也就实现了它的目标。

不幸的是，除了《多德—弗兰克法案》中有限的几页之外，几乎没有任何内容关注具有系统性风险的未保险短期债务是否已经被覆盖，通过对它们隐性担保的定价或是通过裁决机构的可信保证机制。[10]正如第 8 章"裁决机构"、第 10 章"货币市场基金"以及第 11 章"回购债券市场"中提到的，《多德—弗兰克法案》几乎没有关注这一问题。

不过，在涉及联邦存款保险公司的保险方面——这一已经被认识到的显性担保——《多德—弗兰克法案》所做的工作则好得多。在危机之前，当联邦存款保险公司的存款保险基金达到一定的水平之后，很多银行将不再需要向基金缴纳费用，这显然是令人难以接受的。事实上，在此次危机发生之前的十余年中，大银行已经没有缴纳任何明显的存款保险费，而现在这一基金已经被耗尽了。因为没在危机发生前征收存款保险费用，政府恶化了道德风险问题。

《多德—弗兰克法案》通过处理储备比例上限（联邦存款保险基金占存款余额的比例），纠正了这一问题。进一步地，法案将储备比例下限从 1.15% 提高了 1.35%，其中大部分由大银行支付（即资产超过 100 亿美元的）。考虑到目前存款保险基金 -0.35% 的比例，并可能进一步下滑的现状，新规则几乎没有什么限制性。事实上，法案将 2020 年作为存款保险公司达到 1.35% 这一比例的期限限制。因此，预定比例上限至少在 10 年内是不会达到的。

其次，《多德—弗兰克法案》将存款保险基金向大型存款性金融机构倾斜。这会给那些倾向于成为更具系统性风险的机构增加额外的成本。具体地说，这会使这些公司减少它们的负债。特别地，法案要求联邦存款保险公司将公司的总负债（总资产减去其有形资产）而不是先前规则中承保的存款额作为收费的基础。[11]考虑到：第一，金融部门中大部分的负债是由少数几家大机构持有；第二，这些机构更多的是发债而不是存款，这一条款将使得这些机构承担更多的成本。在将这些大型机构的外部系统成本内部化的有意义的改革中，《多德—弗兰克法案》的这一部分可以说是在正确的方向上前进了一步。

最后，在处理"大而不能倒"问题上，这一法案倾向于采用清算授权的方法。但正如我们在本章后边讲到的以及第 8 章中详细讨论的，这一授权对于解决"大而不能到"问题是不够的。如果法案对付"大而不能倒"问题的主要方法是这一清算授权，那么在保证危机情况下系统性机构的流动性而言，选择一个破产清算模型并不是一个令人信服的方法。一个更具透明度和预见性的设计应当是一个"生前遗嘱"机制，或者是一个基于破产法案的、用于解决大型复杂金融机构的方法。如我们提到的，对处理危机中的系统性风险，《多德—弗兰克法案》中的清算授权是一个风险很高的方法。它看起来像是破产法和破产清算模型的错配，并可能给那些在公司经营失败时持有资产的人增加不确定性。众所周知，金融危机中，不确定性是最可怕的东西。因此，当这一法案在金融危机中提出复杂的清算授权时，这一法案在处理失败的企业方面是不切实际的。它应当在之前将规则定义好。

对于所有的未担保债券，我们更倾向于"生前遗嘱"，其主要是负担起这些债务并将它们分为不同的小组，给予不同的清偿次序。一旦公司不能承受债务，那么公司的股份将被清空，而清偿顺序排在最后的债券则转换为公司新的股权资产。如果转换后公司已能覆盖其剩余的债务，那么公司就这样运行。如果转换后，还不足以覆盖，那么这一转换将继续，直到足够覆盖债务或者最优先清偿的债券被转换。对于创造一个既能避免银行破产时的清算成本又能使债权人为其引发的风险承担损失的模式而言，"生前遗嘱"这一模式只是监管者可以采取的一种方法。因能将市场秩序重新带回金融部门，同时消除一些导致"大而不能倒"问题的政府的隐性担保，这种方法是有重要意义的。

5.4　系统性风险税

在本章的前面章节中，我们曾强烈建议，系统重要性金融机构要将它们给金融体系制造的系统性风险成本内部化。如果缺乏这一机制，金融机构将仍旧像以往一样，各自追求公司价值最大化。这些机构的行为并到一起，将导致过多的系统性风险以及一个更脆弱的金融体系，而其本来可以更好的。

不妨思考一下伦敦征收拥堵税的方法。其目的并不是对司机使用伦敦的道路（尽管这可能在经济学上也是有意义的）进行收费，而是内化每个司机给拥堵造成的成本，这样一来，那些相比于开车所需缴纳的拥堵费，其经济回报不高的人将会选择其他的交通方式出行。只在某些拥堵成本确实高的时间或是区域征收费用。更重要的是，这一费用是由那些造成拥堵的司机支付的，而非那些夜里开车的司机，此时高峰期已经过了。正如我们在本书序言中强调的，对污染——经济学中最典型的外部性问题——进行监管的方法基本是一致的，即污染者对其造成的污染支付对应的费用。

在国际上，应该说这一方法有着不少的支持者。但是，由于《多德—弗兰克法案》修订中没能加入对银行进行征税的条款，因此 G20 中大部分国家也采取了同样的做法。澳大利亚、加拿大、印度这几个受金融危机影响相对较小的国家，是征收系统性风险税的最主要反对者。明显的例外则是欧洲最大的三个经济体——英国、法国以及德国，以及新兴市场经济国家如匈牙利，以及一些国际组织如国际货币基金组织（IMF）。[12]其中大部分被提出的税收并不特别细致，而且大多趋于对金融机构的全部资产或者风险债务（即所有债务减

去已投保存款）征收这一税收。如英国对金融机构的风险债务征收了 0.07%
的税收。2010 年 7 月，匈牙利因推出对金融资产征收 0.45% 的税而引起了一
些骚动。这些国家中的大部分，如英国、匈牙利以及法国，并没有将这一税收
看做补充政府紧急救助基金的手段，而更多的是作为激励金融机构降低风险的
机制以及政府的一项收入来源，这与拥堵税是一致的。

鉴于各国对于系统性风险税的兴趣，有必要对如何实施这一最优税收法案
进行更细致的讨论（及提供更详细的方法而不仅仅是对债务总额征税）。虽然
这里的介绍大多是基于 Acharya、Pedersen、Philippon 以及 Richardson（2011b）
等人的研究，其他仍有不少关于庇古税的研究（如 Perotti 和 Suarez，2009；
Jeanne 和 Korinek，2010）。

5.2 节论述了监管者实施这一税收的一种方法。对于这一方法，有观点认
为其需要运用数据（不同的机构可能有不同类型的数据），进而对可能引发危
机的事件进行统计估计，而监管者可能并不拥有这种条件。因此，引入市场机
制对系统性风险税进行估计可能是一个更好的方法。

以市场为导向的解决方案的核心是私人部门在提供保险时的价格发现。因
为私人资本的规模不足以提供这样的系统性保险，大部分系统性保险将由监管
者来提供。这一方法背后的主要思想是私营的保险者可以帮助发现系统性保险
的价格，而政府则可以提供保险所需的资金。考虑到早在 1993 年，遵循这一
思路的再保险法案被已经联邦存款保险公司（FDIC）提出，只是后来因为认
为这一市场并不可信而被放弃，今天我们有理由更乐观。对于发展这一市场而
言，今天的金融市场已比以往更为发达和精密。

共同保险项目并不是史无前例的，一个恰当的例子是：受 2001 年 9 月 11
日恐怖事件推动，《恐怖主义保险法案》（TRIA）在 2002 年 11 月首次获得通
过，为那些因恐怖袭击而遭受的被认可的损失提供联邦再保险服务。《恐怖主
义保险法案》（TRIA）是一个不错的开始，既包含了保险业的损失，也包括了
政府过大的救助成本。这些特征有助于保险业最小化其成本，同时也为它们控
制和降低风险提供了激励机制。在现在的环境下，保险运行上也是类似的。

市场化的解决方案要求每个金融机构根据其在金融危机中受到的损失购买
保险。在发生需要保险赔付的事件时，赔偿金将支付给政府而不是机构自身。
尽管这一或有资本保险费用与前面提到的税收有所不同，但其可以用来确定每
家金融机构应当承担的系统性风险税的份额。系统性风险税负水平由金融危机
时期各金融机构预期损失比例来确定，重要的一点是每个公司承担的税收将由
私人保险市场来决定。

需要一个公私合作的保险计划的原因是私人保险部门并不是为系统性风险提

高保险而设立的。由于它们自身的性质，系统性风险并不能通过多样化而消除。尽管发生危机的概率很低，但是覆盖危机引发的成本所需的资本实在是太大了。

在最近的这次金融危机中，单一险种的保险商也出现了问题，如美国市政债券保险集团（Ambac Financial Group）、MBIA集团以及美国国际集团（AIG）的金融产品部门。伴随着金融危机的资本不足，几乎所有的单一险种保险商以及美国国际集团（AIG）的金融产品部门都陷入了破产的境地。尽管保险商的破产并不必然引发危机，但这些保险商可能因为其交易对手的风险而具有系统性的特征。因此，保险商可能同样存在其"大而不能倒"的问题，导致它们进行规模巨大、定向、系统性的赌注。

因此，为了规避这一类型的问题，一个公私合作的保险计划是必要的，这一计划的实施主要涉及以下几点。

第一，在金融危机中，受监管的每一家金融机构都必须有其目标资本比例，称为K比例。一旦在危机中机构的资本比例达不到K比例，则保险公司必须支付差额的固定比例，称为N比例，给监管者（如系统性风险基金）。[13]在这种情况下，保险公司将有足够的动力去准确估算在竞争性市场下金融机构的系统性风险，并据此对其进行收费。

第二，监管者可以根据征收的保险费来确定金融危机时各机构造成的系统性成本——换句话说，确定金融体系中各机构所持有的系统性风险。这可以用来确定各家机构应当承担的系统性风险税的比例，进而监管者可以用这一比例乘以危机造成的系统性成本来确定税负水平。

第三，为了避免重复征税，在给监管者缴纳的税收中应当减去已经缴纳给了保险公司的那一部分。

第四，金融企业需要持续地获得保险，从而支付税金，在一个可持续的基础上确保持续的监督和价格发现，以避免因资金问题而引发突然的高额税费，因为征收的税费会随着时间的推移而不断增加。

第五，如5.3节提到的，税收收入并不是旨在紧急救助失败的机构，而是用于支持实体经济部门及有偿付能力的金融企业，未来可能的救助（即政府担保）需要单独进行定价。

这一税收计划的主要目的是为限制系统性风险提供一个激励机制，或者说是激励企业增加资本充足率以应对系统性风险，从而降低保险的成本。如此，机构将会把外部成本内部化，而市场价格发现则将为其定价。

5.5　小结

概括来说，尽管《多德—弗兰克法案》没有直接指明要依据机构对系统性风险的贡献征税，但审慎监管者仍有机会通过一些风险控制措施来实施这一计划，如将资本或流动性约束要求最终与风险贡献度相对应。我们对于系统性风险的衡量方法以及相关的管理思想，在政策界已经提出并被讨论超过两年了。我们谦卑的希望是这一讨论能最终转化为一个对系统性风险的事前庇古税。

注释

① 一个类比是工业企业可以通过排放来降低成本，但这会污染环境。

② 基本的经济学原理在这里展现，Acharya，Pedersen，Philippon and Richardson (2010a)，《衡量系统性风险》。

③ 对于这种方法的详细论述，以及对金融机构系统性风险历史和当前的分析，可以在以下网站查阅：http：//vlab. stern. nyu. edu/welcome/risk。与我们的分析相关的进一步衡量系统性风险的方法，可以参见 Lehar（2005）；Gray，Merton，and Bodie（2008）；Gray and Jobst（2009）；Huang，Zhou，and Zhu（2009）；Adrian and Brunnermeier（2008）；Tarashev，Borio，and Tsatsaronis（2009）；and Segoviano and Goodhart（2009）。

④ 这部分是基于 Acharya，Pedersen，Philippon 和 Richardson（2010b）的研究。

⑤ 就像第 6 章提出的，《多德—弗兰克法案》呼吁反周期的资本金要求，（HR4173，指《多德—弗兰克法案》标题 5，改进对银行、储蓄协会控股公司和储蓄机构的监管，次标题 616，监管有关资本水平）。

⑥ 例如，John，John，Senbet（1991）和 Prescott（2002）。

⑦ 为解决当局，尤其可以参考 Scott，Shultz 和 Taylor（2009）；为解决或有资本，可参考 Wall（1989），Doherty 和 Harrington（1997），Flannery（2005）；为解决双倍责任，可参见 Saunders 和 Wilson（1992）。

⑧ HR4173（指《多德—弗兰克法案》），标题 1，金融稳定，副标题 A，金融稳定监督委员会，次标题 115，联邦储备委员会和某些银行控股公司要加强对非银行金融公司的监督并提高审慎标准。

⑨ 如上。

⑩ 撇开这个问题的无担保债务，人们会认为，担保的存款将会恶化，为保证限制存款，标准已经永久地从 10 万美元提高到 25 万美元。如果人们认为存款保险定价错误，现在错误定价是糟糕的 2.5 倍。

⑪ HR4173（指《多德—弗兰克法案》），标题 3，权利转移到货币监理署、公司和联邦储备委员会，副标题 C，联邦存款保险公司，次标题 331，存款保险改革。

⑫ 例如，国际货币基金组织 2010 年 4 月的《全球金融稳定报告》。

⑬ 在这项公私合作计划中，N 美分代表私人市场参与者加入这个保险的比例。如果这个提议只是或有资本保险，那么公司在危机中经营不善，它将得到注资，政府将给它100 –

N 美分，政府将接受（100 - N）/100 比例的保费。

参考文献

［1］ Acharya, Viral V. , Lasse H. Pedersen, Thomas Philippon, and Matthew Richardson. 2010a. Measuring systemic risk. Working Paper, New York University Stern School of Business.

［2］ Acharya, Viral V. , Lasse H. Pedersen, Thomas Philippon, and Matthew Richardson. 2010b. A tax on systemic risk. Forthcoming NBER publication on Quantifying Systemic Risk, ed. Joseph Haubrich and Andrew Lo.

［3］ Adrian, Tobias, and Markus Brunnermeier. 2008. CoVaR. Working Paper, Federal Reserve Bank of New York.

［4］ Borio, Claudo E. V. , and Mathias Drehmann. 2009. Towards an operational framework for financial stability："Fuzzy" measurement and its consequences. BIS Working Paper No. 284, June.

［5］ Brownlees, Christian T. , and Robert F. Engle. 2010. Volatility, correlation and tails for systemic risk measurement. Working Paper, New York University Stern School of Business.

［6］ Caprio, Gerard, and Daniela Klingebiel. 1996. Bank insolvencies：Cross country experience. World Bank, Policy Research Working Paper No. 1620.

［7］ Doherty, Neil A. , and Scott Harrington. 1997. Managing corporate risk with reverse convertible debt. Working Paper, Wharton School.

［8］ Flannery, Mark J. 2005. No pain, no gain? Effecting market discipline via "reverse convertible debentures." In *Capital adequacy beyond Basel：Banking, securities, and insurance*, ed. Hal S. Scott. Oxford：Oxford University Press.

［9］ Gray, Dale, and Andreas A. Jobst. 2009. Tsil dependence measures of systemic risk using equity options data—Implications for financial stability. Working Paper, International Monetary Fund, Washington, D. C.

［10］ Gray, Dale F. , Robert C. Merton, and Zvi Bodie. 2008. New framework for measuring and managing macrofinancial risk and financial stability. Working Paper No. 09 - 015, Harvard Business School, August.

［11］ Hoggarth, Glenn, Ricardo Reis, and Victoria Saporta. 2002. Costs of banking system instability：some empirical evidence. *Journal of Banking and Finance* 26（5）：825 - 855.

［12］ Honohan, Patrick, and Daniela Klingebiel. 2000. Controlling fiscal costs of bank crises. World Bank Working Paper No. 2441.

［13］ Huang, Xin, Hao Zhou, and Haibin Zhu. 2009. A framework for assessing the systemic risk of major financial institutions. *Journal of Banking and Finance* 33 (11): 2036 – 2049.

［14］ Jeanne, Oliver, and Anton Korinek. 2010. Managing credit booms and busts: A Pigouvian taxation approach. Working Paper, Johns Hopkins University.

［15］ John, Kose, Teresa A. John, and Lemma W. Senbet. 1991. Risk – shifting incentives of depository institutions: A new perspective on federal deposit insurance reform. *Journal of Banking and Finance* 15: 895 – 915.

［16］ Lehar, A. 2005. Measuring systemic risk: A risk management approach. *Journal of Banking and Finance* 29: 2577 – 2603.

［17］ Perotti, Enrico, and Javier Suarez. 2009. Liquidity insurance for systemic crises. *CEPR Policy Insight* 31, February. Also available at www. cepr. org/ pubs/PolicyInsights/PolicyInsight31. pdf.

［18］ Prescott, Edward S. 2002. Can risk – based deposit insurance premiums control moral hazard? *Federal Feserve Bank of Richmond Economic Quarterly* 88 (Spring): 87 – 100.

［19］ Reinhart, Carmen M. , and Kenneth Rogoff. 2008. Is the 2007 U. S. sub – prime financial crisis so different: An international historical comparison. *American Economic Review Papers Proceedings* 98 (2): 339 – 344.

［20］ Reinhart, Carmen M. , and Kenneth Rogoff. 2009. *This time is different: Eight centuries of financial folly*. Princeton, NJ: Princeton University Press.

［21］ Saunders, Anthony, and Berry Wilson. 1992. Double liability of bank shareholders: History and implications. *Wake Forest Law Review* 27 (1): 31 – 62.

［22］ Scott, Kenneth E. , George P. Shultz, and John B. Taylor, eds. 2009. *Ending government bailouts as we know them*. Stanford, CA: Hoover Press.

［23］ Segoviano, Miguel, and Charles Goodhart. 2009. Banking stability measures. IMF Working Paper 09/04, International Monetary Fund.

［24］ Tarashev, Nikola, Claudio Borio, and Kostas Tsatsaronis. 2009. Allocating systemic risk to individual institutions: Methodology and policy applications. Working Paper, Bank for International Settlements.

［25］ Wall, Larry. 1989. A plan for reducing future deposit insurance losses: Puttable subordinated debt. *Federal Reserve Bank of Atlanta Economic Review*74 (4).

第6章 资本、或有资本以及流动性要求

Viral V. Acharya, Nirupama Kulkarni,
and Matthew Richardson

6.1 概述

当一家资本贫乏，换句话说，高杠杆率的金融企业遭受资产损失并陷入财务困境时，基金退出，迫使企业出售它的资产，使得基金状况更加恶化进而引起恶性循环（Brunnermeier 和 Pedersen，2009）。由于交易对手或者持有类似资产的其他公司的存在，陷入困境的机构的损失对整个金融系统产生了影响，引发了一个集合的资本短缺。系统性风险发生，金融系统的健康状况迅速恶化。同时因为突出的债务问题，大部分的权益都归属债权人，金融机构不太可能发行新的股票（Myers，1977）。金融部门别无选择，只能减少贷款，进而引发系统性的信用危机。

在面临压力时，资金是金融系统的生命。但在这种时期，资金却很难获得。对资本充足率规定来说，在繁荣时期应如何设计以预防和处理这种风险。

作为对 1974 年一家相对较小的德国银行（Herstatt）倒闭引发的系统性影响的回应，G10 国家的中央银行成立了巴塞尔银行监督管理委员会。由于没有法定的权威，在过去 35 年，巴塞尔委员会主要是作为一个制定银行监管国际标准的组织存在，尤其是在资本充足率要求方面。这一进程始于 1988 年的巴塞尔协议 I，其规定了资本比例不低于风险加权资产的 8%，这一现今声名狼藉的条例。巴塞尔委员会在 1999 年 6 月推出了一个修订后的框架，这一框架在 2004 年 6 月的新资本协议实施时达到完善（巴塞尔协议 II）。巴塞尔协议 II 扩展了巴塞尔协议 I 中有关资本充足率的规定，并引进了内部风险评价过程。作为对最近一次金融危机的反映，巴塞尔委员会再一次聚集在一起，提议新的资本充足率和流动性要求，称为巴塞尔协议 III。[①]这些规则的漫长实施过程将从 2010 年 11 月开始。

当 2010 年《多德—弗兰克华尔街改革与消费者保护法案》给出了它的资

本指引时，它基本上假定这一法案的履行，在条件允许的范围内，与巴塞尔协议Ⅲ是相近的。事实上，在 2010 年 7 月 27 日会议达成的巴塞尔协议上，美国签署了（只有德国没有）。巴塞尔协议Ⅰ和巴塞尔协议Ⅱ对金融危机的影响是不能被忽视的。巴塞尔协议Ⅲ无疑是一个改革，但巴塞尔协议Ⅲ在审慎监管的方法上与此前并无二致，尽管其在预防 2007—2009 年的金融危机上彻底地失败了。在系统性风险监管方面，本书则提出了一个非常不同的观点。第 5 章"征收系统性风险税"认为降低系统性风险的首选及最优的方法是将风险的外部成本内化到金融机构当中去。当面对这些成本时，金融机构将有机地选择更低的杠杆率（即持有更多的资本）以及减少持有系统性风险的资产。但是无论是巴塞尔协议Ⅲ还是《多德—弗兰克法案》均未在金融监管上遵循这一道路。尽管如此，我们发现，即使没有对于系统风险的定价和征税，一个次优的解决方案可能是绑定资本充足率以及约束资产的持有，换句话说，尝试稍微直接地接近最优政策。[②]

　　这说明，由于巴塞尔协议聚焦于资本金要求，其忽略了关键的市场以及对于金融系统的监管失败。

　　当认识到金融机构的系统性风险时，巴塞尔协议仍然更多关注单个机构的风险而不是将金融系统作为一个整体来看待。换句话说，前后三个巴塞尔协议对金融机构资本充足率水平的设定并不依据机构与其他机构的关联度。

　　无论是资本金还是流动性监管措施，都只针对金融系统的一部分——银行及银行控股的企业，极有可能的是，受这些监管措施约束的金融行为只是简单地转移到了影子银行系统当中。因此，如果没有认识到必须同等看待和处理整个金融系统中的各部分，巴塞尔协议Ⅲ将会遇到与巴塞尔协议Ⅰ及巴塞尔协议Ⅱ中出现的一样的影子银行问题。

　　巴塞尔协议对于政府担保在企业资本结构中扮演的角色没有认识。如果其他条件不变，企业收到的政府担保越多，其债权融资的成本就越低。这人为地提高了那些不需担保的融资方式的成本，如普通股、优先股、或有资本，以及可能的次级债务（存在可信的破产清算机构）。

　　还有一个问题是巴塞尔协议坚持的关于资本及流动性的定义过于陈旧，不能完全适用于现代金融企业以及降低过多的系统性风险。在设计时，巴塞尔协议资本充足率规定的初始目的是在发生未预期到的贷款资产损失时，保障商业银行零售存款的安全性。当巴塞尔协议Ⅲ较之于巴塞尔协议Ⅰ已经在场外衍生品市场上作出改进，同时减少了表外金融交易时，其焦点仍不是衡量真实反映系统性风险的数量，如发生宏观经济波动时金融机构资产价格的变化以及这一波动对其债务结构及融资结构的影响。

更正式地说，有两大类风险可能导致金融机构的潜在失败。

第一，偿付能力或是资本金风险，即企业资产的市值低于其债务。

第二，流动性风险，即因资产市场缺乏流动性，企业无法将其资产转化为现金以支付其债务；或者与之相似，融资流动性风险，即企业无法迅速将到期债务转换到将来的某个时点偿还。

这些风险可以通过折价销售交易对手风险而快速传染、蔓延，系统性风险立即将金融系统吞没。

就偿付能力风险或者流动性风险的例子来说，在最近的金融危机中，我们都可以发现。对于前者，2007 年 8 月，在资产支持商业票据（ABCP）渠道就发生了这一风险。因为 ABCP 没有资本金，而其内含的 AAA 级证券跌破了账面价值，投资者不再持续滚动投入资金，致使这一渠道失败。就后者来说，在 2008 年 3 月以及 2008 年 9 月，对一段时期后主要的交易商是否有足够的能力偿付其债务的担心，导致了金融回购及商业票据形式的短期批发性融资市场的直接损失。一些主要的投资银行——贝尔斯登、雷曼兄弟、美林证券，以及（可以说是）摩根士丹利——以为它们拥有足够的流动性，只能看着流动性在夜里逐渐蒸发，并在第二天搁浅。

本章的目标是评估《多德—弗兰克法案》（以及巴塞尔协议 III）中涉及资本及流动性要求条款。6.2 节勾勒出了巴塞尔协议在降低金融体系系统性风险方面的令人遗憾的失败，尤其是，其与金融危机之间的因果效应。6.3 节描述并评估了《多德—弗兰克法案》以及巴塞尔协议 III 中的一些细节。基于资本充足率要求并不足以处理系统性风险这一认识，6.4 节分析认为或有资本可能是一种可行的替代方案。或有资本在《多德—弗兰克法案》及巴塞尔协议 III 中均被明显地提出。

6.2 2007—2009 年的金融危机

2007—2009 年金融危机的空头账户是大量的银行以及一些其他主要金融中介利用了资本充足性监管的漏洞转移风险，以便以一种资本金不足、高杠杆率的方式运营，这种方式将赌注下在经济上——尤其是居住类地产，当然还有商业地产及消费信用。当赌注没有按预期的方向发展，这些大型复杂金融机构（LCFIs）资产负债表上的资产就开始遭受相当大的损失。具体地说，商业银行如花旗出现了问题，尽管其发生挤兑的资产支持的商业票据是由它们完全杠杆化的表外部门发行的。房利美和房地美被放入保护名单。在资金方面，所有主要的投资银行——贝尔斯登、雷曼兄弟、美林证券、摩根士丹利和高盛——

在危机中均面对了负债的突然赎回。3 万亿美元的货币市场部门在雷曼兄弟失败后也经历了挤兑风波。不少人认为正是这一挤兑引发了危机向全国的蔓延。不久之后，主要的政府救助就必须提供给花旗银行、美国银行、美国国际集团（AIG）。

作为这些损失的一个总结，表 6.1 显示了从 2007 年 6 月（危机的开始）直到 2010 年 3 月中旬，十二大账面资产减记（和信用损失）的美国金融机构。例如，前六家公司总共损失了 6 960 亿美元。值得注意的是，这六家公司里有五家得到了最大的政府救助（美联银行被富国银行收购）。虽然失败之前，大部分这些金融机构仍被监管机构认为是资本充足的，但是市场的想法与此截然不同。表 6.1 的最后一栏显示的是，2007 年 6 月至 2008 年 12 月，这 6 家公司市场价值有明显下降，平均降幅达到 88.71%。进一步地，在这一时期，所有金融领域的主要机构均经历了资金短缺——特定的金融工具，如渠道和结构性投资工具（SIVs），独立的证券交易商（2008 年 3 月及 9 月），货币市场基金（2008 年 9 月）以及对冲基金——在其短期融资方面经历了大规模的挤兑。[③]在 2008 年秋和 2009 年冬，系统性风险全面地出现，同时实体经济也遭受了不良影响。

表 6.1　资产减记最大的美国金融机构（2007 年 6 月到 2010 年 3 月）

机构名称	资产减记和信用损失（亿美元）	股权回报（2007 年 6 月到 2008 年 12 月）	股权回报（2007 年 6 月到 2008 年 9 月 16 日）
房利美	151.4	−98.14	−99.23
花旗	130.4	−82.46	−67.20
房地美	118.1	−97.98	99.56
美联银行	101.9	−88.34	−73.18
美国银行	97.6	−67.79	−34.35
美国国际集团（AIG）	97.0	−97.57	−94.50
JP 摩根	69.0	−31.51	−12.13
美林证券	55.9	−85.16	−72.45
富国银行	47.4	−10.77	4.47
华盛顿共同基金	45.3	−99.95	−90.07
国民城市银行	25.2	−94.29	−86.61
摩根士丹利	23.4	−75.99	−57.65

资料来源：Bloomberg。

这一发现揭示了一个重要的问题，监管者必须抓住：为什么在巴塞尔协议资本占风险加权资产的比重不低于 8% 的标准下，前 20 家美国金融机构看着很安全，资本充足率平均达到了 11.7%？更引人关注的是，依据最后一个季度公布的报表，最大的五家大型复杂金融机构尽管符合巴塞尔协议的标准，却在危机中遭受了彻底的失败——贝尔斯登、华盛顿共同基金、雷曼兄弟、美联银行以及美林证券——其资本充足率均在 12.3% 和 16.1% 之间（Kuritzkes 和 Scott，2009）。很明显，有的地方出现了差错。

从资本金监管的角度理解哪里出现问题，应引起注意的是作为对巴塞尔协议 I 和巴塞尔协议 II 的直接回应，大型复杂的金融机构对其杠杆赌注进行了监管规避。第一，它们通过表外部门对高风险贷款投资组合进行投资（渠道和结构性投资工具）。这些贷款由保荐的大型复杂金融机构通过流动性增强的方式进行担保，在巴塞尔协议中其所需的资本充足率标准更低；因而这些贷款有有效的追索权但所需的资本费率更低，尽管信用风险并未远离保荐的大型复杂金融机构。第二，它们直接购买次级债券中的 AAA 级债券，在处理上，其被认为拥有低的信用风险，而流动性风险和融资风险则为零。第三，对于从单线或者美国国际集团（两者均不受类似审慎性标准的约束）那购买的拥有低价保护的证券化产品，它们倾向于完全信任 AAA 级组别。第四，在 2004 年 8 月，投资银行成功地游说证券交易委员会（SEC）对 1934 年证券交易法案中的净资本调控进行了修改，这一修改使得通过杠杆交易增加回报在更大的监管中得到许可。这一游说活动正是对巴塞尔协议 II 中内部风险管理条例的直接回应。

让我们对以上一部分的观察结果进行更详细的考察。

巴塞尔协议下两大主要的监管套利活动之一是表外项目的产生，其被用于持有大量资产以帮助发行的资产支持证券。较之于资产负债表上的项目，表外具有的证券化资产并不需要银行持有显著的资本金。尽管如此，这一渠道通过资产支持商业票据（ABCP）对资产支持证券完成了融资，ABCP 是金融市场上出售的一种短期（期限通常不超过一周）债务工具，是货币市场投资者重要的投资标的。为了能够销售 ABCP，银行需要给购买者（即银行的交易对手方）提供优先信贷担保——本质上又将风险转回到银行自身了，尽管在其资产负债表上并没有体现（Acharya、Schnabl、Suarez，2009）。

这些担保有两方面重要的影响。第一，为银行交易对手风险的担保本质上是将这些资产从银行的资产负债表中移出。将担保设计成一种被称为流动性强的期限在一年内（每年进行滚动）的工具，使得银行可以利用巴塞尔资本监管的漏洞。实际上，这些工具的期限都是 364 天。这一设计有效地消除了持有这些贷款所需要的资本要求，因而银行可以从一个给定的贷款池中获得十倍的杠杆率。第二，这一担保确保表外部门能够从评级机构获得最高的评级。事实上，AAA 评级使得银行销售 ABCP 给货币市场基金成为可能，按规定货币市场基金只能投资于短期而且高评级的票据。这使得银行可以以较低的利率为 ABCP 进行融资，接近储蓄的利率。

Acharya、Schnabl 以及 Suarez（2009）列示了 ABCP 市场从 2004 年的 6 000 亿美元增加到 2007 年（第二季度在金融危机发生前）的 1.2 万亿美元。在接下来的一个季度当危机爆发时，ABCP 发行成本从仅高于联邦基准利率 15 个基点到超过联邦基准利率 100 个基点（在其鼎盛时期接近 150 个基点）。因此，ABCP 难以继续滚动发行，银行不得不将贷款放回到它们的资产负债表。Acharya、Schnabl、Suarez 2009）显示，当面临金融危机冲击时，1.25 万亿美元的资产支持证券中只有 4.3% 的损失是投资者的。而剩下的损失则显著地消耗了银行资本并威胁到了银行的偿付能力。

表外融资方式并不是银行对巴塞尔协议进行监管套利的唯一方式。第二种方法，同样可以形成贷款并通过证券化将其移出资产负债表。但正如 Shin（2009）解释说，银行然后转过身来，继续投资它自己（或其他银行）创造的 AAA 级证券化产品。[④]因为它们的 AAA 评级，在巴塞尔协议 II 下这些证券的资本金要求明显降低。对商业银行而言，在巴塞尔协议下，AAA 级证券的风险加权不到常规商业或抵押贷款的一半，因此对它们所需的资本公积也就更低（只有 20% 的风险权重，相比之下抵押贷款的风险权重则为 50%，而公司债券则更高达 100%）。2004 年，美国证券交易委员会（SEC）授权独立的美国投资银行使用内部模型来评估信用风险和相应的资本费用。这使得它们可以承担比商业银行更高的杠杆率，仅仅三年之内，债务比资本这一杠杆从 22:1 飞涨到 33:1。

事实上，2008 年 4 月雷曼兄弟报告表明，银行以及储蓄机构、政府资助的企业（GSEs）（房利美和房地美）、证券经纪人在 2007 年持有的 7 890 亿美元 AAA 级债务抵押债券（CDO）是由次级贷款或者大约 50% 的未偿付债务进行支持的。此外，大部分债务抵押债券也是由银行、经纪人和单一金融产品保险公司（只对一种债券进行保险——如市政债券）持有，它们在发行的 4 760 亿美元总额中持有了 3 200 亿美元。

最后，从法规套利以越过巴塞尔协议 II 这一点看，单一金融保险公司和美国国际集团扮演的角色不能被忽略。特别是，从 AAA 级保险人那为 AAA 级证券购买信用违约互换（CDSs）形式的信用保护，使得这些证券在银行的资产负债表中的资本权重为零。换句话说，即便证券与银行为 CDSs 调整后的筹资利率的差价远大于零，所需的资本仍然是零。[⑤]这也就不难理解大型复杂的金融机构持有过多的资产支持证券了。例如，在其2007年年度报告的122页，美国国际集团报告在其5 270亿美元AAA级资产支持证券的信用违约互换暴露中有3 790亿美元是由其现今臭名昭著的金融产品部门持有，而持有的目的并不是套利而是为金融机构（主要是欧洲）的监管资本需求提供便利。

对巴塞尔协议资本监管的监管套利的净影响是从2004年到2007年全球金融资产负债表翻了一倍，而巴塞尔协议指示的风险仅有略微增加（国际货币基金组织：《全球金融稳定报告》，2008年4月）。这一事实就可以给监管者一张红牌。当将这一事实与短期的影子银行债务2004—2007年从10万亿美元增长到20万亿美元（同期传统银行的负债从5.5万亿美元增至11万亿美元）相结合，事后可以清楚地看出，过去30年对巴塞尔协议资本监管的关注出错了。多少有些令人惊讶的是，巴塞尔委员会不是承担责任，而是提供一套新的规则和指南。在许多方面，几乎与之前一致。

6.3 巴塞尔协议Ⅲ与2010年《多德—弗兰克华尔街改革与消费者保护法案》

2007年的金融危机是金融公司缺乏偿付能力（也就是说，资本短缺）以及资金流动性（或缺乏）的结果，尤其是在影子银行系统。第6.2节表明，现有的规定，特别是著名的巴塞尔协议资本充足标准，更多引发了系统性风险问题而不是消除系统性风险问题。问题是《多德—弗兰克法案》以及更一般的巴塞尔协议Ⅲ，是否在促进整个金融系统更加安全健康而不阻碍金融创新方面取得了重要的进步。

先看看《多德—弗兰克法案》。作为给监管者广泛授权的一个部分，该法案要求对具有系统重要性的机构实施严格的审慎标准。[6]进一步地，这些标准也应当依据一些因素的变化而相应提高，如杠杆率、表外资产数量、短期融资规模、内部关联性等。[7]一个重要的遗漏是，对危机中单个金融机构资产与整个金融部门的联动没有任何考察（见第4章，"对系统性风险的测量"，有对这个问题的一个分析）。

这些额外的标准应包括：

（A）风险基础资本要求；（B）杠杆率限制；（C）流动性要求；（D）决议计划和信用风险报告要求；（E）集中度限制；（F）或有资本要求；（G）增强公众披露；（H）短期债务限制；（I）全面风险管理要求。[8]

对于上面这9个更为严格的监管建议，我们注意到其中五个包含额外资本要求、或有资本、流动性要求。基本的想法是，在一定程度上这些严格的标准增加了金融机构的成本，那么这些机构将尽量避免承担这些成本从而降低自身的系统性风险。如果从纯粹控制系统性风险角度来说，上述假设能够成立，我们关心的是，这些标准并不足以将金融机构创造的系统性风险内部化（第 5 章，"系统性风险税"）。

同时，细节方面似乎理所当然地留给监管者。当这些建议随后由美国联邦储备委员会（美联储）负责实施，很明显的是，拥有超过 500 亿美元资产的银行控股公司，或具有系统重要性的非银行类金融机构（金融稳定监督委员会指定），将受目前尚不清楚的额外资本要求和流动性充足标准的监督约束。⑨

对 6.2 节中分析金融危机内容的一个合理总结是，资本和流动性要求，尤其是在其目前的巴塞尔形式下，并不足以减轻系统性风险。最主要的原因是，它们没有考虑系统性风险。此外，在其目前的实施情况下，资本监管要求很容易被博弈。所以在某种程度上，金融体系必须依靠监管者的专业素养和权力。

这就是说，有可能通过以下方面取得明显的进步。（1）弥补主要的资本监管漏洞；（2）少依赖评级机构。关于漏洞，一个好的经验法则是，如果表外融资是银行的有效风险暴露，那么风险资本处理中也应当考虑。此外，金融机构的交易对手信用风险暴露，包括场外衍生品市场、证券融资交易，也应该考虑。当巴塞尔协议 II 扩展了金融机构的风险概念，事后来看，在确定资本应当如何处理时，协议选择了简洁而非精确。至于依赖评级的问题，看起来不仅仅考虑违约资产的信用风险（由评级机构界定），而且考虑流动性（资金和市场）和特定的风险是合理的。

《多德—弗兰克法案》在这方面取得了相当大的进步。

第一，指出了评级机构商业模式与政府监管对评级机构依赖之间的内在利益冲突（《多德—弗兰克法案》，第 9 章，"投资者保护及监管机构的改革"，第 3 节"信用评级机构监管改革"）（见第 15 章，"评级机构监管"）。

第二，将表外活动纳入资本充足率计算（《多德—弗兰克法案》，第 1 章，第 3 节"联邦储备理事会对特定的非银行金融公司和银行控股公司的其他职权"第 165 条"加强对联邦储备理事会监管的非银行金融公司及某些银行控股公司的监管和审慎标准"。

第三，就衍生品来说：（1）对集中交割或场外交易市场要求缴纳保证金；（2）向数据仓库和实时透明价格系统报告；（3）给审慎监管机构提供权威，由其认定从事的衍生品活动是否是"消极"的，并设定地位限制和惩罚（见第 13 章，"场外衍生品的监管"）。

《多德—弗兰克法案》所忽略的，是对以下问题缺乏认识（除了在场外衍生品市场），即一旦这些标准强加于金融机构，那么金融活动很可能会转移到没有受到这些标准监管的地方。当然，如果能将系统性风险降低并且将其从金融的核心部门剥离，这将不再是一个问题。但是最近的金融危机表明，事情并非如此，众多的系统性风险出现在影子银行系统，其受的管制较少，资本和流动性的要求较低，尽管政府担保也较弱。

巴塞尔协议Ⅲ进展得更好吗？

2009年12月，巴塞尔委员会提供了一套"强化银行部门弹性"的提议，这也构成了进行中的巴塞尔协议Ⅲ的基础。其后，在2010年7月，这些建议进行了再修改，在巴塞尔协议制定过程中几乎被所有的成员国签署。在概述了巴塞尔协议Ⅲ所提的广泛对策前，对早期的协议进行简要回顾是有益的，因为其正是以此前的协议为基础制定的。

巴塞尔协议的目的是提供一个银行资产风险评估和资本金水平要求的通用方法。巴塞尔协议Ⅰ将资产分为不同的类别，并给每个类别赋予从0到100%的风险权重。风险加权资产则等于该类别资产的总值乘以风险权重。而银行说持有的资本与风险加权资产之比必须高于8%（Elliott，2010）。因为巴塞尔协议Ⅰ对风险的分析比较粗糙，巴塞尔协议Ⅱ从这几个方面进行了完善。第一，增加更多的风险资产类型；[10]第二，允许内部（和更复杂的）风险模型；第三，将风险价值资本纳入交易账户。即使有性能明显改善的巴塞尔协议Ⅱ，大型复杂金融机构拥有"大而不能倒"的资金优势，可以容易地开发利用评级机构的利益冲突，以及外部与内部风险模型的对抗，并最小化风险值，尽管其不是系统性风险。有争议的是，因为巴塞尔协议Ⅱ对单个银行的风险进行了考察，但忽略了系统性风险（银行监管最重要的职责），以及对无保险批发性存款融资形式的银行负债的脆弱性缺乏关注，金融部门的状况在今天仍然是糟糕的。

遗憾的是，尽管巴塞尔协议Ⅲ试图对这些领域进行一些修正，但其基本的监管条款本质上仍遵循巴塞尔协议Ⅱ。具体地说，巴塞尔协议Ⅲ对资本构成的规定更为严格，引入了最低杠杆率的概念，更高的资本要求（可能是反周期的），创造了一个所有银行都必须遵循的流动性比例标准。对于系统性风险——手里面切实的问题——在2010年7月巴塞尔委员会的报告中指出，该委员会"将进一步发展'引导自由裁量权'方法，作为一种增加金融稳定委员会首先提出的系统重要性金融机构附属资本的可能机制。或有资本在系统性附加规定中也将扮演重要角色"。人们可能会认为系统性风险将是监管准则中最重要的关注点。

尽管如此，就采用面值而言，《多德—弗兰克法案》在这一点上体现得更为突出。类似于巴塞尔协议Ⅰ和巴塞尔协议Ⅱ，就此而言，包括《多德—弗兰克法案》，无论是影子银行还是监管套利都没有成为巴塞尔协议Ⅲ关注的焦

点。把这些批评放在一边，我们相信是至关重要的，认真地看看接下来的三个
部分，资本要求、流动性要求和资本的定义，均能在《多德—弗兰克法案》
和巴塞尔协议 III 中找到。接着的部分则探讨或有资本及其作为资本监管系统
额外费用的潜在用途。

资本要求

一方面，2007—2009 年的金融危机暴露了基于风险加权资产的最低资本
充足率工具的缺陷。对大型复杂金融机构来说，其很容易变换权重。另一方
面，衡量资产的风险并以此确定资本风险是经济且可行的。

在试图对这些观点进行平衡时，《多德—弗兰克法案》和巴塞尔协议 III
都提出了明确的最低杠杆率和最低资本率。

具体而言，《多德—弗兰克法案》规定：

适当的联邦银行业监管机构应按照统一标准为参保存款机构、存款机构控
股公司和联邦储备理事会监管的非银行金融公司建立最低的杠杆资本要求。本
项下的最低资本杠杆资本要求，不能低于一般适用的杠杆资本要求，后者应作
为机构所要求的任何资本的下限；同时也不能低于本法生效之日起生效的适用
于参保存款机构的一般适用的杠杆资本要求。[①]

换句话讲，基于风险的资本和杠杆资本率可适用于联邦存款保险机构
（FDIC）——参与保险的金融机构、银行控股公司和系统重要性金融机构。因
为这些比率代表着最低标准。其他的监管准则，例如巴塞尔协议 III 的监管准
则仍然可以适用，只要它们高于最低标准。表 6.2 提供了目前存款类金融机构
的一些比率。一些需要注意的是，这些要求需要在 18 个月内实施，虽然对小
型金融机构一般是豁免的。也有情况是，如果一个金融机构被视为系统重要性
金融机构，但其资本和杠杆要求并不合适，美联储也会豁免这个金融机构。

表 6.2   资本充足标准《多德—弗兰克法案》   单位:%

	资本完善	资本充足
一级资本（基于风险的资本率）	6	4
总计（基于风险的资本率）	10	8
杠杆率	5	4

虽然《多德—弗兰克法案》和巴塞尔协议 III 对资本的定义并不完全一致
（所以比较并不是完美的），巴塞尔协议 III 中提出的杠杆率事实上更低一些
（例如 3%）。《多德—弗兰克法案》的规定更进一步，通过要求至少具有 500
亿美元资产的银行控股公司或其监管的非银行金融公司"维持的权益负债率不

高于15:1（或者至少6.5%的杠杆率），如果委员会认为前述公司对美国金融稳定产生了重大威胁。"[12]

在资本要求方面，表6.2与巴塞尔协议Ⅱ相比，目前巴塞尔协议Ⅱ实施的8%的总资本要求被期望在巴塞尔协议Ⅲ中能得到提高，虽然最后的决议在2010年秋天才会通过。不仅如此，考虑到巴塞尔协议Ⅲ的新要求，推测美国银行控股公司将面临比表6.2中更高的要求是合理的。

连同对系统重要性机构更加严格的资本要求，法案明确要求对产生系统性风险的存款类金融机构、银行控股公司和系统重要性非银行金融公司规定附加资本要求。这些系统性风险主要来源于"（ⅰ）大量的衍生品活动、证券化产品买卖、金融担保买卖。证券借入、借出以及回购和逆回购协议。（ⅱ）财务报告中的资产价值集中于以模型为基础而不是以历史成本或有深度且流动性好的市场定价为基础的资产中。（ⅲ）任何业务份额集中程度较高，如果出现非预期的该机构被迫停止经营活动时，市场就有可能崩溃。"[13]

具体而言，《多德—弗兰克法案》和巴塞尔协议Ⅲ都指出"在对资本进行监管时，监管机构应该尽力制定一种逆周期的资本要求标准，以使参保存款机构要求保持的资本规模在经济扩张时增加并在经济收缩时减少，与参保存款机构安全性和稳健性相一致。"[14]虽然，目前巴塞尔协议Ⅲ还没有具体的实施细则，但很明显逆周期资本充足标准将是一个重要的内容。

作为应对危机的一种方式，金融机构为了满足最低监管标准，不得不出售资产或者增加资本。所以这些金融机构不得不采取这些措施，例如在经济萧条时期贱价销售，因此增加了流动性旋涡风险，逆周期资本要求有利于缓解这个问题。但是，逆周期资本要求对随时间变化的资本缓冲有一定的缺陷。对金融机构转移风险的激励是最大的，当资产波动性或者杠杆率最高时。资产波动性有反周期的倾向——危机期间高，而正常情况下低。因此，如果资本监管要求要适应危机，金融机构将有更大激励去冒过量的风险。

总的来说，《多德—弗兰克法案》在对系统重要性金融机构增加额外资本要求方面给监管者提供了实质性的余地。无论如何将被执行，该法案要求大型复杂性金融机构在杠杆率及资本充足率方面有一个下限，至少要和存款保险机构一致。资本充足率被预期是反周期的，因此其在繁荣时期将高于这一下限。尽管该法案在资本充足率标准方面是合理的，而且在金融改革上也取得了进步，但该法案仍有两个问题。

首先，一开始有一个观点认为，更高的资本要求成本高昂。而实际这最终取决于资本的定义，资本的目前定义是股本。金融领域最基本的原理（Modigliani 和 Miller，1958，后来称为 MM 定理）显示企业资产的价值独立于所采取的融资方式；换句话说，选择投资应根据该项目资产的回报是否超过了这些资产的资本成本。通过杠杆增加股权回报只是个幌子。考虑到杠杆化的系统性成本是如此高昂，更高的资本监管要求对社会而言并不显得非常昂贵（Miller，1995）。

虽然 MM 定理并不切合实际，其却是一个有用的研究出发点。其含义是，如果 MM 定理不成立，我们需要考察其背后的假设条件，如没有税收，没有代理、破产及交易成本；没有限制套利。不考虑债务融资的税收优惠问题，提高股权的成本昂贵与否，更多的是取决于个人是否相信大型复杂金融机构的委托代理问题是源于股东和经理人的利益冲突，或是股东与债权人及监管者的冲突。[15]关于金融机构的风险激励，国内外的政策制定者大多关注的是金融机构赔偿的类型和水平。已经有观点认为在引发危机的这段时期，银行家的奖金越来越取决于规模以及短期的利润，而不是他们投资的长期盈利。再加上股东失败（或接近失败）的机构的大部分股权价值这一事实，政策制定者们将这看做公司治理层面（即股东与管理者之间）大量失败的主要证据。当然，这一观点并不能完全被否认，但是我们认为这只是其次的。对理论和现实的回顾显示，股东是经理人最重要的盟友。

那么为什么银行如此强烈反对资本监管要求？即为什么股权融资的成本要比债务融资高出这么多？最可信的说法是，主要的利益冲突在股东和债权人之间，而由于存在价格错配的政府担保，真正的利益冲突在股东和纳税人之间。解决这一问题（例如，对政府担保和系统性风险收费），等于对更高的杠杆进行收费，这反过来将会使得股权融资和债权融资的成本回到同一水平。如果没有对存款保险价格错配问题及"大而不能倒"问题的修正，大型复杂性金融机构将会有足够的激励以政府补贴利率借贷从而抬高杠杆，并进行快速（或是疯狂）的投资。

无论是《多德—弗兰克法案》还是巴塞尔协议 III，都没有尝试对为何股权融资较债权融资成本较高问题进行调查研究的事实实在令人失望。这本该被看做发展一个新的资本监管框架的第一步。

其次是机构层面的杠杆率能否真正地被测量。在这一章此前的部分我就已经指出，从最近的危机看，当华尔街的机构持续利用资本监管漏洞并以此规避监管时，资本监管暴露出了严重的问题。当我们仔细描述如何通过表外融资人工降低杠杆率时（Acharya、Schnabl 和 Suarez，2009），有很多的例子。

第一，现在一些公司的记录已经公开，特别是雷曼兄弟，利用特定回购交易的会计漏洞，回购 105s（Repo 105s），暂时降低了报告的杠杆率（雷曼兄弟诉讼记录第 11 章，2010）。简要地说，Repo 105s 允许雷曼兄弟将回购作为销售来处理，这反过来就允许雷曼兄弟用销售中获得的现金暂时偿还负债，满足报告的目的，只需在报告过后将资产重新购回。在危机的某些时点，雷曼兄弟通过 Repo 105s 这一回购活动降低了报告中 500 亿美元的杠杆资产（详见第 11 章，"回购市场"）。

第二，企业可以通过夸大资产价值或延缓损失确认随意地降低其杠杆率（Huizinga 和 Laeven，2009）。

第三，在 2010 年 4 月的一份报告中，纽约联邦储备银行记载，在 2008 年 12 月至 2010 年 3 月的一段时间内，18 家大银行在其季度报告前降低了它们在回购市场的净短期借款规模，报告期后，则迅速回升。数字是惊人的——在使用这些证券后，债务水平在本季度末较下一个季度的峰值平均下降了 42%。

当考虑到场外衍生品市场、对冲基金的复杂性，以及测量风险加权资产的困难性，思考如何界定杠杆率并对其测量将是很大的问题。

最后，正如第一个问题的结论一样，现有的框架看着是有缺陷的，应当设立一个新的框架。

Geanakoplos（2009）提出了一个有趣的想法。他认为当前的危机仅仅是他所谓的杠杆周期的一种表象。当他的部分框架要求政府管理这些周期，他的一个主要论点是，立法应关注每笔交易底下的担保。换句话说，不是关注机构的杠杆率——我们已经看到，这是很难做到——他认为杠杆问题，换句话说的利润，应在交易或证券这一层次立法。虽然带来如何对待防范风险承担的套期保值类交易问题，但这似乎是一个值得学习的成果丰硕的领域。事实上，可以将在场外交易市场立法上的辩论看做是这方面的一个尝试（参见第 13 章"场外交易市场的监管"）。

流动性要求

正如本章 6.1 节所描述的那样，财务危机产生不仅仅源于资本风险而且还源于流动性风险。2007 年的金融危机显示，流动性风险扮演了同样重要的角色。这个问题出现，是因为被管制机构以及他们未被管制的关联机构脆弱资本结构，其资产是长期但缺乏流动性的，而它们的负债本质上却是短期的。可以考证的是，最近的这次危机是在雷曼兄弟倒闭、投资银行和货币市场基金发生挤兑后开始蔓延的。

其中一个办法给金融机构设置一个流动性监管要求，正如资本监管要求，以降低挤兑。其基本的理念是要求短期融资中的一定比例必须是流动资产——能按当前的价格快速变现的。这一要求对于预防挤兑可能是足够的，因其会提高机构进行利差交易及持有长期资产的成本。

当《多德—弗兰克法案》明确要求监管者在给系统重要性金融机构设置审慎监管标准时，将"公司负债的类型和数量，包括对短期融资的依赖状况"纳入考虑范围，同时要求这些准则包含其他"流动性要求"及"短期债务限制"等，但也仅是如此，没有更具体的措施。这些问题留给了美联储和其他监管者。一个合理的推论是，美国的监管者将会参考巴塞尔协议 III 中流动性要求的部分。

原先 2009 年 12 月对巴塞尔协议 III 的提议中，提出了金融机构应当遵守的两个新的比率。

第一，流动性覆盖率（LCR）：当发生严重的系统休克时，银行的高流动性资产（如现金、政府证券等）与其 30 天内的净现金流出（如零售存款支出、批发性融资）之比。[16]这个比率应该超过 100%。

第二，净稳定资金比率（NSFR）：可用的稳定资金数量（例如，它的资本金、长期负债、稳定的短期存款）与其稳定的资金需要（如持有资产的价值乘以代表资产流动性的一个指标）之比。这一比率应该超过 100%。

尽管对于流动性要求有着广泛的共识，但对于这些措施何时会真正实施并不明确，更细致的规则也还不清楚。例如，由于银行业反对导致 NSFR 的实施推迟至 2018 年 1 月 1 日。

不过，引入 LCR 和 NSFR 作为审慎监管准则仍是有价值的。考虑下面例子，最高 AAA 级别的债务抵押债券（CDOs）相对于一个更标准甚至超过 AAA 级的有市场销路的有价证券（如公司债券）。具体地说，假定两类证券损失的概率和大小（及期望的价值和方差）接近。LCR 和 NSFR 对于持有这两种证券的含义是什么？

流动性风险是针对持有人将证券或资产转换为现金的能力。即使在危机开始前，最高等级的那部分也被认为比标准得到市场认可的有价证券缺乏流动性，而且更多是一种持有至到期的产品。事实上，这些证券的快速发展并不令人意外，因为关于欠缺流动性的价格的证明文件有很多。举个例子，考虑被充分证明的挂牌国债和非挂牌国债之间的快速发展（Krishnamurthy，2002）。LCR 这一指标很可能将 AAA 级别的 CDO 认定为较不满足流动性风险控制的要求。

资金风险考虑的是资产与负债之间到期期限错配的问题。金融机构有一种持有长期资产但使用短期便宜资金的倾向，这其实是一种套利交易。但假如短期融资在危机中停滞，这将把金融机构置于更大的挤兑风险之中。事实上，一些研究者已经主张在资本监管要求中考虑这个特殊的资金风险（日内瓦报告，2009）。

这两种观点都认为了解金融机构用于短期融资的流动性资产是非常有用

的。一种设想比率越高，金融机构受到的流动性冲击就越小。NSFR 有助于回答这个问题，但又不利于 AAA 级别的债务抵押债券（CDO），相对于 AAA 级别的市场化证券。

流动性风险现在是巴塞尔协议 III 的重要内容，可以推测由于《多德—弗兰克法案》的实施，未来美国的金融监管朝前迈出了一步。LCR 和 NSFR 流动性充足标准是监管流动性风险的合理方法。例如，LCR 对系统范围的压力的关注是思考持有缺乏流动性资产或者短期融资工具的资产带来的系统性后果的正确方法。

这说明这种方法与巴塞尔协议 I、巴塞尔协议 II、巴塞尔协议 III 的建立资本要求是非常相似的。在计算 LCR 和 NSFR 相应的资本比率风险权重的时候，使用的调整系数和权重具有相对应的资本率的风险权重。毫无疑问，流动性比率的实施将会促使银行进行流动性权重的监管套利——特别是对于"最好待遇"的缺乏流动性证券和具有系统性风险的资金。这些业务中将会出现一些意想不到的结果。监管者应该清楚地认识到这个问题，较快做好事前的实施准备。

另外一个问题是流动性规则似乎并没有考虑单个银行的流动性危机对整个金融部门的影响，特别是在危机中。换句话说，在危机中出现系统范围内流动性事件的银行应该为其负外部性支付更多，这与我们在第 5 章中"系统性风险税"的讨论相类似。

最后，虽然现在听起来像打破纪录一样，监管者需要意识到一旦 LCR 和 NSFR 在金融机构中实施，那么这些业务转移到部分金融部门并不受这些要求的限制。本书的一个中心议题，特别是在本章中，就是监管者们需要看到金融系统在恶化。从某种程度上具有系统性风险的短期融资仍然存在于金融部门，这不得不对投资非流动性资产进行保护。

什么是资本

新的资本要求（流动性要求也是这个问题）提出对金融机构的资本如何进行测算的问题。从总体上看，监管资本代表着金融机构资产价值对其债务下降的缓冲。因此，对资本的常见定义是其并不包含显著的债务特征，例如未来偿付的承诺——普通权益是常见的例子。

《多德—弗兰克法案》和巴塞尔协议 III 都是以建立资本和流动性标准为目的来审视"什么构成了资本"这个问题。特别是，一级资本不再包括创新混合型证券，例如受欢迎的信托优先证券（TruPSs）。另外，法案建议"经与联邦储备理事会、货币监理官和联邦存款保险公司协商，美国总审计长应进行有关运用混合资本工具作为信贷机构和银行控股公司的一级资本的组成部分的研究。"[17]

巴塞尔协议 III 规定得更加详细。其规定也排除了混合型证券作为一级资本，但是更进一步。例如，巴塞尔协议 III 允许一定比例（例如 15%）的一级资本包括对其他金融机构的权益投资、抵押贷款服务权益和延期税收资产。

为了讨论巴塞尔协议 III 的具体细则，我们以信托优先证券（TruPSs）为例来讨论巴塞尔协议 III 中的新规则。信托优先证券是一种混合型证券，同时带有债务和权益特征。控股公司（通常是银行控股的公司）发行低级别的次级债务信托，然后发行优先证券。银行控股的公司对信托拥有全部的所有权，通常保证支付信托优先证券的本金和利息。由于对审慎风险管理实践的监管忧虑，监管者重新考虑了将信托优先证券作为一级资本的一部分（本章的附录对信托优先证券有一个详细的阐述和分析，特别是在 2007 年到 2009 年金融危机期间）。

对信托优先证券的监管共识是，其具有显著的债务特征，但不具有一级资本所包括的证券所要求的特征。但是监管者主要担忧的是怎样将信托优先证券逐渐从一级资本中移除，虽然信托优先证券在对冲自己的头寸时，并没有显著降低银行增加资本的能力。这种方式限制了这些证券，给银行一个过渡期逐步淘汰（从一级资本中）现存的信托优先证券。

《多德—弗兰克法案》要求银行将信托优先证券从一级资本中移除。它给资本为 1 000 亿美元的银行为期 5 年的时间将信托优先证券从一级资本中移除，资本在 150 亿美元和 1 000 亿美元之间的金融机构的期限为 10 年。作为妥协，修正案豁免资本小于 150 亿美元的小型银行继续将信托优先证券作为一级资本来对待，但任何银行新发行的信托优先证券都要排除在一级资本之外。据穆迪投资者服务估计，大约 1 180 亿美元的信托优先证券将从银行控股公司的一级资本中移除（Reuters，2010）。

信托优先证券是银行从私人立场想持有的资本的一个典型例子。这提出了是否银行资本造成了社会成本还是仅仅是银行股东的私有成本。最近的一个提案中提出了"或有资本"的概念，即在经济良好时期为债务，而在经济萧条时期自动转换为权益（对银行和整个金融体系而言）。我们将在下章讨论这种银行资本形式的用途。

6.4 或有资本：解决方案

或有资本（通常是涉及可转换债券或者 CoCo 债券）是指一种形式的未保

险债务，可以在出现某些事件造成冲击时自动转换为权益。在对银行的要求方面，特别是系统重要性银行持有额外的资本似乎是加拿大和英国所选择的一种比较好的方案。例如，由英国政府所有的莱斯银行，在 2009 年 11 月就发行了这种资本作为融资计划的一部分，当一级资本低到一定水平时，这种债务将转化为权益（参见专栏 6.1）。荷兰拉博银行也在 2010 年 3 月发行了或有资本（参见专栏 6.2）。美联储和银行业已经就美国银行中是否引进这种资本进行了激烈的讨论。

或有资本的主要目的是金融机构由于一些债务转化为权益，使损失的转移更加灵活，因此保证了银行仍然维持在充足的资本水平上。管理层和股东一般会尽量避免资本额的调整，因为大多数新增资本创造的价值都是金融机构的债权人的。另外，新增资本成本较高并会稀释现有的股权，现有股东可能不得不被迫进行管理层的变更。实际上如果以权益来补偿管理者，管理者也有损失。因此，金融机构的管理者更倾向于等待，希望这种经济尽快好转。一种可能的解决方式是将一些机构的债务转化为权益。如果金融机构具有系统重要性，债权人可能更倾向于最少抗争，即让银行陷入困境。那么监管者这时除了支持金融机构的债务和弥补纳税人的损失之外，别无选择。在大型复杂金融机构的案例中，存在像衍生品交易对手方这样的额外或有资本。实质上这些都是权宜之计，除非它能预先在金融机构的债务和权益设计中。

或有资本迫使面临信用质量恶化的银行以一种预先安排好的方式来重新调整资本结构，因此降低了违约率。把损失强加给债权人将会部分重塑市场贷款纪律和降低违约率，因此减少了对监管宽容的需求，这也反过来有利于解决"大而不能倒"或"太具有关联性而不能倒"的问题。

或有资本因此被视为朝着规范金融机构的方向迈出了前进的一步（生活方式将要安排一部分，见第 8 章）。通过以一种预先安排的方式，将金融机构的债务转化为权益来解决金融机构在未来陷入困境的问题，有效地延迟或者阻止了违约的发生。

专栏6.1　莱斯银行发行增加的资本凭证

在 2009 年 11 月，莱斯银行发行了 5.5 亿英镑的或有资本。这些证券被称为增加资本票据（ECN），是一种当银行一级资本率低于 5% 时，可以转换为权益的债务证券。ECN 的发行是为了向银行注入新需要的资本，避免政府对银行进行过多的资助。

发行的 ECN 被超额订购，莱斯银行决定增加发行，从最初的 55 亿英镑增加到 70 亿英镑。但是，Vermaelen 和 Wolff（2010）指出莱斯银行发行的 CoCo 债券是一种可转换的要约，其中 ECN 的投资者获得了 1.5% 到 2.5% 的额外息票收入作为优先资本的交换。另外，虽然欧盟的法律限制用混合资本证券付款给接受救助的金融机构，新发行的 ECNs 并不适用这种限令。实际上，符合这种可兑换要约资格的混合证券持有者可以选择先前提到的收入转化为 ECNs。如果缺少这样的激励措施市场会如何反应还不清楚。

发行人	莱斯 TSB 银行/莱斯银行集团
特征和等级	相关发行人以及与其待遇相同的人的直接的、未担保的和附随的义务
到期日	10 年、12 年或者 15 年，取决于现存证券的兑换情况
利息	在利息率和股息率之上的 1.5% ~ 2.5% 的费用
触发事件	银行一级资本比率低于 5%
转换价格	以当时触发事件发生时的股票市场价格

资料来源：莱斯银行集团（2009）。

专栏 6.2　荷兰拉博银行发行的高级或有凭证

在 2010 年 3 月，荷兰拉博银行发行了 12.5 亿欧元 10 年期基准固定利率优先或有凭证（SCNs）。这些证券定价年息为 6.875%。这次发行被超额订购超过预期发行的 2 倍，达到了 26 亿欧元。

当银行的权益资本比率降低到 7% 时，SCNs 转换为权益。与莱斯银行的 ECNs 不同的是，当触发事件发生时，拉博银行的 SCNs 转换为 75% 的原始本金。转换以市场价值为基础，但有一定的折扣，使其具有反稀释化的特征。拉博银行的债券可以被视为一种灾难债券。当发生触发事件时，将风险从发行人转移到投资者。

发行人	拉博银行
特征和等级	高级未担保——发行人所有次级资本（1 级和 2 级）的高级别
到期日	5/10 年——2015 年/2020 年 3 月
利息	6.875% 的固定年息
触发事件	银行的权益资本比率低于 7%
转换价格	75% 的原始本金加上应计未支付的利息

资料来源：拉博银行集团（2010）。

《多德—弗兰克法案》

正如在本章6.3节所阐述的，《多德—弗兰克法案》要求发行或有资本作为对系统重要性金融机构的附加标准。法案要求：

委员会应研究适用于联邦储备理事会监管的非银行金融公司与银行控股公司的或有资本的可行性、收益、成本和结构，研究应包括六个方面的内容。

（A）评估该种资本要求在何种程度上能够增强遵守要求公司的安全与稳健、促进美国金融稳定并减少美国纳税人的风险；（B）评估或有资本的特征与数量；（C）分析潜在的审慎标准，将该标准用于决定在发生财务困境时是否将或有资本转换为权益；（D）评估或有资本要求对公司国际竞争力的影响以及确立此种要求的国际合作的前景；（E）评估或有资本要求对国际竞争力的影响以及确立此种要求的国际合作的前景；（F）执行监管的建议。[18]

法案要求委员会在法案通过后的两年后提交建议报告。根据向议会提交的建议报告，在允许适当的转型期限后，理事会可以要求银行控股公司和非银行金融机构"维持少量数额的可以在出现金融压力时转化为权益的或有资本"。

通过重塑一些市场纪律和降低不利因素冲击出现时金融机构违约的可能性，或有资本可以被视为避免紧急救助系统重要性金融机构的一种有价值的工具。在我们看来，需要注意一些重要的限制，包括：限制事前风险承担和形成系统性风险的能力；处理灾难的能力，当复杂的或有资本和表外债务具有金融机构资产负债表的特征；其对标准资本和流动性要求的吸引力；对超过银行监管或有资本的国际标准的限制。

首先，或有资本的最初目的是避免对金融机构进行事后监管救助。它的职责是控制银行在经济良好时期承担的风险，但是有限的。在这样的时期，银行可以——就像它们在过去一样——通过卖出价外期权来把握经济的尾部风险，例如美国国际集团将信用违约互换作为抵押贷款和公司的投资组合，花旗集团卖出资本不足的流动性资产，以及持有大量房利美、房地美和其他大型复杂金融机构AAA级证券。该通过其他方式引起重视，而不仅仅是单纯依赖对或有资本的要求。

认识到真正的问题并不是在无担保的债权人和银行股东之间，而是在政府和未保险的资本提供者之间是非常重要的。虽然解决方案可以设计成限制政府转移到未保险资本提供者的规模，但未来这种转移肯定是会发生的，特别是金融机构由于尾部性质风险（先前所解释的）陷入困境时。这种转移产生的道德风险可以通过收取费用来解决——可能是逆周期的——基于金融机构对系统性风险的贡献。除非银行可以适当支付在危机恶化期间对金融系统造成的损失，它们不能将这些损失内部化。因此，我们建议增加或有资本的解决方案，让银行在经济良好时期基于其预期损失和对系统性风险的贡献来支付明确的费用（第 4 章"对系统性风险的测算"详细阐述了测算，第 5 章"系统性风险税"对费用的实施进行了解释）。

其次，我们认为把所有事后灾难的应急费用都包含在或有资本中并不恰当，特别是提出一次性将部分金融机构的债务转化为权益。换言之，这取决于情况的恶化程度，如果有一个可以将金融机构的资本结构中积极的债务转化为权益的要求，那么所有金融机构的损失将最终会全部转移给债权人。这种积极的转化是金融机构继续经营或者解决问题方案的一部分（参见第 8 章）。不仅如此，我们设想在一些场景下，在这个计划完全实施前，一些交易对手方风险或者大规模的流动性风险可能会产生，迫使进行破产管理或其他形式的破产。换句话说，我们不能排除未来出现系统性危机的可能性，所以没有任何选择，需要对某些系统重要性金融机构进行救助。另外，一些银行债务明确地没有保险，这种债务是不能转化为权益的。

因此，没有积极的债务—权益转化，或有资本不能解决这样一个实际情况，即在银行或有资本和权益资本之下还有很高比例的债务——存款，有担保的债务（回购），其他类型的非偶然债务，衍生品交易负债——将仍然有明确的政府担保或在一些情况下隐含政府的担保。在经济良好时期，这种债务的成本无法反映银行的真实风险，实际的情况是或有资本和权益资本需要在损害担保的债务（纳税人的钱）的情况下来承担过度的风险。而且，目前或有资本的数量也不够充分。很多投资银行倒闭前的债务权益比为 25∶1 至 35∶10。在这种杠杆比率下，甚至有一点经济衰退和关于资产的不利消息，都足够消耗完权益资本和目前所提出的或有资本。这种杠杆比率从一开始就应该得到审慎的控制。

再次，或有资本相对于可选择的杠杆率限制的优势需要被重新评估。确实，或有资本作为另一种方法可以显著增加权益和一级资本要求，并与金融机构对系统性风险的贡献相关。通常关于这点的争论是可请求的债务（银行票据或者支票账户）与权益资本相比，会对银行家（他可以快速选择风险）提出更多的纪律要求。是时候开始对权益资本的社会成本进行测算了。第一，依赖短期债务市场纪律造成的系统金融脆弱性的巨大社会成本。第二，我们对债务提供了非常多的税收优惠。第三，现在有更好的机制用于股东的治理，相对于可请求债务大量增长的时期。

放在一起，这些观点都是建议或有资本作为重塑金融监管部门的一个部分，需要以其他方法来进行补充。因此，我们认可法案关于或有资本各方面的建议——它的优点和局限性，单一机构的和可能涉及其他机构的（系统性）风险控制——将被仔细评估。每次危机都有不同，所有或有资本还没有经受时间的考验，应该审慎地将其与其他直接的事前风险控制方法联系起来，例如基于系统性风险的费用、直接的杠杆率限制，或者增加一级资本的要求。

最后，或有资本可能在一些具有完善的公司债券市场的发达国家会起到很好的作用，但可能并不是在每个地方都适用。站在这个立场上，一些杠杆率限制或者基于系统性风险的资本和流动性要求标准更可能会作为国际惯例出现。

从全球来看，国家对或有资本是否是处理系统重要性金融机构的正确工具分为两派。欧洲和美国更倾向于银行税，而加拿大认为或有资本才是正确的选择。加拿大建议本质上所有次级债务和银行卖出的优先股都应该具有这种转化特征，如果发生监管部门认为银行不再具有经营能力的情况时，可以进行转化。但是，加拿大官方已经承认在或有资本真正实行之前，很多有关实施和执行的细节还需要解决。现在全球的观点基本都一致认为或有资本有助于解决一些大型金融机构所产生的系统性问题，需要加强国际合作来保证跨国金融机构在不同的国家具有同等的竞争环境。2010 年 6 月在多伦多召开的会议上，一些国家提出巴塞尔委员会应该考虑或有资本的方案，让委员会来决定包括或有资本在内的监管资本的成本和收益。但只要资本是出于监管的目的，而债务是出于税收的目的，可能到最后或有资本的提案将无法讨论。或有资本用于抵税不可能被美国国税局（IRS）（以及其他国家的税务机构）批准。

对具体或有资本提案的概括和评价

一个重要的问题是如何来定义或有资本的触发事件。英国的莱斯银行对触发事件的定义是基于其一级资本水平。相对应地，目前美联储对或有资本触发事件的讨论不仅仅包括单个金融机构层面上的触发事件，还包括系统性范围的触发事件。从某种程度上讲，或有资本是用来解决系统性风险的承担问题，而不是单个风险的承担，采用系统性范围的触发事件可能更有经济意义。但是，系统性范围的触发事件必须要建议基于法律的规定——例如，金融体系的平均一级资本比率为5%，而不是基于监管者的自由裁量。如果基于监管者自由裁量系统性范围的触发事件发生，可能会对市场造成严重的不利后果，引起恶性循环。相反，基于规则的触发事件可以被很好地预期和避免这种不利后果的出现。

另外，一个重要的问题是设计或有资本的触发事件——低于资本比率的设计是应该根据账面测算权益，还是根据市场测算权益。市场对权益的测算可能在某种程度上会出现轧空头和人为操纵，而账面测算可能在某种程度上会是管理者的任意裁决，通常难以反映真实的资本水平。两者权衡，我们更倾向于基于市场的触发事件，因为它会更加及时反映陷入困境的金融机构。

最后，触发事件是应该基于权益市场价值还是信用市场信号？另外，在基于权益和基于信用的触发事件间有一个重要的权衡。即使是在金融机构被资助时，权益更容易抵消。信用市场的信号，例如信用违约互换将会有负面影响，如果有预期的宽容。但是，信用违约互换可以更好地反映金融机构的违约可能性。从某种程度上讲，它们比权益价格更能反映下跌风险。

概括而言，现存的提案可以被划分为三个目录：或有资本注入（我们已经在前面讨论了主要的机制）、或有资本保险和增加责任的权益。在注入或有资本时，当触发事件发生时，债务转化为权益，相当于在金融机构遭遇灾难时，重新调整金融机构的资本结构。或有资本保险机制与灾难保险相似，当发生触发事件时进行支付。负债与权益的关系是负债的增加能促进权益的增加，因此减少了对金融机构的不必要资助，也有利于解决机构的其他债务问题。

我们对触发事件的每一个设计机制都进行了讨论。表 6.3 提供了对各种机制的概括和典型特征。

表 6.3   **或有资本提案的摘要**

来源	类型	触发事件	股票/信用市场	账面/市场价值触发事件	缺陷
I. 或有资本					
Duffie（2009）	1. 反向可转换信用债券（RCD） 2. 强制新股权配售	1. 股票的市场价值 2. 流动性测算	股票	市场	股票持有人可能要求过度的溢价权利，限制流动性增加
Flannery（2005）	反向可转换信用债券	市场资本率	股票	市场	被债券持有人操纵
Flannery（2009a）	或有资本凭证（CCC）	权益比率，固定份额的转换溢价	股票	市场	稀释对债务的惩罚效果
Flannery（2009b）	或有资本凭证（CCC）	权益比率	股票	市场	被债券持有人操纵
Hart 和 Zingales（2009）	基于 CDS 价格的股权注入	CDS 的价格和监管者的自由裁量	信用	市场	监管者不愿意，死亡旋涡
McDonald（2010）	双重触发事件的债转股	1. 股票价格 2. 金融机构指数	股票	市场	被债券持有人操纵

续表

来源	类型	触发事件	股票/信用市场	账面/市场价值触发事件	缺陷
Squam Lake 工作小组 (2009)	双重触发事件的债转股	1. 由监管者决定的系统性事件 2. 银行资本充足的测算	股票	账面	稀释对债务的惩罚效果
Vermaelen 和 Wolff (2010)	增强反向转换期权	基于市场价值	股票	市场	稀释对债务的惩罚效果
II. 或有资本保险					
Acharya, Pedersen, Philippon, and Richardson (2010b)	基于银行在系统性事件损失的或有资本保险	总计的市场和金融机构指数	—	市场	保险部门的交易对手方风险
Kashyap, Rajan, 和 Stein (2008)	基于风险加权资产价值的或有资本保险	除了 Covered 银行之外的总计银行损失	—	账面	监管者不愿意
III. 加强负债的权益					
Acharya, Mehran 和 Thakor (2010)	加强负债的权益	破产	—	账面	只有在金融机构有显著收益时，流动性才会增加
Admati, 和 Pfleiderer (2009)	加强负债的权益	流动资产的表面价值	—	账面	实施繁琐

或有资本注入 在本段中会有更多的提案提出。Flannery（2005，2009a，2009b）、斯夸姆湖金融监管小组（2009）和 Duffie（2009）提出了反向可转换债券（RCD）。RCD 实质上是当触发事件发生时，转化为权益的债务。这种机制不同于所使用的触发事件。一些使用基于法律规定的触发事件以账面价值或市场价值为基础，而其他的更喜欢基于市场测算的自由裁量的触发事件。Flannery（2005）建议使用基于目前市场价值的权益比率。但正如我们以上所

提到的，基于市场价值的触发事件可能被债券持有者人为操纵，他们可以通过对市场造成短期震荡，以很低的价格来转换为权益，损害了现有股东的利益。即使没有这种短期卖出行为，现有股东因为担心其他股东也会这样做，也可能卖出他们的股票，这会进一步导致股票价格下跌。这种所谓自我实现的预言结果会陷入价格不断下降的恶性循环。为了解决这个问题，Flannery（2009a）建议使用更高的转换价格，使转换具有逆周期性，并降低了人为操纵的可能。

对 Flannery 的提案的一种批评是他降低了杠杆率的纪律约束效果，因为只要触发事件发生就可以转换，而无论是否发生金融危机。因此，破产威胁不足以对管理者形成约束，因为金融机构即使经营很差，也可以通过这种转换来进行资本的重新调整。斯夸姆湖金融监管小组（2009）的议案中建议使用触发事件的双重机制，即发生系统性事件（由监管者决定）并且银行也出现违约行为。这种双重触发事件结构保证了银行只有在发生系统性事件时才可以进行资本结构的调整。小组并且提议对银行资本的测算以其对应的市场价值为基础。但是，因为这可能被银行的管理者操纵，因此小组提出应该转换为固定数额的股票。小组认为银行的管理层并不想进行转换，除非股票的价格比支付债券的价格低得多，因为转换的是固定数额的股票。而且，这也避免了以上提到的恶性循环问题。

由监管者所宣布的系统性危机很可能掺杂着政治因素。McDonald（2010）建议使用基于市场价值的预先确定规则来确定系统性触发事件和金融机构层面上的触发事件。当银行的股票价格和金融机构的指数都低到最低起点值时，债务将转换为权益。

先前所阐述的 RCD 机制会稀释原始股东的权益。Vermaelen 和 Wolff（2010）在 RCD 上增加一个看涨期权（COERCs），使现存的股东更容易接受RCD。COERCs 允许触发事件发生时，股东偿还债务。看涨期权也使这些证券更不易受到债券持有人的操纵。

Duffie（2009）也提出通过一种强制执行的新股配售来迫使现有股东以较低的价格来投资金融机构。这会降低金融机构出现流动性危机的风险，因为发生新股配售这样的触发事件时，金融机构可以获得新的资金。因为债权人相信银行不会出现流动性危机，所以避免了银行出现挤兑的情形。由于新股配售和现金结算之间有一个间隔，Duffie 建议使用较高的触发水平，这是基于现象流动性测算基础的。

而这些依赖股票市场对系统性事件的反应。Hart 和 Zingales（2009）建议基于触发事件的信用市场会迫使金融机构发行新的股票，当信用违约互换的价格上升超过起点水平时。这种提案的优势在于可以更好地捕获尾部应急事件的发生，通过信用违约互换费用这样的市场指示者，而不是股票市场。合理性在于信用违约互换费用是对尾部事件（金融机构的违约风险）进行保险的费用。我们在纽约大学斯特恩商学院的研究（参照阿查里亚、彼得森、菲利本和理查德森，2010a）与信用违约互换市场及股票市场相比更容易捕获系统性风险——预测到哪些金融机构表现不佳和市场何时会整体下跌——特别对于保险公司来讲（例如，参见第9章，"系统性风险和对保险公司的监管"）。

或有资本保险　或有资本保险是沿着灾难债券的路径来设计的，触发事件是发生系统性事件。银行实质上是购买保险单，在系统性危机时得到赔偿。这种机制会因为用来决定保险人支付费用的具体方法而有所差异，当发生系统性触发事件时，保险人会接受保险的赔付。

在Kashyap、Rajan和Stein（2008）的提案中，金融机构有权力选择购买或有资本保险作为较低资本金要求的交换。当监管者宣布建立在总计银行损失基础上的系统性事件发生，需进行支付。为了降低违约风险，保险人被要求一开始要预留出支付金额。因为总计的测算并不是基于市场价值，这样可以避免进入一个死亡旋涡。

阿查里亚、彼得森、菲利本和理查德森（2010b）提出基于银行对系统性风险的贡献度进行征税。税收交给监管者，当系统性事件发生时，监管者来决定哪些金融机构接受资助——例如，只有有偿付能力的金融机构和受到脆弱银行影响的银行。而不是由于触发事件的发生自动进行资本结构的调整，提案建议监管者对低风险的金融机构给予奖励，因此使金融机构能够内部化其系统性风险贡献。

这两个提案非常相似，除了阿查里亚、彼得森、菲利本和理查德森（2010b）的提案在系统性风险事件中让金融机构为其自身损失付款的道德风险，以及要求保险并不是偿付给购买保险的金融机构，而是偿付给系统性风险监管者（或者纳税人）。

高负债权益　债务性股票增强了股票的负债性。在这种机制下，监管者可以有效地实施更高的资本金要求。另外，负债权益也有利于解决一些机构层面上有关的债务问题，例如风险转移中的股东受益于高负债，在金融机构面临灾难时股东推迟资本结构调整的债务积压问题。

Admati和Pfleiderer（2009）的提案中将权益分为有限责任的权益和无限责任的权益。无限责任的权益需要履行所有的负债义务，因此债务没有风险。无限责任的权益保持在金融机构的层面上。为了支持这种无限责任的权益，产生了权益责任的承担者（ELC）。ELC的作用是确保无限责任权益的义务能够完全履行。ELC同时持有有限责任的权益以及安全的流动性资产。只有有限责任的权益才能在市场上交易。ELC 受到严格的监管，资金只有在有限的情况下可以从 ELC 转移到金融机构。相似的是，股息和债券的发行应该在 ELC 资金充足的基础上进行限制。

Admati 和 Pfleiderer（2009）提出减少低效率清算的需求，并没有明确提出在系统性危机中对资本进行重新调整的问题。Acharya、Mehran 和 Thakor 建议通过在经济良好时期将股息转移到一个特定的资本账户来建立安全资产的缓冲区。这个特定的资本账户用于投资像国债这样的安全资产，当银行破产时可以转移给监管者。也就是说，这个特别资本账户不能让公司为了承担风险而进行杠杆操作。通过要求利用股息限制来建立资本和在经济良好时期产生留存利润，这种提案很好地解决了发现尾部风险的问题。一个金融机构在经济良好时期卖出价外期权和收取费用，面临着对这些费用分配的限制，例如给雇员的奖金和给股东的股息，有效地使用这些费用作为包括系统性风险情况在内的未来损失的准备。

这些提案都增加了权益的责任来降低风险。通过根据金融机构对系统性风险的贡献度来决定某些权益责任，可以进一步改进对系统性风险的处理。

概括而言，现有的这三种对或有资本形式安排的提案，在或有资本的用途方面有些细微不同，或有资本的注入是降低事后灾难和降低金融机构风险的最好处理方法，或有资本保险更适合让金融机构在系统性危机之前为其风险敞口付款。权益责任机制对股东短期的策略进行了限制，而能降低纳税人和债权人的长期风险。如果设计完善，也有助于降低金融部门的系统性风险。

但是，由于很多相关风险结构没有完善的信息和代理承担风险的行为，系统性风险的触发事件和贡献不能被精确地测算和正确判断。因此，从对系统性风险审慎监管的角度，或有资本的效率应该被视为一种风险，而像对传统证券业务的杠杆率限制和资本要求也应该作为保障措施采用。

附录：信托优先证券

使用信托优先证券的优势是有利的税收待遇和会计方法。发行公司支付的利息可以享受税收减免，因为它表面上在发行人资产负债表上显示的是次级债务。实质上在这种结构下，银行支付利息的税收减免代替了优先证券的股息支付，因此降低了资本的成本。

信托优先证券受欢迎（特别受到银行控股公司的欢迎）更重要的原因是，可以作为一级资本。证券作为一级资本，必须满足某些标准，例如证券必须允许连续 5 年的延期利息支付。由信托发行的贷款必须是次级债务，并有最长的期限（可以长达30年）。另外，作为一级资本的信托优先证券的数额和累积的优先股份不能超过核心资本总和的25%，包括有限制核心资本组成部分、商誉净值和延期税款（Salutric和Willcox，2009）。

信托优先证券的一个缺陷是成本较高。因此，这种证券更受银行控股公司的欢迎，因为银行控股公司可以将其作为一级资本。

美联储在1996年10月批准了将信托优先股票列为一级资本。在此后的一年内，几乎将近100家银行发行了信托优先证券（ICBA独立银行家，2008）。图6.1显示了从1996年第一笔信托优先证券允许作为一级资本到2007年第三季度的增长。

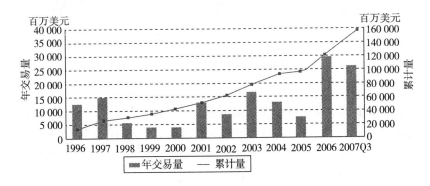

资料来源：ICBA独立银行家（2008）。

图6.1　从1996年到2007年第三季度信托优先证券的发行量

信托优先证券有利于银行在经济良好时期增加它们的金融头寸，通过银行控股公司获得成本较低的融资。但是，在金融灾难时期，包括信托优先证券作为一级资本的限制可能使情况更加恶化。特别是对在2000年到2006年的经济繁荣时期通过信托优先证券大规模提高资本的小型银行而言。

2000—2006年，银行通过发行信托优先证券进行兼并、并购、回购和扩展项目。图6.1显示了信托优先证券在这一时期稳定的发行量。在2006年，信托优先证券的总发行量达到了令人震惊的300亿美元。这是因为再融资业务的增长。在最初发行时，这些证券有一个标准10年主要的不能赎回期限。结果从1996年开始，信托优先证券的再融资业务被限制在10年。由于这些证券可以赎回，所以再融资业务在2006年显著增加。但是，信托优先证券在2008年次贷危机发生时出现了停滞，一些小型银行因此受到了较为严重的影响。

最初，由于发行信托优先证券的成本较高，一些小型银行无法进入这个市场。但是，联营使得小型银行可以以较低的成本来发行信托优先证券，因为大部分的成本都被联营中的较大银行承担了。联营使得大部分银行的信托优先证券相互关联，并将这些信托优先证券转化为债务抵押债券（CDOs），然后被划分为不同的级别，向市场出售。这个程序有助于小型银行从信托优先证券市场中获得融资，因为投资者更愿意购买多样化的证券组合。2000—2008 年，据估计，有 1 500 家小型银行和地区银行发行了 500 亿美元信托优先证券（华尔街日报，2010）。

但是，2007 年 6 月发生的次贷危机使债务抵押债券（CDO）市场出现了突然的下滑，因为投资者由于市场的不确定性开始从市场退出。资金池无法证券化，因此市场无法吸引新发行的信托优先证券。信托优先证券市场虽然对大型银行有影响，但小型银行的情况更糟，因为私营公司和投资者觉得它的规模太小。由于无法融资，又面临着不断恶化的账本底线，很多银行延迟了利息的支付。到 2010 年 2 月，将近 270 家美国小型银行对其信托优先证券都延迟支付了利息。这些信托优先证券的大部分仍然在银行的资产负债表之中，因为这些金融机构发现找到最初的投资者非常困难。在大部分情况下，当银行努力去找到投资者时，投资者并不愿意以较大的折扣卖出他们的信托优先证券。结果就是，大多数小型银行的资产负债表中仍然保留着信托优先证券，几乎没有银行宣布赎回信托优先证券（华尔街日报，2010）。

注释

①对巴塞尔协议 I、巴塞尔协议 II、巴塞尔协议 III 的比较，参见 Elliott（2010）。

②对金融业务的限制，参见第 7 章"大型银行和沃克尔规则"。

③参见阿查里亚、菲利本、理查德森和 Roubini（2009）对 2007 年到 2009 年金融危机的详细讲解。

④第 15 章，"信用评级机构的监管"，更详细地阐述了监管套利。简言之，因为发行人付款给信用评级机构进行证券的评级，所以存在一个巨大的利益冲突，为了卖出证券，发行人希望能得到更好的信用评级，导致了虚高的评级。大量的学术论证了这个问题对结构化产品的影响。因为政府（巴塞尔）围绕着这些评级来建立监管结构。像美国国际集团、花旗集团、荷兰银行、瑞士联合银行、房利美、房地美这种类型的投资者，以及美林集团和雷曼兄弟等由于虚高的评级，其进行的高风险业务都没有进行任何的资本缓冲。

⑤注意，传播速度大于零不仅因为评级机构对风险证券给予 AAA 级评级，而且因为大型复杂金融机构融资具有政府担保的有利条件，"大而不能倒"的隐性担保或者明确的存款保险和政府支持的 GSE 债务。

⑥HR4173，标题 I"金融稳定"，副标题"金融稳定监督管理委员会"第 115 条"加强对联邦储备理事会监管的非银行金融公司和某些银行控股公司的监管与审慎标准"。

⑦HR4173，标题I，副标题A，第113条"要求对特定非银行金融公司进行监管的职权"。

⑧HR4173，标题I，副标题A，第115条。

⑨有一个停止销售条款，某种程度上美联储必须考虑国际竞争状况。如果其他国家并没有采用这项规则，金融机构同这些国家的金融机构竞争时，那么这些就不再适用这些更严厉的规则。

⑩风险权重类别增加导致了对信用评级机构的依赖，正如我们所指出的，对金融机构进行监管套利起到了重要的作用。

⑪HR4173，标题I，副标题C，第171条，"杠杆率和风险资本要求"。

⑫HR4173，标题I，副标题C，第165条，"加强对联邦储备理事会监管的非银行金融公司及某些银行控股公司的监管与审慎标准"。

⑬HR4173，标题I，副标题C，第171条。

⑭HR4173，标题VI，"改进银行、储蓄控股公司和存款机构的监管"。

⑮有相当多的文献，包括Acharya、Mehran和Thakor（2010），Calomiris和Kahn（1991），Diamond和Rajan（2000）等都论述了银行资本结构下的各种利益冲突。例如，Acharya、Mehran和Thakor（2010）的论文将银行短期债务融资的纪律约束同相关的风险转移和由于系统性风险资助导致的市场纪律损失联系起来。

⑯压力事件假设，在其他结果中，银行信用评级的下降，全部未保险的和保险的融资损失，更高的市场波动性和信用承诺的水平降低。协议描述了具体的假设，例如流出5%的零售存款是稳定的，25%的安全的非政府证券融资等。另外，随着2010年7月巴塞尔协议III的达成，这些大量的假设都被稀释了。

⑰HR4173，标题I，副标题C，第174条，"有关控股公司资本要求的研究与报告"。

⑱HR4173，标题I，副标题C，第165条。

参考文献

[1] Acharya, Viral V., Hamid Mehran, and Anjan Thakor. 2010. Caught between the Scylla and Charybdis? —Regulating bank leverage when there is rent seeking and risk shifting. Working Paper, NYU Stern and Federal Reserve Bank of New York.

[2] Acharya, Viral V., Thomas Philippon, Matthew Richardson, and Nouriel Roubini. 2009. A bird's-eye view—The financial crisis of 2007—2009：Causes and remedies. Prologue of *Restoring financial stability*：*How to repair a failed system*, ed. Viral V. Acharya and Matthew Richardson, 1-56. Hoboken, NJ：John Wiley & Sons.

[3] Acharya, Viral V., Lasse H. Pedersen, Thomas Philippon, and Matthew

Richardson. 2010a. Measuring systemic risk. Working Paper, New York University Stern School of Business.

[4] Acharya, Viral V., Lasse H. Pedersen, Thomas Philippon, and Matthew Richardson. 2010b. A tax on systemic risk. Forthcoming NBER publication on Quantifying Systemic Risk, ed. Joseph Haubrich and Andrew Lo.

[5] Acharya, Viral V., Philipp Schnabl, and Gustavo Suarez. 2009. Securitization without risk transfer. Working Paper, New York University Stern School of Business.

[6] Admati, Anat R., and Paul Pfleiderer. 2009. Increased – liability equity: A proposal to improve capital regulation of large financial institutions. Working Paper, Stanford University.

[7] Brunnermeier, Markus, and Lasse Pedersen. 2009. Market liquidity and funding liquidity. *Review of Financial Studies* 22: 2201 – 2238.

[8] Calomiris, Charles W., and Charles M. Kahn. 1991. The role of demandable debt in structuring optimal banking arrangements. *American Economic Review* 81 (3): 497 – 513.

[9] Diamond, Douglas W., and Raghuram G. Rajan. 2000. A theory of bank capital. *Journal of Finance* 55 (6): 2431 – 2465.

[10] Duffie, Darrell. 2009. Contractual methods for out – of – court restructuring of systemically important financial institutions. Submission requested by the U. S. Treasury Working Group on Bank Capital.

[11] Elliott, Douglas. 2010. Basel III, the banks, and the economy. Brookings Institution Report.

[12] Flannery, Mark J. 2005. No pain, no gain? Effecting market discipline via "reverse convertible debentures." In *Capital adequacy beyond Basel: Banking, securities, and insurance*, ed. Hal S. Scott. Oxford: Oxford University Press.

[13] Flannery, Mark J. 2009a. Market – valued triggers will work for contingent capital instruments. Working Paper, University of Florida.

[14] Flannery, Mark J. 2009b. Stabilizing large financial institutions with contingent capital certificates. Working Paper, University of Florida.

[15] Geanakoplos, John 2009. The leverge cycle. Cowles Foundation Discussion Paper No. 1715.

[16] Hart, Oliver, and Luigi Zingales. 2009. A new capital regulation for large financial institutions. Working Paper, University of Chicago.

［17］Huizinga, Harry, and Luc Laeven. 2009. Accounting discretion of banks during a financial crisis. International Monetary Fund Working Paper 09/207.

［18］*ICBA Independent Banker.* 2008. Raising capital via trust preferred securities.

［19］Kashyap, Anil, Raghuram Rajan, and Jeremy Stein. 2008. Rethinking capital regulation. Prepared for the Federal Reserve Bank of Kansas City symposium on "Maintaining Stability in a Changing Financial System," Jackson Hole, Wyoming, August 21 – 23.

［20］Krishnamurthy, Arvind. 2002. The bond/old – bond spread. *Journal of Financial Economics* 66 （2 – 3）: 463 – 506.

［21］Kuritzkes, Andrew, and Hal Scott. 2009. Markets are the best judge of bank capital. *Financial Times*, September 23.

［22］Lehman Brothers Chapter 11 Proceedings. 2010. Report by the examiner.

［23］Lloyds Banking Group. 2009. Publicly available documents, company web site.

［24］McDonald, Robert L. 2010. Contingent capital with a dual price trigger. Working Paper, Northwestern University.

［25］Miller, Merton H. 1995. Do the M & M propositions apply to banks? *Journal of Banking and Finance* 19 （3 – 4）: 483 – 489.

［26］Modigliani, Franco, and Merton Miller. 1958. The cost of capital, corporation finance and the theory of investment. *American Economic Review* 48 （3）: 261 – 297.

［27］Myers, Stewart. 1977. Determinants of corporate borrowing. *Journal of Financial Economics* 5 （2）: 147 – 175.

［28］Rabobank Group. 2010. Senior contingent roadshow, March 8 – 12.

［29］Reuters. 2010. Bank get more time to meet new capital rules.

［30］Salutric, Jennifer, and Joseph Willcox. 2009. Emerging issues regarding trust preferred securities. *SRC Insights*.

［31］Shin, Hyun. 2009. Securitization and financial stability. *Presented at the Economic Journal Lecture at the Royal Economic Society meeting, Warwick, UK,* March 2008.

［32］Squam Lake Working Group on Financial Regulation. 2009. An expedited resolution mechanism for distressed financial firms: Regulatory hybrid securities.

[33] Vermaelen, Theo, and Christian Wolff. 2010. How next time to save banks without taxpayers' money: The case for COERCs. Working Paper, Insead.

[34] *Wall Street Journal*. 2010. Big problem for small banks: Trust - preferreds. February 12.

第7章 大型银行和沃克尔规则

Matthew Richardson，Roy C. Smith，
and Ingo Walter[*]

7.1 概述

当众议院与参议院宣布对 2010 年《多德—弗兰克华尔街改革与消费者保护法案》达成一致时，参议员 Christopher Dodd 提到："美国民众呼吁我们为金融行业设立明确的规则，来预防再次经历经济衰退而付出高额的代价。"

现在的美国大部分的系统性风险来自最大的六家银行控股公司——美国银行、JP 摩根、花旗集团、富国集团、高盛以及摩根士丹利。[①]批评家们认为这个法案并不能充分地应对这种风险。例如，没有一个机构会破产，而为了降低系统性风险，向机构制造的风险收费等方式的效果已经大大削弱。而实际上，金融危机之后带来的结果却是美国一些重要的金融机构变得更加强大、多样和复杂。

并且，这些大型复杂金融机构依然隶属于不能有效避免上一次危机的那些管理者。而如今管理者要想对银行实施严重的制裁，必须经历一个漫长的过程。包含了要得到新成立的由 10 位成员组成的金融稳定监督委员会 2/3 的同意，而该投票受制于法庭。这样，他们仍不需要按照市场价格从政府保证人手里得到低息借款的隐性津贴。他们将来很可能面对苛刻的资本充足率标准，但是不需要很多时间他们会设计出新的方式来规避这些。将来他们会受制于更多的消费者产品法规，但是他们会让消费者为此埋单。而且尽管这些大型复杂金融机构归属于有序的资产清算权威机构，但若对大型复杂金融机构进行破产管理，其过程中是否会使用市场规则成为一个大问题。

大型复杂金融机构可以被定义为金融中介，将商业银行业务、投行业务、

———————————

　* 作者参考了纽约大学斯特恩商学院电子书《是时候进行金融改革》中关于"让大型金融机构破产是好主意吗"的论述，也包括 Viral Acharya, Thomas Cooley, Kose John, Charles Murphy, Anthony Saunders, Anjolein Schmeits 和 Eiten Zemel 的观点。

资产管理、保险和支付系统联合在一起。因此，其失败会给整个金融系统带来系统风险（Saunders、Smith、Walter，2009；Duffie，2010）。银行和其他大型复杂金融机构多年来热衷于放松管制、经济全球化、合并经营，以及可以自由地参与多种商业活动并且将自有资金投资于各种不同的非银行业务。这些行为极大地鼓励了银行资产负债表中的金融脱媒，扩展了投资通道并且降低了资本的使用成本，让资本市场更具效率。同时也驱使大型复杂金融机构参与公司合并以及其他的公司活动，从而使得它们的规模更大、更复杂，更有影响力。

表 7.1 列出了 2007 年 6 月美国最大的 24 个金融公司的市场价值和资产，这恰好是在金融危机开始之前。排名前十三位的公司拥有前一百家公司 2/3 的资产（21 万亿美元），而且成为随后发生的危机的"名人录"成员。特别地，这里我们按规模排序分别是，花旗集团、美国银行、摩根银行、摩根士丹利、美林集团、美国国际集团、高盛集团、房利美、房地美、美联银行、雷曼兄弟、富国银行，接下来是大都会人寿保险公司、贝尔斯登公司、华盛顿互惠银行排在 15 位到 17 位。分别来看这 13 家公司，有一点可以肯定的是，在金融危机时它们当中的 9 家都会倒闭，或者说没有了政府的介入就会倒闭。

从表 7.1 可以看出，美国的大型复杂金融机构除了商业银行以外，还包括保险领域的大亨美国国际集团、美国大都会人寿保险公司；政府支持的房地美、房利美，实体经济企业的附属金融公司通用汽车金融服务公司、美国通用投资公司；[②]早期的投行高盛集团、摩根士丹利，不考虑它们刚刚成立的银行控股公司。所有的公司当中没有一家在 2008 年 9 月之前遵守过银行业规则，但这些公司都被认为太大而不能倒闭，从而受到政府的隐性担保，政府会在某天救助。

表 7.1	最大的金融公司			单位：10 亿美元	
公司名称	资产	股权市值	资产/股权市值	资产占比（%）	累计比例（%）
Citigroup Inc.	2 347.4	253.7	9.3	10.9	10.9
Bank of America Corp.	1 618.4	217.0	7.5	7.5	18.4
JPMorgan Chase&Co.	1 504.3	165.5	9.1	7.0	25.4
Morgan Stanley Dean Witter&Co.	1 250.0	88.4	14.1	5.8	31.2
Merrill Lynch&Co. Inc.	1 111.3	72.6	15.3	5.2	36.4
American International Group Inc.	1 111.2	181.7	6.1	5.2	41.6
Goldman Sachs Group Inc.	996.4	88.5	11.3	4.6	46.2
Federal National Mortgage Ass'n	889.7	63.6	14.0	4.1	50.3
Federal Home Loan Mortgage Corp.	843.1	40.2	21.0	3.9	54.2
Wachovia Corp.	748.7	98.1	7.6	3.5	57.7

续表

公司名称	资产	股权市值	资产/股权市值	资产占比（%）	累计比例（%）
Lehman Brothers Holdings Inc.	625.3	39.5	15.8	2.9	60.6
Wells Fargo&Co.	610.0	117.5	5.2	2.8	63.5
MetLife Inc.	566.8	47.8	11.9	2.6	66.1
Prudential Financial Inc.	483.9	45.0	10.7	2.2	68.3
Bear Stearns Companies Inc.	427.0	16.7	25.6	2.0	70.3
Hartford Fin'l Services Group Inc.	358.2	31.2	11.5	1.7	72.0
Washington Mutual Inc.	326.1	37.6	8.7	1.5	73.5
Berkshire Hathaway Inc.	272.8	119.0	2.3	1.3	74.8
U.S. Bancorp.	260.5	57.3	4.5	1.2	76.0
Countrywide Financial Corp.	224.0	21.6	10.4	1.0	77.0
American Express Co.	196.4	72.7	2.7	0.9	77.9
Lincoln National Corp. Inc.	195.0	19.2	10.2	0.9	78.8
Suntrust Banks Inc.	194.0	30.6	6.3	0.9	79.8
Allstate Corp.	176.3	37.4	4.7	0.8	80.6

表7.1列出了2007年6月危机发生前最大的24家金融机构的资产情况。第一项资产是准市场价值，等于账面资产价值减去股权账面价值加股权市值。同时表7.1还列出了股权的市值、杠杆率（等于准市场价值除以股权市值），资产占100家最大企业总资产的百分比（基于股权市值），以及基于排名的累计资产占比。

数据来源：Bloomberg。

7.2 大型金融机构和2007—2009年的金融危机

毫无疑问，2007—2009年的全球金融危机是自20世纪30年代以来最可怕的金融灾难，也成了一个体系失败的鲜明案例。尽管20年来全世界的央行银行家们致力于让银行执行风险最小化的资本充足标准，然而危机依然从银行业开始散布到整个金融世界，一直蔓延到了实体经济。这使得实体经济发生了难以置信的衰退。虽然美国的大型金融机构监管比十年前严格，但仍和欧洲的基础金融机构，站立在危机的震中。

为什么会这样？简单来说，大量的银行和中介机构都试图通过发现资产需求管理的漏洞，来发行低资本、高杠杆的单边债转移风险，在经济市场中单边债——主要是指与居住房地产、商业房地产、消费者信用挂钩。（例如2009年的 Acharya 和 Richardson ，2010 年的 Acharya、Cooley 、Richardson）大量的单边债被政府担保的债权人持有。包括房利美、房地美和一些大而不能倒的银行中参加保险和未参加保险的存款人和债权人。这些人预测到不管怎样他们的资金都可以保证归还，因此他们对于如果他们出错后会产生的后果漠不关心。

事情按照债权人所期望的方向发展，除了雷曼兄弟（AIG、WaMu 长期债务持有人），其他大部分被严重曝光的金融中介都得到了资产偿还。包括贝尔斯登、房利美、房地美、美林证券、花旗集团、美国银行（通过收购美林）、富国银行（通过收购美联银行），从一定程度来讲，通用汽车金融服务公司、通用金融、高盛投资银行和摩根士丹利如果没有政府的支持，都会陷入危险之中。

从事实来看，政府担保后的道德危机更加严重了。在危机时出现的合并与收购创造了更加庞大的系统机构，使得问题恶化：美国银行与国家金融服务公司、美林证券合并，JP 摩根与贝尔斯登、华盛顿共同基金合并；富国银行与美联银行合并。大都会人寿美国最大的人寿保险公司以 155 亿美元收购了 AIG 的国际人寿保险，ALICO 美国最大的人寿保险公司将业务拓展至日本、欧洲和中东。这一举动使得大都会人寿的资产增加了 15%，即使这些公司中的大多数在未来运行良好，只是很少的独立事件仍会使整个体系陷入危险当中。

7.3 大型复杂金融机构的经济学

大型复杂金融机构的商业模型

金融中介的产业经济学原理认为，在一个给定的金融中介功能或者混合功能下，企业间的竞争结构应当遵循比较优势原理。如果从成本或者客户方面看，存在明显的规模经济或者范围经济，我们可以预期在规模、生产范围、地理范围或者客户宽度方面具备优势的企业将是最成功的企业。

图 7.1 将金融服务的市场描绘在一个包含客户、产品和地域范围的矩阵上（Walter，1988）。显然，金融机构希望自己可用的资金、人力及技术资源处在矩阵（细分市场）中那些风险调整回报最高的区域中。为了做到这点，他们必须将自己的成本、回报以及风险归置到矩阵中特定的单元中，而这些单元必须对应能确认并最大化分析家和实践家通常所说的协同效应。

第一，客户驱动（水平箭头）出现在某家金融机构对一个或一组客户服务时，能做到所提供的服务较之于同一个地区或不同地区的相同或不同客户更具效率。因客户的快速扩展风险降低，同时，因能从不完全相关的不同客户及

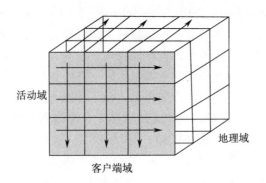

图 7.1　大型复杂金融机构的战略定位

客户群中获取收入，盈利稳定性提高。

　　第二，产品驱动（垂直箭头）出现在某个机构能够以一种更具竞争性的方式提供金融服务，因其已经为其他客户或在其他地区提供过相同或类似的服务。同样，因收入源于不完全相关的产品，风险会有所降低。

　　第三，地理驱动（横向箭头）是很重要的，如果因为跟某个客户活动往来或者在其他地区运行某种产品，金融机构能够更有效率地服务该客户或者提供这种产品。同理，金融机构的风险状况会因为业务活动扩展到不同货币、宏观经济及利率的环境而得到改善。

　　为了在这个战略矩阵中获取最大的回报，机构需要了解特定市场的规模、增长前景以及竞争动力，还有它们总的业务活动的风险和成本。最优化这些单元——为了最大化潜在的联合成本和经济收益——是一个很具挑战性的任务，尽管大型复杂金融机构在很多领域的市场统治地位说明这些经济操作需要真实世界一定程度的支持。同时，对开发该市场矩阵收入、成本、风险的协同效应潜力而言，机构的经营管理复杂性更高，利益冲突以及其他一些因素都会对其造成很大的价值破坏。

　　大型复杂系统性金融中介说明了其中的一种可能状况：第一，利润的规模和复杂性扩大了成本；第二，市场规律及有效公司治理的失败广泛存在；第三，规模和复杂程度提高了价格错配的津贴表现，而这种津贴代表了财富从社会大众向金融中介股东和雇员的转移。在讨论这些观点之前，我们有必要后退一步，并从历史的视角考察大型复杂金融机构的出现。

《格拉斯—斯蒂格尔法案》与大型复杂金融机构的历史

　　大约有七十年，大型复杂金融机构在美国的金融系统中几乎是被禁止的，这几十年也是增长最为强劲且金融稳定的几十年。1933 年银行法案中的《格拉斯—斯蒂格尔法案》条款几乎完全将投资银行和存款吸收活动隔离开来。该法案因受商业银行被特许从事证券活动而被消除——具体来说，认购交易公司债券和股票，这项交易在 20 世纪 20 年代后期的投资泡沫时期发展迅速。而全球性银行 J. P. 摩根、大通银行、国家城市公司以及经纪代理商高盛、雷曼兄弟一起控制着这项交易。前面列出了公司参与所有银行业务，后面列出了私人合伙公司参与证券认购和交易以及投资其合伙人资本（如沃尔特，2010）。

参议员 Carter Glass 和当代全球性银行模式的批评家担心银行会被卷入证券收购和交易当中，直接或间接地让银行将长期金融工具放到仓库，将它们暴露在潜在的市场、信用和流动性风险当中。当风险如复仇般突然出现，银行全国性毁坏引起整个金融体系的倒塌，然后逐渐变成实体经济毁灭性的后果。大约全美 40% 的银行在这期间都破产了，它们金融中介的角色渐渐被破坏，切断了对实体经济的供给。

事实上在 20 世纪 20 年代，全球性银行确实增加了其股票和长期债的持有量。但有迹象表明银行持有的股票质量应该对 1930—1933 年银行联动破产负责。在当时这种环境下，大部分银行都倒闭了，甚至那些没有长期债券的银行（Walter，1985）。商业银行证券交易到底用什么方法直接引起了巨大的衰退仍旧是个谜，而间接的因果关系则是一个完全不同的事件。

《格拉斯—斯蒂格尔法案》强迫全球性银行解体，例如，J. P. 摩根解体为摩根银行（1959 年与保证信托公司合并成立了纽约摩根保证信托公司）、摩根士丹利公司。欧洲大陆，与此相反，没有进行这样的拆分，并保留了大型综合性银行的传统。英国则有自己的方式，其使用商业银行模式以少量的公共清算银行（由英格兰银行确定）为核心，而且在独立资金股票经纪人、经纪人和商业银行方面有长久的传统。1948 年，日本被美国占领时，被迫接受了《格拉斯—斯蒂格尔法案》，其中包括绝对地分离商业银行和投资银行。

没有了市场存款和商业贷款的渠道，但是受到商业银行竞争的保护，随着金融流量逐渐转入金融市场，美国投资银行的金融中介股票涨得很快。它们轮流加速着这个进程。商业票据市场、收益、资产证券化、货币市场共同基金以及类似的改革是投资银行成功抢占信用机构市场份额的产物，还有就是它们被当做证券交易者（非银行）的宽松得多的监管责任。

直到 20 世纪 80 年代，当其他金融体系还是世界性银行控制时，美国金融系统已经变成市场控制了。例如，欧洲大陆的本土银行一直强烈反对拆分本土高盈利的机构，然而这种结构差异可能对 80 年代到 90 年代美国持续的高经济增长率是有一定贡献的。这种叫做 AngloSaxon 的金融建筑可以证明比欧洲大陆银行控制体系更加有效率、有纪律、更加创新。如果这是真的，那么《格拉斯—斯蒂格尔法案》立法大半个世纪可能付出了不菲的红利增长，美国如果在 1933 年之后坚持全球性银行业模式，则会丧失红利。

在国际上也一样，《格拉斯—斯蒂格尔法案》使得美国投资银行很快进入全球资本市场。美国证券交易商的竞争力由于 1975 年纽约证券交易所"May-day"金融改革中固定交易中介佣金的取消得到了增强，开始持续入侵国外沿海金融市场。进入一个国家接着一个国家的全球性银行业务，他们使用低投资成本和金融创新斗争了二十年，使欧洲人和后来亚洲公司放弃对 Hausbank 与全球性银行关系的信心。同时，他们用新的投资替代品和理念提高证券组合效益来培养买方市场——保险公司、退休基金和其他机构投资者。这种做法非常成功，在没有对美国这一世界最大证券市场进行前期调查的情况下，几乎欧洲主要的全球性银行在发展自己投资银行业务部门时都取得了巨大的成效。

到了 20 世纪 90 年代早期，美国投资银行拥有了几乎 2/3 的股票，基本统治了它们全世界的产业。投资银行业务成为了美国最大的出口产业之一，意外成为《格拉斯—斯蒂格尔法案》又一受争议的结果。在 1933 年之后美国依然存在全球性银行业务，但美国经济缺少不同战略同类竞争压力，使得其有了很重要的机会成本。

可以预测，美国批发性商业银行（特别是摩根银行、信孚银行、大通银行和花旗银行）开始煽动要求恢复全球性银行业权利来补偿由于缺少竞争性引起的损失。当它们在政府基金、外币交换和其他允许的市场如公司咨询业务一样精力充沛地竞争时，却在公司证券市场寸步难行，所以才能看到 20 世纪 80 年代有一大波政策创新来改变规则。包括高速公路（high - road）争论，认为金融媒介应该被有竞争力和战略性的考虑引导，而不是错误时代的立法（如 1996 年的 Saunders and Walter）。他们还包括低速公路（low - road）创新，例如 1985 年信孚银行技术性违规的商业票据证券包销，让法院根据价值来决定（信孚银行胜利）。

20 世纪 80 年代后期，商业银行取得有限的权利销售投资和保险产品给零售消费者，同样有权利在多方面的保护下独立运作所谓的条款 20 附属机构部门（Section 20 subsidiaries）即资本化、规格限制的大规模证券附属机构，防止它们的商业银行业务部分被可能的投资银行业务损失影响。这是以调整者的部分管理规则形式出现的，而不是立法改变。有 10 多家大规模商业银行抢占这种进步的自由主义化的先机，建立了意义深远的证券附属机构，特别是债券业务，以此来完成它们强有力的批发性商业银行业务、政府债券交易以及刚刚出现的公司咨询业务。

商业银行在普通股这个高利润成长市场的关键领域取得了一点进展，这和传统的债务融资的专业知识完全不同。在这个领域，它们只有一点销售和交易的专业知识，几乎与公司原始股公开发行没有一点本质关系。并且，它们很少参与普通股市场，严重阻碍了它们形成一个有竞争力的以收费为基础的公司金融业务。它们行动范围的缺口使得它们需要更为急迫地通过立法来解除《格拉斯—斯蒂格尔法案》的限制。

在违反规定政治环境的情况下，很多大型银行已经通过自己的附属机构从事经纪人——经销商类型服务。花旗集团和旅行者集团在 1998 年 4 月非法合并，却被许可 2 年的宽限期——完全忽略了它们可能很快解除目前功能性障碍的假设。这种先发制人的大胆出击，很快由于 1999 年《金融服务现代化法案》的通过获得验证，该法案替代了《格拉斯—斯蒂格尔法案》。

议会以 343 票对 86 票的压倒性优势通过了 GLB，为美国金融体系分业监管画上了句号。在零售层次，GLB 允许商业银行从银行存款和证券账户如货币市场基金集聚资产，这有助于它们阻止证券经纪商对其传统客户群体的抢夺，同时也扩展了其应对客户偏好变化的能力。在批发层次，GLB 允许商业银行交易、承保公司债券、公司股票以及市政债，正面迎接证券经纪商的挑战。在 McFadden 法案（其限制了跨州设立分支机构）被终止的同时，1994 年 Riegel – Neal 州际银行和分行有效性法案获得通过，为美国全国性银行的回归搭建了一个舞台，而其对金融中介的规模和范围则几乎没有限制。

在剩下的限制性法案中，1999 年的监管放松并没有免除 1956 年银行控股公司法案（BHC）对银行施加的限制，其目的在于防止金融机构拥有非金融企业。相反地，其阻止了一般企业进入存款和商业贷款领域。这推动了一些非金融企业如通用、宝马成立行业贷款公司（ILcs），主要的例外是犹他州，那里允许其参股联邦存款保险公司（FDIC）——撇开 BHC 法案的限制给存款保险并进行商业借贷。其还允许综合性金融公司的证券经纪部门和投行部门设立 FDIC——确保 ILCs 为其客户提供的是没有佣金的账户。剩下的是一个限制性条款，规定单个银行控股公司的存款数量不得超过全国存款总量的 10%，而美国最大型的银行很快就进行游说要求放开这一限制。举个例子，美国银行认为这一限制使得美国的银行在面对外国受让方时显得十分弱小，因为美国的银行购买那些拥有丰富存款的非银行机构的能力受到了限制。[③]

相比于此前《格拉斯—斯蒂格尔法案》66 年的管制，GLB 对于金融服务功能分离后又集中具有一定的戏剧性，即便不是有意的。在放松监管两年之后，所有全力进入投资银行业的主要商业银行都卷入了现代以来最大的公司丑闻之中——包括安然公司和世通公司的破产——导致其自身资产及其投资客户的大量损失，被罚款并依法处置，金融市场信心也受到了损害。利用它们非常规的资产负债表，新的综合性金融机构成为收费的巨人歌利亚，互相之间争夺客户并与五家保留的主要独立投资银行进行对抗——贝尔斯登、高盛、雷曼兄弟、美林和摩根士丹利。同样地，这些机构都卷入了监管违背以及利益冲突之中，包括腐败的股票研究，为迟到的股票交易提供便利，以及在市场交易时间通过对冲基金与一般的股票持有者共同基金进行对抗，并且在公司交易中同时扮演投资者和中介的角色。

进一步地，在放松管制后不到十年，这些综合性的金融机构成为了2007年开始的金融危机的震中心，因为其购买了市场的证券化资产，而且在次级贷款到杠杆贷款的信用风险不断增加时还积极进入。除了面对证券化渠道的风险暴露，泡沫交易中的信用风险及流动性风险，这些综合性的金融公司还在其资产负债表中持有实质上的"仓库"（warehouse）暴露，或者为了规避管制放在其表外渠道（Acharya 和 Richardson，2009）。如果它们没有成为系统重要性机构并得到美国历史上最大的政府救助，将他们制定的大量风险转移给社会，很多上述金融机构会在2008年失败。

美国金融机构的代表花旗银行，很快就成为了失败的金融综合化的典型案例，并实质上摧毁了其股票持有者。在危机的最坏阶段，其存在完全依赖纳税人的支持，最后以34%的政府持股比例被国有化。

大型复杂金融机构的系统性风险

大型复杂金融机构的规模和力量是令人忧虑的。举个例子，2009年，世界上最大的五家批发性银行对应着60%的资本市场交易，更早一点，美国最大的六家银行（按顺序，美国银行、JP摩根、花旗、富国、高盛以及摩根士丹利）持有8.97万亿美元的资产，接近美国整个银行系统资产的55%。它们在运作上不得不非常激进——因为全球金融市场现在过度竞争，任务是胜利或者失败更多取决于定价及风险承担的意愿，而不是所提供的想法。它们巨大的资产负债表允许其对风险进行多样化分散，但前提是风险不能如此高度相关（正如目前在恐慌时期它们所倾向的，引发流动性危机）。

没有政府的约束，没有人能够保证大型复杂金融机构不会重复2007—2009年金融危机中它们所呈现的行为。

这种大型复杂金融机构可以对其自身进行审慎监管的理念已经被行业的动态竞争、嵌入式代理冲突和一直存在的道德风险扭曲了。

在本书的第5章"系统性风险税"中指出，对大型复杂金融机构可以选择的一种监管方式是通过让大型复杂金融机构支付费用将其担保债务和其产生的系统性风险的成本内部化。但是《多德—弗兰克法案》并没有采用这种方案。跟目前差不多，法案仍然是依赖系统性监管者有效的现场监管和重新对资本充足标准进行调整。

如果对大型复杂金融机构在监管上实施激励——特别是对"大而不能倒"的金融机构——不可能成功降低它们所产生的系统性风险，讨论在下次危机之后将选择哪一种方案其实并不为时过早。具体而言，在全球银行业功能拆分之前，与《格拉斯—斯蒂格尔法案》之后的交易回报是否有所关系。

非常明确的是，监管者必须在金融机构某些特殊业务系统性风险与带来的收益之间进行权衡。在提出更详细的权衡细节之前，提供一个思考这个问题的框架是非常有用的。

首要的是，金融机构的大部分业务都会产生一些系统性风险。为了更好地了解系统性风险的性质，我们可以考虑将这些业务功能拆分出来。尤其是这些金融机构：

充当中介机构，即证券市场、回购、场外衍生品的经营商；

开展商业银行的业务——吸收存款及向个人和机构发放贷款；

经营投资银行的业务——承销证券发行和提供咨询服务；

提供资产管理服务——管理机构和个人的资产；

向个人提供经纪服务，尤其是为对冲基金和其他专业的投资者提供机构经纪服务；

进行自营交易——在其自身账户进行交易，可能包括内部对冲基金、私募股权的合伙人和非对冲证券的资产持有。

这些业务中的一些业务，例如自营交易和借款给个人和机构，给金融机构的资本带来直接的风险。在某些情况下，交易头寸的投资组合和贷款产生的全部市场风险——杠杆率被用来积累股权——系统性风险出现。

乍一看，这些业务只是为了获得费用收入，例如资产管理、咨询业务或者经纪服务，在性质上不具有系统性。这种观点是错误的，如果来自这些业务的收入通过股票市场被资本化了，机构可以将这些资本抵押出去，那么收入的现值损失可能与机构投资自有的资本有相似的效果。

另外，一些业务将以资本运作为基础的业务和以获取费用为基础的业务连接起来（例如，自营商业务、承销、机构经纪）。虽然这些收入的大部分是来自买卖证券之间的价差，但这些业务几乎都是一些风险资本。在机构寻找进行交易的交易对手方期间，机构可能在一段时间内持有证券，因此将自己暴露在特质风险和市场风险之中。当然，为了降低这些风险，机构可以对冲该头寸的宏观风险和总体风险。

第二个问题是监管者需要识别不同金融业务组合的相关成本收益分析。还没有根据金融机构的规模进行区分，所以同样的规则适用于众多金融机构可能非常低效率。正如先前所提到的，我们优先考虑的方式是让金融机构被迫将其产生的系统性风险外部效应内部化，通过让其支付费用、税收、附加费用或者征收等。不仅如此，在接下来的讨论中，我们将重点讨论系统性金融机构进行功能拆分的潜在价值问题。

支持大型复杂金融机构的其中一个论据是证券市场，尤其是债券市场，由于证券化、全球市场的联动、衍生品和新形式的市场革新的发生，已经高度集中，流动性也较高。这种集中有利于资本市场促进竞争、进行套利交易和价格发现。所以放弃这些有效率的成果，而回到《格拉斯—斯蒂格尔法案》的时代，似乎是个有风险的策略。而且无论在任何情况下，都不可能完全将贷款与证券区分开来，这种差异实质上是《格拉斯—斯蒂格尔法案》颁布和实施的原因。

第二个论据是在目前全球性的市场中恢复《格拉斯—斯蒂格尔法案》的一些规定，综合型银行应该在各地都被禁止，而不仅仅是在美国。否则，拆分的美国银行和投资银行将不得不放弃它们在全球金融市场中的领导地位。虽然如此，随着美国的银行出售给外国人、迁移到欧洲和银行家的招募，美国以外银行业的改革也受到了影响。大型复杂金融机构仍然会存在，仍然会产生系统性风险，但如果风险在美国政府安全网以外集中，那么将会导致更危险的状况。

另一方面，除美国外，其他国家（尤其是瑞士、英国、德国、意大利、法国、西班牙和日本，可能未来还有中国）对大型复杂金融机构定位不会比美国好，它们缺乏一个可信任的最后贷款人。鉴于在2007—2009年危机中出现的社会风险，这些国家的纳税人非常怀疑政府会不会快速提供估价的或低估价的担保，以使它们的综合型银行赢得全球市场份额。

按照新的《格拉斯—斯蒂格尔法案》对这些业务进行限制将会影响这些业务为金融体系创造价值。在这方面，有哪些现存的证据可以证明？

在防范系统性风险方面，多元化的论据尤其站不住脚。现代金融的原理告诉我们有两种类型的风险：特质风险或机构特定风险，其中一个是多元化和系统性的风险，另一个则不是。可以肯定的是，金融机构扩张发展多元化的业务可以降低它们全部资产投资组合的波动性，但这些都不是社会所关心的。因为经济危机是系统性风险的传播，社会真正关心的问题是是否银行——大型或小型——能够忍受这种风险和履行重要的中介职能。当经济出现裂痕时，银行的贷款会受到影响，持有的证券价值会下降，它们相关的投资银行业务收益也会降低，资产管理业务的价值也会大幅下降。所以危机会摧垮银行的每一项业务吗?

Wagner(2009)指出,多元化使得单一银行违约(和财务困境成本)越来越少,却实际上增加了系统性风险发生的可能性(Freixas、Loranth、Morrison,2007)。最近的很多实证研究都支持这种理论,例如,De Jonghe(2009)的论文中指出多元化金融机构的尾部贝塔较高,因此这些机构会产生更多的系统性风险。在一系列的论文中,De Young 和 Roland(2001)、Stiroh(2004,2006)、Stiroh 和 Rumble(2006)研究发现,从传统银行业务向其他金融服务发展会增加金融机构的波动性和市场风险,而且造成的成本远远超过收益。本书的第 4 章也指出,大型复杂金融机构的系统性风险比那些简单结构组织的风险要高得多。

对协同效应的论据有较为坚实的基础。从表面看,如果暂不考虑股东和金融机构管理者之间的利益冲突,正如先前所述,大型复杂金融机构的快速发展表明股东相信当金融机构向多元化发展时,会产生协同价值。例如很多分析家都认为金融机构开展一级证券市场的业务(例如承销),在二级市场作为重要的参与者(例如自营商)是非常重要的。但是,实证证据则相当复杂。

著名的有,Laeven 和 Levine(2007)的报告中证明了银行业中大型复杂金融机构的广泛协同效应存在的矛盾,他们认为有一个多元化折扣;换个说法就是,整体的价值小于各个部分加总的价值。也可以参见 Delong(2001),他对多元化银行兼并有很深入的研究。也有研究超出了银行,涉及所有的金融机构,Schmid 和 Walter(2009)的论文中提出了相似的证据。因此,大型复杂金融机构发展的原因可能仅仅是通过中央银行或者公共担保机构获得低于市场的融资成本。

从社会的观点看,金融机构"大而不能倒"带来的收益并不是一个合理的理由去反对《格拉斯—斯蒂格尔法案》中的一些形式,因为"大而不能倒"代表着鼓励道德风险。与此相对应,Baele、De Jonghe 和 Vander Vennet(2007)以及 Elsas、Hackethal、Holzhauser(2009)提出证据指出,大型复杂金融机构模式的确增加了银行的利润,通常都认为这些利润是来自经济规模。研究结果的不同可能是因为数据来源和使用方法不同。在本章中我们并不打算解决目前这个争议。的确,最近的研究反映了 Berger 和 Humphrey(1997)大约在 15 年前的研究结果,他们认为赞成或反对金融部门的经济规模,都没有优势的证据。

然而,文献争议较少的是多重功能的扩展、大型复杂金融机构的形式、产生更多的系统性风险。需要早期关注的,是现在研究的重点——包括本书的第 4 章、De Young 和 Roland(2001)、Stiroh(2004,2006)、Stiroh 和 Rumble

（2006）、De Jonghe（2009）等都支持大型复杂金融机构的模式。Baele、De Jonghe 和 Vander Vennet（2007）认为大型复杂金融机构的模式更有风险，除非按照本书第 5 章阐述的银行税和第 6 章阐述的资本金和流动性要求进行立法可以成功降低金融机构的资产风险和杠杆率，仍然会有强有力的经济依据支持回到《格拉斯—斯蒂格尔法案》中的一些形式和进行功能拆分。

进行更深入的分析后，2010 年《多德—弗兰克华尔街改革与消费者保护法案》实际上并不代表回到《格拉斯—斯蒂格尔法案》的时代中，法案并没有要求对现在大型复杂金融机构进行拆分来作为降低未来发生金融危机可能性的一种方法。金融机构功能的拆分随着一系列金融改革的进行可能并不一定成功，但在下次金融危机到来时，可能又会重新兴起。总体而言，2010 年的立法在某种程度上更像是与《格拉斯—斯蒂格尔法案》相似的限令。

7.4 2010 年《多德—弗兰克华尔街改革与消费者保护法案》

规模限制

首先，如果金融机构通过兼并的债务超过了美国所有金融机构总计固定债务的 10%，需要对金融机构的规模进行限制。如前所述，只有美国银行和摩根士丹利超出了这个规定。如果以后的兼并或收购规模够大，花旗银行和富国银行会符合这个条件。我们也注意到（可能是无法避免的）具有讽刺性的是在 2007—2009 年的危机中，政府的行为甚至鼓励了较大的系统性机构（例如，美国银行兼并国家金融服务公司和美林证券，摩根士丹利并购贝尔斯登和华盛顿互惠银行，以及富国银行并购美联银行）。更进一步地讲，正如金融机构游说活动中强烈期望的，10% 的上限实际上是成功提高了限制上限，可能引起更大的行业合并和系统性风险的敞口。

如果按照这样的程序实施，美国的规模限制的确降低了这些实体成为更大机构的增长前景，即使它并不要求大型金融机构分拆为小的实体（不是"大而不能倒"）。在我们看来，限制超大型金融机构债务的增长是完全合理的。实际上任何机构的债务如果超过全部金融部门债务的 10% 都是具有系统性风险的。因此规模限制会有助于解决"大而不能倒"问题。当然不可能完全解决这个问题，因为大量债务少于系统债务 10% 的机构仍然具有系统性。因此，像 10% 上限这样的严格规定可能会带来潜在成本和意想不到的结果。[④]

按照约束性更强的机制，我们不能充分知道金融机构在当代全球金融系统中经营广泛业务的最佳规模，提倡全面地分拆银行和金融集团是有合理性的。

例如交易商功能的业务和大型机构之间的中介业务要求更高的内部关联性，金融机构高效率地参与竞争也需要一定的规模，以及通过多样化交易对手方来降低风险。所以无限的规模限制可能会导致实质性的效率降低。英国和欧洲大陆银行也应该缩小规模，这可能仅是一些美国银行一相情愿。

拆分大型复杂金融机构

《多德—弗兰克法案》规定，如果新的审慎标准实施之后，金融机构被视为具有系统性威胁，造成这种威胁来源的业务可能会被终止、拆分或者出售给独立的非附属金融机构。可能的解决方法包括终止一种或更多种业务；对管理一种或者多种业务的金融控股公司应该施加更加严格的标准，限制其兼并、收购、合并或者成为另一个公司的附属公司；限制其主动提供金融服务或金融产品的能力。

根据立法，优先购买拆分大型复杂金融机构和处理具体金融机构的股份都是美联储最后贷款人方面的措施建议，必须经过金融稳定监督委员会 2/3 的多数同意（详情见第 1 章），建立在对美国金融稳定存在重大威胁的基础上。在美联储监管体系下非金融机构产生的系统性威胁也得到了正视，也需要经过金融稳定监督委员会 2/3 多数票同意。

立法上建议对金融机构和非金融机构的拆分应该以其业务为基础。这其中包括两个关键点。第一个是允许对监管者决策进行司法审查。第二个是要求在各国监管都在发展的背景下，监管者的任何决策必须考虑到美国金融服务业的国际竞争力。

漏洞会使机构以影响全球竞争力为理由来反对任何结构性干预的游说成功成为可能。对于以其他国家为母国的金融中介的纳税人是否愿意拥有安全稳健的金融机构，还是让附属机构像在 2007—2009 年金融危机期间被迫承担巨额的损失和风险，这有待论证。所以竞争力的漏洞可能最后表现为注意力的转移。

修正后的沃克尔规则

《多德—弗兰克法案》恢复的 1933 年《格拉斯—斯蒂格尔法案》规定的是所谓的"沃克尔规则"，前美联储主席保罗·沃克尔，一直提倡隐性联邦政府担保的范围应该限制在相对少数重要的银行业金融机构，以及使银行的业务核心化，而不是不断扩大金融中介和风险业务的范围。作为银行安全网的交换，沃克尔建议应该准许银行作为金融中介从事全面的商业银行和投资银行业务，但是不准许银行从事诸如自营交易、自营投资、商品投机、对冲基金和私募股权基金管理等非银行业务。这些业务应该被拆离到非银行资产管理公司，并对非银行资产管理公司实施必要的监管。拆离后的银行对这些拆离的机构没有经济利益。

保罗·沃克尔的提案在众议院和参议院通过立法程序时发生了激烈的争论，最终提交给总统签署的是两个版本。大部分是支持这个规则的，但金融机构则强烈反对，并得到了政府部门很多人的支持。虽然进展缓慢，但可以确信的是改革会朝着沃克尔的方向前行。银行利润复苏的驱使、对金融机构利益冲突的重新揭露和一些当地的选举明确地表明对主要银行的厌恶，也为《林肯修正案》限制银行与独立资本的附属机构进行衍生品交易做好了铺垫，这种附属机构的倒闭不太容易引起系统性风险。《林肯修正案》受到银行业的强烈反对，它们确信单独衍生品附属公司资本化比在银行核心资本账面上经营衍生品成本要高得多。

如上所述，《多德—弗兰克法案》要求联邦机构制定规则禁止系统性的银行和其他金融机构从事自营交易、投资和发起对冲基金或私募股权基金的共同投资超过其银行业核心资本的3%。另外，银行被禁止向发起的对冲基金和私募股权基金提供贷款或者其他风险敞口。特别指出的是，适用这一规定的金融机构包括所有存款类金融机构、存款类金融机构控股的公司、根据《银行控股法案》定义的被视为银行控股公司的公司（例如在美国经营的外国银行），以及存款类金融机构的附属公司。规则的适用也扩展到各种具有系统重要性的非银行金融机构，虽然没有禁止自营交易，但是美联储实施了更高的资本金要求和对这些业务的一些其他限制。一般情况下，这些限制逐步实施大概会超过七年。

有一些关于自营交易条款的豁免，主要包括：

购买、出售、收购，或者处置证券和其他金融工具……与承销商或者做市商相关的业务，在某种程度上这一章节允许经营这些业务，且本分项规定的任何被许可的此类活动的设计在程度上不超过客户、主顾或者交易对手方合理预计短期内的需求……与银行实体的个别或累加的头寸、合同或者其他持有资产有联系及相关的减少风险的对冲活动，这些活动旨在减少与银行实体有联系及相关的头寸、合同或者其他持有资产的特定风险。⑤

另外，交易任何政府发行的债务，包括美国政府债券或者联邦政府机构的债务、政府支持企业以及任何州政府或政治团体的债务也是免除的。虽然沃克尔规则在理论上包含保险公司，但保险的交易大部分是受许可的，只要处于保险监管机构和金融稳定监督委员会的监管之下。外国公司的自营业务或者外国公司投资和发起的离岸对冲基金和私募基金也不在法律规定的范围内。

虽然《多德—弗兰克法案》要求金融稳定监督委员会在法案颁布后 6 个月内进行研究，并作出实施本条的相关建议，但从立法中可以明显地看出，委员会并没有权力对规则进行实质性改变。另外，除了合并条款的个别灵活性外，发起人被明确地定义为作为私募股权基金和对冲基金的一般合伙人、常务董事，或者托管人提供服务。这些改革必须在法案颁布两年内实施。

同沃克尔规则提出的对对冲基金和私募股权基金的限制条款相比，《林肯修正案》对通过独立资本金的附属机构进行衍生品交易的限制可能就比较宽松了，仅仅是要求银行将股票、期货和低级别的信用违约互换掉期业务拆离到独立资本金的附属机构。对外汇衍生品、高级别的信用违约互换、黄金、白银和其他相对低风险的资产进行豁免——参见第 13 章对金融衍生品的详细论述。

金融机构经营的众多业务中，为什么仅仅选择限制自营交易、某些衍生品交易和发起对冲基金和私募股权基金的投资？这些限制在下次金融危机开始时会不会有所作为？

我们在前面认为监管者必须将金融机构特定业务的系统性风险与这项业务的利润进行权衡。以这种形式的成本—利润分析为基础，自营交易看起来似乎是《格拉斯—斯蒂格尔法案》限令的合理选择。大型金融机构中大部分自营交易的经营已经遵守所谓的严格隔离，与机构中的信息流动是绝缘的。所以这种隔离事实上已经存在了。这并不是说机构里的自营交易不可能有协同效应。例如，自营交易和其他业务可以共同分享证券的存货、信息技术和交易结算操作等基础设施，这将引起经济规模的变化。同样自营交易还可能有利于诸如市场价格、流动性等金融信息的获得，这将有助于金融机构服务投资客户或者作为发行人。

但是协同方面的重要性是否能充分抵消自营交易对金融集团业务增加的系统性风险？学术研究尚未发现可行的经济规模。这种对管理投资（内部或外部）的争议存在于金融集团里。当一项业务失败危及其他业务时，会产生系统性的成本（例如 De Young 和 Roland，2001；Stiroh，2004；De Jonehe，2009）。

而且，有专业的资本市场专家重点进行自营交易业务。众多的对冲基金、私募股权基金和其他可选择的资产管理者在大型金融机构公司功能外可以进行这些业务。由于政府的担保，资金的成本很低，这是金融机构这些业务严重的系统性缺陷，使得这些金融机构在缺少政府担保时开展这些业务无法获得利润。

自营交易 实施《多德—弗兰克法案》涉及的第一个实质性问题是对自营交易作精确的定义。

对自营交易直觉上的定义是任何由金融机构自身账户管理的交易。《多德—弗兰克法案》是这样定义的：

在银行机构或由联邦储备理事会监管的非银行金融机构使用的"自营交易"，指在由联邦储备理事会监管的银行机构和非银行金融机构作为委托人从事的关于购买、出售或者其他取得、处置由适当联邦银行监管机构、证券交易委员会、商品期货交易委员会……确定的。⑥

上述将客户相关的交易和对冲排除在外的豁免是合理的，这创造了实施该规则的一个灰色空间。例如当金融机构在买方与卖方之间扮演着金融中介的角色时，特别是缺乏流动性的证券，机构经常会被揭露站在交易的一方。事实上，大量正常的以市场为导向或者以顾客为导向的交易，例如外汇交易、固定收益证券和衍生品，以及像桥梁融资、机构经纪和其他都可能会是机构在自身账户中为满足客户需要的技术性交易。

这种灰色空间也会导致人为操纵。什么阻止了银行在给定的证券或者预期客户资产需求的衍生品中积累大量的风险敞口？监管者们如何在两种等同的交易间进行区分，一个是以客户为导向，另一个是自营交易。是否对与客户相关的交易进行时间上的限制？是否对市场中包括被对冲的风险敞口在内的总风险敞口进行规范？这些持有者如何区分真实世界中的纯交易赌注？

怀疑论者担心对许可交易和不许可交易之间的区分，绝大部分金融机构将它们一些自营交易者转向了客户柜台，而不管是否使用它们的自有资金。但麻烦的是，在这个位置的交易者现在已经特许进入客户交易，通过延展规则的适用，能够超前交易。对参与者进行高度补偿似乎值得怀疑，大量律师和说客精通对监管者施压，将花费很长的时间来侵蚀"沃克尔规则"对自营交易的限制力。时间将证明一切。

大型复杂金融机构已经做好争辩自营业务不是导致 2007—2009 年金融危机原因的准备，此外，自营业务并不是银行的主要业务。相反，交易公司的账户与危机和金融系统的不恰当激励都有关系。这些行动包括持有危险的仓位（本质上，Citigroup, UBS, Merrill Lynch, Lehman Brothers 和 Bear Stearns 都在做几乎致命的资产支持证券商的自营投资），可以说，这些对银行业务并没有必要。

为更好地理解这一点，我们可以关注政府出资企业的商业模式，比如房利美和房地美。就像第 14 章描述的那样，这两家政府出资企业以约 25∶1 的杠杆率投资了约 1.5 万亿美元的银行抵押贷款。由于政府对它们债务的隐形担保（2008 年 9 月，"两房"明确被政府接管），政府出资企业的债务能够保持在一个较低的融资成本。现在广泛认识到这样的模式是一个灾难，因为它通过社会化的风险来给予私人利益。

银行部门在危机期间看起来就像是政府支持企业。2008 年 4 月，雷曼兄弟的一份报告显示美国银行和储蓄机构持有住房抵押支持证券。这些包括 9 010 亿美元的机构证券和 4 830 亿美元的次级 AAA 证券，而政府支持企业分别持有 7 410 亿美元和 3 080 亿美元。此外，经纪自营商也持有 2 300 亿美元的次级证券，这些证券甚至连政府支持企业都不想接触。像房利美和房地美，被银行和储蓄机构持有，相比隐含的风险，它们更愿意给"两房"较低的融资成本，因为有明确的政府对银行存款的担保和隐含（现在明确）的"大而不能到"的担保。

除此之外，获得低成本的融资，是因为银行部门最终持有这些类型的证券，通过监管漏洞，持有这些不幸的证券只需更少的监管资本，结果金融中介可以自由地提升"刀柄"。这些证券主动提供了大范围的传播金融中介利率，因为它们缺乏流动性，面临系统性风险。

在金融危机后，这一点仅仅是相关的。快速浏览一遍四家大型银行 2009 年的资产负债表——摩根大通、美国银行、花旗银行和富国银行——显示持有价值 1.1 万亿美元的可供出售证券。虽然银行辩称这些持有的证券是流动性所必需的，如果真的是这种情况，它们应该持有国债或者现金。反而，这些可供出售的证券是利用隔夜回购融资的资产抵押证券。

但是，在发生经济不景气和市场流动性缺乏时，这些证券将会一文不值。因为这些证券没有任何资本基础——银行类机构也会面临着贷款损失的麻烦——系统性风险出现。银行和其他金融机构等重要的金融中介持联合的系统性风险证券是近期危机发生的主要原因。这就是为什么融资理论有力地说明了证券化的商业模型从来没有打算将资产支持证券放到银行的资产负债表中，特别是不绕过资本金要求。但是，并不是所有的研究者同意这种证券化模型的判断（例如，Gorton 和 Metrick，2009）。

除此之外，延伸的沃克尔规则将自营交易的定义扩大到金融机构持有的资产抵押证券表现均为一种逻辑上的修正。没有担保的共同基金、养老基金、对冲基金、主权财富基金和非系统性保险基金等其他金融机构可以进入这个缺口，随着银行退出资产抵押证券市场。

但是有不乐观的理由，因为《多德—弗兰克法案》对自营交易账户的定义是：

任何基于获取或交易证券和金融工具以在近期出售（或基于短期价格波动带来利润的转售）而使用的账户，以及由适当联邦银行业监管机构、证券交易委员会、商品期货交易委员会依据规定……确定的。[7]

这种描述读起来像为继续进行交易开了绿灯，换句话说，就是流动性资产和非流动性资产之间、市场信用和特质信用之间、长期和短期之间的利差交易。当然，如先前描述的，对于有政府担保的金融机构进行利差交易是非常危险的。

对冲基金和私募股权基金 关于沃克尔规则的第二个问题——对冲基金和私募股权基金的所有权或发起——这些业务可能有较高的杠杆率——可能在危机中一蹶不振，可能增加这些机构的系统性风险，特别是从这些内部业务以低于市价的融资成本获得杠杆率的意义上讲。而且，在2007—2009年的金融危机中，第一个破产的金融机构——贝尔斯登，引起破产的部分原因就是其两只对冲基金。

FIL（2010）近期的研究通过调查银行管理的私募股权基金对这种观点进行了证明。他们发现1983—2009年银行附属的基金占据了所有私募股权基金投资的25%。不出所料，结果就是附属银行参与的私募股权投资会有更好的利率，这与从银行获得的廉价融资是一致的。这些研究也说明了与没有附属于银行的私募股权基金相比，这些投资更有可能走向破产。鉴于这些发现和金融机构模式外完善的私募股权市场，金融机构中的私募股权基金的系统性成本似乎超过了其收益。我们得出的结论是沃克尔规则适用于私募股权基金是符合常识的。

人们可能对对冲基金存在相似的争议，特别是受到银行类金融机构自有资本支持的对冲基金。如果金融机构内部管理的对冲基金最主要的优势是由于它们的债务有隐性的政府担保而获得的廉价融资，那么收益（例如担保）和成本（例如增加的系统性风险）都由纳税人承担了。鉴于对冲基金完善的外部市场，沃克尔规则对其适用也是合理的。

最有争议的问题是对冲基金和私募股权基金的发起，即由金融机构运营的基金排除了外部投资者资本的使用。正如本章前面所阐述的，认为这些业务不具有系统性的观点是错误的。在管理另类投资基金时，金融机构运营这些基金的收入表现为管理资产（AUM）的一部分。这些基金管理的价值与相关资产的或有权益是等同的（BRSW，2005）。这种价值因此继承了各类管理资产的风险回报特征。另外，由于管理资产的数额取决于业绩，因此他们的目标是获取更大收益，这进一步增加了系统性风险。如果业务的价值在其资产的市场价值上可以资本化，那么金融机构可能提供贷款，那么运营金融机构的资本和外部投资者的资本之间就无法区分了。

更为重要的是，对冲基金与共同基金的特殊之处是什么？众多金融机构有着庞大的资产管理业务。关于赞成或者反对金融机构作为对冲基金和私募股权基金的发起人的争议实际上有助于像巴克莱银行和花旗银行这样的金融机构在金融危机后资产管理业务的资产剥离。

纽约大学斯特恩商学院的实验室对 100 个最大型金融机构系统性风险进行了计算，其中一些是公开交易的资金管理公司（参见第 4 章，对系统性风险的测算，实验室的详细阐述）。来自纽约大学斯特恩商学院实验室的评估显示这些金融机构每美元的风险都是非常高的。这是因为这些机构在危机中有着高尾部的贝塔。例如，在 2007 年 6 月在 102 家最大型金融机构中的四家资金管理公司——普信集团、杰纳斯资本集团、富兰克林资源公司和美盛集团——都处于危机中预期相对股权损失方面"边际预期损失"（MES）最高的 20 家之中。对这 4 家机构事后从 2007 年 7 月到 2008 年 12 月的金融危机期间进行追踪发现，公司的股票价格分别下跌了 29.8%、71.1%、51.2%、77%。因此，相关的问题就是大型复杂金融机构中资产管理业务中的资本化价值是否具有杠杆率。如果是这样，那么"边际预期损失"的结果和资产管理公司危机后的业绩支持了禁令的范围从对冲基金和私募股权基金扩大到一般资产的管理业务。

《多德—弗兰克法案》未能完全采纳原始的沃克尔规则提出的终止金融机构作为对冲基金和私募股权基金发起人的目标，隐含着这些附属机构在包括活跃的对冲基金和私募股权基金同类者的环境下进行这些业务的风险是超过收益的。相反，金融机构可以继续发起这些基金，并可以对其进行最多占其资本 3% 的投资。我们已经指出连同内部对冲基金和私募股权基金包括信用风险敞口在内的实际风险敞口，已经远远超过名义的风险敞口，所以原始的沃克尔规则为了公共利益应该予以适用。

衍生品交易　本书第 13 章论述了《多德—弗兰克法案》对衍生品的影响，得出的结论是衍生品社会意义的重要性超过了其社会成本。法案中的《林肯修正案》在衍生品市场与涉及金融衍生品的部分金融机构之间的对接上采取了预防机制。如前所述，在法案下，银行可以进行外汇衍生品业务，高级别信用违约互换、黄金、白银和其他银行视为相对低风险的其他资产类别。法案仅仅要求银行拆离股权掉期、期货和低级别的信用违约互换到独立资本金的附属机构。

我们认为，《林肯修正案》的原始版本可能是没有必要的，因为法案其他条款已经遏制了相关风险，特别是加强了资本充足率和对系统性风险的监管。但是，没有人知道金融系统下一个风险的来源在哪里（例如，期货市场），所以对极高风险的衍生品而言，额外的预防可能会增加成本。当然，这种假设是建立在独立资本的衍生品单位可能受到其公司的保护之上。

总体而言，我们认为将沃克尔规则纳入《多德—弗兰克法案》中获得了部分成功，自营交易禁令是否成功取决于能否长期成功实施和政治经济领域最聪明的人士以及他们的律师和说客如何来反对执行。让金融机构继续参与对冲基金和私募股权基金，尽管有股权参与的限制，事实上是失败的。独立机构经营这些业务并没有缺陷，但金融机构作为发起人面临的剩余风险可能是有破坏性的。我们认为某些将风险性衍生品交易隔离到独立资本金的附属机构在未来不确定的交易环境下可能是一个有用的防火墙。

国际视角

国际上关于金融机构一些业务的限制和重组的立法方面，G20、英格兰银行、金融服务管理局、欧洲中央银行、国际清算组织、金融稳定委员会、国际货币基金组织、经济合作与发展组织和欧盟都考虑到了监管选项和国际合作的需要。但因为综合银行交易涉及其他很多国家，所以在缩小系统性金融机构的规模上就没怎么考虑了。其中一个例外是欧盟竞争事务委员会，为了重塑更公平竞争的环境，已经授权受援助的金融集团进行股权分割——与美国司法部在这个问题上非常无力的反垄断条款形成了鲜明对比。

但最早提出将最大型金融机构拆分为较小的金融机构的是英格兰银行行长、金融服务局主席和其他一些欧洲国家的人。另外，欧盟竞争事务委员会对荷兰银行的控股公司——荷兰国际集团（在接受过援助基金后，现在实质上归荷兰政府所有）提出了要求其进行拆分的起诉，诉由是欧盟反垄断规则禁止政府援助大型私有企业。作为对这项起诉的回应，2009 年 10 月，荷兰国际集团提出追加资本来降低政府的持股比例，并把自己拆分为 2 个公司。欧盟竞争失真原则似乎可以适用于一些其他实质上为政府所有的金融机构，包括苏格兰皇家银行、劳埃德银行集团和花旗银行。

没有一些类似修正后的沃克尔规则关于国际合作的限制，人们可能认为这些仅在美国适用的业务限制将给外国公司提供一个有利的竞争条件。在《多德—弗兰克法案》下，在美国开展业务的外国金融公司能够继续拥有或者发起对冲基金和私募股权基金，或者从事自营交易，只要其相对于美国是离岸的。当然，如果起初没有证据支持这些是金融机构的内部业务，那么放弃的是什么不清楚了，除非有承担政府隐性担保支持的额外风险和系统性风险无法估价的负外部性的能力。

7.5　《多德—弗兰克法案》和金融机构：展望未来

作为处理过度系统性风险的措施，我们发现限制政府担保仅对核心银行业务和隔离非银行风险承担业务的逻辑是正确的和符合公共利益的。这种机制与20 世纪 30 年代的比较相似，但是适应了现代金融业务和理财专家管理自营业务，并受到有效的监管。这种发展是符合公共利益以及常识的，在金融效率提高和金融创新上不会引起社会成本的增加。的确，若以 1933 年《格拉斯—斯蒂格尔法案》限令的非预期后果仔细解读为根据，结果可能恰恰相反。《多德—弗兰克法案》表现为朝这个方向前进了一小步。

与《多德—弗兰克法案》相似，我们并不赞成基于任意的规模限制来拆分大型复杂金融机构。与法案不同的是，我们赞成更加严厉的市场集中来限制竞争结构以及系统性风险敞口。我们也支持对系统性金融机构经营的业务目标范围进行限制，这与沃克尔规则相符合但又有一定的延伸。

例如，附加规则要求不仅拆离自营交易，也要拆离资产管理业务，即有助于高度不透明风险承担的业务，通常也具有高度周期性——来自商业银行的业务，可以获得政府担保的存款和在危机中能得到最后贷款人支持，并规定金融中介向实体经济提供服务。这些业务的混合对公共利益都是有害的。

但更为重要的是，评估的金融机构的担保保险费用与其各种业务产生的系统性风险是相对应的，如果金融机构发现有利可图时，金融机构会有机地进行拆分。[8]这种机制认为不同种类的业务混合可能是一些金融机构所期望的，较高风险业务面临着较高的费用，金融机构可能改变战略将这些业务分拆出去。

基于此，整个金融业都认为《多德—弗兰克法案》对监管体制的主要变革是为了保护系统的完整性而抑制收益，这个目标已经实现。在《多德—弗兰克法案》签署之前，由高盛集团最近发布的研究报告中估计对所有大型银行增加的监管成本大概相当于其净收益的 7%，但对美国最大四家或五家银行的监管成本可能会上升到 15%，这还没有将巴塞尔协议 III 提出的较高的资本成本计算进去，如果计算进去成本所占的比重还会更高。摩根大通发布的相似报告中也指出，将至今提出的金融改革成本计算进去，最大型银行的投资收益将会从 13.3% 下降到 5.4%。《多德—弗兰克法案》最后版本比先前所预计的限制和实施的成本都要少，但毫无疑问的是，遵守该新法案会使金融机构在未来的十年中增加更多额外的花费，导致投资收益的下降。

可能由于成本和限制的增加，股票市场已经开始对金融机构及其恢复经济的能力、政治影响和在危机开始前所持有的股票价值都持怀疑的态度。在发布2010 年第二季度的报告时，6 家美国最大的金融机构以平均股价净值比为 0.9 倍（从最高的富国银行 1.28——一家非全球性的机构——到最低的花旗银行的 0.33 依次排列），与它们在危机前的股价净值相比低了 2 倍到 3 倍。[9]6 家较为不稳定的市盈率在 2010 年 7 月平均值为 14.7%。相比之下，这些数值与同一时期评估的 9 家公开交易的资产管理公司的平均股价净值比 14.7% 和市盈率 20.5% 就非常可怜了。一些观察者（BDV）曾经提出股票市场从来都没有对大型银行的多元化作出过任何价值贡献。

　　总的来讲，商业银行业务与证券承销和做市商等投资银行业务的混同在 20 世纪 30 年代的金融改革中被取消，这种混同并不是近期金融危机发生的原因。我们的情况是缺乏狭义的商业银行（被禁止从事任何投资银行业务），但是监管者应该审慎地观察，只要尽可能地限制，就可能会出现从投资银行到支付系统和实质部门的外溢效应。最初的沃克尔规则提出，禁止自营交易和受益于政府金融安全网的金融机构发起对冲基金和私募股权基金，在《多德—弗兰克法案》中被淡化了。我们认为最初的沃克尔提案是限制溢出效应的选择。虽然如此，修正后的沃克尔规则允许某些公共义务上的自营交易，以及发起对冲基金和私募股权基金附有股权收益限制似乎是站得住脚的第二选择，与对高风险的衍生品交易必须通过独资资本附属机构的限制规定情况相似。

　　虽然如此，重要系统性风险敞口的结构基础仍然存在，连同它们商业银行业务，重组和瘦身的银行业金融机构（或者对冲基金）将会继续从事市场导向和客户导向的交易，例如外汇交易、固定收益证券和衍生品，以及诸如桥梁融资、机构经纪和其他的中介服务。尽管是有局限性和有漏洞的，美国监管最重要的成果就是让金融机构重新思考了其商业模式，金融体系中系统性风险方面的专家将会增加。保留下来的业务将会更加简单，账户也会比现在金融机构的更加透明，这是一种看起来似乎能实现其目的的商业模式。这反过来也会对银行业监管者理解和遏制可能导致紧急救助的风险有更大的帮助。

　　可能最重要的是，金融机构为了支持其中一种高风险业务而滥用政府担保会受到限制。不管怎样，政府担保可能会损害市场纪律和下次危机发生时这些行为的效果。

注释

　　①第 4 章 "对系统性风险的测算" 提出了单一金融机构对整个金融部门系统性风险的贡献百分比的估计方法。到 2009 年 6 月，除了政府支持的美国国际集团、房利美和房地美，这 6 家主要的银行控股公司占到了整个金融部门系统性风险的 50%，被视为 9 家最具系统性风险的承保金融机构，还包括哈特福特金融服务和人寿保险。

　　②表 7.1 并没有包括 GMAC 和 GE 资本，鉴于这些实体是大型实体经济的附属机构。

　　③Sybil White，"Riegle – Neal 的 10% 国家存款上限：任意性和非必要性"，http：//studentorgs. law. unc. edu/documents/ncbank/volume9/cybilwhite. pdf。

　　④假如大型金融机构想扩大规模，那么金融机构将会拆分为两个机构来实现这个目标。

但对这种企业集团的系统性风险还不明确。事实上通过政府担保，不会带来同样的公司繁荣。

⑤HR4173，标题 VI，"改进对银行、存款类控股公司和存款金融机构的监管"第 619 条"对自营交易以及与对冲基金和私募股权基金特定关系的禁止"。

⑥HR4173，标题 VI，第 619 条。

⑦同上。

⑧参照第 5 章，"系统性风险税"。

⑨很多银行执行官认为平均股价与净市盈率相比是更好的估值标准。

参考文献

［1］ Acharya, Viral, Thomas Cooley, Matthew Richardson, and Ingo Walter. 2010. Manufacturing tail risk: A perspective on the financial crisis of 2007 – 09. *Foundations and Trends in Finance* 4 （4）: 247 – 325.

［2］ Acharya, Viral, and Matthew Richardson. 2009. Causes of the financial crisis. *Critical Review* 21 （2 – 3）: 195 – 210.

［3］ Acharya, Viral, Gustavo Suarez, and Philipp Schnabl. 2010. Securitization without risk transfer. Working Paper, NYU Stern School of Business.

［4］ Baele, Lieven, Olivier De Jonghe, and Rudi Vander Vennet. 2007. Does the stock market value bank diversification? *Journal of Banking and Finance* 31 （7）: 1999 – 2023.

［5］ Berger, A, N., and D. B. Humphrey. 1991. The dominance of inefficiencies over scale and product mix economies in banking. *Journal of Monetary Economics* 28: 117 – 148.

［6］ Boudoukh, Jacob, Matthew Richardson, Richard Stanton, and Robert Whitelaw. 2005. The economics of asset management. Working Paper, NYU Stern School of Business.

［7］ De Jonghe, Olivier, 2009. Back to the basics in banking? A micro – analysis of banking system stability. Forthcoming in the *Journal of Financial Intermediation*.

［8］ Delong, Gayle. 2001. Stockholder gains from focusing versus diversifying bank mergers. *Journal of Financial Economics* 59 （2）: 221 – 252.

［9］ DeYoung, Robert, and Karin Roland. 2001. Product mix and earnings volatility at commercial banks: Evidence from a degree of total leverage model. *Journal of Financial Intermediation* 10 （1）: 54 – 84.

[10] Duffie, Darrell. 2010. The failure mechanics of dealer banks. Woking Paper, Graduate School of Business, Stanford University.

[11] Elsas, Ralf, Andreas Hackethal, and Markus Holzhauser. 2009. The anatomy of Bank diversification. *Journal of banking and Finance* 34 (6): 1274 – 1287.

[12] Fang, Lily, Victoria Ivashina, and Josh Lerner. 2010. "An unfair advantage"? Combining banking with private equity investing. Working paper, Harvard Business School.

[13] Freixas, Xavier, Gyongyi Loranth, and Alan Morrison. 2007. Regulating financial conglomerates. *Journal of Financial Intermediation* 16 (4): 479 – 514.

[14] Gorton, Gary B., and Andrew Metrick. 2009. Securitized banking and the run on repo. NBER Working Paper No. w15223.

[15] Laeven, Luc, and Ross Levine. 2007. Is there a diversification discount in financal conglomerates? *Journal of Financial Economics* 85 (2): 331 – 367.

[16] Saunders, Anthony, Roy Smith, and Ingo Walter. 2009. Enhanced regulation of large, complex financial institutions. In *Restoring financial stability: How to repair a failed system*, ed. Viral Acharya and Matthew Richardson, Chap. 5. Hoboken, NJ: John Wiley & Sons.

[17] Saunders, Anthony, and Ingo Walter. 1996. *Universal banking in the United States*. New York: Oxford University Press.

[18] Schmid, Markus, and Ingo Walter. 2009. Do financial conglomerates create or destroy economic value? *Journal of Financial Intermediation* 18 (2): 193 – 216.

[19] Stiroh, Kevin. 2004. Diversification in banking: Is noninterest income the answer? *Journal of Money, Credit and Banking* 36 (5): 853 – 882.

[20] Stiroh, Kevin. 2006. A portfolio view of banking with interest and noninterest activities. *Journal of Money, Credit and Banking* 38 (5) 1351 – 1361.

[21] Stiroh, Kevin, and Adrienne Rumble. 2006. The dark side of diversification: The case of US financial holding companies. *Journal of Banking and Finance* 30 (8): 2131 – 2161.

[22] Wagner, Wolf. 2009. Diversification at financial institutions and systemic crises. Forthcoming in the *Journal of Financial Intermediation*.

[23] Walter, Ingo, ed. 1985. *Deregulating Wall Street: Commercial bank*

penetration of the corporate securities market. New York: John Wiley & Sons, Chapter 1.

[24] Walter, Ingo. 1988. *Global competition in financial services: Market structure, protection and trade liberalization.* New York: Harper & Row.

[25] Walter, Ingo. 2010. The new case for functional separation in wholesale financial services. Department of Finance Stern, School of Business, Working Paper FIN – 09 – 17. Available at http://papers. ssrn. com/sol3/papers. cfm? abstract_ id = 1500832.

第8章 清算授权

Viral V. Acharya, Barry Adler, Matthew Richardson, and Nouriel Roubini

8.1 概述

在前六个月损失了50%后，1998年8月31日，当时最大的对冲基金——美国长期资本管理公司（LTCM），仅剩23亿美元资本金，而在资产负债表上，其持有的资产则超过了1 250亿美元。同时，它还是场外衍生交易市场的第六大玩家，持有5 000亿美元的期货、7 500亿美元的掉期合约，以及1 500亿美元的期权。情况在9月出现恶化，1998年9月21日，周一，美国长期资本管理公司的回购及场外衍生交易市场的交易对手因扩大这些合约的日均利润，要求美国长期资本管理公司增加抵押品。这额外的现金流需求给美国长期资本管理公司造成了很大的打击，以至于违约马上到来了。接下来几天，在纽约联邦储备银行的敦促（还有其他机构要求施加压力）下，由14个美国长期资本管理公司的主要交易对手组成的小组同意给美国长期资本管理公司注入资本——实际上，这是一个对这一基金走出破产的重组。

几个星期后，在给美国众议院银行及金融服务委员会的证词中，纽约联邦储备银行主席威廉·麦克唐纳解释了政府参与延缓结束美国长期资本管理公司过程的理由：

两个原因使得我们参与这一过程。一是美国长期资本管理公司的交易对手匆忙地平仓，而其他的市场参与者——没有与美国长期资本管理公司进行交易的投资者——同样会受到影响。二是损失蔓延到其他市场参与者及美国长期资本管理公司的交易对手，将给市场价格变化带来极大的不确定性。在这种状况下，贷款及利率市场很有可能会经历剧烈的价格波动，使得一天中某段时期的故障，或是更长的时间。这可能引发一个恶性循环：投资者信心的丧失，引发一股私人放贷潮，导致更广泛的信贷扩张，进而引发更多的清盘平仓，等等。最重要的是，这将使得美国企业的资金成本进一步上涨。[①]

不到一年，1999 年 4 月一份总统金融市场工作组的报告中（讽刺的是，组成该工作组的监管者，受 2010 年《多德—弗兰克法案》的指定，目前正坐在金融稳定监管委员会的位置上）得出如下结论：

1998 年夏秋之际国际金融市场发生的这个事件证明，过度的杠杆化会放大任意一个或一系列事件给整个金融体系造成的消极影响。最近美国长期资本管理公司的崩盘，一个私人金融投资企业，表明了单个金融机构的问题会传递至其他金融机构，还可能引发整个金融系统的风险……尽管美国长期资本管理公司是一家对冲基金，但这一论点并不仅限于对冲基金。相比对冲基金，其他一些金融机构，包括一些银行及证券公司的规模更大，杠杆率也更高。

除了讨论杠杆率，1999 年 4 月的报告尤其强调了其起草者认为的美国破产法在处理与国际金融体系高度相关的大型复杂金融机构方面的不足。作为场外衍生交易市场的最大玩家之一，美国长期资本管理公司被认为是典型的例子，这一报告呼吁以下两方面的改革。

第一，对未自动进入破产法（或相关法律）调整的破产事件中交易方关闭、清算、场外衍生交易及回购合约担保物实现的权利方面的法律进行扩充和改革。[②]这一改革扩充需要最终被纳入到 2005 年的《破产滥用预防和消费者保护法案》（2005 年的破产法）中。

第二，在处理本质上跨国经营的大型复杂金融机构的破产方面更大的法律确定性。

针对上面提到的第一点，有研究认为 2005 年破产法中有关金融合同的条款增加整个系统的系统性风险；经营失败而进行的立法可能使得情况更糟了。这些争论相当复杂，本章将对其中的一些细节进行讨论。而对于第二点，2005 年的破产法去掉了关于破产的 304 节，取而代之以新 15 章，用更明确和可预见性的方式处理跨境的破产问题，但这些改变并不足以处理在多个司法管辖区内经营的大型复杂性机构。

例如，爱德华兹和莫里森（2004）（预测了这一增长），米勒（2009），法柏斯（2010），Roe（2010），以及塔克曼（2010），以及其他一些。

美国长期资本管理公司重组事件过去仅仅 10 年，当大量的房地产泡沫破灭以及一系列大型复杂金融机构破产或是接近破产，随着全球经济的进一步融合，麦克唐纳证词以及 1999 年 4 月报告再次得到了验证。这些机构的名称广为人知，包括贝尔斯登、雷曼兄弟、美林证券、房利美、房地美、美国国际集团以及花旗集团等。上述这些以及其他一些机构失败的预期导致了资本市场更大范围的停滞并影响了各种类型的机构，进而使得信贷市场举步维艰。因为当泡沫破灭时，只有一个单一的机构来承担损失，没有人知道这些损失的尽头以及失败蔓延到每一个角落。换种说法，复杂、关联度高的企业的破产或是对于其破产的恐惧引发了巨大的系统性风险。在接下来的 6 个月，全球的监管者承诺补充各自金融部门中这些企业的资本，但是因这些机构失败引起了全球股市的恐慌和不确定性，而经济方面 GDP 也出现了剧烈的下滑，降幅之大在近几十年中都未曾见到。

在以下的章节中，我们论述了最近这次危机中出现的各种类型的系统性风险，以及这些系统性风险对于我们将来设计解决破产金融机构时的启示。

8.2　2007—2009 年的金融危机

人们对"美国长期资本管理公司基金"危机事件系统性风险的恐慌，以及 2007—2009 年的金融危机所表现出来的风险表明财政部门在作重要决策中，如果某些决策失败，那么一个大的机构或者几个小的机构就可能会导致信贷资金的减少，而这种不利的影响将会波及实体经济。正如"美国长期资本管理公司基金"危机事件失败的结果所呈现的那样，那些会对整个金融市场造成影响的重量级公司大体上都是金融中介机构，这些机构不仅指那些接受存款和发放贷款的商业银行，而且也包括投资银行、资本市场基金、共有基金、保险公司甚至还包括那些潜在的对冲基金。在这次事件中对冲基金自身存在的缺陷也把金融系统固有的系统性风险或者外部风险提上议程。这种系统外部风险可以通过多种形式表现出来，比如其他金融机构的签约对方违约风险，对资产价格产生抑制效应的资产结算，引起银行同业拆借市场甚至安全公司的资金成本增加的资金的囤积流动（包括银行同业拆借市场和安全公司之间的资金的囤积流动）。信息的交流受到影响，最终会导致市场上流动资金的大量减少。

与交易对手违约的风险不一样的是，一个高度依赖金融市场的公司投资出现危机，会使得整个系统产生连锁反应。我们就拿场外衍生市品市场来说，在场外交易市场系统性风险存在的主要原因是：如果在场外交易中，双向设定担保额不足，不仅仅会对签订协议的两家公司造成直接损失，还会影响整个金融系统。也就是说，如果一项交易双方都交足担保额，则这笔交易不会对市场上其他的交易的双方造成影响，而如果该笔交易的担保额没有交足的话，情况就会截然相反。[③]简单地说，为了使一笔交易的对方违约风险不至于扩散到整个市场上，我们不仅需要去了解交易本身，还要了解对方公司的其他业务情况。但是在不透明的场外市场，我们无法掌握这些信息。

在这场金融危机中，美国国际集团就是最好的例证。该公司购买了价值超过 5 万多亿美元的单边信用违约互换协议（CDS），而这些交易标的都是 AAA

级证券产品。发生这种情况，主要原因是没有资金支持或者没有足够的资金支持。由于所有的交易都是在相同制度的指导下进行的，一旦交易丧失其价值，就意味着美国国际集团的危机将会波及整个金融系统。本书第 9 章，系统性风险和保险公司的监管，提供了美国国际集团的案例分析，以及对交易对手风险重要性的详细介绍。

系统性风险进入市场的第二个方式就是通过溢出风险。溢出风险的增加往往是由市场上"流动性旋涡"引起的。而这种"旋涡"大多是由某家机构的财务困境引发的。具体的过程如下：首先，机构的财务困境使得市场上的资产贬值以及融资环境恶化，进而影响到其他机构。这一连串的反应使得资产的价格进一步下跌，企业更难融资，如此反复进行下去。这种现象又被称做"死亡旋涡"。所以，从本质上说，对不良资产的低价出售也会对其他金融机构造成一定的金钱损失。

我们先假设有一家实力较弱或者濒临破产的金融公司。如果该企业不立即采用正确的决策，那么该企业就很可能这样做：储存流动性的资产，期望自己能够提高流动性以应付市场所需。而如果这类公司是银行同业市场上（如支付清算系统）不可或缺的组成部分，那么整个市场的流动资金就只会停留在某几个金融机构的口袋里，而不是按照市场预期到最需要这笔资金的机构手里。更糟糕的是，这种储存流动资产的行为会对银行同业市场产生压力，使得那些较为安全的企业也开始储存流动性资产了。而这样发展下去的最终结果就是金融机构之间不再愿意相互拆借，进而导致实体经济的长期项目融资更难进行。

"劫持流动性"的负面作用之一就是在现在暗淡的银行系统下的金融机构会受到一些类仍似银行挤兑行为的影响。这些类挤兑行为像传染病菌一样影响金融机构。由于银行的新型运作模式很大程度上依赖短期贷款、大规模的资本市场，所以它们对可以进行转嫁的风险尤为敏感。以下例子都说明了这点：（1）1997 年，回购交易的成交额是 2 万亿美元/天，十年后，也就是 2007 年，上升为 6 万亿美元/天；（2）货币市场的资金累计超过 4 万亿美元，而同期的银行系统的存款只有 8 万亿美元。由于这些资金都是短期金融杠杆的产物，如果人们由于对金融体系失去信心而突然撤出资金的话，那么很多的机构会破产。当某个特殊的机构因为这种原因破产，那么类似的机构将会受到大范围的影响。因此，资本充足的企业可以进行短期负债运行，但是资金不充裕的企业采用短期负债运行的这种模式，会造成系统性危机。

2008 年 9 月 15 日，雷曼兄弟申请破产，也说明这方面的风险。[4]

第一，当雷曼兄弟签署了破产协议时，该公司的债券价格顿时暴跌。最大的货币市场基金之一，美国货币市场基金曝光了雷曼兄弟短期票据，第二天就发生了破产，基金的净资产值跌破了面值。自从货币市场基金提供稳定的资产净值，并且投资者可以随时按股面价格赎回以来，主要储备基金的一个立即操作致使其关闭，然而它的失败却暴露开了其他货币市场基金所存在的问题，由于货币市场基金是商业票据市场的主要来源，这个操作也揭示了许多需要衔接使用商业票据的金融机构资本短缺的可能性（在第 10 章货币市场基金中将会详细讨论）。

第二，2008 年 9 月 15 日，雷曼兄弟公司的破产，美国政府债券、联邦机构债券、公司债券、联邦机构住房抵押贷款所支持证券回购市场接近停滞，主要公司所推出的解决方案没有起到效果。产生回购市场的"长跑"现象是因为在回购市场中，投资者由于经纪自营商的阴影，撤回大量的资金。事实上，这将从另一方面推动有偿还能力的公司如处于破产边缘的摩根士丹利以及像美林证券这样的问题公司被收购。

第 11 章"回购市场"就论述了回购市场的"长跑"现象。进一步的讨论强调了大型复杂金融机构倒闭或者即将破产的一些问题。分析者建议任何由政府建立的机构如果要解决大型复杂金融机构倒闭的问题，都必须遵循以下四项基本原则。

第一，大型复杂金融机构的对手风险必须要考虑。在寄希望于通过事前审查监管（包括就像《多德—弗兰克法案》提供的实施资本充足率、保证金金额以及风险投资的限制）来减轻风险的同时，如果这些法则失败了，产生的负面影响等问题也会随之产生。

第二，处理大量的非流动性资产需要一定过程。就像前面提到的，迫使金融机构的被迫销售资产，也会对系统产生灾难性的影响。

第三，政府应该及时区分出破产公司，因为一旦这些公司的财政资金被困就会消耗资源，这样就会对哪怕还有债务偿还能力的公司产生一些潜在的风险。

当它们破产时，必须有明确的政策来应对这些金融公司的债务，否则就会受到牵连。一般减少破产过程的不确定性和透明度同样包括合理操作系统。

前面第 5 章"系统性风险税"、第 6 章"资本、或有资本以及流动性要求"和第 7 章"大型银行和沃克尔规则"着重讨论了政府税收所产生的系统性风险所引起的负面的外部税收。换句话说，系统性风险的第一道防线就是让这些大型的金融机构内在化成本从而鼓励它们减少系统性风险。就如第 5 章到第 7 章里面说的，整个《多德—弗兰克法案》都没有采取这个方法。

相反地，《多德—弗兰克法案》强调裁决机构以信赖的方式使金融机构逐渐减少以重新审核那些没有进一步财政援救的金融公司。如果没有这些举足轻重的担保，这些机构的债权人就将影响市场规律，并且金融机构将更少地投资那些具有一定风险的活动。所以理论上，毋庸置疑的是，需要权衡在处理这些举足轻重的问题时所隐藏的道德风险以及在处理一个大型的金融机构在一次危机中失败所致的系统性风险时。一方面，让债权人而不是纳税人偿还大型金融机构的损失，这样可靠的裁决公司具有剥夺"大而不能倒"公司的补贴的潜在能力，从而让大型金融机构的债务更加具有市场基础；另一方面，如果一个大型金融机构在一场危机中没有问题，那么通常针对上一个危机设计的裁决公司也许不能同样适合处理下次产生的系统危机。

为了解释这种交易，可以看存款机构。尽管获得比市场利率低的存款保险的资助，[⑤]但是大量的存款机构如华盛顿互惠银行不可能被认为是"大而不能倒"，并且它们长期的债务部分反映了比那些举足轻重的同行还高的差价。作为例证，图 8.1 描绘了 2007 年 1 月经济危机中倒闭的华盛顿互惠银行、美联银行和花旗集团这三家公司的信用违约互换点差图。2008 年 9 月 15 日，后面的两家公司，尤其是花旗集团，许多人认为"太大而不能倒"，它们的信用违约互换（CDS）利差和华盛顿互惠银行之间的差异似乎反映了这一点。专家判断，市场参与者判断的情况是正确的并且花旗集团在危机期间被解救出来，而华盛顿互惠银行进入破产。想象一下这样的世界，如果花旗集团的使用违约互换（CDS）也像华盛顿共同基金一样传播，那么花旗也会像他一样破产。多少额外的系统性风险已经发生？雷曼兄弟和美国国际集团的失败暗示着系统性风险已经发生，一个可信的承诺，允许失败，就不可能有如此之大的风险。所以

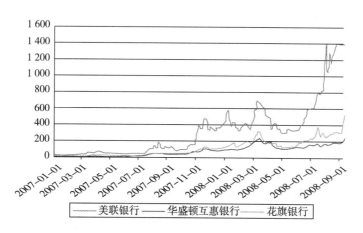

图 8.1　2007 年 1 月至 2008 年 9 月信用违约掉期合约在失败金融公司间的价差

事前的承诺，即使无法拯救失败的公司，也可以阻止企业因发展太大而破产。政府无法作出这样的承诺不进行救援，作为一个选择，反过来，这是市场参与者的期望。

这是艰难的权衡，我们描述在下一节清算授权的具体细节概述《多德—弗兰克法案》，尤其是评估过程中的效率和能力，以及减轻道德风险和系统性风险方面的表现。

8.3 2010 年的《多德—弗兰克华尔街改革与消费者保护法案》

目前的问题是《多德—弗兰克法案》是否为它所宣称的消除或控制系统财务风险这一目的而服务。本文的讨论主要着眼于这个问题。此立法的一个中心目标是将大量的非银行金融机构如银行控股公司、保险控股公司纳入联邦存款保险公司（FDIC）保险模式下。联邦存款保险公司既是一个担保会员银行存款的政府机构，也是一个可存款和贷款的机构。如果一个付了保险金的机构破产，它将由支付担保存款和监督该机构资产的联邦存款保险公司接管。为推广联邦存款保险公司模式，这项法案将扩大联邦存款保险公司本身所能设计的范围。《多德—弗兰克法案》将会创建一个有序清算机构（OLA）。

在这一节中，我们从四个方面展开我们的分析。第一，有序清算机构的概述及其潜在含义；第二，有序清算机构的权力及其过程；第三，有序清算机构基金；第四，对符合条件的金融合约的处理，如互换、回购、期货、远期合约以及其他场外衍生品，考虑到它们在产生系统性风险过程中的作用。

有序清算机构中涵盖财务公司的一般性意义

《多德—弗兰克法案》在金融机构为何能或者不能接受联邦储备银行的"最后贷款人"功能方面产生了一些重要的变化，在描述一个金融机构如何在有序清算制度下转变为全功能金融公司之前，指出这些变化是非常重要的。这本书的第 2 章"中央银行的权力与联邦储备系统的未来"给出了详细的分析，所以在这里我们只需简单回顾那些讨论。

正如第 2 章所描述的，美联储利用它的紧急借贷能力（也就是贷款给非银行机构）度过金融危机，尤其是对贝尔斯登和美国国际集团。《多德—弗兰克法案》通过禁止贷款给不合格的金融公司（除非借贷是全系统性的）限制了这种可能性。此外，为创造流动性设计的创新项目目前仍需国库的批准，这将减慢上述进程的发展并且产生一些不确定因素。我们的观点是，就创造道德风险与减少系统性风险之间的权衡方面而言，这项法案弄错了。[6]

　　如果允许最后诉诸请求的贷款人允许公司持有少量的流动资产，即道德危机在这一层面上将加剧，但相对于允许联邦给有偿付能力而无流动资产的机构提供流动资金的收益而言，这是一个小的成本。这一政策适当的收费也可以缓和大型复杂金融机构的反感情绪。

　　就清算授权方面，《多德—弗兰克法案》相当明显地考虑到了金融公司的利益，包括银行控股公司、具有系统重要性的非银行金融公司，如在《多德—弗兰克法案》下由美联储监督的大型对冲基金和所有类似的一般主要从事金融活动的公司。这样一个金融机构倒闭时会发生什么，可能性是这个机构将通过正常的方式或者其他适用的破产法破产。

　　然而，根据联邦储备委员会（2/3 的票数）的建议和联邦存款保险公司（或在某些情况下，经纪商的证券交易委员会或者保险公司的联邦保险办公室主任）的类似的投票，财政部长决定金融机构受制于有序清算机构。这些金融机构是指定的全功能金融公司。他还需拟定若干条款，包括全功能金融公司将要或者已经不履行义务以及处于有序清算机构模式外（如根据破产法）的公司的倒闭，它们将严重破坏美国金融体系的稳定。

　　如果全功能金融公司的董事会不默许有序清算，财政部长必须向哥伦比亚特区美国联邦地方法院请愿。如果地方法院发现财政部长的请愿并不是任意的，那这个请愿必定会通过。所有这一切必须在请愿书递交 24 小时内解决。当然，也可以再进行上诉。联邦存款保险公司一旦被任命为一个接收者，它将拥有管理全功能金融公司事务的广泛的权力，包括有权转让出售财产和妥善处理索赔问题。然而，除非财政部长批准一个有序清算方案，联邦存款保险公司将无法使用任何资金。

　　《多德—弗兰克法案》很明显是使发生在贝尔斯登和美国国际集团的特设过程正式化的一种方式，并且有可能与雷曼兄弟、花旗银行控股公司或者其他类似的机构采取同样的方式。乍看之下，这项法案为有序清算机构控制金融公司提高了门槛。例如，有关机构与财政部长之间肯定达成了广泛的协议，并且进行了司法审查。在金融危机中期，很难设想这些会成为障碍。然而展望未来，还有几个主要问题需要关注。

　　首先，再次提一下前面讲到的关于《多德—弗兰克法案》对美联储在金融危机期间给未存款的机构提供流动资金的紧急权力进行限制的担忧，监管者或许会等待很久才会去干预——尽管当局在全功能金融公司破产前就进行有序清算，如果有一个默认的纯粹的风险——并且只能将银行控股公司或者类似的金融公司置于有序清算机构的清算进程中。这就像在系统性风险方面一个很有风险性的提议。

其次，对加速全功能金融公司的决策进程已经有了一个明显的尝试（例如 24 小时司法审查）——三分之二有关监管部门同意的程序，财政部长作出的决定，全功能金融公司董事会的批准，没有美国联邦地方法院的司法审查与到美国上诉法院和最高法院的上诉——也许不能够快地解决接下来发生的迅速上升的债务。

总之，由于有序清算机构过程存在不确定性，在有序清算决定前下述情况是有可能的。

■ 在做这样的决定时，预料对这些和其他短期债务的管理会发生，制造了一个自我实现的有序清算事件。

■ 公司的长期债权人会尝试卖掉他们在第二市场所持的股份，对在资本市场的金融公司的地位施加压力。

■ 管理类似的金融公司也可能发生，本质上引导监管者别无选择，除非有序清算机构成为金融体系重要部分。

虽然任何破产程序都会受这些问题制约，《多德—弗兰克法案》在有序清算机构来满足他们几乎不能提供指导。这是值得注意的，毕竟主要考虑的是大型复杂金融机构的系统性风险而不是个别的风险。这个过程本身带有不确定性，交易对手风险的蔓延，大型复杂金融机构倒闭时引起的降价出售应该在法律中全系统地解决。该法案确实需要某些在系统中很重要的金融机构准备定制好的解决方案来实施以防失败，也就是所谓的"活遗嘱"。正如在 8.4 节中解释的，我们建议，为响应这个义务，公司应采取将资本结构划分为优先级的层次（如最简单的情况下，分为债务和产权），伴随着这样一种机制，通过这个机制当公司无法偿还所有债务时，为了高级资产的利益陆续地淘汰初级财产来恢复公司的偿还能力。这样的活遗嘱，如果适当的结构化可以使一个陷入困境的金融机构实现真正的有序转型，并因此限制金融危机的蔓延。但是，正如我们也已经说明的，这只是解决方案的一部分，因为遏制危机蔓延时会不可避免地使公司的高级资产承受一定的损失，临时的流动性援助——比如中央银行的最后贷款人职能或者一个决议机构的紧急借贷——也是必要的。

有序清算机构的权力与处理过程

关于有序清算机构在金融机构上的应用，《多德—弗兰克法案》给出了相当明确的既定目标。

这个标题的目的是给严重威胁到美国金融稳定性的清算财务失败的金融公司提供必要的权威，以一种方式解决这些风险并使道德风险最小化。应用这个标题的权利的行使方式，最能实现上述目的，因此，第一，债权人和股东将承受金融公司的损失；第二，负责对金融公司状况的管理不会予以保留；第三，集团（联邦存款保险公司）和其他相关机构将采取一切必要的和适当的措施以确保所有的当事人，包括管理人员、董事和第三方人员，都对金融公司的状况负有责任，承担与其责任一致的损失，包括损害赔偿、恢复原状，获得赔偿的权利和其他权益与这些责任并不是对立的。[⑦]

为了实现这些目标，《多德—弗兰克法案》使有序清算机构在联邦存款保险公司的破产管理模型上成型（通过适用于全功能金融公司是一个经纪自营商或保险公司的专门的替代规定）。与联邦存款保险公司在处理存款体系上的现有及持续性作用一致，它们将有权接管全功能金融公司的财产并运营这些公司，包括有权将这些财产与债务转移给第三方或桥梁金融公司。这里值得注意的是，法案破产管理模型的本质也与破产进程一致。在任一情况下，财务上陷入困境的公司将受制于管理者的监督管理——分别是联邦存款保险公司或破产法庭法官——并且在每种情况下管理者监督公司的运作及其资产的处置。然而在债权人被支付的方式上有所不同，例如在程序应用方面。

例如，为了支付债权人，一般情况下根据破产情况下的财务分配法律，根据该法案，联邦存款保险公司将能在债务中择优挑选（按优先顺序排列进行支付或对相似优先级的债务以不同的方式处理），这种条件下债权人得到的将比在破产法中清算得到的多，[⑧]并且服从某些确定的合格合同（请参阅以下的讨论）。

根据《多德—弗兰克法案》标题Ⅱ内容规定，在优先级之上，有序清算机构的程序在如下情形下遵守破产法的规定。如担保债务、未定债权、优先偿付和欺诈的财产在有序清算机构处理大致与在破产法下处理一致。但联邦存款保险公司的破产管理模型与破产法并不是在所有规定上都相同。如一个合法合同的解决，在联邦存款保险公司接管下开始一个营业日后生效，而根据破产法没有时间滞留。还有抵消，根据破产法它一般是已承兑的，而在联邦存款保险公司接管下它有所改变。

破产制度之间存在潜在的不匹配性，即使在实体规则完全相同的情况下也如此，它们在新法案下的应用可能是不确定的。一般情况下，至少在最初阶段一个新法令如何被解读将存在很大的不确定性，而这个不确定性的代价可能是很昂贵的。

此外，人们不禁要问，联邦存款保险公司是否有处理根据定义大且复杂的涵盖公司解散问题的机构能力。联邦存款保险公司已经是银行和储蓄贷款协会相对而言较简单的接收者，其中当存款保险者与存款人索赔的持款者债权转移时，联邦存款保险公司自然成为他的资产所有者。这不是联邦存款保险公司管理全功能金融公司破产的理由。与有序清算机构相比，破产法尽管不完善并且也有一些不确定性，但是具有已通过诉讼测试的行之有效的规定。破产法院经历过大型案件的管理——安然公司、通用汽车和雷曼兄弟最近正在其中。

也就是说，大型复杂金融机构在一个重要的方面很特殊，这一点是无可厚非的。根据定义，这些公司的失败引起了重要的系统性风险，与债权人关注的是正在讨论中的大型复杂金融机构而不是完整的金融系统这一事实比较，如果没有其他原因，现在还不清楚现在的破产进程能否处理这些风险。除了这里的讨论，请参见莫里森（2009）。此外，不管最近破产案件被解决的速度如何，有个令人担忧的地方是破产进程太慢以至于无法处理大型复杂金融机构，他的资助是脆弱的，与众多交易对手交易时信誉至关重要，它们的复杂性可能将它们置于金融系统中心，正如现今危机所显示的众多未预计到的结果。

因此，一些专家尤其是杰克逊（2009）主张为具有系统重要性的（甚至是全部）金融机构修正破产法，见 F. 9 条款第 11 章。[⑨]破产重组的基本前提是公平，其中《多德—弗兰克法案》承认：

如下（大部分）非破产优先权规则——"绝对优先权规则"——具有有用的可预测性，从潜在的失败中整理财务失败问题（具有太多债务但是可以生存的企业），转移剩余索取人的所有权，通过几十年的规则和判例法所提供的事实实现这些（杰克逊，2009，217～218）。

认识到当前破产法的不足，杰克逊（2009）提出了一些修改意见。

■ 为了解决这些系统中债权人的激励措施可能不同的问题，有关政府机关可以非自愿地申请将大型复杂金融机构置于 11F 章，使之服从司法审查。

■ 假设请愿被授予了，该案应该分配给特定的具有金融机构和破产法经验的专家处理。在破产中大型复杂金融机构将作为整体而不是部分（例如银行控股公司）进行管理，它会有一个单独的破产进程，并且将由联邦存款保险公司管理的其他部分（如开户银行）置于破产之外。在必要时将采用加速程序。

■ 合格的金融合同将被分为两种类型：（1）那些潜在的与现金等价的抵押品应该受"安全港"对待，并且豁免自然破产（和相关规定）；（2）所有其他的都会服从于维持现状（和相关规定）（参见本章后面这一重要议题的详细讨论）。

■ 如果需要往大型复杂金融机构中注入资本，相关政府部门应该给拥有所有权的债权人提供资金，这将服从一般的优先规则。

在联邦存款保险公司接管与破产之间权衡，除了暂缓行使和遗嘱之外，将会在 8.4 节进一步讨论。一般观点是，目前破产法处理大型复杂金融机构存在不足之处，但这并不意味着破产法应被废弃或被类似联邦存款保险公司的有序清算机构的权力替代。联邦存款保险公司一般与非常具体的和狭义上确定的公司进行交易。破产法经过多年的实践，在设计和范围上更加宽广。

有序清算机构的资金和财务含义

作为一个接收者，联邦存款保险公司将被授权利用，被《多德—弗兰克法案》称为有序清算基金。该基金将被安置在美国财政部。原来，在提案中，这项基金通过涵盖金融机构基于风险评估而前瞻性地提供资金；机构间系统相关性越大，评估会越多。然而，在签署的法律中这项规定已被撤销了。相反，联邦存款保险公司将会对财政部发行债务证券并且通过下列方式偿还借款。

■ 债权人在有序清算过程中获得的资金比他们在破产法下通过正常清算所得的资金要多。

■ 对拥有总资产 500 亿美元或更多银行控股公司和任何非银行的系统重要性金融机构进行事后评估。

如前所述，仅仅将联邦存款保险公司作为一个接收者，有序清算进程不值得注意。除此进程外，一个失败的非银行金融公司陷入破产，破产法庭可能会救助它而不是联邦存款保险公司的，它将监督公司的清算过程（假设改组是不可能的），有序清算机构下的预期清算过程大大地模仿了破产法的相应进程。具体来说，有序清算机构采用了破产法中成型的大量规定，包括在其他议题中担保债务、未定权益、可撤销优惠和欺诈性的财产让与的说明。有序清算机构与在其他方面适用的破产制度的最大区别是借用财政部有序清算基金的能力。

接收者对基金的应用有斟酌决定权。或许联邦存款保险公司可以如预期使用资金，就像为一个失败的全功能金融公司准备的经费来源，为公司提供流动资金但保留与新扩展贷款等值的基金财产。然而，如果这样，有序清算机构可能依靠本身不能明显遏制一个大型相互联系的金融公司失败所带来的风险，这将可能危害金融系统。如果这样的公司因缺少支付债务的财产而倒闭，并且在接管中没有得到补助，那么公司的交易对手将不能得到全额赔付，此种情况蔓延的风险依然存在。

因此，人们所期待联邦存款保险公司作为大型复杂金融机构的接收者将不只是利用有序清算基金，就像基金声明的，实现有序清算，更应把它用做债权人的紧急救助来源。也就是说，为了防止传染效应，即使是在非正式的清算，联邦存款保险公司也可能如大家期望使要求索赔的不能从全功能金融公司财产中获得赔付的合约方满意，使它们脱离危机。

救助（就是我们在以下几页所说的"暂缓行使"）确实可能阻止传染，我们主张在系统性失败的风险很大时联邦政府应该有更大的权威进行放款。但是，根据风险的大小，紧急救助有一个潜在的无法接受的成本。尽管系统重要性金融机构被严格管制，如同《多德—弗兰克法案》为实施最低资本要求所作的规定，例如由保险产生的激励倾向于以避免法律的各种各样风险为目标。为证明这一点，只需看一下最近金融危机中已经投保过的吸收存款的机构的倒闭。想要更多的证明，可以考虑 20 世纪 80 年代末存款和贷款的崩溃，在那时投保的和被管制的（虽然不够规范）吸收存款的机构付出巨大代价后华丽地倒闭。保险产生了道德风险。

谁将为保险产生的道德风险来埋单呢？乍一看，答案是债权人自己。如果可靠，依据《多德—弗兰克法案》，追回税款有利于重整激励措施。在金融危机期间受到保护的系统风险性债权（即那些本质上主要是短期的财产，比如未保险存款、国外存款、银行间贷款等）能否在将来追回这一问题依然存在。如果这样，那么通过合理的预测，救市将没有任何效果。一旦一个金融机构服从于有序清算机构在将来看似可能，但是将会出现大规模抢购公司和类似机构的具有系统性风险的债务。

救助资金的第二个来源是金融业本身。但是事后基金本质上要求审慎金融公司支付其他公司的债务。一旦危机开始，甚至仅仅从一个事后方面来看也是足够糟糕的，作为金融系统的成本是巨大的，它可以与系统提供信贷的能力相抗衡。讽刺的是，流动性不足的金融体系是非常不幸的，拟议的法案也是为了避免它的发生。但它变得更糟。本法案的计划是将成功的金融公司为失败的公司赔付债权人引导为一个"搭便车"的问题。这将鼓励运营非常好的银行承担很大的风险。"正面我赢，反面你输"的提议仅在金融部门通过，创造了一个风险更大、更加脆弱的金融体系，使金融危机更像起初所看到的。

第 5 章中"系统性风险税"，可被称为是一个完全不同的方法。在这一章，我们认为最优策略是首先，向大型复杂金融机构收费并确保每个政府部门收到款项；其次征收由大型复杂金融机构产生的新通行风险税。第一，如果有像保证金的债务可以经营，它们在金融危机中可以得到有效的保证，那么应该明确大型复杂金融机构应像这样缴纳保险费。这些保险费将存入一个类似联邦存款保险公司服务存款的基金中。所有其他的债务将会服从破产机制。正如下一节强调的，我们更倾向于设计"活遗嘱"，但是像上述 11F 章提到的其他方法也是有可能的。第二，这些税收应该存入系统性风险基金而不是用来救助失败的金融机构。这项基金的目的不是让这些机构失败而是支付失败所引起的系统性费用。换言之，这项基金应该用来支持有偿付能力的金融机构和因此受系统性危机影响的金融公司。在许多方面，这一特征可以作为鉴别清算授权的重要方面，因为它说明了大型复杂金融机构独有的特点，也就是系统性风险。当然，这样的系统性风险基金可以与破产进程独立管理。

如何对待合格的金融合约

为系统重要性金融机构编写破产法的困难或许没有比如何对待合格金融合约更好。合格的金融合约涉及交易，进一步来说，回购交易和一些其他的场外交易衍生合约，这是大型复杂金融机构内部工作所必需的。事实上，人们可以说，区别大型复杂金融机构与其他金融机构的方式就是看他们是否在合格金融合约市场中存在。

当前版本的破产法是 1978 年制订的，最初为期货和将来的合同提供一个远离破产（和其他相关规定）的"避风港"。为反映 1978 年以来场外交易市场的增长，通过最近主要的在 2005 年的破产改革，"避风港"异议已经广泛地扩展到回购协议、跨网规定、信用互换、利率掉期和保证金贷款，其中还包括其他安排（克里明格，2006）。"避风港"条款允许失败金融机构的合约方终止合格金融合约并且从失败机构中掌握自己应得的资产。

塔克曼（2010）提供了一个关于合格金融合约"避风港"条款优缺点的不错的讨论，我们将在本节后面简单回顾。另请参阅爱德华兹和莫里森（2004）、杰克逊（2009）、米勒（2009）、法柏斯（2010）和罗欧（2010）等。破产法赋予合格金融合约特殊地位的原始动机是减少金融系统中的系统性风险。因为衍生工具对冲（或用于对冲）不断，捆绑一个竞争对手在破产中的衍生位置将使管理风险进一步增大更加困难，导致大规模杠杆机构的风险暴露。而且，如果潜在的抵押品被占用了，交易双方的潜在流动性资金的损失也可能产生严重的后果。这些问题，再加上关于失败机构衍生工具被清除的不确定性，将会引发衍生品市场的停滞。本书第 11 章"回购协议（回购）市场"提供了当他们涉及回购时关于这些话题的详细讨论。

然而，上述文章认为，由于合格金融合约避免破产中的自动冻结（和相关规定）引起的系统性风险的减少，被另一种形式的包括合格金融合约和螺旋流动资金减价出售的系统性风险所替代。具体来说，要考虑销售和回购或者回购协议。许多回购金融家是受他们投资平均周制限制的货币市场基金。当他们面对默认的长期资产回购，如抵押贷款支持证券，他们（通常在一夜之间）作为回购融资贷款人的角色转换为长期资产的持有者。结果，金融家可能在回购合约方失败时被迫变卖资产。同样，衍生合约中失败公司的合约方可能需要立即重新考虑合约，因为它可能成为一些潜在商业风险的对冲。那么，由于交易对手都立即清算回购抵押品，或同时终止和替代他们的衍生品地位，货币市场和衍生品市场会因纯数量的交易和多方的参与而失去平衡，在当前的危机中，对像美国国际集团、美林证券或花旗集团这样的大型复杂金融机构的破产将迫使大量的抵押贷款衍生品在市场中销售有着相当大的焦虑。考虑通过其他金融机构这些证券被大量暴露，这些损失将引发资金流动性问题，引起甚至更多的销售和损失，导致金融系统很大程度上陷入死循环。

一个反对"避风港"的同样有力的论据是它创造系统内监管套汇。具体来说，对方可以没有太多后果地建立大型的集中暴露，因为大部分合格金融合约可被转换为模拟基础资产，本制裁上它们具有相同的经济目的，但还受制于不同的规则，因此事后风险具有不同的含义。通过例子，重新考虑对票面等级抵押贷款支持证券的回购。如果这些证券由一个大型复杂金融机构的银行账户占据，它就被视为典型的对一年潜在信用危险的资本要求的长期持有主体。如果抵押贷款支持证券在交易簿上相反，作为一个在回购市场可销售的被隔日交易的证券，那么就它的资本要求而言它将受制于仅一天的市场风险。坚持隔夜控股的长期资产的转化主要取决于回购金融家有权接管资产以免大型复杂金融机构的失败。然而，正如前面解释的，在很多情形下回购金融家自身不能长期拥有这些资产并且必须在大型复杂金融机构失败时变卖它们。实际上，抵押贷款支持证券从银行业到交易账户的迁移全系统地降低了资本要求，因为没有机构拥有用于方案的资本，在这个方案中系统流动性不足并且有人必须长期拥有资产（最有可能是有人减价出售而遭受大量的流动性不足）。这些扭曲推动交易对手设计能帮助财产从银行业往交易账户上转移的复杂产品，然后用影子银行系统中的短期回购提供资金，远离监管机构的监管并大大降低资本要求。有效的成果是在适当时机这些产品在回购市场中可以提供巨大的流动性，以及当预期产品会损失时，2005 年破产法中带有潜在基于抵押产品的"避风港"回购交易的扩张已被引证为 2005—2007 年基于抵押的衍生品增长的原因之一。

《多德—弗兰克法案》在其不包含的破产管理中对待合格金融合约的方式基本上与联邦存款保险公司一致。也就是说，在破产接管开始第一个交易日结束时，一般情况下交易对手应该能够运用对全功能金融公司的权力如关于他们所有合格金融合约的终止、净出、抵消和申请抵押。因此，虽然法案下"避风港"的规定与破产法是不同的，通常合格金融合约仍然从特定保护中受益。开始后直到第一个工作日结束，联邦存款保险公司才被允许在全功能金融公司与给定交易对手间转移所有（并且只能所有）合格金融合约是一个例外。

像那些在《多德—弗兰克法案》中的"避风港"条款的例外情况在一定程度上对金融机构系统性风险有意义，这也可能在不同情形下有所改变。法柏

斯（2010）、杰克逊（2009）和塔克曼（2010）都主张缩小的"避风港"规
定，尽管这不同于《多德—弗兰克法案》。如果人们考虑到系统性风险的存
在，那么下面的说法看似是合理的。

■ 流动的合格金融合约应该保持豁免。流动的合格金融合约在减价出售
情况下将产生更少的系统性风险，但仍允许交易对手管理它们的风险，这些风
险没有大型复杂金融机构破产引起的不确定性，而且为了获得豁免，交易对手
就有了在流动合格金融合约中交易的动机。

■ 无流动资金的合格金融合约——或者是无潜在流动资金（如抵押贷款
支持证券中的回购合约）——将受制于破产的一般规则，包括自动冻结。潜
在的大规模减价出售的系统性风险可以避免，尤其是考虑到复杂的、无流动资
金的交易在解约上更加困难。当然，它的到来将以竞争对手的一般流动性资金
为代价，并且影响他们风险管理的监管者能力。在一定程度上加强资本和负债
标准，受制于冻结的合格金融合约应该对交易对手应用更高的流动性资金
标准。

8.4　展望未来：如果大型复杂金融机构失败了会怎样，债务清算、破产、生前遗嘱或偿债延期

是否存在能够引导市场纪律和减轻道德沦丧所造成的危害的决议？暂且先
将这个问题放一放。有一个最主要的问题就是由多德—弗兰克提出的决议，这
个决议关注的是个人风险，而不是产业和经济的系统性风险。所以，即使恢复
市场规则，仍旧会有许多系统性风险存在。更重要的是，有序清算机构
（OLA）没有办法控制风险，特别是产生危机的时候，法案无法给有序清算机
构提供有建设性的决议，从而支持财政系统的流畅运行。然而，显而易见的是
Act 恰恰相反——没有再融资，从国库贷款的能力一般只与清算商品共同基金
等有关。并且，美联储成为非银行机构最后"救命稻草"的应急能力大大削
弱了。

在 8.3 节中，我们提供了一个详细的比较：一种破产制度和有序清算机构
的联邦存款保险机构的破产管理模式相比较。如何解决大型复杂金融机构所经
历的危机，这看起来好像是值得深究的问题，比如采用延期偿债和生前遗嘱方
式。另外表明，当破产有助于解决破产机构和市场规则公平问题的同时，它也
可能处理不好在危机中的流通问题和系统性风险。在另一个极端，延期偿债几
乎达到（获得）了相反的结果，仅仅只降低了在危机中系统性监管者，但不
以强调破产和导致严重的道德败坏为代价（代价就是不但没有突出破产，还

败坏了道德）。为保持平衡，我们更喜欢生前遗嘱的概念，这个概念提供了一种市场化的解决办法，可以防止道德沦丧，而且避免了潜在的严重的破坏费用（昂贵的因破坏产生的费用）。

表 8.1　　　　　　　　**不同的解决方法和它们的相对优势**

解决机制/ 经济问题	破产	暂缓行使	破产管理	遗嘱
纳税人损失最小化	是	是（如果是流动性危机，尽管有些道德风险） 否（如果是偿付能力危机）	否（如果是流动性危机） 是（如果是偿付能力危机）	是
涉及无力偿还机构	是	否	是	是
涉及事后系统性风险	否（除非破产修订，如11F章）	是	是（索赔优先顺序的不确定性可能引起系统性风险的出现）	除非政府资金被引入，否则可能导致传染性失败
决议期间管理失败机构	是	是	可以提升政府的技巧和资源	是
涉及事前的道德风险	是	否	破产管理更大灵活性可能储蓄地暗示紧急救助	是

从表8.1可以看出，总结不同解决办法来提高机制的处理一些主要的潜在的大型复杂金融机构的失败经济的能力（总结出了在大型复杂金融机构失败背后的不同解决机制处理一些主要经济问题的能力）。[10]

首先考虑延期偿债的策略，在2008年的财政危机中被政府着重强调。他最常使用的办法就是提供政府援助——给一个破产的银行或者其他财政机构（为一个破产的银行或者其他财政机构提供政府援助）。这实际上是"赔了夫人又折兵"，补贴银行或机构，然后希望它们可以摆脱困境（通过政府补贴帮助那些银行或机构摆脱困境），这种制裁会带来社会风险的私人获利。尽管看不见，但是这种方法仍值得公平聆讯，即使它有可能会扭曲政府援助而面临道德风险。

特别地，通过用纳税人的钱去挽救一些系统性机构来挽救整个系统可能产生正外部应。许多人认为这个方法可有效地阻止 2008 年八九月份的金融危机，而且延期偿债稳定了系统，作为经济措施好像确实在 2009 年和 2010 年的经济危机中发挥了作用。

可以说，"延期偿债"和更加激烈的措施例如破产或破产清算之间一直争论的实质为一次金融危机是否纯粹是一种恐慌——害怕和不流动的一种——或者是一种基础和倒闭。从它们的性质看，害怕和流动性不足是这个世界的临时性状态。由于风险规避回归到自然水平和市场的开拓，银行或财政机构的情况逐渐改善。这说明延期偿债是正常的政策，延期偿债一方面避免了银行破产对系统性风险的突然影响，另一方面也避免了因银行破产本身所带来的产业缩水。

对于专攻银行的经济学者来说，延期偿债还有一些不为所知的更不利的特性。在日本 20 世纪 90 年代的十几年中，日本银行持续将资金借给破产公司，以便不记录它们的损失，这致使政府支持破产银行和公司。这种不可持续的发展被认为是日本零增长的"失去的十年"的主要原因。

一个不可忽视的事实就是延期偿债导致道德的沦丧。对于延期偿债以及之前所带来的美好记忆，财政部门在将来可能会继续采取不对称单向投注的方式。所以寻找规范资金要求的规则，财政将承担能够提供小价差的安全保障。尽管以低概率为代价，但是效果是显著而高风险的，这就是所谓的套息交易。当然，由于银行业风险、流动性风险和融资风险都在本次危机中出现了，所以这些交易能够提供价差。在假设这些公司"大而不能倒"的条件下，管理基金买进金融机构的债务，即使在理论上，这些基金将强加于这些金融机构的市场行为，而不是它们变得更大。金融部门债权人对道德风险的容忍度将取决于最终缺乏的市场纪律和风险政府的价格波动。

与延期偿债相比，财务清算和破产制度的重点在于减轻道德风险。[11]在 8.3 节中有一个细节的讨论，在这我们只是简单地重复这个观点。财务清算比起标准的破产，在处理系统性风险上更具灵活性，想当然是正确的。《多德—弗兰克法案》为有序的清算机构，在一定程度上是一个欠佳的债务清算模型。有序清算机构由于其外在的局限性，在提供资金上缺乏灵活性，比起破产法案，未经试验的步骤将给债权人带来不确定性。更好的立法将脱离《破产法案》，然后由破产法院处理公司的破产。应该与杰克逊（2009）在 11F 章的提案一致，一个金融机构的破产由财政部一个有资格的选定陪审团请愿引起，这也与《多德—弗兰克法案》的规定相似。然而，一个成功的请愿是破产法下一宗破产案件的开端，而不是让存款保险公司执著管理，然而，破产案件一旦开始就不一般。有序资金清算可以作为一种资金来源以支持破产中的一些破产机构。

规范清盘资金应该是破产的金融机构的资源，即债务人持有资产的贷方，正如财政部在克莱斯勒—通用汽车案件中充当着占有债务人角色那样。也就是说，人们可以较便利地将程序部分从规范清盘基金中剥离，只留下其真正独特的成分：规范清盘基金。

规范清盘资金，如果真有这样的资金，从规范清盘基金中抽离出来还会有另一个好处。作为一个致力于防止系统金融危机的实体，而不仅是一个清盘调教人，规范清盘资金不但可以借给破产了的公司，还可以借给那些在破产边缘挣扎的公司，也许还能防止它们破产。从另一方面来说，规范清盘资金能够集中在流动资金而不是清盘时危机更难解决的时候预防危机。此外，也正因为如此，《多德—弗兰克法案》不符合预先系统评估危机机构这一标准。为了不被起诉，公司都会整体选择减少与系统的关联。然而，即使减少了关联，系统危机还是存在的。预先准备的资金一般就可以用于支持有偿还能力的金融机构以及实体经济。

最后，在《多德—弗兰克法案》中有一个条款提出，当金融机构破产时除了适用规范清盘解释和一般破产程序外的另一个选择。这一提案就是在破产前需要重要金融公司的特定文件，如美联储和美国联邦存款保险公司合格的财产困境解决方案（即所说的金融机构遗嘱或破产计划）。然而，立法需要公司财产和法定义务的陈述，并且证明其方案能利于解决破产。它并没有详细说明财产困境方案若要通过，需要包括哪些内容。不过，正好有一份完善的学术文献研究这些必需的内容。值得注意的是，文献中所指的那种遗嘱能够自动快速地完成规范清算，比适用规范清盘解释或是破产法任何一项都要更快速和准确。

公司的遗嘱的学术概念本质上是，将公司资产建构成按优先资金层分类的等级结构。万一一家公司在债务上有没改正的违约现象（在有充分的机会改正后），这家公司的普通股份就将会减少，并且最后考虑的债务资金层将会转化为普通股。[12]如果最后排除的债务资金能够创造足够的流动资金来偿还公司剩余的债务，那么公司就不必要进行进一步的改组。如果最高一级的债务资金中仍有违约现象（在有机会改正后），这一过程将会一直进行下去，直到所有的违约情况都已改正，或是最优先考虑的资金已转化为普通股。只有当一家公司在其最高级债务中违约时，在所有初级债都已消除后，其高级债务股东才有理由取消附属担保品的赎回权，就好像初级债的消除，直到那一刻，才会有流动资金稳定公司，以及如果发生这样的情况，阻止任何对公司财产的争购。

值得注意的是，无论在哪种情况下都不会出现需要司法评估或决定哪项法定义务应该被履行。

宽限所带来的风险是不容忽视的，所以随着宽限以及所带来的一些美好记忆，金融业在未来有可能继续采取不对称单向的赌注，所以寻找规范资金要求的规则，财政将承担能够提供小价差的安全保障。尽管以低概率为代价，但是效果却是显著而极端风险的，这就是所谓的套息交易。当然，由于银行业风险、流动性风险和融资风险都在本次危机中出现了，所以这些交易能够提供价差。管理基金购买金融机构债务的情况下，这些公司太大以至于不能失败。尽管在理论上，这些资金应该在这方面实施市场纪律的行为，而不是金融公司把它们推向更大更难处理。债权人的道德风险最终成为缺乏足够的市场纪律和金融业中债权人价格波动的一个因素。

与宽限相比较而言，破产制度着重降低道德风险。在 8.3 书中详细讨论这个问题，这里只做简单的介绍。在处理系统性风险的时候，破产接受制度比标准破产制度更灵活。更好的立法，让专业的破产法庭处理相应公司的接管事宜。与杰克逊（2009）提出的措施相一致，如果一家金融机构破产，应该由财政部组织一个专家组进行判定，处理的过程应该按照《多德—弗兰克法案》。在普通的破产清算中，得到的基金可以作为金融机构资本的一个来源，也就是说，在克莱斯勒案和通用汽车案中，财政部作为债务拥有者（DIP）的贷方。也就是说，可以除去普通清算当局的繁琐过程，只留下真正独特的部门，即流动性救助基金。

将流动性救助基金从有序清算权中分离出来还有更多的好处。作为一个致力于防范系统性金融危机的机构，流动性救助基金不仅仅是清算服务者，基金不仅出借资金给已经破产的企业，而且也包括濒临破产的那些。换一种方式说，基金会将会关注偿债能力而不是财产清算，关注预防危机，而不是等到危机发生后，花费更大的代价去处理。在这个意义上，《多德—弗兰克法案》没有确切评估系统性风险的机构。为了避免被起诉，公司通常选择较少的系统互联，但是，某种程度的系统性风险仍然存在，先行融资可以最大程度地支持有偿债能力的金融机构和真实经济体。

最后，有一种版本的《多德—弗兰克法案》提出了在一个金融机构倒闭时交替地使用有序清算机构（OLA）或者一般破产程序的建议。法案要求金融公司在破产之前提供一些重要的文件和联邦储备金监察小组与联邦存款保险公司可接受的金融危机解决办法（被称为金融机构生前遗嘱或者破产计划）。这项立法要求对公司财产和义务进行描述，以及提出能有利于解决破产的办法，至于财政危机具体包括哪些内容则不用详细阐明。不过还是有关于这方面的报道的。更为重要的是，文中提出的各种生存意愿可以使财产清算有序自发地进行，而且与有序财产权或者破产法想比较更加快速而且更加稳定。

在学术上，首先将公司的资本划分为优先级不同的层级结构，再来看这家公司是否具有继续生存的意愿。如果对公司的债务无法偿还，公司的普通股会被消除，具有最低优先权的债务会转化为普通股。如果先清除具有最低优先权的债务，还有创造足够多的流动性来偿还剩下的债务，就没有必要进行改革。如果存在更高级别的债务，这个偿还的过程就要重复一遍，直到最高等级的债务同样地被清偿。只有在消除了所有次级债务后，公司仍然不能履行其最重要责任时，债务的所有才有理由没收抵押品，作为消除次级债务，只有那样，提供清偿机制才能使公司更加稳定，而且阻止公司资产的流逝。

重要的是，绝无必要进行价值判断，或者决定哪项责任是否完全令人满意。将债务转换为普通股可以为公司带来永久的清偿能力。没有必要使用当前的专业术语对破产重组后的资本结构进行改造，也没有必要将破产超越于简单的公司的生存意愿。因此，尽管《多德—弗兰克法案》将生存意愿设想为破产进程中的美好蓝图，一个带有自发兑换机制的生存意愿将很大程度地消除这个必要，这样的自发机制可以在系统性危机产生时及时提供金融市场所需。

生存意愿这个概念中存在着潜在的缺点，然而，如果想要这个建议能够起作用，必须经历一个转变，那就被容易检测的信号触发，而不是像资产内在价值这么复杂。这项建议的关键是，当一个公司没有能力处理好所有的债务时，能够提供快速的营救并且偿还那些债务。这样的转变使得在金融危机中的公司，面临着消除利润的风险，事后证明在传统的破产重组中，这样做是有价值的，债务人继续寻找清偿办法以解决危机，但是这样也存在一定的花费，在传统的重组中，包括不确定性和对金融市场潜力的分析，导致要求被管制的金融机构有生存意愿。而且，市场近期需要类似的想法。例如劳埃德银行，发行了反向的可转换债券，当公司有特别的资金需要时，这个债券可以转换为普通股。第6章中，"资金，后备资产，流动性需要"对各种各样的将债务转换为普通股设计方案进行了详尽的分析，这与生存意愿概念相关。

生存意愿这一概念的提出，可以快速地解决破产公司事务，只将受损的债务按其偿付能力进行交易。这样做的结果可以限制公司破产的规模，并且减少无法偿还的债务，以免在金融体系中蔓延。换句话说，对较低优先级债务的转换将恢复较高优先级别债务的内在价值，这样才能避免传染。然而，即使生存意愿主要关注解决私人企业的危难，但是它也不是在处理风险传染性时毫无用处。不过，即使是在生存意愿下，有一些亏损的公司债务仍然不可避免，最终完全消除风险的传染性，生存意愿的作用有限。例如，没有补贴金的生存意愿——例如流动性救助基金提供的良好贷款——当公司的关键资产已经转化或者消失，将不能消除由公司破产导致的后果。在这样的方案中，需要中央银行或者政府资助的流动基金来进行补救。但是，当前缺乏这样的补助，生存意愿也许是最好的解决办法。

8.5 总结

我们对《多德—弗兰克法案》所支持的有序清算机构感到很不满。因为它缺乏使政府提供下一次金融危机所需财政支持的灵活性，因为有序清算机构的资金会加剧道德风险，因为所涉及的解决全功能性金融公司的方法可能不会那么有序或确定。这并不是指我们反对这个新法案，清算机构不能被视为孤立的，有些条款是我们所欢迎的，包括法案设立新金融安全监管委员会的建议，通过美联储，它有权限制大公司的活动。有效的潜在约束包括征收资本、限制风险投资（即所谓的沃克尔规则）等。设立监管制度主要是为了预防相关联企业间的大规模金融危机，而不是管理它们的转让，何况这项改革还是有优点的。

注释

①在美国长期资本管理公司破产期间或者该公司已经出现系统性风险之后都没有统一的定论。例如，Furfine（2001）发现长期资本管理公司无抵押贷款的水平之高，在其破产之后并没有影响到长期资本管理公司。有趣的是，他在长期资本管理公司纾困之后引用文献证明了规模效应可能会不断增长。

②申请破产之后，自动保持的衍产品合约免税后仍然可以抛售、净利润或者清算头寸。破产法同样延伸到其他条款，如那些可能允许破产中债务人追回资金的可撤销的权利、建设性的有欺诈性的物业交易、自动终止条款等。

③Acharya 和 Engle（2009）介绍了对手风险，Acharya 和 Bisin（2010）则讨论了其模型。

④Summe（2009）讨论了雷曼兄弟的破产以及暗示了各种破产框架。

⑤正如第 5 章里所说，由于美国联邦存款公司的保证金被认为是资本化的，所以 1995—2005 年，许多联邦存款公司担保的机构无须交任何费用。

⑥经过与财政部长磋商以及联邦存款机构和理事会 2/3 的投票，《多德—弗兰克法案》同样允许联邦存款机构建立系统以保证有偿还能力的监管机构的义务以及对损失和花销进行一定的补偿。然而，除了程序上的障碍外，那样的方案需要有流动风险的准备，所以任何挽救都可能来不及。

⑦HR4173，标题 Ⅱ "有序的清算结构"，Sec. 204，"覆盖财务公司的有序清算"。

⑧即使《多德—弗兰克法案》提供了这种灵活性，然而其目的是"确保无担保的债权人依照优先级的规定承担损失"（HR4173，标准为 Ⅱ，Sec. 206，"强制性条款和有序清算

活动的条件")。在破产接管融资和服从诸如无抵押索赔权利和经济自营控制中心的特殊规定之后，无抵押索赔的优先顺序或者初级利益包括：(1) 接管者的成本；(2) 应付美国政府的金额；(3) 制定工资、薪水或者普通雇工的保证金；(4) 普通债权人的特定义务；(5) 经济自营商其他的普通或者高级的债务；(6) 普通债权人应尽的义务；(7) 高级主管或者经理的工资、薪水或者保证金；(8) 股东或者类似股东的利润。

⑨然而，应该指出的是，其他专家认为破产接管是处理这些问题的唯一可行的选择（例如，霍尼格、莫里斯和斯帕恩，2009）。

⑩阿查里亚、理查德森和鲁比尼（2009）讨论了2009年初经济危机期间处理大型金融机构的各种方法。这节的一部分就是建立在有关讨论之上的。

⑪一个混合模型就是政府（或者中央银行）支撑的销售其中存在一些债权人或资产保证人的形式来推动的实力。尤其是在经济危机中期，联邦存款机构提供的许多交易就类似这种混合模型。贝尔斯登的决议就是另一个突出的例子。就其本身而言，几乎所有的特性就效率来说都是延期偿债和破产接管两者的混合。

⑫例如，阿德勒（1993）和默顿（1990）。

参考文献

［1］Acharya, Viral V., and Alberto Bisin. 2010. Counterparty risk externality: Centralized versus over – the – counter markets. Working Paper, NYU Stern School of Business.

［2］Acharya, Viral V., and Robert Engle. 2009. Derivatives trades should all be transparent. *Wall Street Journal*, May 15.

［3］Acharya, Viral V., and Ouarda Merrouche. 2008. Precautionary hoarding of liquidity and inter – bank markets: Evidence from the subprime crisis. Working Paper, NYU Stern School of Business.

［4］Acharya, Viral V., Matthew Richardson, and Nouriel Roubini. 2009. What if a large, complex financial institution fails? Mimeo, NYU Stern School of Business.

［5］Adler, Barry E. 1993. Financial and political theories of American corporate bankruptcy. *Stanford Law Review* 45: 311.

［6］Edwards, Franklin, and Edward Morrison. 2004. Derivatives and the bankruptcy code: Why the special treatment? Columbia Law and Economics Research Paper No. 258.

［7］Faubus, Bryan. 2010. Narrowing the bankruptcy safe harbor for derivatives to combat systemic risk. *Duke Law Journal* 59: 802 – 842.

[8] Furfine, Craig. 2001. The costs and benefits of moral suasion: Evidence from the rescue of Long – Term Capital Management. BIS Working Paper No. 103.

[9] Hoenig, Thomas M. , Charles S. Morris, and Kenneth Spong. 2009. The Kansas City plan. In *Ending government bailouts as we know them*, ed. Kenneth E. Scott, George P. Shultz, and John B. Taylor, chap. 10. Stanford, CA: Hoover Press.

[10] Jackson, Thomas H. 2009. Chapter 11F: A proposal for the use of bankruptcy to resolve financial institutions. In *Ending government bailouts as we know them*, ed. Kenneth E. Scott, George P. Shultz, and John B. Taylor, chap. 11. Stanford, CA: Hoover Press.

[11] Krimminger, Michael. 2006. The evolution of U. S. insolvency law for financial market contracts. Federal Deposit Insurance Corporation Paper.

[12] Merton, Robert C. 1990. The financial system and economic performance. *Journal of Financial Services Research* 4: 263.

[13] Miller, Harvey. 2009. Too big to fail : The role of bankruptcy and antitrust law in financial regulation reform. Testimony before the Subcommittee on Commercial and Administrative Law of the House of Representatives Committee on the Judiciary, October 22.

[14] Morrison, Edward. 2009. Is the bankruptcy code an adequate mechanism for resolving the distress of systemically important institutions? *Temple Law Review* 82: 449.

[15] Roe, Mark J. 2010. Bankruptcy's financial crisis accelerator: The derivatives players' priorities in Chapter 11. Harvard Public Law Working Paper No. 10 – 17.

[16] Summe, Kimberly Anne. 2009. Lessons Learned from the Lehman bankruptcy. In *Ending government bailouts as we know them*, ed. Kenneth E. Scott, George P. Shultz, and John B. Taylor, chap. 5. Stanford, CA: Hoover Press.

[17] Tuckman, Bruce. 2010. Amending safe harbors to reduce systemic risk in OTC derivative markets. CFS Policy Paper.

第9章 系统性风险和保险公司的监管

Viral V. Acharya, John Biggs, Hanh Le, Matthew Richardson, and Stephen Ryan

保险创造的社会福利是显而易见的。传统保险公司将个人和企业可能发生的特定灾难性风险进行各种形式的分散。在竞争激烈的市场环境下，保险公司根据保险精算基础对可分散风险进行定价，这为那些暴露于风险之下的个人及企业带来了巨大的效用。保险在全球经济中扮演着广泛的角色。比如寿险、健康险、财产意外险，美国保险监督官协会（NAIC）的数据显示，这几个险种的保险费总计1.28万亿美元，是美国2008年名义国内生产总值的9%。

最近，一些保险公司却偏离了传统的商业模式，即提供保险或者类似的金融产品，从而防范宏观经济事件风险或者其他不可分散风险。非传统保险活动的系统性风险比传统保险活动系统性风险更大。比如，在发生金融危机前几年里，专业保险人和美国国际集团承保了与次级抵押贷款绑定的结构性金融产品，它们以保单和可替代信贷衍生品的形式提供这些担保。[①]这些担保在创造和维持次级贷款泡沫（约2004年开始）的过程中起着关键作用，但房价在2006年中期开始下跌并在2007年底的时候暴跌，导致担保的资产价值严重缩水，保险人出现了巨大的亏损以及大量的流动性需求。单线保险人信用评级的下调导致担保的债券价值缩水和整个借贷市场的功能失常。如果美国政府没有批准美国国际集团申请破产保护并且承担债务，那么势必会对美国国际集团的金融机构交易对手产生非常不利的溢出效应。抵押保险公司如MGIC（美国抵押保险公司）投资公司、PMI集团、瑞迪安（Radian）集团，在金融危机期间遭遇了类似的问题。

另一个例子，美国国际集团，哈特福金融服务集团（HFSG）、林肯国民集团等一些大型寿险公司都积极地签售投资型的保单，保单的最低保证和其他合约条款将保险公司置于资本和其他投资市场的危险中。金融危机时，投资市场的恶化使得这些保险公司损失惨重。美国政府除了给予美国国际集团大量的救助外，还在2009年7月从资本收购计划（CPP）基金中注资34亿美元拯救HFSG，注资9.5亿美元拯救林肯国民集团。由于金融市场的强烈反弹，HFSG有能力偿还政府在2010年3月31日给予的救济金。林肯国民集团已于2010

年 6 月 14 日计划发行 10 亿美元新股票和债券。

监管机构需要加强对非传统保险活动产生的系统性风险的金融监管。2010年 9 月 21 日，奥巴马签署了《多德—弗兰克华尔街改革与消费者保护法案》，但是令人难以理解的是，该法案几乎没有涉及保险领域，除了批准了一些初步措施。

在这一章，我们指出《多德—弗兰克法案》对保险业的金融监管是不充分的，并且提出了我们对监管改革的建议。

9.1 美国保险业现有的结构和监管制度

保险有两大类——寿险和财险。这两大类保险因保险人的运作和监管制度不同而存在巨大差异。

人寿和健康保险公司（以下简称寿险公司）出售的保险是为了应对危害人们生命健康的意外事件。举个例子，人寿保险是为了补偿不可预测的死亡所可能造成的经济损失，养老金是为了保证老有所养，健康保险为支付不可预测的医疗、残疾、长期护理的费用提供保障。很多种寿险如变额年金，存在许多投资因素。在表 9.1 的 A 板块中我们可以看到，2008 年寿险占到总保险费的19.5%，年金占到 33.5%，健康险及其他保险占到 47%。表 9.2 表示的是以保险金额比较而得出的前 25 家寿险公司。这些保险公司的保险费占了寿险总保险费的 3/4。前三家寿险公司——大都会人寿保险公司、AIG 和保诚公司占了总保险费的 23%。仅前 11 家保险公司就占了总保险费的 50%。

表 9.1	2008 年美国保险直接费用	单位：美元
A：人寿和互助救济保险		
寿险		153 849 638 239
年金		264 122 255 361
寿险、年金、储蓄类型合约金，意外和健康保险及其他类型合计		787 748 498 852
B：财产意外保险		
房主的多种危险保险		65 682 086 696
医疗过失险		11 136 796 122
工人补偿金		45 571 879 791
其他责任保险		52 695 252 309
私人载客汽车险合计		164 254 746 128
商用汽车险合计		26 986 027 510
所有经营范围（包括表中未显示的）		495 171 362 005

资料来源：美国保险监督官协会。

表 9.2　　　　2008 年人寿和互助救济保险业保险费排名前 25 位公司

单位：美元、%

公司	保险费	市场占有率	累积占有率
大都会人寿保险公司	85 412 088 151	10.84	10.84
美国国际集团	54 180 274 203	6.88	17.72
美国保诚保险集团	40 073 876 394	5.09	22.81
荷兰国际集团	35 142 085 489	4.46	27.27
全球美国保险控股集团	32 184 994 461	4.09	31.35
汉考克集团	31 506 631 544	4.00	35.35
联合健康保险集团	31 432 339 997	3.99	39.34
纽约人寿集团	27 941 620 703	3.55	42.89
信安集团	25 472 023 815	3.23	46.12
哈特福火险和意外险集团	24 669 677 233	3.13	49.26
林肯国民集团	21 071 574 017	2.67	51.93
金盛集团	18 612 297 406	2.36	54.29
安泰集团	15 820 347 491	2.01	56.30
美国家庭保险集团	15 369 985 151	1.95	58.25
杰信集团	14 368 161 503	1.82	60.08
马塞诺塞互助人寿保险集团	14 220 222 781	1.81	61.88
Humana 集团	13 879 154 337	1.76	63.64
美国教师退休基金会集团	13 798 508 923	1.75	65.40
太平洋人寿	12 882 759 966	1.64	67.03
安联集团	11 115 233 740	1.41	68.84
Genworth 金融集团	10 983 637 992	1.39	69.84
全美保险集团	10 833 330 409	1.38	71.21
阿默普莱斯金融集团	10 670 739 020	1.35	72.57
西北互助集团	10 414 519 410	1.32	73.89
英杰华集团	9 490 647 446	1.20	75.09
行业总计	**787 748 498 852**	**100.00**	**100.00**

资料来源：美国保险监督官协会。

表 9.3　　　　　　　**2008 年财产意外险保险费排名前 25 位公司**　　　单位：美元、%

公司	保险费	市场占有率	累积占有率
国家农场集团	49 944 110 234	10.09	10.09
美国国际集团	3 194 747 641	6.45	16.54
苏黎世保险集团	28 157 387 522	5.69	22.22
好事达保险集团	26 880 105 440	5.43	27.65
自由互助集团	26 331 557 661	5.32	32.97
旅行家集团	21 807 760 469	4.40	37.37
伯克希尔哈撒韦集团	16 225 291 933	3.28	40.65
全美保险集团	15 826 371 498	3.20	43.85
前进保险集团	13 776 834 518	2.78	36.63
哈特福火险和意外险集团	11 049 580 528	2.23	48.86
丘博保险集团	9 836 727 259	1.99	50.85
美国汽车协会联合服务集团	9 575 491 347	1.93	52.78
安达集团	8 656 266 131	1.75	54.53
I 保险集团	8 528 226 320	1.72	56.25
安联集团	6 093 099 134	1.23	57.48
美国家庭保险集团	5 835 203 659	1.18	58.66
车主保险集团	4 409 410 913	0.89	59.55
美国金融集团	4 091 749 579	0.83	60.38
安舒龙保险集团	3 853 077 113	0.78	61.16
伊利保险集团	3 799 901 584	0.77	61.92
柏柯莱保险集团	3 579 386 081	0.72	62.65
老共和国保险集团	3 219 625 816	0.65	63.30
辛辛那提金融集团	3 180 460 976	0.64	63.94
大都会集团	3 050 105 058	0.62	64.55
信利保险集团	3 035 011 919	0.61	65.17
行业总计	**787 748 498 852**	**100.00**	**100.00**

资料来源：美国保险监督官协会。

　　财产意外保险公司出售的保险防范广泛且熟悉的风险，如车险、火险、房险。其他主要经营范围包括侵权行为责任险、水灾险、飓风险、地震险、医疗过失险、工人补偿金险、行政长官和董事责任保险、海运险和再保险。表9.1B 部分表示的是 2008 年财产意外险的分布情况。从表 9.3 可以看出，前 25

家财产意外保险公司占总保险费的 2/3，前三家财产意外保险公司——国营农场保险公司、美国国际集团、苏黎世保险公司占有率为 22%。与寿险公司情况相似，仅前 11 家财产意外保险公司就覆盖了 50% 的财产意外总保险费。

不像其他金融监管，保险业大都是各州监管。这是 19 世纪开始的惯例。随后也在法律上尝试过将保险纳入联邦政府监管，而作为联邦政府州际商业监管权力的一部分。值得一提的是，1869 年 Paul v. Virginia（75，U. S. 168）案中最高法院规定保险不属于商业，从而不属于联邦政府监管。1944 年美国东南部承保人协会案（322 U. S. 533）中，最高法院规定保险属于商业，否决了 Paul v. Virginia 案，从而认定对保险业的监管是联邦政府的职责。1945 年，国会通过了《麦卡伦·菲尔古森（McCarron - Ferguson）法案》，法案中规定了州政府对保险业的监管，但也保留了联邦政府监管的权利，在某些情况下，联邦政府将对保险业监管承担更大的责任。

保险监管由几个主要的活动组成。在这一章，我们重点阐述金融监管、会计、信息披露的要求。保险监管还包括公司的成立和营业执照的发放、联营和控股公司监管、代理和经纪人营业执照的发放、产品审批、营销方式、现场稽核和投资限制。

州保险监管的一个重要功能是建立和管理保证基金，当保险人丧失偿付能力时，从保证基金里赔付给保单持有人。每个州通常有两只基金，一只是寿险公司的基金，另一只是财产意外保险公司的基金。并非所有经营的保险业务都有基金支持。当一个保险人破产了，由所属州的州政府接管，对保险公司进行清偿或者帮助其恢复。州基金对保单持有人被担保的收益设置了上限。支付保单持有人收益的费用由各个保险人分担。州政府以该州注册的健康保险人为参考，对其他保险人进行评估，经过复杂的计算公式计算出各个保险人的份额。州保证基金不收事前保险费，因此未经过评估是没有保证基金存在的。由于不同州具有明显差异，保险人通常需要时间来交评估的分摊费，他们常常在州保险费税上能得到减税。保险人一定程度上的减税说明州纳税人最终为保险人的破产埋单。

州保险保证基金和联邦存款保险公司（FDIC）基金有相似点，FDIC 基金是保证每个银行储户在每家银行的存款上限为 250 000 美元，但州保险保证基金和它还是有重要差异的。第一，FDIC 根据银行被担保的存款额向银行收取事前费用，当基金超出了所定百分率的保证存款额时，会将钱返还给银行。[②] 基金使得 FDIC 面对银行破产的时候能迅速作出反应，尽管 FDIC 在系统性风险发生时，比如 20 世纪 90 年代早期的紧缩危机，或是 2007—2009 年的金融危机，需要筹集额外的费用，第二，州保险保证基金对破产的保险公司没有责任采取"立即纠正行动",而 FDIC 对破产的银行是有这个责任的。采取立即纠正行动可以保护资产,也就是在银行破产前阻止资本耗竭,从而减少了通过清偿或其他手段解决破产问题的成本。

每个州都有保险监管部门和保险监督官,保险监督官由州长任命,另外有10 个州的保险监督官是选举产生的。美国保险监督官协会(NAIC)是促进州高效监管的机构,通过出台标准的州法律和监管制度,编制会计准则或者其他方式,NAIC 还有通过评估投资进行监管的职能,NAIC 努力减少了但消除不了州际间保险人源于州层次监管的摩擦。

联邦政府有时会干预州保险监管。比如雇员退休收入保障法(ERISA)替代了州对保险人养老金和健康计划的监管。美国证券交易委员会(SEC)监管保险人的变额年金、其他基于表现的投资产品及上市保险人的财务报告。当保险业的偿付能力面临不可预料的冲击或者持续的不确定性时,联邦政府会提高保险业的偿付能力或者自己提供保险服务。比如,2001 年"9·11"恐怖袭击事件发生后,保险人产生了大量的财产索赔,这个后果是保险人的资本减少,更重要的是,未来潜在的恐怖事件的高度不确定性有效地冻结了恐怖主义再保险市场。恐怖主义风险保险法案(TRIA)解决了这个问题,措施是当保险业累积损失达到一定的水平后,政府提供恐怖袭击损失的再保险。[③]

州际保险人和其他保险人批判州层次监管的高成本、低效率,希望有一个全国特许保险和联邦保险监管制度。然而,国会通常抵制改变现存的体系,除非面临不可抗力事件,比如恐怖主义和卡特利娜飓风。州监管机构有力地辩护在监管地方事务中的表现(消费者保护,投诉等),它们指出相比于部分或者全部联邦监管的银行,极少的保险公司破产。

金融危机揭示了保险人监管制度的"软肋",尽管《多德—弗兰克法案》推动了金融业广泛的监管改革,但是对保险业则仅有些温和的初步措施。

9.2 《多德—弗兰克华尔街改革与消费者保护法案》和保险监管的关系

《多德—弗兰克法案》包含了一些关于保险监管的规定。

第一,它规定在财政部下设立了联邦保险办公室,这个办公室具有以下权力:

(A)监视保险业的各个方面,包括识别可能导致美国保险业或金融体系产生系统性危机的保险监管问题或漏洞;

(B)监管范围扩展至传统上不能享受到服务的社区和消费者、少数族裔和中低收入者，使其获得支付能力范围内的、除了健康保险之外的任何保险产品；

（C）依据《多德—弗兰克华尔街改革与消费者保护法案》第 1 章的要求，向金融稳定监管委员会提出建议，由联邦储备理事会对指定的保险公司及其分支机构作为非银行金融机构进行整体监管；

（D）依据《2002 年恐怖主义风险保险法案》，协助财政大臣管理恐怖主义保险计划；

（E）对于国际保险方面需要审慎考虑的问题，应协助联邦政府制定相关政策，包括在国际保险监督官协会（IAIS）（或继任机构）中酌情代表美国政府，以及在使用协定中协助财政部长进行谈判；

（F）依照 f 款，确定州政府保险规章是否被适用协定取代；

（G）有关保险方面的全国性重要事务和国际性重要审慎保险问题应与各州（包括州保险监管部门）进行商议；

（H）履行财政大臣分派的其他相关职责和权力。④

上述所列表明了联邦保险办公室有调查和代表保险业的权力，但是没有进行直接监管的权力。而且，它确定的任何监管问题都交给其他监管部门。比如，它会向金融稳定监督委员会推荐它认为具有系统重要性的任意一家保险公司。

第二，这个法案规定了系统性风险的监管部门——金融稳定监督委员会。然而，法案并未给予保险业本身存在的系统性风险足够的认识。比如，委员会的投票成员可能是"总统任命的人员，参议院推荐或者同意的人员，具有保险专业知识的人员"，而不是来源于联邦保险办公室。从这方面来讲，法案充其量只是给予办公室对保险系统性监管的研究权力。

第三，法案提供了监管机制，联邦对任何有重大系统性风险的银行或者金融控股公司拥有强大的监管权力。这可能包括了像 AIG 这样的多元金融服务保险机构，而未包括其他大保险公司如 HFSG、大都会人寿保险公司、林肯国民集团。联邦保险办公室对于保险监管的可行性被提及作为一个研究问题。

第四，联邦保险办公室主管的重要作用仅在一家系统重要性的保险公司财务状况不景气时发挥，而没有后继作用。特别地，对于一个破产的保险公司要通过法案规定的有序清偿程序，联邦保险办公室主管和至少三分之二的联邦储备系统管理委员必须为财政部提供建议。⑤与银行控股公司及经纪自营商的监管相反，保险公司的清偿或者破产接管都是由州监管部门处理，而州监管部门缺乏经验或者专业素质来管理系统性风险。

第五，法案提出了对州层次的保险监管改革的具体建议。它重点关注了两大类保险：首先，"未在某个州取得经营保险业务的执照"的保险人和"不包括风险自留的集团"采用的"未认可的保险"；其次，再保险意味着保险人全部或部分风险的假设由另一个保险人承担。关于未认可保险的提议通常是强化州监管权力，提议简化了剩余业务经纪人收费结构、资格要求和申请。剩余业务经纪人为商业买家获取和置办未认可的保险。法案中关于再保险的提议，替代了保险人所在州而非所属州监管保险人购买再保险（原保险人）的某些方面。关于州级别的保证基金，法案要求联邦保险办公室主管研究如何运作基金并提出建议，另外还有评估成立联邦决议机关的潜在成本与效益。

9.3 对保险监管有关规定的评价及对改革的建议

《多德—弗兰克法案》中对保险公司系统性风险的金融监管所涉及的内容很少。我们建议保险公司除非有充足的资金和流动性支持，不然不应只能防范宏观经济事件和其他不可分散的风险。这种防护可以涵盖 AAA 级部分的债务抵押债券（CDOs）的信贷违约互换、核袭击保险、市政债券的系统性部分保险、依据实体指标的最低保证等。

我们赞同成立联邦保险办公室，但是建议立法要进一步完善。同时，成立全国保险监管机构或者建立可选的/强制性的联邦特许权来监管重要的保险公司。全国保险监管机构需要具备保险业务和机构的专业知识。它在系统性风险监管部门（金融稳定监督委员会）的地位必须和商业银行、证券、资产管理业的监管部门相同。全国保险监管机构和联邦特许权比现行的州层次全国性保险公司的监管成本低、效率高。

法案中没有提及州保证基金，州保证基金已经被证明是不足以处理多个保险公司无力偿付的问题。仍然糟糕的是，法案将财政部认定的系统性保险公司（在联邦保险办公室主管的推荐下）清算、恢复的任务扔给州监管部门，而州监管部门依赖这些保证基金。我们建议成立国家保证基金来替代州保证基金，国家保证基金与联邦存款保险公司向保险公司征收的事前保险费类似。这样的机构可以更好地预估和解决保险公司的无力偿付。如今有个隐性的联邦保证，即大保险公司在没有充足基金而需要基金时，联邦政府会注资解决。

我们赞同专门的监管部门来监管导致金融体系系统性风险的金融机构。这个监管部门有权力和专业威信来覆盖金融机构的所有功能区域，包括保险。法案没有提及具有潜在系统性风险的保险公司令我们很惊讶（除了各种金融控股公司，如美国国际集团）。银行金融稳定委员会因国际清算而认定的全球系统重要性机构前 30 家中有 6 家是保险公司。这个监管部门首先要关注到这些机构活动的相关性和预估它们如何导致系统性风险。监管部门还应该依据保险公司对系统性风险贡献度来收费。

在会计方面，法案没有考虑披露和衡量系统性风险产品的问题。我们建议保险公司提供给监管部门和投资方的财务报告中要有更多保单的信息，因为承保的沽出期权的保单实际上受宏观经济变量及其他不可分散风险的影响。这些披露应该指出风险度，历史数据是如何被应用于评价现状的，还有其他重要的估计假设。

某些附加的会计变更对保险公司来说是很必要的。保单会计计量至少需要和金融风险转移工具比如衍生品在逻辑上是一致的。公允价值会计——常用的针对金融工具的会计计量方法，最适合保单会计计量，但是像目前财务会计准则委员会和国际财务会计准则委员会考虑的现金流量贴现衡量方法是够用的。尤其是法定会计准则中的收入下滑机制应该被消除。

9.4 对保险公司系统性风险的监管

在这一节，我们介绍了传统保险人和他们相对较低的系统性风险。然后介绍了非传统的保险产品，这和依据宏观经济变量的承保沽出期权相似。我们认为提供非传统产品的保险人不仅暴露于更大的系统性风险，而且与其他系统重要性的金融机构的内部关联更紧密。因此现有的对非传统保险产品宽松的流动性和资本监管，增加了金融体系的系统性风险。保险公司由于其系统风险性需要被监管，且需要提供一个适应保险监管的方案。

传统保险人

传统保险人，我们指的是不承保和大量的、专注于非传统保险或者在宏观经济变量中的暴露相似管理风险的产品，在其他方面表现正常的保险人。传统保险人的主要责任是赔付未来保单。传统保险人通常保障保单持有人认为重要的风险，但从保险人的角度来看至少是合理的可分散的特定风险。然而，不同类型的保单赔付风险的可分散性是不一样的。比如，汽车赔付比产品责任赔付的可分散性要好。还有，一些大都是可分散风险的保单也表现出特定的不可分散风险特征。比如寿险保险公司如果遇到罕见的流行病爆发，虽然少见，但一旦发生将会对保险人造成毁灭性打击。

传统保险人通常持有相当高品质的证券和其他金融资产。有着高风险赔付责任的传统保险人通常持有风险小的资产，使得总体的风险不至于太高。比如说，财产意外险的保险公司通常比寿险保险公司持有的资产风险低。2007—

2009 年金融危机，一些之前认为是高品质的证券，例如 AAA 级结构性证券，结果价值却比保险公司的估计低得多。

传统保险人常常将资产持有时间和赔付责任时间进行匹配。赔付责任时间根据保单的不同而不同。它可以很短，汽车保险和其他短期的财产意外保险正是此类，还有不能续期的人寿保险、健康保险。相反地，它也可以很长。长期的财产意外保险，还有投资型的保单正是此类。

因为传统保险人在赔付责任时间内通常持有资产，对金融资产市场通常是一股稳定的力量。但是，如果需要保险公司大量付出资产进行赔付的话，它们将使金融市场动荡不安。

传统保险人和银行在两个方面差别很大。这两个方面都和传统保险人的风险在于赔付责任而事实是品质高、匹配好的资产相关。相反，银行的风险一般主要存在于它们的资产，通常是长期贷款中，长期贷款相比于存款和批发性债券流动性差。

首先，传统保险人赔付责任的承销风险通常比银行借贷资产的信贷风险更好分散。银行贷款资产通常受到宏观经济、地理区域、行业或者经营范围的影响。传统保险人需要持有和保险面值相关的相对少量的资金，才能维持一个恰当的偿付能力缓冲带以应对不利的赔付后果。相反，当赔付可分散性差时，保险公司需要持有更多的资金。保险监管部门根据赔付的可分散性保证保险人持有适当的资金，通常设置相当高的资金要求，部分原因是它们用非常保守的法定会计准则（SAP）来衡量资金。SAP 将在 9.6 节中讲述。

其次，传统保险人只有当他们做出不妥的商业决定时才会发生资金流动性不足，而不是在它们的商业模式下不可避免性的结果。[6]由于赔付金额和时间的不确定性，或者承保了不充分分散的和再保的保单，[7]保险人作出了投资于长期、低品质、流动性不足的资产的决定。[8]相反地，银行的流动性不足、风险增加的原因是投资于流动性不高的资产的商业模式而非负债。

传统保险人流动性不足相对少见是由它的商业模式的三个特征决定的。

第一，保单需要交保险费后才能得到赔付，赔付通常是几年之后。而且保单续期的速率很快，即使对偿付能力不高和流动性不足的保险公司来说也是这样。

第二，传统保险人的资产和负债是联系的。当保单持有人取消保单时，保险公司返还未使用的保费并且取消任何赔付责任。相反，当储户取钱时，银行需要清算不相关的借贷资产。

第三，对于投资型的寿险保单，保单价值随着时间的积累，如果保单持有人提前提现，则会有一大笔解约金或者需要延长支付保单投资价值的时间

（比如年金）。相反，当储户取钱时，解约手续费和等待时间是不存在或者很小的。

因为上述几个显著的特点，大多数传统保险人在经历金融危机时比绝大多数银行和其他金融机构要好过。传统保险人金融危机期间的主要损失在于证券市场和其他金融资产的总体下滑。实际上，大多数传统保险人没有或者很少发生资金流动性问题。

非传统保险人

当绝大多数保险人主要经营传统业务的时候（如前所述），在逐步走向金融危机的几年里，一些保险人或者他们的代理人承保和保留渐增的大量的、密集的非传统保单或者暴露在宏观经济变量中的相似管理风险的产品。在这一节，我们将讨论三个受到金融危机影响最大的例子，它们偏离了传统保险。第一，信贷违约互换和其他金融担保；第二，房贷保险；第三，投资型寿险保单中的最低保证和其他合同条款。

信贷违约互换和其他类似的金融担保将保险人或者他们的代理人暴露于经济领域的风险，这样说的部分原因是违约和商业周期是相关的（见图9.1）。2008年6月，美国国际集团承保了名义价值为3 070亿美元的信贷违约互换，使自身暴露于重要关联风险中，比如欧洲或者世界经济的衰退。[9]美国国际集团的金融产品部门（AIG FP）和单线保险公司[10]以结构性资产为抵押承保大量的、集中的信贷违约互换（CDSs）和其他金融担保，这种结构性资产抵押的证券通常是超级担保债权凭证抵押——主要是次级房贷和房贷抵押的证券。[11]房价下跌是一个对整体经济造成不利影响的宏观经济变量，在金融危机期间导致担保证券和信贷违约互换、其他金融担保发生损失。[12]承保人将这些担保包装成信贷违约互换（CDS）的形式，正如AIG FP所做的，若需要变现或者承保人的信用等级下调，则会导致强大的抵押需求。

房贷保险人，比如MGIC投资公司、PMI集团和Radian集团担保高贷款—价值比率或者高风险的房贷，通常是作为银行发行房贷的前提。这些保险公司事实上是特定的金融担保人。与AIG FP、单线保险人相似，其他保险人在金融危机期间也受到房价下降的不利影响。举个例子，从2007年到2009年上半年，最大的房贷保险公司——MGIC税后利润损失了35亿美元，大约是其2006年底账面价值43亿美元的80%。图9.2表明了MGIC和Radian这类大房贷保险公司在危机时期经历了信贷违约互换利差的扩大。

投资型寿险保单[13]中最低担保和其他合同条款使保险人暴露于下滑的实体经济（在债务、房地产和其他投资市场中则程度稍轻）和利率下降的危险

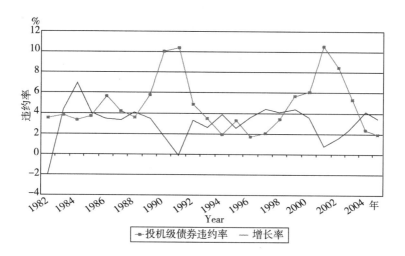

图 9.1 违约率和商业周期

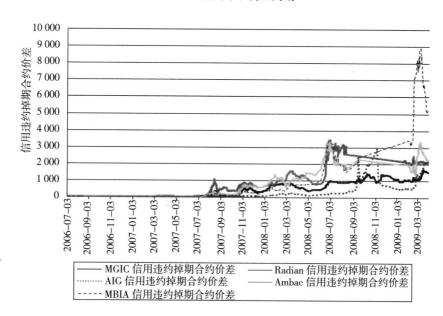

图 9.2 单线保险公司和美国国际集团五年期间信贷违约互换利差

中。[14]如房价下跌,实体价格下降对整体经济造成巨大不利影响。一直以来,激烈的竞争导致变额年金承保人不断提供大量的、复杂的最低担保。结果导致承保人尤其是 AIG、HFSG、林肯国民集团这些在金融危机期间接受了联邦政府救助的公司,在金融危机期间因实体经济迅速下滑而损失巨大,在 2008 年底和 2009 年初尤为惨痛。然而原则上保险人可以再保险或者对冲他们的最低担保，这些风险管理包括重要的成本和基差风险。实际上，大多数提供具有这些特征的产品的保险人都没有充分地对冲。

HFSG 是个很好的例子。负债的公允价值在它清偿美国担保最低撤销后（最重要但不是唯一重要的保证收益）从 2008 年初的 14 亿美元提高到 2008 年末的 65 亿美元，2008 年 HFSG 担保的最低撤销收益损失达 50 亿美元，9.62 亿美元由再保险填补，34 亿美元由对冲衍生工具填补。2008 年净损失 6.31 亿美元，相当于 2008 年初 HFSG 所有者权益账面价值 192 亿美元的 3.3%。

2008 年 HFSG 还以其他方式暴露于投资市场的下滑危险中。在那一年间，HFSG 净收益变现亏损达 59 亿美元，其他全面收益中未变现的亏损达 115 亿美元，主要在借贷投资方面。它的费用收入下降了 30.1 亿美元，因为管理资产的价值从年初的 3 720 亿美元降到年末的 2 980 亿美元。总体来看，HFSG 所有者权益在 2008 年末减少至一半，仅为 93 亿美元，2009 年第一季度末减少至 60%，仅为 79 亿美元。HFSG 所有者权益的下降使得它在 2009 年 6 月接受了美国联邦政府资金购买计划基金 34 亿美元的注资。

重要的是，尽管流动性差是最小担保和其他合同条款导致的直接后果，但变额年金承保人的流动性总体上没有变差，因为这些条款通常延迟和/或分散对保险人的赔付要求。然而 HFSG、林肯国民集团和很多其他变额年金的承保人因间接的原因，比如管理资产收费的下降、普通账户的资产减值而遭遇资金流动性问题。实际上，图 9.3 表明了 HFSG 和林肯国民集团承受巨大压力：它们的信贷违约互换利差从 2007 年 7 月开始剧增，在危机期间还继续飙升。假如还有不能预期的赔付，比如金融危机期间的传染性，那么可以想象承保变额年金的寿险公司不能再以最低担保为豪了。这会使得受影响的保险公司被迫降价出售资产和/或者发生保单持有人的挤兑行为，[15] 因为有很多大型寿险公司承保变额年金，这个情况会加剧系统性风险。[16]

总之，非传统产品的共同点就是都包含了保险人或者他们的代理人承保明显的或者不明显的与宏观经济变量相联系的沽出期权。这些宏观经济变量相关的沽出期权是不可分散的，且在经济谷底时偿清。金融担保加强了保险公司和其他系统重要性金融机构、系统重要性资本市场功能的直接联系。由于这些原因，这些产品比传统保险的系统性风险大得多。

保险人与系统重要性金融机构和市场的联系

由于不断增加的非传统活动，一些保险人与其他系统重要性金融机构和资本市场（例如证券化市场）内部关联紧密。最为直接的关联在于保险人通过

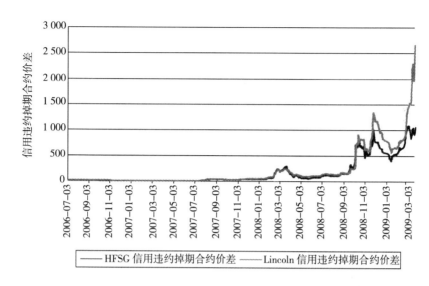

**图 9.3　五年期间两个主要变额年金承保人
（HFSG 和 Lincoln）的信贷违约互换利差**

承保金融担保来保护其他金融机构，违约事件或者不良资产。这些联系尽管一定程度地早已存在，比如早在金融危机（2007—2009 年）前就存在财产意外险保险人提供的保证保险[⑰]和单线保险公司提供的金融担保，他们之间的内部关联早在金融危机前几年已经大大加强。这种强化的内部关联形成了系统性风险在保险公司、其他金融机构和市场分散的渠道。图 9.4 描述的就是保险公司和银行的一个渠道，表明了单线再保险人和保险公司是信贷衍生品的净出售者，银行是这些衍生品的净购买者。若一个为其他机构提供金融担保的保险人破产了，则被担保机构会发现自己陷入了之前认为已经对冲了的危险之中。这个后果是会产生或加大其他机构中任何已存的系统性风险。相反地，保险人可能破产，部分或所有原因在于金融担保的赔付。

　　当下述两个条件同时成立时，这些内部关联极有可能导致系统性风险。第一，金融担保集中于几个保险人；第二担保的赔付关联度高。当担保明显地或者不明显地和宏观经济变量联系时，第二个条件成立。AIG FP 承保的 4 500 亿美元 CDS 危险以及单线保险人大量承保的 CDS 和金融担保危险中这两个条件都成立。

　　一旦保险人和系统重要性金融机构和市场产生重要的内部关联性时，削弱保险人赔付信贷风险相关的担保的能力都能产生或者加剧自身和其他金融机构、市场的系统性风险。美国国际集团在保险操作上遭受重大损失，原因是包括结构性证券、过度承保的变额年金和其他保险产品回购协议，这些损失增加了美国国际集团的系统性风险。

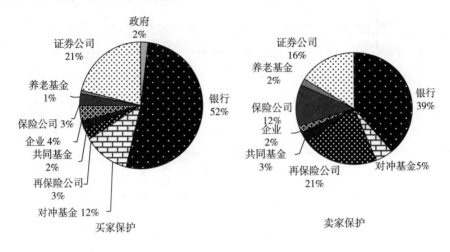

资料来源：2006 年信贷衍生品报告©英国银行家协会，www.bba.org.uk。

图 9.4　谁在用信贷衍生品

小结和保险监管的方案

传统保险系统性风险低。保险赔付风险通常是特有的、可分散的，根据保险赔付风险不可分散的程度，保险监管部门会设定资本要求来确保传统保险人持有更多充足的资金。传统保险赔付通常对流动性要求较低，除非是在一些罕见的、极端不利的赔付情况下要求会提高。传统保险人往往和系统重要性金融机构、资本市场的内部关联不紧密。

前文提及某些保险人及他们的代理人承保、持有的非传统产品具有更高的系统性风险。即使如此，这些产品相比于传统产品，监管性资本和流动性要求压力较小。AIG FP 承保的 CDSs 最明显，这家 AIG 非保险子公司完全没有监管性资本和流动性要求，但最终需要联邦政府提供大量资本和流动性。对单线保险人的金融担保、房贷、最低担保和其他投资型寿险保单的合同条款很大程度上也是如此，因为这些保单赔付之间存在被低估了的高度正相关性。

图 9.5 和图 9.6 为保险监管提供了一个有用的方案。图 9.5 描绘了传统产品和各种非传统产品的监管性资本和流动性要求比较，图 9.6 表明了当宏观经济变量转向不利时，赔付额增加，则经济资本和流动性要求上升。从两张图的比较可以得出，非传统产品经济资本和流动性要求比现在保险业和监管机构规定的要求高得多。

保险监管部门可以用下列方式来处理这个问题。

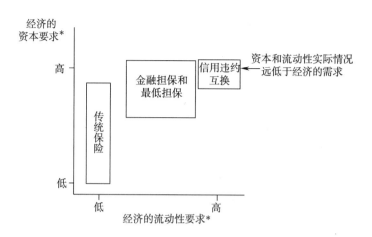

注：＊当逆境发生时需要大量的金额来处理。

图9.5　传统保单和非传统保险产品的监管性资本和流动性要求比较

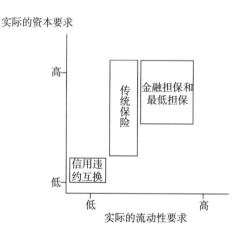

图9.6　传统保单和非传统保险产品的实际资本和流动性要求比较

■ 提高非传统产品的资本和流动性要求，当宏观经济变量转向不利时，达到与需要赔付额相称的资本和流动性要求水平。

■ 限制保险公司承保和持有大量的非传统产品；在金融控股公司内，彻底切断保险子公司接触提供非传统产品代理人的途径。

■ 要求每日清算或者要求这些产品的承保人频繁调整他们的资金和可利用流动性的一种机制。

■ 要求保险公司披露这些产品能赔付的产品资本化、抵押化的程度，或准备偿付专用的流动性。披露可以通过市场清算/注册等方式在财务报告中体现。

9.5　联邦政府对保险公司监管的重要性

在9.4节（"小结和保险监管的方案"）中，关于保险监管的提议没有充分解决非传统保险产品的系统性风险。我们在这一节中认为，"内部太关联而不倒"且在金融危机期间必须依赖纳税人的钱来渡过难关，并对整个金融体系产生外部经济效果的保险人需要一个具有权力和资源的联邦监管机构来监管。州监管机构由于各种原因，能力有限。州监管机构不能掌握到所有跨州保险人的相关信息和整个金融体系的相关信息，因此不了解保险人潜在的系统性风险程度和产生的方式。加上州际差异较大，州监管机构缺少财政资源和专业技能来衡量各个保险人对系统性风险的贡献，难以根据这个贡献度来征收保险费税。如果一个州征收高的保险费税，或者对保险人的系统性风险贡献度的征税更加繁重，保险人则会受到刺激而变更所在地，选择政策更加宽松的州。

在9.5节的前两部分，我们认为一些"内部太关联而不倒"的保险人给经济带来了重大的系统性风险，这种风险超出了州保证基金解决潜在破产的能力。在9.5节的第三部分，我们解释了为什么要设立联邦监管机构，不仅仅是《多德—弗兰克法案》中规定的联邦保险办公室。我们认为有必要创建全国保险监管机构并发放联邦特许执照，成立全国保险保证基金、监管特定几个保险公司系统性风险的专门机构。

存在"内部太关联而不倒"的保险公司吗

系统性风险可以被认为是金融领域大机构和许多小机构破产的潜在的重要原因，它导致信贷或者关键风险管理产品比如保险的可供性降低，随后危及实体经济。监管系统性风险需要联系地看金融领域，因为现代金融领域具有关联性，不仅是开展存款和借贷业务的商业银行，还有投资银行、货币市场基金、互助基金、保险公司，很可能还有对冲基金和私募股权基金。

"内部太关联而不倒"公司的潜在破产会使整个金融体系产生系统性风险或者外部经济效果。[18]这个外部经济效果是明显的，它通过信息传播效应对其他金融机构造成影响，比如资产价格的下降、总体市场流动性的降低或者其他方式。保险领域可以产生几类特定的系统性风险。

第一种类型是交易对手风险。如果一个金融机构和其他金融机构高度关联，那么它的破产会对体系产生涟漪效应。比如场外（OTC）衍生品市场，这些市场存在系统性风险主要是因为OTC贸易中双向设定的抵押和利润要求中

没有包含交易对手风险的外部经济效果，外部经济效果指的集中与金融体系中
典范没有充足流动性和资本吸收的金融机构进行特定的交易。[19]2007—2009 年
的金融危机中最好的例子是美国国际集团，它将很少或者没有资本抵押的证券
化产品打包成所谓的超级（也就是比 AAA 等级还要高）部分，签售了 4 500 亿
美元的信贷违约互换（CDSs），因为所有美国国际集团的交易是同向的、高度
关联的，一旦交易失去价值，美国国际集团就没有足够的流动性和资本来吸收
交易损失。如果联邦政府没有救助它并且承担债务，那么美国国际集团就会破
产，后果是对整个金融体系造成影响（见附录 A）。

另一个例子，2008 年上半年主要的几个保险公司的信用评级下调。图 9.2
表明了一些主要保险公司信贷质量恶化：CDS 利差在 2007 年 7 月危机刚开始
时突然增大，2008 年上半年缓慢增大，在 2008 年 6 月达到最大。因为主要的
评级机构对这些保险公司评级下调，许多被这些保险公司担保的市政债券和结
构性产品评级下降，反过来，评级下降的债券，要求持有者持有更多资本或者
卖掉债券，这使得债券的价格继续下降。

再保险和刚刚提及的 OTC 衍生品市场有很多相似点。再保险合同是透明的，
经双方谈判的合同。再保险合同将保险人联系在一起，因此系统性风险可以传
递出去。大多数再保险人是大型的国际实体，主要是对它与主要原保险人之间
的联系进行间接监管。再保险人持有充足的资本和流动性来赔付合同规定的金
额、再保险人危险程度能被市场参与者和监管者观察到，这两方面对再保险人
来说都是非常重要的。透明性问题的部分解决方案是，成立一个将 OTC 衍生品
纳入考虑的再保险合同标准化的集中结算行。很多再保险合同极有可能是非标
准化的，一个联邦监管机构应该能获取所有合同（通过全国的注册登记）。

第二种类型的系统性风险是溢出风险。即一个机构的损失或者流动性不足迫
使它卖掉资产，继而压低了资产价格并对其他机构造成损失，使得其他机构的资金
流动性也不足，这样进一步地导致价格下降和流动性不足。[20]实际上，资产降价销
售的很大可能是因为美国政府将房地美和房利美保护起来。这两个机构持有 1.4 万
亿美元的房贷抵押证券，其中 2 500 亿美元的证券是低流动性的次级证券。

作为流动性不足证券的主要持有人，保险公司对体系造成类似的风险。比
如，据 NACI 和美国寿险协会报道，寿险公司在 2007 年末持有 5.1 万亿美元
资产。这些资产分布于所有金融市场，38% 的企业债券，33% 的股票，11% 的
政府债券、6% 的商业房贷、12% 的各种资产。寿险公司是企业债券融资的最
大来源，这进一步证明了其在金融体系中的重要地位。表 9.4 是 2007 年底总
资产排名前 25 位的寿险公司。24% 的资产集中在三家公司——大都会人寿保
险公司、保诚、美国国际集团，最大的 25 家寿险公司持有 79% 的业内总资

产。包括第二类系统性风险，要求事前评估系统性风险和征收系统性风险贡献税（我们在附录 B 中详细讨论了两种有效的事前评估系统性风险的方法）。

表 9.4　　　　　　　　2007 年底总资产排名前 25 位的寿险公司

单位：10 亿美元、%

公司	资产	市场占有率	累积占有率
大都会人寿保险公司	457	8.9	8.9
美国保诚保险集团	387	7.6	16.5
美国国际集团	364	7.1	23.6
哈特福人寿保险公司	264	5.2	28.8
宏利金融	218	4.3	33.0
美国教师保险集团	199	3.9	36.9
埃贡美国	198	3.9	40.8
纽约人寿集团	193	3.8	44.6
北美荷兰国际集团	191	3.7	48.3
金盛金融	159	3.1	51.4
西北互助	157	3.1	54.5
林肯金融	155	3.0	57.5
信安金融	136	2.7	60.2
马塞诸塞互助人寿保险	132	2.6	62.8
全美保险	111	2.2	64.9
太平洋人寿	99	1.9	66.9
好事达保险	89	1.7	68.6
河源保险公司	85	1.7	70.3
杰信人寿	77	1.5	71.8
安联集团	70	1.4	73.2
通用金融集团	68	1.3	74.5
太阳人寿保险公司	62	1.2	75.7
路德斯万特金融	57	1.1	76.8
美国家庭人寿保险公司	56	11	77.9
国家农场	45	0.9	78.8
行业总计	5 114	100.00	100.00

注：表中数据不为各项加和。

资料来源：美国保险监督官协会，美国人寿保险委员会。

第三种类型的系统性风险是金融机构脆弱的资金结构导致的挤兑，保险人以期限较短或流动性较高的负债给长期或低流动性资产融资。比如，雷曼兄弟的崩溃及它的短期借贷导致最大的货币基金——黄金储备基金跌破，引发整个货币市场体系挤兑，只有政府为货币市场基金做 100% 后盾才逆转了下滑形势。

保险人的负债由于其资金（也就是保险费）的大部分具有黏性而不会遭受大规模的挤兑。但保险公司还存在发生挤兑的可能性。保险合同（甚至那些具有提款罚金的长期寿险合同）通常可以兑现或者轻松地抛售然后在别处重新开户。在高度竞争的保险业内，多种类型的保险被出售。如果保单持有人对州保证基金没有信心，因为州保证基金没有收预付的保险费，那么当保险人的偿付能力变得可疑时，他们就会去别家投保。一个主要保险公司发生挤兑可能引发上述几类系统性风险，由于体系充分的透明性，其他类似的保险人也可能发生挤兑。美国国际集团认为挤兑的潜在蔓延性是政府没有让衰落不堪的美国国际集团破产的重要原因之一（见附录 A）。

总之，保险人的系统性风险需要监管。系统性风险是每个金融公司对金融体系的负的外部经济效应。每个保险人都努力防止自身的崩溃，然而阻止不了整个体系的崩溃。保险人为了提高其资产的预期收益率，通过持有大量流动性不足的资产（比如结构性次级房贷抵押证券）增加预期收益，或者聚集风险到特定的危险中（比如这些抵押的证券），或者减少抵押或资金，他们忽视了给其他金融机构带来的溢出风险。

"内部太关联而不倒"，系统性风险和州保证基金的问题

州保证基金是现行的处理破产保险人的办法。在联邦政府提出联邦特许权、监管或者联邦保证基金（在 1992 年和 1993 年约翰丁格尔代表提出的法案中）的威胁下，州保证基金被强化和扩展。州保证基金已经解决了无数的保险人破产问题，大都是财产意外保险公司，也有少数大型寿险公司——1992年的互惠寿险公司，1980 年末行政寿险公司（当时最大的寿险公司）。寿险保证基金在 1988—2007 年，为破产保险人支付保单持有人 6 亿美元。

在最近的金融危机发生之前，人们就早已对保证基金怀有疑问。很明显，州保证基金在没有评估事前风险的保险费税情况下，定错风险的价格。这个经济扭曲会造成多严重的后果？一个类似的错误定价在联邦存款保险公司（FDIC）和退休金付给保证公司（PBGC）发生，尽管国会解决了部分问题。

评价各州健康运营的保险人赔付给本州破产保险人所属的保单持有人的成本，并且给予健康保险人抵税政策，这两方面将很大成本转移到州纳税人身

上。出资担保是正确的方式吗？保险业不该定价产品来承担保证费用？答案是"是的"，否则保险公司不会将其对市场的系统成本内在化。实际上，在各州甚至国际范围内削减系统性成本这个做法使州层次监管更加问题重重。

2007—2009年的金融危机让人们对州保证基金的恰当与否提出了新的质疑。寿险和健康险一年的全国规模总计100亿美元。在大多数州，保单最大支付额为60万美元。[21]州保证基金为保单持有人一个州一个州地收集钱，这个过程需要多年才能完成。很明显，这个规模比保险公司系统性风险造成的潜在损失低得多。比如附录A中提及的美国国际集团保险公司（不是美国国际集团金融产品集团）在危机期间损失了400亿美元。另外，大都会人寿保险公司（有4 000亿美元总资产）"大而不能倒"，换句话说，是内部太关联而不能倒闭，州保证基金没有能力来阻止它的倒闭，也没有能力在保险人无力偿付时赔付给保单持有人。[22]HFSG和林肯国民集团接受联邦CPP基金的救助——州保证基金做不到这个——减轻了破产的威胁。

总之，很多大型保险公司（尤其是财产意外保险公司）被认为内部太关联而不能倒闭，也就是因为与其他金融公司紧密关联而构成系统性风险。以州保证基金为载体的州层次监管是不足以应对危机的，那么，谁应该在保险领域监管系统性风险呢？

联邦政府对保险领域的监管

在这一节前两部分提出的问题说明保险领域内需要联邦政府的监管。实际上在《麦卡伦—弗格森法案》后期，保险公司可选的（不是强制的）联邦特许权经常被提议。这些建议是人们在州层次监管失败之后的反应，后面往往伴随着各州缓解人们担忧所做的努力。

20世纪60年代，马塞诸塞州参议员爱德华·布鲁克和一些参议院的共同倡议者，提议替代的联邦特许权法案。提议的动因主要是州政府在年金保险费上确定了2%的保险费税。这个税实际上使保险人在养老金业务上竞争不过新进的非保险公司。美国教师退休基金会（TIAA－CREF）是赞成此法案的主要公司，因为这个公司主要经营养老金业务。其余的保险人非常反对这个法案。后来，州政府减轻了征税也就抵扣了该法案设立的最初动机。

1992年和1993年，约翰·丁格尔代表引入了一个名为联邦保险偿付力法案（HR 1290，1993），该法案是在20世纪七八十年代许多保险公司无力偿付的背景下催生的。他假设联邦政府是保险业内债务损失的最终承担人。因为联邦保险监管机构最终需要对保险公司进行全面监管，保险业内反对这个立法并且成功制止。一旦联邦监管的威胁消除掉，州政府就开始强化和扩展州保证基金。

商讨《金融服务现代化法案》（Gramm – Leach – Bliley Bill）的这些年，也就是 20 世纪 90 年代中期，保险业改变了想法转而赞成可选的联邦特许权。它提倡一个类似银行监管的框架，也就是同时存在州监管和联邦监管的法案，毫无疑问，健康的监管机构竞争为保险人带来了益处。这个法案在 2001 年被引入，却被议会否决了。那个时期的主流思想是反对监管，反对又设立一个联邦监管机构。

联邦监管的利弊在 1999 年 6 月的美国企业研究院（AEI）会议中讨论得十分详细。2000 年此会议的论文出版，[23]保险业和法案支持者的利益简单叙述如下。

■ 分割成 50 个州的监管机构效率十分低下。监管机构自身多余的维持费用、遵从 50 个州多种差异的高额费用，市场相关的低效表明前两者的成本高，但不足以证明需要一个大的监管改变。市场相关的低效是不可能衡量的，但当受单一机构监管的新的非保险公司竞争者踏入保险业时，低效则可能放大。

■ 可选的联邦特许权不能完全消除州的作用，因为很有可能只有大型跨州保险公司选择一个联邦特许权。提倡者提到银行双重监管模式的益处和成功，监管方面的进步来源于健康的监管竞争。

■ 提倡者期望联邦监管机构可以摒弃很多州监管特征，比如保单格式批准（当 50 个州必须批准新产品进入市场时，会导致大量的延迟）、费率设置（通常是财产意外保险业务），可能还要求在保护投资者的一般公认会计原则（GAAP）和保障州安全稳健的监管而制定的法定会计原则（SAP）下，制作一系列财务报表。

■ 另一个常担忧的是联邦政府中没有哪个机构对保险业有着深入的理解。"在经济困难或者危机时期，一个联邦保险机构可能起着重要的作用"（C. F. Muckenfuss［Wallison，2000］）。

州保险监管机构以历史上安全稳健的成功监管为例来反驳成立联邦监管机构。比如因为有"50 双眼睛"盯着保险公司，州政府和 NAIC 来帮助保险业摆脱担忧，地方主义保护等方面取得的进步。州监管提倡者经常提起的一个成功范例是帮助泛美人寿保险公司渡过难关。泛美人寿保险公司是大型公司，但可能不是"大而不倒"或者系统性公司。这个公司在密苏里州保险部门的批准下，进行了一系列不谨慎的交易。当泛美人寿保险公司维持在 AA 的信用级别的条件下，这些交易能产生高额的货币市场回报。当信用级别下降了，大众就都会冲向出口，这是典型的挤兑，导致泛美人寿保险公司无法偿还债务。州政府策动大都会人寿保险公司实施救助，从而州保证基金没有出资。在最近的一次会议中，纽约人寿保险公司的前 CEO 说泛美人寿保险公司的例子证明了州层次监管运作良好。一些学者认同公共财政中的基础理论性提议，即监管职能尽可能在低政府层级执行，这样可以更近地接触到受影响的人和公司。

这些是 1999 年关于保险监管的基本论点。忧虑并未消除，实际上，一些预测的危险正在惊人地变成事实。10 年后，我们将会有重大的新议题。系统性风险在 1999 年还不是保险公司和监管者担忧的。当时，"内部太关联而不倒"的地位指的是主要的银行，而不是保险公司。事实上，当时的保险监管者支持迅速发展的保险公司间的合并。

附录 A 中美国国际集团案例的研究中可以得知美国国际集团公司存在一系列严重的监管漏洞。尽管有些问题现在被解决了（比如，2009 年中期，修改了 2000 年制定的免除任何形式的监管的条例，将衍生品纳入商品期货交易委员会的管理），但大部分还是未解决。比如，州保证基金没有能力处理美国国际集团保险业务导致的巨大损失，这个损失和美国国际集团金融产品的损失差不多大。没有一个州的监管机构，甚至是纽约州的监管机构，拥有精算或者法律的技术性职员来综合把握美国国际集团的整体保险业务，复杂金融实体如美国国际集团金融产品和世界上最大的飞机租赁业务。州监管机构不能像联邦政府那样迅速反应，并且解决美国国际集团等大保险公司的问题。而在金融危机期间，联邦政府做到了。

在金融危机期间，需要联邦政府介入来解决美国国际集团等大保险公司的事实说明了政府最终是要为大型保险公司破产负责任的。然而，联邦政府没有类似的联邦存款保险公司保险监管方案，并且没有监管权力，对保险业务也缺乏了解。

我们赞成《多德—弗兰克法案》中提到的联邦保险办公室来收集业内的信息，识别问题，但这个办公室没有监管权力。因此，设立保险专业能力强的联邦保险监管机构来专门监管保险业是很有必要的。[21]一个全国性的保险监管机构会自然而然地产生许多需要保单持有人解决的问题。

■ 联邦监管者应该鉴定重要的保险公司并且要求或者允许它们接受联邦特许权、监管吗？鉴于规避法律风险，我们认为这最好是强制要求，而不是可选的。

■ 联邦特许权会对联邦特许权保险人或所有保险人产生一个类似联邦存款保险公司的担保——征收对系统性风险敏感的事前保险费——来替代州保证基金？我们认为这很重要，因为州保证基金不足以应付金融危机期间多个保险公司的无力偿付。一个全国的保证基金可以更好地预期和解决保险公司的无力偿付这个问题。

■ 消费者保护问题如何解决？

■ 最后，采用什么类型的监管模式？它该是规范式的？像现存的州体系，任何新的保单格式都需要被批准，或者它该是谨慎的？像英国金融服务监管局的安全和稳健导向体系？

金融机构会对金融体系造成系统性风险，法案还规定了成立系统性风险监管机构监管金融机构。我们的观点是某些保险公司需要被列入系统性风险监管部门的监管名单。在第 5 章，"系统性风险税"，因为系统性风险对整个金融体系造成了外部经济效果，这些监管机构应该对产生了系统性风险的机构收费。在附录 B，我们提供了如何衡量保险公司的系统性风险贡献度的方法。

9.6　保险会计

财务会计为投资者和监管部门提供了一家公司的经营表现和发展前景。回顾 2007—2009 年危机中的教训，现行的会计体系适用这个目的吗？这一节将讨论与保险会计相关的重要问题。我们对保险监管问题的主要建议产生于金融危机时期，建议如下。

■ 尽管保单具有不可转移性，为了减少合同结构化的动机、提高保险人财务报表的有效性和可比性，对这些保单的会计计量应该和可替代风险转移金融工具（比如衍生品）的会计计量更一致或者合理地一致。公允价值会计计量是一种针对金融工具常用的会计手段，是解决一致性问题最好的方法，但现金流量贴现法衡量手段，比如 FASB 和 IASB 就目前而言是足够的。这个提议对金融担保尤为重要，因为它们有大量的信贷衍生品和其他信贷风险转移产品，另外，它对最低担保和其他投资型保单的合同条款也很重要。

■ 相关地，为了提高出现无力偿付问题时能迅速作出监管反应的能力，法定会计原则（SAP）最好应该反映公允价值会计或者类似的适时的备选方案。至少应该避免 SAP 中的收益平滑机制。

■ 对依据宏观经济变量而出售沽出期权的保单以及其他金融工具，良好的财务报告披露是需要的。包括与资产抵押证券相捆绑的金融担保、投资型寿险中的最低担保。这些披露应该清楚地指示风险程度，历史数据是如何用于评价财务状况的，及其他重要的评估假设。

尽管保单会计和金融危机的相关性稍小，我们仍然提供了一些附加的建议。

■ 不同类型保单的会计计量应该更一致。公允价值会计是解决一致性最好的方法，但是目前现金流量贴现法衡量手段足够了。

■ 目前保单会计计量一般都用金融会计标准（FAS）60（财产意外险和传统寿险）管理，保单会计计量不应该让人觉得保单不是金融工具，因为货币的时间价值和其他重要经济因素是不相关的。

保单和其他金融工具会计含义的差异

保单有三个特征，暗示这些保单和其他金融工具应该区分开来进行会计计量。第一，保单通常是不可被保险人转移的。即使保险人进行了再保险，如果再保险违约，保险公司和保单持有人还是联系在一起。缺乏可转移性造成了一种市场流动性不足，尽管在正常市场条件下也会使退役价值（退役价值是公允价值应用于会计计量其他金融工具的衡量方法）很大程度上成了假设的概念。后面将论述到，FASB 和 IASB 在持续进行的方案中正在考虑将保单以公司特定的预期现金流贴现方法来衡量，这个方法不认可初始利润，而是认可退役价值。

第二，保单的初始销售存在佣金和其他保单取得成本。保险人愿意承担高额的保单获得成本，因为很多保单续期概率很大，因此会形成内部的无形资产（也就是非合同性质的）。尽管美国保险的 GAAP 要求这个无形资产认定为"递延的保单取得成本"，资产的认定很难与会计概念和保险业外的惯例协调，FASB 和 IASB 都建议除掉这个资产。相关地，一个可能性大的续单暗示了保单之间界限在经济、合同上都不同。

第三，投资型的寿险保单通常含有最低担保和各种其他合同条款，这些一般不可与主保单分离，也不能从保险或者其他市场分别获得，寿险保单显示了重大的联合价值。保单被保险人打包卖给保单持有人。部分合同条款满足衍生品的会计定义，在 FAS 133 中要求合同条款从主保单中分成两支，以公允价值会计计量。然而，正如上述原因，分两支使保单比其他金融工具产生更多问题。将一个保单中嵌入的衍生品分两支的一个更简单、更加吸引人的替代法是以公允价值或者类似的替代法会计计量整个保单。

会计及其目前在保险监管中的作用

在美国，资本要求和其他方面的保险监管是基于 SAP 而不是 GAAP。这两个会计体系一起随着时间演变，结果在很多方面都有交叉。比如，财产意外险、定期和终身人寿保险的 GAAP 主要基于 SAP，然而投资型寿险和再保险的 SAP 主要基于 GAAP。与主要基于 GAAP 且仅有几处偏差的银行监管会计准则相比，SAP 包含了更多重大的 GAAP 偏差。

SAP 通常比 GAAP 更保守，这个差异对所有保险人意味着更低的资本；对成长中的保险人则意味着更低的净收入。SAP 比 GAAP 保守，最主要体现在以下几个方面。

■ 依据 SAP，保单取得成本是直接支出，但是依据 GAAP 则是资本化和分期偿还的。

■ 保险负债以 SAP 计算，SAP 使用的法定假设通常是保守的。

■ 资产评估准备金以 SAP 记录，SAP 使用的法定假设通常是保守的。

■ 很多不良资产在 SAP 中是不被认可的。

这种保守主义反映了监管部门对保险人偿付能力的关注，一个事实是保险人过快地发展可能会有偿付能力问题。

SAP 在以下几个方面比 GAAP 产生的资本和收入波动低。

■ 可出售证券的未变现损益排除在 SAP 资本外（这和银行监管会计准则是一致的）。

■ 因为利率水平变化而产生的变现损益以利息维持准备金和分摊一段时期内的利息收入被记录。

我们不清楚为什么保险监管部门倾向于低波动性的净收入而非 GAAP 提供的，也许是为了让保险人在投资发生亏损时多些时间来补充资本。

一般 SAP 在各州之间是一致的，因为美国保险监督官协会（NAIC）在会计条例和程序手册中将 SAP 编制进去了。⑤手册于 2001 年 1 月 1 日生效，并且每年都会重新发布。尽管各州都接受并实行了，但这个手册没有跨越州法律和监管制度。NAIC 编制方案给 SAP 带来最大的变化是认可递延税。因为绝大多数保险人拥有递延税资产，这个改变增加了它们的资本。

现行保险会计制度的问题

保险 GAAP 准则在国际上几乎是不存在的。2004 年 IASB 发布的简约型 IFRS 4 标准仅仅是为了满足欧盟会计监管的要求。该要求始于 2005 年，其中规定列入欧洲证券市场的欧洲公司使用 IFRS 来准备它们的合并决算表。IFRS 标准对保险人的财务报告几乎没有限制。IASB 在完成保险会计方案且发布最终标准（目前计划是 2011 年）之后，势必会对现状有所改变。

相反，美国保险 GAAP 准则在很多方面都阐释明确，但也出现了一些严重问题，我们将其中四个问题介绍如下。

不同类型的保单会计计量不一致

美国 GAAP 准则对会计衡量法、财务报表分类，以及下列类型保单、保单条款的脚注披露的要求很不相同。依据 FAS 60 标准的有短期财产意外险、意外事故和健康、不续期的定期寿险、团体险；依据 FAS 60 标准的有长期可续期定期寿险和终身寿险；依据 FAS 97 标准的有投资型的寿险保单（万能寿险和年金）；依据 FAS 163 标准的有最低担保；投资型寿险保单中的嵌入式衍生品和其他合同条款分别依据 FAS 133 标准和财务状况表（SOP）03－1 标准；依据 FAS 113 标准的有分出再保险；依据 SOP 93－6 标准和 SOP 98－7 标准的有分入再保险。

依据方法的不同使得监管部门难以掌握保险人的总体财务状况、经营表现、推出的各种保单的风险。基于公允价值或者类似替代法的保险会计模型，最有吸引力的特征之一是要求保险人对不同保单的会计计量一致。

金融担保保险和其他可替代金融工具的会计计量不一致

FAS 163 标准规定了金融担保在"保险企业发行的保障金融债务人在违约事件中造成的财务损失的合同"的引导下应该以保单会计计量。标准还定义了违约事件，即提供担保的金融债务发行人"没有按保险合同的金额赔付"（已经到期，一般主要是本金和利息），保险人发行的金融担保也可能不满足 FAS 163 标准中的定义，因为交易对手现在没有持有保证金融债务或者担保是为了保障其他事件而不是违约事件。在 FAS 163 标准下，金融担保使得认可资产总值等于把预期保费以零风险率打折扣，认可负债总值等于把预期赔付以零风险率打折扣。

保险人会计计量的金融担保如果满足 FAS 133 标准中衍生品的定义，就不满足 FAS 163 标准中作为衍生品的定义。在 FAS 133 标准中，被认为是衍生品的金融担保以公允净值呈现在资产负债表上，和 FAS 163 标准的总值相反。总值相比净值放大了保险人的资产负债表，因此减小了资本比率。总值强调了保险人的预期赔付，但忽略了一个事实：在很多情况下，保单持有人停止交保费，则保险人不需赔付。

如果发行金融担保的保险人没有满足 FAS 163 标准对金融担保的定义或者 FAS 133 标准对衍生品的定义，那么保险人通常依据 FAS 5 标准来会计计量担保作为或有损失，识别目的的标准中，"可能"和"合理地可估计"的阈值通常低估了金融担保的负债。

货币的时间价值问题不一致

FAS 60 标准会计计量短期保单忽视了货币的时间价值。FAS 60 标准会计计量长期传统保单时，将货币的时间价值考虑进去计算赔付负债，但是将这些负债的经济利息作为保险支出，不是利息。FAS 97 标准的目的是恰当地计量投资型的寿险保单，分类货币的时间价值。

因为预付保费的收据是保险的基本方面，则货币的时间价值问题且不一致的处理令人难以理解。

FAS 60 标准锁定假设忽视了预期现金流的变化

FAS 60 标准要求长期合同的保险负债基于原始假设，除非现实情况非常不利——合同对保险人来说无利可图（也就是说保费赤字存在）。在这种情况下，原始假设是未锁的，负债用新的假设重新估计。

该要求在锁定时不自然地使账面价值和净收入平稳，在未锁期间导致账面价值和净收入的波动。

对保险会计制度的建议

FASB 和 IASB 正在摸索联合却又独立的方案来建立新的保险会计方法。在 2010 年 7 月写作本文期间，他们的所有决定都是尝试性的，也就是可以修订或者改变的。[20] 两个标准制定机构都曾考虑过却抛弃的想法是：保单应该在公允价值也就是脱手价值计算，因为保单通常不能被保险人转移。

转而两个标准制定机构考虑以保险人特定预现金流贴现值——不允许保单中有初始收益——的方式衡量保单。通过将预期贴现现金流以内部回报率打折扣的方式，初始收益被消除了，内部回报率等于适当的经济折现率加上刚开始预期的非正常收益率。两个标准制定机构都认为保险人应该每隔一定时间更新经济折现率而不需更改非正常利润率。这个衡量基础体现了公允价值几个优点，最明显的是用现行预期贴现现金流而不是可能的、合理可估计的、锁定的现金流。

两个标准制定机构已经决定将取得成本作为已发生费用。因此，他们不建议通过递延取得成本来获取保单出售带来的无形资产。获置成本可能会影响非正常利润率的计算，从而保单的衡量方式不能确定。

金融危机出现的两个保险会计问题

金融危机引发了两个保险会计问题。第一个问题是：有可能将保单清楚地定义从而与其他可替代金融产品区分开来吗？保单会计计量区别于其他金融工具会计计量可取吗？

奇怪的是，鉴于美国 GAAP 准则的广泛性，它却没有对保单进行明确定义。然而，IFRS 4 标准有一个对保单的定义和一个将保险风险和其他金融风险区别开的指导。IFRS 4 标准中对保单的定义是：被保险的一方必须处于危险中且保险的风险不能被推测，在合同中特定的被保险事件必须和那个危险直接相关，而不仅仅是有联系。IFRS 4 标准包含了信用风险转移结构化产品——其他金融工具的结构化衍生品的定义，到被保险人危险的限制的定义。

比如，在 CDS 购买者持有的金融资产发生违约事件后，承保的信贷违约互换偿清，则按照这个定义它是一个保单。如果 CDS 购买者未持有金融资产，同样的交换则不是保单。一个基于金融资产违约相关指标的互换，在这个定义下不是一个保单。

区分保单和其他大量金融产品的难度是由其本身决定的。相应地，类似的保单和可替代金融产品的会计计量有必要避免保险人和其他公司按照想要的会计收入来制定合同的幻想。

第二个问题是：罕见情况下以高度关联的方式偿清的保单的会计计量能否更加健康？

金融危机导致大量资产账面价值的降低包括 AIG 资本市场公司的信贷违约互换（会计计量的是一种衍生品而不是保单）、金融担保人的金融担保、大批大型寿险公司（包括美国国际集团）投资型寿险保单的最低担保和其他合同条款。每种经济状况都可以被认为是直接或间接地与宏观经济变量联系的初始价外承保沽出期权，尤其是房价或者实体价格指数。在上述列举的案例中，保险人大量的注意力集中在这些经济状况中。

保险人对沽出期权的初始评估及后面危机期间这些经济状况导致的巨大亏损都表明了下面的统计问题。这些沽出期权极少偿清，若偿清了，则是以高度关联的方式偿清，因为它们都和相同或类似的指标相联系。这些经济状况的价值在没有良好的市场信息情况下，它们的会计计量容易发生大的事后错误，特别是不可避免地以历史数据评价。而在历史数据上的积累期间指标已经上升了，导致沽出期权价值比实际价值低。若保险人过度依赖历史数据来会计计量这些经济状况，则这个时期结束之后，保险人会遭受巨大损失。保险监管部门需要警惕这个现象。披露保险人沽出期权的集中度和假设至关重要。

9.7　小结

传统经济学文献中对保险的关注在于被保险人潜在的道德风险和不利的选择诱因问题。相应地，保险人会减少保险的可供量，囤积流动性和资本，作出应对经济增长不利形势的决策。

相反，2007—2009 年的金融危机揭露了 2004—2007 年，可能更早，保险人为结构性金融产品及其他与宏观经济变量联系的危险提供了大量的保险，此类保险的相关风险导致了保险人资本化和流动性不足。在这一章，我们认为这些问题源于保险人（而不是被保险人）对系统性风险外部经济效果的疏忽，对内部太关联而不能倒的保险人这个后果十分严重。我们评价了 2010 年发布的《多德—弗兰克华尔街改革与消费者保护法案》与保险监管的联系，在保险会计监管方面提供了建议。最重要的是，因为现行的州层次监管和保证基金不足以评价和管理大保险公司的系统性风险，我们建议成立一个联邦监管部门管理大保险公司事前和事后的系统性风险。在附录 B 中，我们提议了两个可行的基于市场数据的系统性风险衡量方法，并建议根据保险人对系统性风险的贡献度来征税。如果这些建议得以采纳，将保证纳税人资金不能有效地制止保险条款的履行。它们能使市场对系统性风险外部性和保险风险恰当地定价，反过来，保证资源高效分配至有盈利的投资中。

附录 A：美国国际集团案例

美国国际集团大而不倒吗？它实际上的破产又给了我们关于保险监管的哪些启示？

美国国际集团通常被认为是世界上最大的保险实体。取决于"大"的定义，在大部分定义中它都是最大的，但是在某些保险范围内只排第二或者第三，比如从资产总值来比较，寿险公司就排不了第一。但是，没有任何一家公司像美国国际集团那样集寿险、财产意外险、业务全球化、非保险产品范围于一体。

2008 年 12 月 31 日，美国国际集团的资产总计 8 600 亿美元，让其他保险公司相形见绌。它拥有 116 000 名员工，运营 130 家公司，其中 71 家美国本土保险公司，176 家非美国保险人和金融服务机构代表。[27]很多监管问题来源于美国国际集团的结构：公司组成庞大且跨多个国家，这决定了其存在监管性的套利，另外它选择的是 Gramm – Leach – Bliley（《金融服务现代化法案》）监管机构，不能有效监管系统性风险，某些类似保险的部分完全没有受到监管。

在这个附录中，我们首先看到美国国际集团的经营范围，然后用三个标准评估它们的系统性风险：内部关联度，溢出风险，全体系的挤兑。

经营范围总结

分析美国国际集团可将其分解成四个主要部分，如美国国际集团在 10 – K 报表中自己分类的（见 349 页，截至 2008 年 12 月 31 日的 10 – K 报表）。

一般保险　美国国际集团的一般保险部分包含了大量的商业和个人的财产意外险业务、国际再保险、房贷抵押业务，实质是全球市场的运营。1916 年美国国际集团在上海成立，当时是亚洲保险经纪人。第二次世界大战之后，它发展迅猛，业务遍布全球。在过去 20 年里，不断地收购进一步使它成为行业中的主导。在 10 - K 报表中列了 10 个主要公司，通过这 10 个公司完成美国国际集团的一般业务部分。

宾夕法尼亚州率先监管美国国际集团的美国一般保险公司，因为 11 个一般保险公司是在宾夕法尼亚州（美国国际集团寿险公司不受宾夕法尼亚州监管）。大多数公司属于其他州，还有很多在国外。

美国国际集团和其他保险人承保某些特别类型的保单时，会选择允许或者有利于他们承保那种类型的保单的州或者国家。比如，具有争议的有限保险合同通过一般再保险公司爱尔兰子公司承保，再提供给美国国际集团。这份合同让几个一般再保险公司官员获刑，并且迫使美国国际集团主席汉克·格林斯潘在 2005 年辞职。

美国国际集团的一般保险公司没有重大的偿付问题，但是总体协调和监管性套利仍是隐患。宾夕法尼亚州的保险监督官 Joel Ario，他在 2009 年 3 月 13 日的资本市场小组委员会前的证词中，为美国国际集团一般保险业务实行多州监管进行辩护，陈述如下：

我们的批评者质疑多头监管如美国国际集团这样复杂企业的效率，而事实是多头监管能够通过查验美国国际集团保险公司在美国国际集团控股公司层面的存款巨变偿付能力，较好地保护了保单持有人的利益。

对多州、多国层次监管的批评者将监管的成功归因于格林斯潘对美国国际集团所有活动强大的个人控制，尤其是为了保护它们的偿付能力，对美国国际集团资本市场（CM）实体进行控制。

2008 年美国国际集团在一般保险业务的运营损失是 57 亿美元。

寿险和退休服务　美国国际集团的寿险和退休服务业务在 2008 年损失巨大，总计 375 亿美元，这个值与美国国际集团金融产品集团损失的 408 亿美元旗鼓相当。损失来源于已经破产的证券借出业务，过激的变额年金死亡收益条款，还有投资损失超过 5 000 亿美元的资产投资组合（在 2008 年 12 月 31 日时为 4 896 亿美元）。

证券借出通常被认为是不危险的业务，因为它是投资在抵押过的短期的安全资产上。其他寿险公司，比如大都会寿险也经营类似业务。然而在抵押案例中，州档案中表明了它大约 2/3 的现金抵押被投资到房贷抵押证券中去，房贷抵押证券和它在金融产品集团担保的 AAA 级部分 Tranches 相似。甚至超过 1/2 的抵押被投资到到期时间为 3 ~ 10 年的资产，这和美国国际集团通过借贷证券提供的短期贷款时间很不一致。如果抵押证券的借款人没有延迟他们的贷款，则会导致美国国际集团到期时间的不匹配。

AIG 10 - K 报表中列出了 8 个"金融"寿险公司经营国外业务，10 个"主要"寿险公司经营国内业务。

Eric Dinallo 在 2009 年 3 月 5 日的参议院银行委员会面前的证词中，叙述了纽约寿险部门作为主要监管机构监管美国国际集团 71 家保险公司中的 10 家保险公司。其他州监管部门主要监管其他保险公司。

资产管理　美国国际集团的资产管理业务不受州监管，而受联邦机构监管。监管部门主要是美国证券交易委员会和储蓄机构管理局。它有四个主要的公司关联于主要的寿险收购和面向个人和机构的各种产品（包括互助基金）。这些业务没有监管性问题，但在 2008 年损失 92 亿美元。

金融产品　美国国际集团所谓的金融产品主要包括三个实体：国际租赁金融公司（ILFC）（世界上最大的飞机租赁业务），消费者金融业务，资本市场运营业务［也称为美国国际集团资本市场（AIG CM）］。

ILFC 在 2008 年运营收入为 12 亿美元。同年消费者金融业务损失 13 亿美元。

AIG 破产的主要因素是 AIG CM 405 亿美元的损失，AIG 总共损失超过 1 000 亿美元（见 116 页的 10 - K 报表）。

美联储主席本·伯南克在国会证词中说："AIG 的金融产品分支几乎没有受到监管，造成了严重的系统性问题。"他进一步称金融产品单元是"基本上与大而稳定的保险公司绑定在一起的对冲基金"。大而稳定的保险公司一系列不负责任的赌博使其自身承受了巨大的损失。

AIG CM 在 2008 年的营运损失达 408 亿美元，但是美国国际集团其他业务损失达 679 亿美元，总共损失 1 088 亿美元。"大且稳定的保险公司"损失 432 亿美元（10 - K 报表的 71 页）。明显地，美国国际集团和其他保险公司（保诚、哈特福、信安、林肯国民等）需要向联邦不良资产救助计划（TARP）寻求救援。

美国国际集团在它的 10 - K 报表中报告了其损失"主要"和"超级跨领域的 CDO 信贷违约互换投资组合"相关。美国国际集团信用评级的下调和"极端市场环境"加剧了损失（见 117 页 10 - K 报表）。伯南克说的"几乎没有监管"主要有以下两个原因。

第一，2000 年，商品期货交易管理委员会法案免除了对信贷违约互换的监管，这个法案阻止了 SEC 或者纽约保险部门监管这些工具。

第二，两个监管部门都努力维护威信。曾被国会要求作证 17 次的商品期货交易管理委员会"一把手"Brooksby Born，她认为这样的衍生品对世界金融体系造成未知的、积累的危险。美联储主席格林斯潘、前财政部长罗伯特·鲁宾和前 SEC 主席亚瑟·李维特非常反对她的看法。

美国国际集团在 1999 年收购了一个储蓄借贷公司，根据《金融服务现代化法案》的规定，它可以选择储蓄机构监管局（OTS）作为"联合监管者"。美国国际集团金融产品集团是个没有经营执照的保险公司，它主要位于伦敦。美国国际集团因为有一个"同等的监管者"——OTS 而成功逃避了英国金融服务管理局的监管。

因此，一个结合了复杂对冲基金的"大且稳定的保险实体做了许多不负责任的赌博"，最后受监管美国本土借贷公司的机构监管。

简单地说，美国国际集团金融产品集团在 1987 年营业，后面 10 年间成功地提供复杂的对冲产品。[28]其创始人在 1993 年离开，在 1998 年第一个信贷违约互换签售，该产品严重依赖美国国际集团的 AAA 信用评级。在 JP 摩根和 AIG CM 联合引入了一种依赖于美国国际集团信贷违约互换担保的 CDO 产品后，1998 年后信贷违约互换业务迅猛发展。

美国国际集团的系统风险

9.5 节列举了金融领域中三种具体化的系统性风险。每种方式都值得研究，因为这些方式适合美国国际集团。

关联性　迄今为止，美国国际集团与金融体的内部关联度是美国国际集团系统性风险最大的贡献者。通过金融产品单元，美国国际集团具有 1.6 万亿美元的名义上的衍生工具危险，这使它与 1 500 家公司、政府、投资机构联系在一起。正如媒体广泛报道的，美国国际集团在所谓的 AAA 级部分的证券化产品中有 4 500 亿美元的单边信贷违约互换风险。OTC 衍生品市场（如美国国际集团参与的市场）的问题是在 OTC 交换中，双边抵押和利润要求没有考虑交易对手风险外部经济效果，任由系统重要性风险积累，却没有充足的资本来缓释风险。

证券化产品的 AAA 级部分仅受一个非常罕见的市场事件影响，但如果发生，则大部分的 AAA 级部分将受挫。换句话说，这些部分潜在的风险几乎都是系统性的，都不是特定的、可分散的。[29]正是如此，所以没有必要吃惊——房价大幅度下降和信贷市场的倒塌导致了美国国际集团的全面损失，美国国际集团的破产源于它母公司金融产品单元的危险产生的低资本化水平，这些损失将传递给美国国际集团的交易对手（没有政府支持）。

系统性风险的产生是因为将损失传递给交易对手，这可能造成交易对手变卖资产，随后这些资产价值呈螺旋形下降，进一步导致损失和资金困难，造成更大规模的资产降价出售等。在极端的例子中，如果美国国际集团的破产导致另一家金融机构的破产，而这家金融机构又有交易对手，那么它的交易对手则处于危险中。实际上，美国国际集团的交易对手风险传播性很广，不仅是和它有协议的 1 500 家机构。

为了更清楚地了解交易对手损失的程度，表 9.5 列出了从 2008 年 9 月 16 日到 2008 年 12 月 31 日止，美国国际集团在政府救助下偿还给 10 大交易对手的金额。偿付可以分为：（1）在信用违约互换合同下的抵押登入；[30]（2）购买美国国际集团通过 Maiden Lane III 项目承保的 CDS 合同的全部抵押借贷债务；[31]（3）市政局持有的担保投资协议。从表 9.5 中可以看出，如果没有政府的支持，金融业仅来源于这三方面的损失就达到令人瞠目结舌的 616 亿美元。[32]

表 9.5　　2008 年 9 月 16 日到 2008 年 12 月 31 日 AIG 金融产品交易对手偿付额

单位：亿美元

在信用违约互换合同下的抵押登入		因 Maiden Lane III 项目 AIG FP CDS 交易对手的支付额		在担保投资协议下的支付额	
法国兴业银行	41	法国兴业银行	69	加利福尼亚州	10.2
德意志银行	26	高盛	56	弗吉尼亚州	10.1
高盛	25	美林	31	夏威夷州	7.7
美林	18	德意志银行	28	俄亥俄州	4.9
东方汇理银行	11	瑞士银行	25	佐治亚州	4.1
巴克莱银行	9	东方汇理银行	12	科罗拉多州	3.6
瑞士银行	8	德国中央合作银行	10	伊利诺伊州	3.5
德国中央合作银行	7	蒙特利尔银行	9	马塞诸塞州	3.4
美联银行	7	美联银行	8	肯塔基州	2.9
拉博银行	5	巴克莱银行	6	俄勒冈州	2.7
TOP 20	183			TOP 20	70
总计	224	总计	271	总计	121

资料来源：美国国际集团。

溢出风险　美国国际集团交易对手的变现损失是否会引起全球金融体系的破坏尚无定论。然而，即使没有这些损失，美国国际集团的破产或者实际上的评级下调，都有可能引起系统范围内的崩溃。与十年前的长期资本管理（LTCM）危机相似，AIG 持有的 1.6 万亿美元衍生品，使其无法解套，从而产生一个死螺旋——流动性压力导致资产价值下滑，反过来导致进一步资金流动性问题，然后又进一步使资产价格下降，就这样一直恶性循环下去。

还有一个问题是美国国际集团在母公司层面的破产是否导致它持有的除衍生品之外的大部分资产降价销售。从进入危机中来看，美国国际集团是世界上第五大资产管理机构。如果用一句话概括刚才描述的美国国际集团所有投资，那就是美国国际集团是美国企业债券最大的投资者，美国市政债券的第二大持有者。市政债券通过其商业保险业务获得，总价值为 500 亿美元。任何大量的被迫减价销售这些证券投资组合会给各个金融市场施加巨大压力。

美国国际集团保险公司的资产在法律上是和 AIG CM 分离的，然而不清楚的是，母公司水平的破产会不会确实引起组织机构内其他公司减价销售所持资产。以防发生违约事件，美国国际集团母公司在 AIG 资本市场担保了合同；这实际上意味着交易对手可以向 AIG 拥有的潜在业务发起索赔，尽管不是在保单持有人面前。业务很有可能仍然和之前一样开展。

然而，如之前提到的，美国国际集团在投资现金抵押方面遭受重大损失。现金抵押是证券借出业务的分支，也就是借出美国国际集团寿险和退休服务业务持有的证券。这些损失主要归因于 AA 级和 AAA 级部分的次级房贷抵押证券。从 2008 年 9 月 16 日到 2008 年 12 月 31 日损失总计 437 亿美元，而且涉及了很多系统性风险重要的交易对手。损失惨重排名前 10 位的是：巴克莱银行（70 亿美元），德意志银行（64 亿美元），巴黎国民银行（49 亿美元），高盛投资公司（48 亿美元），美国银行（45 亿美元），汇丰银行（33 亿美元），花旗银行（23 亿美元），德累斯顿—克莱沃特（22 亿美元），美林银行（19 亿美元），瑞银（17 亿美元）。当金融危机导致股市和债市下滑时，美国国际集团提供的最低担保投资型寿险单和其他合同条款给美国国际集团造成了巨大损失。美国国际集团即使没有 AIG CM 产生的投资损失，也可能需要从政府处得到注资救助，这一点和其他寿险公司没什么区别，其核心商业层面的失败源于两个系统性的结果：资产大规模的变卖和保单持有人的挤兑。

"银行"挤兑　前文描述的保险公司缺点有可能引起传统的"银行"挤兑，所以即使美国国际集团在个人保险公司层面上没有破产，也有可能在母公司层面上破产。美国国际集团拥有超过 8 100 万寿险单，面值 1.9 万亿美元，大规模的挤兑很可能发生。

挤兑发生时，一方面，保单持有人会想将保单变现，迫使美国国际集团通过资产变卖筹集现金，进而出现溢出风险，而美国国际集团唯一的自我保护方法只有放弃指控或取消赔偿或重置保单的价值；另一方面，未保险人数的突然上升会对其他人寿保险公司造成短暂的压力，因为这些保险公司需要满足新顾客的保险需求。

挤兑发生时我们最担心的还是它所带来的系统性风险。这些巨大的风险会给个人或企业带来严重的外部影响，同时它还会导致机构操作市场的冻结。由此可以看到，人寿保险对整个经济相当重要，如果发生了系统广泛性挤兑，结果将会是摧毁性的。

金融危机时发生系统广泛性挤兑会给银行带来许多问题，首先是次级贷方，其次是资产抵押的票据、投资银行和货币市场基金，最后是对冲基金。健康的机构发生挤兑需要两个条件，一是一些相似的机构在一个地方同时操作；二是机构操作不透明（或是信息不对称）。如果一个业绩糟糕的机构面临挤兑但是在自身层面上挤兑的发生并不是系统性的，那么将只会对那些健康机构造成挤兑。

我们还关注的一个问题就是美国国际集团的一些保险公司身上发生的挤兑是否会导致其他保险公司也发生挤兑。经过分析，我们认为美国国际集团是一个独特的公司，所以它所产生的问题对周围的企业也会有特定的影响——AIG资本市场的破产和以证券为主的其他平行投资——而不仅仅是人寿保险公司的诸如提供持有最低担保的以投资为目的的人寿保险单等地方性特点。

美国国际集团相关分析

通过分析美国国际集团的例子我们至少能提出以下六个问题。

第一，如何监管由美国国际集团这样的公司强加的系统性风险？

第二，是不是《金融服务现代化法案》（《格雷姆—里奇—比利雷法案》）构想不佳或者实施松懈，使得美国国际集团的监管性套利选择 OST 作为其监管机构？

第三，一个"大而不能倒"的保险实体在没有任何已存在的联邦条例下能准确地监管吗？

第四，类型的公司规模能够通过监管限制吗？

第五，政府担保委员会曾经处理过 2008 年由美国国际集团引发的保险损失吗？

第六，信贷违约互换是必要的保险。那么对于信贷违约互换需要什么形式的保险调控呢？

在回答第六个问题时，我们清楚地知道美国国际集团的资本市场不提供传统保险。正如本章开始中提到的，保险之所以能够立足，是因为个人和企业面临着各种能引起严重后果的风险，但是 AAA 级信贷组合不存在可分散风险，它总是系统性的。其实就这意味着如果发生了系统性风险，所有相关保单都需要赔付；在美国国际集团的案例中，在极端情况下，需要支出 4 500 亿美元而所抵押的债券则一文不值。[33]这也说明了保险公司不能为系统性事件提供保险保护，除非保险是完全资本化的。这些系统性产品包括 AAA 级债券抵押产品的信用违约互换、核袭击保险、具有系统性的部分市政债券保险等。

附录 B：系统性风险的估量：一个例子

如何量化金融机构的系统性风险？[34]这一部分我们将讨论只依靠市场信息也能完成的重要估量方法。本节的第一部分会讨论如何运用股票市场估量系统性风险，第二部分将说明如何通过信贷违约互换数据成功地估量系统性风险，这些数据来源于 2007 年至 2009 年金融危机中对保险公司业绩的预测。

利用股票市场估量系统性风险

如果要根据股票市场估量系统性风险，首先要提出一个被称为边际预期损失（MES）的量具。先假设风险（金融部门收益或者整个经济非常糟糕，比如市场利润收益分布在 5% 左边尾部区域）刚发生就导致金融业发生系统性成本（金融的负面影响）。再假设成本和 5% 以下利益所造成的损失成比例，每个个体金融机构的成本和其规模也成比例。MES 市场利润收益在 5% 左边尾部区域时称为百分比损失或者市场承担的负收益。每个机构身上的税收构成了损失贡献的平均值，换句话说，随着经济的权重（美元）加倍，机构危机发生的可能性也加倍（此例中为 5%）。系统性风险时期一个金融机构的 MES 能被 1 美元的系统性风险贡献率打乱。

总的损失巨大时需要计算每个公司所遭受的损失，即 MES 集体损失中每个公司的贡献率。下面计算前几年 5% 的损失时集体股票市场损失中金融公司市场价值的损失（以日常基础来估量）。我们关注的是至少有 50 亿美元市场资本（2007 年 6 月）的金融公司，一共有 102 家。这些公司中，36 家是保险类的，我们划分类别根据的是证券价值研究中心（CRSP）的标准工业分类（SIC）。

表 9.6 列出了这些保险公司的美元 MES、市场价值百分比的 MES 和其他计算数据。最左边的一栏是根据 MES5 排级的保险行业的系统性风险，最右边一栏是根据 MES5 对 102 家美国金融公司的排名。排名最前面的 5 家公司分别是美国国际集团、大都会人寿保险公司、保诚保险公司、伯克希尔哈撒韦公司、联合健康集团，排名依次为第 10 位、第 13 位、第 17 位、第 19 位和第 22 位。

表 9.6　　　　2007 年 7 月前保险公司的系统性风险和资产负债

保险行业排名	公司	简写	边际预期损失（美元）	边际预期损失（%）	资产（10亿美元）	市场资本（10亿美元）	总资产划分的账面股权	总资产划分的长期债务	总资产相关的短期债务	排名前102位的金融公司
1	美国国际集团	AIG	1.044	0.57	1 033.87	181.67	0.101	0.138	0.761	10
2	大都会人寿公司	MET	0.741	1.55	552.56	47.82	0.061	0.030	0.909	13
3	保德信金融集团	PRU	0.575	1.28	461.81	45.02	0.050	0.024	0.926	17
4	伯克希尔哈撒韦公司	BRK－A	0.546	0.46	269.05	119.00	0.428	0.118	0.454	19
5	联合健康集团	UNH	0.485	0.71	53.15	68.53	0.396	0.131	0.473	22
6	全国金融公司	CFC	0.453	2.10	216.82	21.57	0.066	0.358	0.575	26
7	洛斯公司	L	0.386	1.41	79.54	27.38	0.215	0.062	0.722	28
8	维朋公司	WLP	0.383	0.78	54.19	48.99	0.461	0.141	0.398	29
9	旅行者集团	TRV	0.372	1.05	115.36	35.52	0.218	0.050	0.732	31
10	HFSG 公司	HIG	0.350	1.12	345.65	31.19	0.054	0.014	0.932	33
11	安泰保险公司	AET	0.339	1.34	49.57	25.31	0.195	0.049	0.755	34
12	好事达集团	ALL	0.284	0.76	160.54	37.36	0.134	0.035	0.831	43
13	林肯全国集团	LNC	0.252	1.31	187.65	19.21	0.063	0.022	0.915	51
14	信安金融集团	PFG	0.252	1.61	150.76	15.61	0.053	0.010	0.937	52
15	丘博集团	CB	0.233	1.07	51.73	21.74	0.267	0.080	0.653	55
16	伯克希尔哈撒韦公司	BRK－B	0.220	0.45	269.05	49.29	0.428	0.118	0.454	57
17	私人按揭保险公司通用保险公司	GNW	0.216	1.44	111.94	14.96	0.116	0.066	0.818	59
18	家庭人寿保险公司	AFL	0.213	0.85	60.11	25.14	0.136	0.023	0.841	60

续表

保险行业排名	公司	简写	边际预期损失（美元）	边际预期损失（%）	资产（10亿美元）	市场资本（10亿美元）	总资产划分的账面股权	总资产划分的长期债务	总资产相关的短期债务	排名前102位的金融公司
19	进步集团	PG	0.207	1.19	21.07	17.42	0.261	0.103	0.636	61
20	威达信集团	MMC	0.195	1.14	17.19	17.15	0.329	0.210	0.461	63
21	信诺集团	CI	0.171	1.14	41.53	15.03	0.097	0.043	0.860	66
22	怡安集团	AOC	0.149	1.19	24.79	12.51	0.216	0.088	0.696	71
23	Humana 公司	HUM	0.142	1.39	13.33	10.24	0.253	0.089	0.658	72
24	MBIA 公司	MBI	0.136	1.67	43.15	8.14	0.157	0.690	0.153	73
25	尤那姆集团	UNM	0.134	1.50	52.07	8.95	0.142	0.044	0.814	75
26	CNA 金融集团	CNA	0.127	0.98	60.74	12.95	0.165	0.033	0.802	77
27	安巴克金融集团	ABK	0.115	1.29	21.06	8.89	0.287	0.484	0.229	79
28	W. R. 伯克利集团	BER	0.112	1.78	16.63	6.32	0.215	0.082	0.703	81
29	洛斯集团	CG	0.096	1.15	2.84	8.38	0.138	0.344	0.518	85
30	辛辛那提金融集团	CINF	0.091	1.22	18.26	7.46	0.374	0.043	0.583	89
31	安可保险公司	SAF	0.078	1.18	13.97	6.61	0.287	0.061	0.652	92
32	健康网公司	HNT	0.071	1.19	4.73	5.93	0.412	0.084	0.504	94
33	Assurant 公司	AIZ	0.065	0.92	25.77	7.13	0.148	0.039	0.813	96
34	考文垂医疗保健公司	CVH	0.059	0.66	6.41	9.01	0.457	0.151	0.392	98
35	Torchmark 公司	TMK	0.058	0.91	15.19	6.40	0.215	0.048	0.737	99
36	富达国民公司	FNF	0.050	0.95	7.37	5.25	0.483	0.069	0.449	101

注：这36家保险公司包括在102家2007年6月市场资本至少是50亿美元的美国保险公司中。MES5是每股的边际预期损失（5%以下的市场收益），估算依据是2006年7月到2007年6月每家公司的股份。MES5是MES5市场资本的加倍，2007年6月底股票价格和股份较大。表中相关的数据有：账面价值资产、总资产划分的账面股权（BEA）、总资产划分的长期债务（LDA）、总资产相关的短期债务（STA）。所有的资产负债数据都是根据最新2007年6月底的每季度CRSP数据。左边栏是根据MES5排名的保险行业内系统性风险，右边栏是102家美国金融公司的排名。

表 9.7 列出的是在表 9.6 中 MES 排名靠前 20 位的保险公司，时间是 2004 年 6 月到 2007 年 6 月。虽然排名前 100 位的金融公司中超过 1/3 是保险公司，排名前 20 位所占的比例却没有那么高。例如，2004 年只有 3 家公司，2005 年 7 家公司，2006 年 5 家公司，2007 年 4 家公司。这些公司中，美国国际集团 2004—2007 年排名分别为第 2 位、第 2 位、第 3 位、第 10 位。保诚保险公司 4 年中有 3 年排名在前 20 位，伯克希尔哈撒韦、大都会人寿保险公司和联合健康集团 4 年中有 2 年排名前 20 位。4 年时间里共有 9 家保险公司排名在前 20 位。

表 9.7   **2004—2007 年保险公司的系统性风险排名**

2004 年	2005 年	2006 年	2007 年
美国国际集团（2）	美国国际集团（2）	美国国际集团（3）	美国国际集团（10）
伯克希尔哈撒韦（13）	联合健康（10）	好事达保险（13）	大都会人寿（13）
金融服务集团（18）	康点公司（13）	联合保险（16）	保险集团（17）
	圣保罗旅行者保险（16）	保诚保险（17）	伯克希尔哈撒韦（19）
	保诚集团（17）	大都会人寿（18）	
	安泰保险（18）		
	伯克希尔哈撒韦（20）		

注：此表列出的是市值（2007 年 6 月底）最大的 102 家公司中排名前 20 位的系统性保险公司。系统性风险的评估选取了前几年最糟糕天数的 5% 作为评估时间，以每家公司的边际预期损失（美元）为评估标准来进行的。

为了比较机构间的差异，图 9.7 和图 9.8 列出了存款机构、经纪自营商、非存款机构和保险公司 1963 年到 2008 年的 MES。我们按照公司的市场资本划分美元 MES 以适应这些金融实体的规模变化，并且计算了 MES 的价值加权和等加权的平均值。从图中可以观察到以下三点信息。第一，虽然证券公司的 MES 在不同类型的金融机构中最高，保险公司的 MES 并不太显著。实际上，保险公司通常是存款机构（商业银行）中最小的系统。第二，系统性风险在这段时间有明显的波动，最近的一次危机中达到最大值，20 世纪 70 年代、1987 年的市场崩溃和 1998 年的长期资本管理公司危机中也出现过高峰。第三，尽管经济萧条是一个很重要的因素，但是现在对于系统性风险它既不是必要的，也不是充分条件。

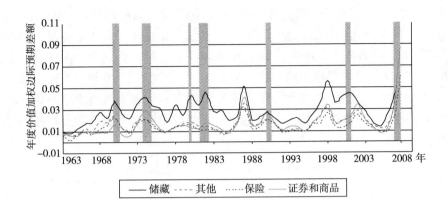

注：此图列出了 1963 年到 2008 年 4 种金融机构一个贸易年中至少 22 天的市值加权 MES。

资料来源：Acharya, Pedersen, Philippon, Richardson（2009）。

图 9.7　各种金融机构年价值加权的边际预期差额（5%）

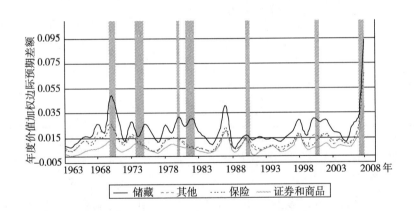

注：此图列出了 1963 年到 2008 年 4 种金融机构一个贸易年中至少 22 天的等加权 MES。

资料来源：Acharya, Pedersen, Philippon, Richardson（2009）。

图 9.8　各种金融机构年等加权的边际预期差额（5%）

　　再单独比较保险公司，可以发现系统性风险估量、市场权重价值的 MES 百分比和保险公司等多种会计特点，包括账面价值资产、长期债务资产、短期债务资产、日均资产（log assets）、市场股权资本之间的关系。为了简洁，我们仅说明了图 9.9 中前两个会计学特点。[35]如果不考虑估量方法，这些数据的杠杆作用将对系统性风险产生消极影响。

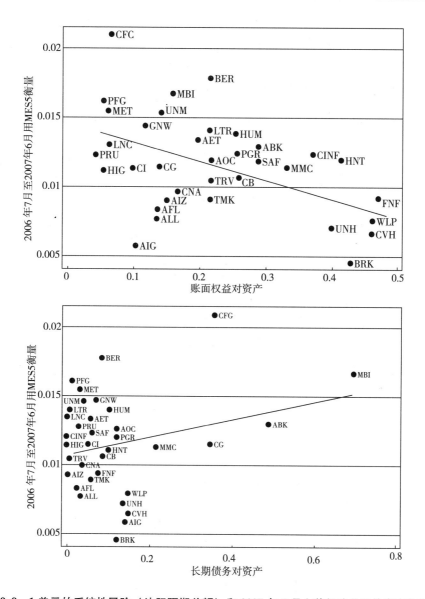

图 9.9　1 美元的系统性风险（边际预期差额）和 2007 年 7 月之前保险公司的资产负债表

利用信贷违约互换市场数据和 2007—2009 年的金融危机估量系统性风险

2007—2009 年的金融危机中，保险公司承受了巨大的压力。图 9.10 列出的是 CRSP 价值加权指数每日随时间的变化曲线，还有在彭博通讯社可以查到相关数据的 20 家保险公司的 CDS 每日平均值。[36]2007 年中期金融危机开始的一段时间，股票市场开始缓慢下滑，仅仅在 2008 年有了大的增长。同时，保险公司早在 2007 年第四季度就显示出了巨大压力的征兆，图中显示这时它们的 CDS 显著地由 20 个基点上升到了 600 个基点，而且这种增长在金融危机期间一直很显著，股票市场低谷前最高达到了 1 300 个基点。

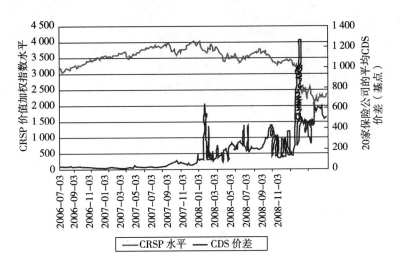

注：此图列出了例子中包括的 20 家保险公司的日平均 CDS 和 2006 年 7 月到 2008 年 12 月的 CRSP 指数水平。

图 9.10　CDS 变化和 CRSP 指数水平

然而，这种巨大的压力并没有侵袭到每个公司。图 9.11 列出了 5 家保险公司的 CDS 变化，它们分别是 AMBAC 金融集团、MBIA 公司、哈特福金融服务集团（HFSG）、大都会人寿保险公司和美国国际集团。这些公司中，两个单线保险公司，Ambac 和 MBIA 的 CDS 增长是最早和最显著的。这两家公司在 2008 年早期增加了 1 000 个基点，2008 年达到最高的 3 000 个基点。美国国际集团的 CDS 在这段时期也有增加，但是幅度没有这么大。但是，2008 年的夏天美国国际集团开始遭遇压力，CDS 一下子上升了 500 个基点达到 2 000 个基点。相反，HFSG、大都会人寿保险公司在这 5 家公司中承受的压力是最小的，它们的 CDS 在金融危机中期仅仅增加了 200 个基点，最高在 2008 年的 11 月达到 800 个基点。

如何才能事前估量哪一家保险公司的系统性风险相对更高，在金融危机中将遭受更多的系统性风险？信贷违约互换市场可以为这个问题提供答案。特别是我们发现根据 CDS 可以估量系统性风险，即 CDS MES 能够成功地预测 2007 年到 2009 年金融危机中保险公司的情况。

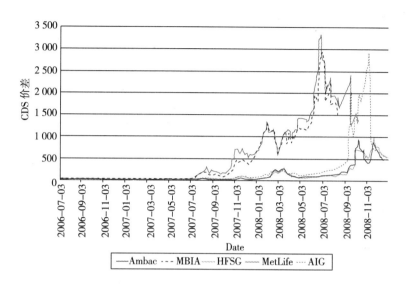

注：此图列出了 5 家保险公司 2006 年 7 月到 2008 年 12 月的日平均 CDS。

图 9.11 Ambac、MBIA、HFSG、大都会人寿保险公司和美国国际集团的 CDS 变化

根据股票市场数据利用 MES 估量公司的系统性风险在前几段已讨论过。考虑到 CDS 的数据能反映出金融公司在危机中遭受的压力水平，我们将根据 CDS 变化的数据采用类似 MES 的估量方法。Acharya、Pedersen、Philippon、Richardson（2010）等人认为，如果 CDS 的变化和安全公司之间的差异很小，那么这种估量方法是能够准确地预测系统性风险贡献率的。

如果我们是保险公司市场代理人，我们首先需要考虑在资本市场中至少拥有 50 亿美元的 102 家金融公司（2007 年 6 月）。根据彭博的有关这些公司中 40 家公司的 CDS 数据，有 20 家是保险公司。估算方法如下：取一年的一段时间（2006 年 6 月 30 日到 2007 年 1 月）中 5% 的萧条时期，根据 40 家公司的等加权股份的 CDS,[①]以这些日子的每日对数收益平均 CDS 变化计算每家公司的 CDS MES，最后根据 CDS MES 对 20 家公司进行了系统性风险估量。表 9.8 列出了根据 CDS MES 这些公司的排名，第一是 Genworth 金融公司，系统性风险经估量高达 16.4%，其后依次是 Ambac 金融公司、MBIA 公司和美国国际集团。相反，安泰金融公司、信诺公司、威达信咨询公司是系统性风险最低的公司。

表 9.8　　　　　　　　　　**20 家保险公司的 CDS MES 排名**

公司	简写	实现的 CDS MES 排名	CDS SES (2007 - 07—2008 - 06) (%)	CDS SES (2007 - 07—2008 - 12) (%)	CDS MES (%)
私人按揭保险公司	GNW	1	145.38	403.03	16.40
安巴克金融集团	ABK	2	424.10	389.12	8.05
MBIA 公司	MBI	3	383.11	303.44	6.71
美国国际集团	AIG	4	277.42	369.20	3.40
洛斯集团	ALL	5	183.66	271.38	2.97
保德信金融公司	L	6	136.79	175.47	2.67
保诚集团	PRU	7	240.25	394.44	2.33
林肯国家集团	LNC	8	234.94	403.58	2.27
HFSG 公司	AOC	9	32.41	55.10	2.26
HFSG 公司	HIG	10	212.09	368.41	2.03
旅行者公司	STA	11	124.68	171.62	1.95
丘博集团	CB	12	164.91	192.52	1.73
尤那姆集团	UNM	13	118.33	165.43	0.98
安可保险金融集团	SAF	14	123.95	155.92	0.85
CNA 金融集团	CNA	15	105.34	218.89	0.84
大都会保险公司	MET	16	220.59	362.62	0.75
Torchmark 公司	TMK	17	24.69	182.45	0.34
安泰保险公司	AET	18	127.42	192.96	- 0.12
信诺集团	CI	19	124.73	267.69	- 0.56
Marsh 和 Mclennan 公司	MMC	20	31.82	33.43	- 0.63

　　注：此表列出的是 2007 年 6 月市场资本至少是 50 亿美元的 20 家美国保险公司。这些公司按照 5% 边际预期差额的 CDS 降序排列，计算时期从 2006 年 6 月到 2007 年 6 月。CDS SES 是金融危机时期 CDS 变化的收益。

　　表 9.8 和图 9.11 共同揭示了金融危机时根据早期的 CDS MES 数据预测公司的系统性风险是可行的。例如，Ambac 金融公司和 MBIA 在金融危机中是受到最严重冲击的，而它们在 5 家保险公司中的排名也是最前的。就像之前描述的那样，从金融危机一开始它们的 CDS 就开始快速增长。相反，CDS MES 排名后的 HFSG 和大都会人寿保险公司的 CDS 虽然也变化，但是幅度小得多，速度也慢得多。

　　图 9.12 和图 9.13 显示了一个更具体的 CDS MES 预测 20 家保险公司在 2007 年 7 月到 2008 年 6 月危机期间被认识到的系统性风险贡献度的水平。这

个贡献度用 CDS 利差百分数变化（见图 9.12）和股市回报总变化百分数计算
（见图 9.13）。从图中可以看到，CDS MES 能很好地预测事前系统性风险贡献
度，CDS MES 同样适用于事后。实际上作为衡量系统性风险的 CDS MES 和危
机中变现系统性成本是一个明显的正相关。事前有高系统性风险的公司在事后
承受压力：因为它们在危机中经历了 CDS 利差的剧烈上升和低股市回报。

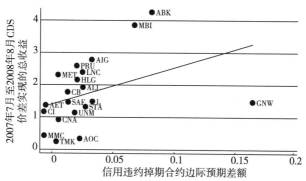

注：这个散点分布图表示 20 家保险公司从 2006 年 7 月 1 日到 2007 年 6 月 30 日期间的 CDS MES，在
2007 年 7 月 1 日至 2008 年 6 月 30 日期间周期 vs CDS 利差总变现回报。CDS MES 是 CDS 从 2006 年 7 月 1
日到 2007 年 6 月 30 日——20 家公司的平均 CDS 回报最高——5% 最差的几天的平均回报。

数据来源：根据 2007 年 7 月 1 日至 2008 年 6 月 30 日数据计算。

图 9.12　CDS 边际预期损失（MES）和 CDS 利差总变现回报比较

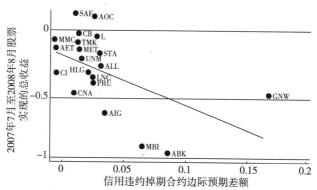

注：这个散点分布图表示 20 家保险公司从 2006 年 7 月 1 日到 2007 年 6 月 30 日期间的 CDS
MES，在 2007 年 7 月 1 日至 2008 年 6 月 30 日期间周期 vs CDS 利差总变现市场回报。CDS MES 是
CDS 从 2006 年 7 月 1 日到 2007 年 6 月 30 日——20 家公司的平均 CDS 回报最高——5% 最差的几天
的平均回报。

数据来源：根据 2007 年 7 月 1 日至 2008 年 6 月 30 日数据计算。

图 9.13　CDS 期望边际损失（MES）和 CDS 利差总变现股市回报比较

在未报告的结果中，我们还评估了 2007 年 7 月到 2008 年 12 月的变现表现。当衡量 2007 年 7 月到 2008 年 12 月变现的系统性风险贡献度时，我们认为 CDS MES 应该更好地解释了事后表现，政府在 2008 年后期介入的救助计划应该对 CDS 利差和股市回报有稳定的效果。实际上，我们记录到相同的形式如图 9.12 和图 9.13。为了验证我们的推测，然而这些效果弱化，当测量变现 CDS 利差或者股市回报直到 2008 年 12 月。

注释

①在 2008 年，美国国际集团保险子公司损失比美国国际集团金融产品集团损失还大，产生损失的主要原因是证券借出、某些重购协议交易、直接购买超级部分的次级房贷抵押的 CDOs（信贷违约互换），CDOs 和金融产品集团的以 CDSs 担保的保单是相同类型。

②《多德—弗兰克法案》取消了退税条款；比如，见 HR4173，条款 III，"将权力转移至货币审计员，企业和董事会"、副条款 C "联邦存款保险公司"，332 节，"取消顺周期性评价"。

③准确地说，保险人支付所有损失直到一个扣除条款，支付共同保险的 15% 超出抵扣值的损失，事件合计限额为 1 000 亿美元。在事件限额之上，政府免费弥补所有损失。

④HR 4173，条款 V，"保险"，副条款 A，"保险办公室"，502 节，"联邦保险办公室"。

⑤HR 4173，条款 II，"有序清算权力"，203 节，"系统性风险定量"。

⑥当保险公司经历了罕见和极端不利的承销后果时，不遵从这个声明。比如，流行病在短期内造成很多人死亡，这是很少见的——美国最近的一次是 1918—1919 年的西班牙流感——但是一旦发生便会摧毁寿险公司。

⑦比如，1991 年互利寿险公司被监管部门抓住了，因为它的资产是不成比例的、流动性不足的保单借贷和房地产资产，而这部分资产在低迷的房地产市场很难变卖。

⑧比如，一些财产意外保险公司因为在灾难频发的佛罗里达州出售了很多房屋保单而破产了。

⑨资料来源：2008 美国储蓄机构监理局（OTS）对美国国际集团的深入回顾，该文章可在 www.fcic.gov/hearings/pdfs/2010 - 0701 - 2008 - OTS - Targeted - Review.pdf 网页找到。

⑩单线保险公司担保当发行公司违约时支付债券的本金和利息。通常保险监管部门不允许财产意外险和寿险公司提供金融保证保险（不是可替代的保证保险），单线保险公司的名字来源于它只承销保证保险。历史上，担保的市政债券曾让这些公司遭遇的主要是特定而可分散的违约风险。在市政当局税收普遍不足时期，这种可分散性能否持续？这是个值得严肃考虑的监管性问题。2008 年，沃伦·巴菲特在以伯克希尔哈撒韦主席的身份写给股东的信中（pp. 12 - 15）在仔细思考后提到道德危机，他认为市政当局可能会采取债券违约来解决这种税收不足问题。然而，单线保险公司后来扩展业务，担保结构性产品。

⑪超级 CDO 是未评级的 CDO，在同样证券化条件下，至少比一个 AAA 级的 CDO 高级。

⑫根据 2008 年 OTS 的报告，房屋市场恶化和全球信贷市场的混乱导致美国国际集团，截至 2008 年 3 月 31 日，损失 490 亿美元。

⑬变额年金和其他投资型寿险保单中有四种最低担保类型：（1）担保最低的死亡保险金，保证保单持有人的继承人可以在其死后得到一笔最少的钱。（2）担保最低的收入保险金，当保单持有人未来年金化保单（annuitizes the policy）时保证其最小的收入来源。（3）担保最低的取现（withdrawal）保险金，保证保单持有人每年提取特定比例的保单价值（不需要年金化）。（4）担保最低的积累保险金，保证保单持有人账户价值在未来特定日达到一定金额。这些保单的其他合同条款包括无延时担保和最小/棘轮利息计入。我们不尝试区分不同类型的最低担保和其他合同条款的效应。

⑭保险公司为变额年金设置的分开账户的主要资产是实体证券，相反地，寿险公司的普通账户的主要资产是企业债券、其他负债工具、房地产。

⑮由于投资型寿险保单中某些合同条款（高额退保费和取现速度的限制），保险发生挤兑比银行储蓄挤兑慢，但是重大的保单持有人挤兑事件在各家寿险公司都有发生，比如20 世纪 90 年代早期的执行人寿保险公司（Executive Life）。HFSG 在财务报告中揭示了其在 2008 年和 2009 年经历了少见的挤兑。联邦政府在 2008 年 11 月开始讨论是否对其注资，到了 2009 年 6 月 CPP 计划对 HFSG 注资 34 亿美元，从而缓和了挤兑。

⑯系统性风险发生的可能性超出了变额年金承销保险人的预测，美国寿险公司持有超过 5 万亿美元的各种长期借贷和实体证券，这些通常和长期赔付债务在时间上匹配。一些这类证券流动性不足或者在金融危机期间转变成流动性不足，比如结构性资产抵押证券，美国国际集团、HFSG 和其他保险公司为了寻求额外收益而投资了大量这种证券。在金融危机期间，寿险公司不得不集体抛售不良资产，否则这些资产的价值会跌得更厉害。

⑰保证保险是保障保单持有人在被保证人不履行合同时得到赔付。

⑱对这些公司监管的总体分析见沃尔特、史密斯、桑德斯（2009）。

⑲对交易对手风险外部经济效果的介绍和正式讨论分别见阿查里亚和恩格尔（2009）、阿查里亚和比辛（2009）。

⑳比如见 Brunnermeier 和 Pedersen（2008）。

㉑在 1988 年和 2008 年总共调用的资金是 60 亿美元，同时期的容量是 1 150 亿美元。协会历史上最大的发生额是 1995 年的 87.5 亿美元。

㉒因此州通过法律阻止寿险公司、健康险保险公司广告宣传保证基金的存在。

㉓见 Wallison（2000）。

㉔监管结构应该是什么样子的讨论，见沃尔特、史密斯、桑德斯（2009）。

㉕全国保险委员会协会在密苏里州的堪萨斯市。

㉖讨论是基于 FASB 网站 2010 年 4 月 15 日续期的保险合同方案。

㉗10－K 报表第三条注释非常详细地罗列了美国国际集团运作部分。

㉘美国国际集团金融产品集团的历史被概括成三部分，见 Robert O'Harrow 和 Brady

Dennis，分别在 2008 年 12 月和 2009 年 1 月的《华盛顿邮报》上。

㉙见 Jurek、Coval、Stafford（即将出版）。

㉚因为潜在抵押借贷债务失去价值和/或者美国国际集团遭到等级下调，很多信贷违约互换合同要求抵押登入 posting。

㉛Maiden Lane III 是一个投资公司，被规划成购买美国国际集团承销的潜在抵押借贷债务的信贷违约互换合同，然后高效抛售信贷违约互换。它在 2008 年 9 月成立，也就是当美国国际集团被美国政府接管时成立。

㉜担保投资协议是市政当局对发行债券得到的收益进行投资，投资回报率是担保的。协议有效地用于巩固发行水平的高回报率。

㉝一个人可能会认为所有债券零回复率的可能性是零，所以处于风险的金额少于 4 500 亿美元。然而很清楚，因为 AAA 级部分受影响的可能性很低，又鉴于 CDS 的保费水平，所以实际处于风险的金额可能非常高。因为产品被认为是保险，那这部分的数量需要被计算进去。

㉞这一小节提出的方法论和计算结果是基于 Acharya、Pedersen、Philippon 和 Richardson（2009）。

㉟剩余变量的图表是在请求后将由作者提供。

㊱本研究的 CDS 数据是大于 5 年的无担保信贷违约互换的利差。

㊲CDSs 不像股市交易频繁。因此，为了消除 CDS 在某个日期在很多非交易日积累的总回报的影响，我们仅使用了 CDS 利差信息可以获取到的那些日子，还有交易前一天。当交易日利差信息获取不到时，则不使用回报。CDS 指数最差的日子被定义为 CDS 指数带来的回报是最高的日子。

参考文献

［1］Acharya, V. V., and A. Bisin. 2009. Centralized versus over – the – counter markets. Working Paper, NYU Stern School of Business.

［2］Acharya, V. V., and R. Engle. 2009. Derivative traders should all be transparent. *Wall Street Journal*, May 15.

［3］Acharya, V. V., L. Pedersen, T. Philippon, and M. Richardson. 2009. Regulating systemic risk. In *Restoring financial stability*: *How to repair a failed system*, ed. Viral V. Acharya and Matthew Richardson. Hoboken, NJ: John Wiley & Sons.

［4］Acharya, V. V., L. Pedersen, T. Philippon, and M. Richardson. 2010. Measuring systemic risk. Working Paper, NYU Stern School of Business.

［5］Brunnermeier, M., and L. Pedersen. 2008. Market liquidity and funding liquidity. *Review of Financial Studies* 22（6）：2201 – 2238.

［6］ Jurek, J. , C. Coval, and E. Stafford. Forthcoming. The economics of structured finance. *Journal of Economic Perspectives.*

［7］ Wallison, P. J. , ed. 2000. *Optional federal chartering and regulation of insurance companies.* Washington, DC: AEI Press.

［8］ Walter, I. , J. Smith, and A. Saunders. 2009. Enhanced regulation of large, complex, financial institutions. In *Restoring financial stability: How to repair a failed system*, ed. V. V. Acharya and M. Richardson. Hoboken, NJ: John Wiley & Sons.

第三部分
影子银行

第 10 章　货币市场基金如何避免跌破

Marcin Kacperczyk and Philipp Schnabl[*]

10.1　概述

　　货币市场基金是一种金融中介工具，它服务于那些希望投资低风险债券的同时能够在短时间内撤走资金的投资者。货币市场基金最初的目的是维持资产的主要价值，因此它只能投资低风险、短期的债券，例如商业票据、银行存单、国库证券。从投资者一方看，拥有货币市场基金就相当于在银行中存了现金，因为投资者能够在任何时候不需要任何代价地将资金撤走，但是货币市场基金所得的收益又稍高于银行，同时不像银行那样受到政府的保障。2007 年时货币市场基金的资产超过 3 万亿美元。

10.2　初步认识货币市场基金

　　20 世纪 70 年代，银行存款的一些限制性规定让货币市场基金应运而生，但当时只是作为除银行存款外的另一种理财方式。直到 20 世纪 80 年代早期，政府设定了银行存款的最大利率，投资者们的收益因此受到了限制，而货币市场基金可以规避政府关于最大利率的限制，它可以通过直接投资货币市场工具，如商业票据，使投资者得到的收益高于银行存款。

　　即使在政府提高了利率的最大限额后，银行存款利率也总是低于货币市场存款利率。如图 10.1 所示，货币市场存款利率总是接近于联邦基金利率，但是银行存款利率总是低于联邦基金利率。结果如图 10.2 所示，货币市场基金总是优于银行存款，总货币市场存款在过去的 30 年间，由 1987 年的 5 000 亿

---

　　*　本章部分参考了《当安全的被证明是充满风险的：2007—2009 年金融危机中的商业票据》一文，该文 2010 年冬由《经济视野》杂志出版。感谢编辑 Matt Richardson 和 Viral Acharya 的帮助。我们还参考了"货币市场基金"工作组的讨论内容，讨论组包括以下成员：Stanley Kon，Anthony Lynch, Antti Petajisto, Kermit L . Schoenholtz 和 Robert Whitelaw。

美元稳定地增加到 2007 年的 3 万亿美元。

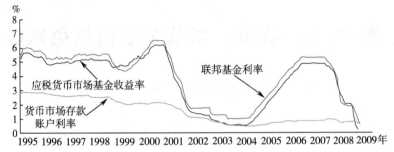

资料来源：银行利率监控，联邦储备委员会和 iMoneyNet。

图 10.1　银行年利率和货币市场基金收益的比较

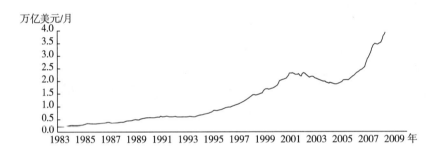

资料来源：货币市场工作组报告，投资公司协会，2009 年 3 月 17 日。

图 10.2　货币市场基金总的净资产

　　这两种利率间存在的差异可以这样解释：货币市场存款是有风险的，因为它不像银行存款那样受到政府的保障，所以即使货币市场基金试图维持投资资产的价值在每股 1 美元，货币市场基金的投资者也有可能遭受投资损失。

　　为了控制货币市场基金投资的风险，1940 年政府在《投资公司法》第 2a-7 条规则中规定了货币市场基金持有问题。这个规定详细说明了货币市场基金能够投资的工具。例如，第 2a-7 条规则规定货币市场基金中发行的商业票据信用必须是至少来源于两个国家认可的信用评级机构所评价的短期债务评级为第一或第二的等级。而且，货币市场基金持有的证券资产不能超过任何拥有最高评级的个体发行者总证券资产的 5%，如果个体发行者不具有最高评级，那么持有证券资产总额不能超过 1%。还有就是第二评级的证券持有额也不能超过基金资产的 5%。第 2a-7 条规则还包括其他资产类别的规定来限制货币市场基金（Stigum 和 Crescenzi，2007）。

　　我们用 iMoneyNet 提供的一组新颖的数据来分析货币市场持有问题。这个数据组提供了货币市场基金最复杂的持有信息。我们以下的分析将集中在税收货币市场基金，因为它代表了 2007 年 84.5% 的货币市场基金股份。

2007 年 1 月，有 473 个税收货币市场基金持有资产价值 1.95 万亿美元。其中大约 1/3 是国库证券，几乎都投资在国债和政府承担的机构债券。剩下的 2/3 主要投资在非政府性资产上，例如商业票据。税收货币市场基金最大的资产类别就是商业票据，价值 6 340 亿美元或者总资产的 32.5%。接下来的资产类别分别是国债、政府承担的机构债券（5 850 亿美元），回购协议（3 900 亿美元），银行债券（2 970 亿美元）和其他资产（450 亿美元）。

机构投资者多数投资大型的货币市场基金。《穆迪的投资者服务》（2007）指出，2007 年 1 月 15 个最大的机构基金总资产 4 590 亿美元。机构基金有大量不同种类的货币市场工具，所以货币市场基金通常被认为是最多样化的。但是还应该看到，货币市场基金中来源于经济工业的资产占了货币市场基金资产的 91.4%（资产用总的经济商业票据、结构证券、银行债券、回购协议进行评估），它们几乎全部暴露在高风险的经济工业中。

除了美国，大多数国家是没有第 2a－7 条规则的，所以货币市场基金最近才发展起来。特别是欧洲调控环境的变化对货币市场基金存款的发展很有利，过去的几年货币市场基金在欧洲快速成长起来，2008 年 1 月，欧洲的货币市场基金经过评估约有 3 500 亿欧元。从流通这个层面来看，这个市场均匀地分开了欧元和英镑（参考《国际资本市场联盟 2008》）。

考虑到大多数货币市场基金是以美国为基础的，我们将讨论集中在美国身上，但是其实我们大部分的分析也适合欧洲货币市场基金。

10.3 金融危机中的货币市场基金

雷曼兄弟破产前，大多数投资者将货币市场基金视为安全的资产类别。20 世纪 90 年代橘子县破产是金融危机前货币市场基金出现的唯一一起事故。但是，它仅仅是一个小的基金和其他基金经历的破产事件并没有引起跌破。这可能是因为在金融危机的早期，大多数投资者将货币市场基金视为安全的投资。如果把大量的货币市场基金投资在资金支持的商业票据上，这些基金就要承受投资的损失，就像大多数资金支持的商业票据的发行者从商业银行那里得到的信贷支持一样（Acharya、Schnabl 和 Suarez，2009）。通常如果一个基金面临损失，管理公司通常会自愿地以资产面额购买这些受损的资产。

这样一直到 2008 年货币市场基金才面临严重的压力。雷曼兄弟 2008 年 9 月 15 日破产后，许多投资者才知道美国货币市场基金（最大的货币市场基金，资产超过 650 亿美元）拥有超过 7.85 亿美元雷曼兄弟的商业票据。实际上，美国货币市场基金的建立者曾经公开地宣布货币市场基金不应该投资商业票据，因为风险太大了。就是因为他的这句话，直到 2005 年 9 月美国货币市场基金还通过美国证监会宣告不会进行任何商业票据的投资。这个承诺随后被打破，从 2006 年开始，美国货币市场基金开始投资大量的商业票据，这样做可能是为了改善它的工作性能（Stecklow 和 Gullapalli，2008）。

　　雷曼兄弟破产，美国货币市场基金付出了惨痛的代价。2008 年 9 月 16 日，美国货币市场基金被迫支付了 108 亿美元以作为赔付，还面临 280 亿美元要求撤回的资金。不仅如此，其他货币市场基金也受到影响。根据 iMoneyNet 提供的一组数据，我们发现仅仅一周机构投资者投资在货币市场的基金就减少超过 1 720 亿美元。为了控制局面，2008 年 9 月 19 日美国国家证券部门建立了暂时的覆盖整个货币市场基金的存款保证。这项措施制止了货币市场基金惨剧的发生，有关的赔偿要求也及时撤掉了。

　　尽管如此，通过雷曼兄弟的破产，投资者们看到了商业票据通过金融机构发行和组织远比想象的要危险。如图 10.3 所示，金融商业票据显著地下降了 29.5%，从 2008 年 9 月 10 日的 8 060 亿美元降到 2008 年 10 月 22 日的 5 680 亿美元。在这段时间，资金支持的商业票据余额也下降了 9.8%，从 7 410 亿美元降到 6 680 亿美元。同时，虽然金融商业票据的变化较短暂，资金支持的商业票据和金融商业票据的变化却都很显著。

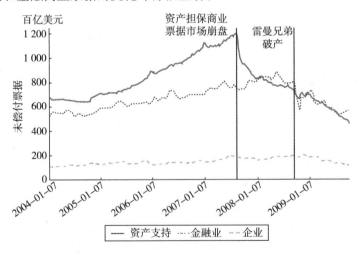

注：每周商业票据的数据来源于联邦储备委员会。

图 10.3　2004 年 1 月到 2009 年 10 月未偿还的商业票据

　　货币市场基金是决定商业票据市场下滑的主要因素。虽然货币市场基金投资因为新引进的存款保障而被认为是安全的，但是货币市场基金还是决定减少商业票据的份额。图 10.4 显示，雷曼兄弟破产后一个月内，商业票据作为货币市场基金的一部分，其持有额由 24.2% 降低到 16.9%，同时国债的持有额由 36.5% 上升到 44.5%。

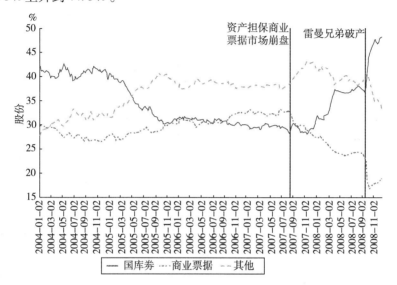

注：根据 iMoneyNet 数据得出的有关货币市场基金的分析。

图 10.4　2004 年 1 月到 2008 年 12 月货币市场基金资产的占有额

10.4　政府对雷曼兄弟破产的回应

　　政府出台了一系列新政策以应对货币市场基金的下滑。2008 年 9 月 19 日，美国财政部宣布美国政府将暂时保障货币市场基金的资产（美国财政部，2008）。同时还宣布了一项新政策：资产支持商业票据货币市场共同基金流动性工具（AMLF）。波士顿的联邦储备银行实施的 AMLF 政策将提供贷款给商业银行以便它能从货币市场基金购买高质量的资产支持商业票据。这些贷款暗示了如果资产支持商业票据出现了危机，联邦储备银行会接管商业票据而不是要求偿还贷款。如图 10.5 所示，AMLF 从 9 月 24 日开始购买商业票据，前两周购买的价值约为 1 500 亿美元，随后购买数开始降低，到 2009 年 10 月持有的商业票据几乎为零。

　　2008 年 10 月 7 日，联邦储备银行宣布，除了 AMLF，还会通过商业票据

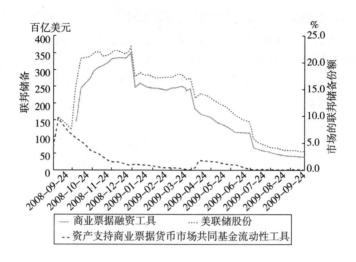

注：数据来源于联邦储备委员会和纽约联邦储备银行数据。

图 10.5　2008 年 9 月到 2009 年 10 月联邦基金的持有政策

融资工具（CPFF），从选定的发行人中直接购买 3 个月的商业票据。并且规定只有美国的商业票据发行人，包括拥有外国合作人的美国发行人，才能被选中卖商业票据。这一点是很重要的，因为许多商业票据的发行人住在美国以外的地方，但是他们在美国保持着对基金的可操作性（Acharya 和 Schnabl，2009）。企业商业票据和金融商业票据的利率是 3 个月的隔夜指数掉期率——货币市场借贷成本的标准度量方式，该利率 3 个月增加了 200 个基点。同时，资产支持商业票据的隔夜指数掉期率增加了 300 个基点。

如图 10.5 所示，商业票据融资工具从 2008 年 10 月 26 日开始购买商业票据，金融商业票据的价值又恢复到原来的水平，同时，各种商业票据的变化也开始放缓。这样一直到 2008 年末，CPFF 名下购买的总商业票据价值已达 3 350 亿美元，占了资产支持商业票据的 1/3，联邦储备银行成为商业票据的最大购买者（纽约联邦储备银行，2008）。最初，该项目计划购买超过 15 天的长期资产，从 2009 年 1 月起才准备扩展到较短期资产，和 AMLF 类似，CPFF 名下购买的价值总额也是逐渐下降，2009 年 10 月降到 400 亿美元。

2008 年 10 月 21 日，联邦储备银行宣布了另一个借贷项目作为 AMLF 的补充方案，即货币市场投资者融资措施（MMIFF）。和 AMLF 类似，这个新的项目准备为货币市场基金提供无追索权借贷。两者间最大的差别在于 MMIFF 对货币市场工具的限制不仅仅是资产支持商业票据，诸如存单、银行票据、金融商业票据和企业商业票据都受到了一定限制。纽约联邦储备银行在 2008 年 11 月 24 日利用 MMIFF 项目投资选中的货币市场工具，然而这一措施没有多大成效，一直到 2010 年 8 月该项目并没有为货币市场基金提供一笔贷款。

10.5 新的政策和评估

2010 年 3 月 SEC 出台了有关货币市场基金新的政策。这项政策通过限制投资高质量的债券、减少债券的平均拥有时间、要求基金维持对投资工具拥有的部分股份以便转现、要求基金每月提供持有额报告来减少货币市场基金的危险系数。基金清算时新的政策允许已经跌破的货币市场基金暂停对基金有序调整的补偿（参考证券交易委员会，2010；Maxey，2010）。

早期的政策中，SEC 也试图寻找方法使货币市场基金能像其他基金如互惠基金那样以 1 美元的流动净资产计算其价值，而不是以固定净资产计算其价值。后来改变了这个想法，原因是如果净资产的价值在正常的状态下波动，投资者对于基金是否会跌破这一点不应该进行过多的关注（参考证券交易委员会，2010）。

评价 SEC 这项新的政策时，认识到货币市场基金在经济中具有两个十分重要的作用。这两个作用分别是：（1）货币市场基金有效地形成了赔付系统的一部分，因为货币市场基金能在需要的时候撤走股份；（2）货币市场基金主要投资由金融机构组织的短期债券。所以，货币市场基金对其他金融中介机构来说是很重要的短期融资资源。

政府为什么要调控货币市场基金呢？在金融危机时，大家都关注赔付系统的可行性和如何为金融中介机构进行短期融资。如果其他赔付系统出现问题或者金融中介机构不能再融资，对未来的经济会有消极的影响。而货币市场基金不仅可以为投资者提供赔付服务，还可以为金融中介机构提供再融资。金融危机时政府会通过确保货币市场基金投资的价值来稳定货币市场基金，这样就类似拥有政府显性或隐形担保的金融工具一样，货币市场基金有一个事先激励承担过度风险。

雷曼兄弟破产前，担保货币市场基金看起来似乎是不可能的。但是 2008 年政府的担保出台后，大多数投资者希望在金融危机时有类似的担保，无论它是否是显性的。所以我们评估新政策时，会考虑金融危机时该措施能否恰当地反映出政府的相关担保观点。

货币市场基金新调控政策的关键点如下：

■ 合理的流动资产组合（例如，一周内 30% 的货币市场基金股份必须是流动的）；

■ 高信贷质量（例如，二线证券最高能投资 3%）；

- 短到期时限（例如，基金的平均到期时限最长是 60 天）；
- 定期压力测试以评估基金撤走股份的能力；
- 加强披露（货币市场基金股份）每月收益；
- 授权基金可以在基金跌破时直接暂停赔付。

重要的是，SEC 决定放弃流动净资产的价值，转而维持固定净资产的价值。

我们相信新的政策是明智的，它能够提高货币市场基金的安全性。但是也要认识到新政策不能消除货币市场基金的全部弊端。正如其他金融中介机构，货币市场基金将不流动的债券（例如商业票据）转变成流动的存款。如果调控方案对流动性没有强加 100% 的要求——这也就宣布了货币市场基金不合法——那么就有可能出问题。实际上，一些货币市场基金即使施行了新调控政策，雷曼兄弟破产后还是会受到冲击。因此，即使新政策能够让货币市场基金更安全（利益也更少了），在系统性风险发生时它也不能代替政府的担保政策。

正因为未来经济危机发生时新政策不能适当地解决政府担保这一关键问题，所以我们又推荐了以下一些方法。

货币市场基金的《格拉斯—斯蒂格尔法案》

第一个解决方法基于的原理是货币市场基金行事起来总是像银行，经常出现期限错配。我们假设危机时政府公开承认它支持货币市场基金的政策，提供担保应当被限制到大型系统危机，可以由一个金融监管机构审慎管理。为了偿付担保产生的预期成本，政府应当向货币市场基金征收一定的费用。这一费用应当在正常时期收取，而不是等到危机已经发生。为了阻止担保人承担风险而产生费用，SEC 应该实行组合限期和选中条件的限制。并且，还应该实行个体发行人暴露的限制（Kacperczyk、Sialm 和 Zheng（2005）股票基金中规则的关系）。抵抗担保的费用比提供给银行存款担保的花费要少，因为货币市场基金的投资比通过银行存款获利有更多的限制。

货币市场基金的贴现窗

第二个解决方法基于的原理是货币市场基金原则上和银行不同（就是对存款没有显性担保）。系统性风险中几个金融机构陷入困境时货币市场基金总是会处于危险境地，因为货币市场基金主要投资短期商业票据，大部分票据市场上的票据发行是由银行和其他金融机构提供的。考虑到这个问题，我们应该提前预防可能出现的危机。货币市场基金中个人的危机可以通过要求清除其资产、把损失传递给投资者来解决。但是，当许多基金几乎同时陷入危机时，这样的方法就很困难了，因为这需要同一时间大规模的商业票据都变现。

所以，在第二种情况下，我们建议政府应该宣布系统性风险发生时不为货币市场基金提供担保。为了让这个承诺可以兑现，政府还需要为停止货币市场基金挤兑制定清晰的条款。第一，挤兑发生时政府允许货币市场基金暂停赔付，这样投资者就会暂停投资资金的撤回，可保证基金的有序流动。这项措施由于承认单只基金撤回的暂停，可能会导致剩下的货币市场基金发生挤兑，最后整个行业停滞不前。

第二，政府应该建立贴现窗口（类似银行里的贴现窗口），以便货币市场基金自由地抵抗流动担保（比如政府的高信贷质量债券）。在不流动资产方面，在收取一定费用或是进行折价（取决于流通市场状况）后通过贴现窗口向中央银行进行借贷，要么更好的就是，在静止期不流动资产以有序的方式流动。这三个特征——静止、流动措施和不流动资产的有序流动——应该允许投资者在清算过程中撤回资金，但这仅是在完成了对中央银行的流动性成本和损失赔付后才能实现。

而且，监管者可以要求货币市场基金从附属的金融中介购买担保。在雷曼兄弟破产前，一些基金家族都支持其资金去避免跌破面值。监管者可能要求基金家族明确地认识——适当资本化——这些担保。缺乏其基金家族支持的基金可能被要求从与其基金家族实力相当的金融机构购买担保。

要求浮动资产净值

我们的第三种选择方案是要求货币市场基金使用浮动的资产净值来代替稳定的资产净值。但是我们认识到在这种监管体制下，货币市场基金将会失去与现金或者银行存款一样的特殊地位，反而更有可能成为短期债券基金。因此，这种提议实际上将剥夺对货币市场基金的法律保护。

另外，在某种程度上投资者对稳定的净资产值估值，我们期望（名义）浮动资产净值货币市场基金的出现，但能实际上提供稳定的资产净值。这种基金只有在系统性危机发生时才会跌破净值，实际上相当于货币市场基金稳定的资产净值。因此，这种提议要求监管者确保在正常时期，资产净值是浮动的。

表 10.1 货币市场基金

新证券交易委员会的监管	方案 1《格拉斯—斯蒂格尔法案》	方案 2贴现窗口	方案 3浮动资产净值
最小流动性，最大到期日	识别系统性危机中的政府支持	在系统性危机中没有担保	在系统性危机中没有担保
限制一级证券	支付保险费用	允许基金中止赎回（SEC）	要求浮动资产净值
定期的压力测试	限制流动性和到期日（SEC）	向非流动性证券放贷	—
月度披露	限制单一发行人的风险敞口	—	—
授权基金中止赎回	—	—	—

10.6 建议

我们认为三种方法强调的一个问题是在系统性危机中货币市场基金的政府担保问题（见表10.1）。为了在这三种方法中进行选择，我们建议对实施每种方法的成本和收益进行更深入的研究，允许政策制定者作出知情选择。本章重要的信息是货币市场基金从隐性政府担保中受益，如果不重视这个问题，任何金融监管改革都不会成功。

参考文献

［1］ Acharya, Viral, and Philipp Schnabl. 2009. Do global banks spread global imbalances? The case of asset – backed commercial paper during the financial crisis of 2007—2009. *IMF Economic Review* (forthcoming).

［2］ Acharya, Viral, Philipp Schnabl, and Gustavo Suarez. 2009. Securitization without risk transfer. Working Paper, NYU Stern School of Business.

［3］ Federal Reserve Bank of New York. 2008. Commercial Paper Funding Facility LLC.

［4］ International Capital Market Association. 2008. Money market funds—Draft report. December 12.

［5］ Investment Company Institute. 2009. Report of the Money Market Group.

March 17.

[6] Kacperczyk, Marcin, and Philipp Schnabl. 2010. When safe proved risky: Commercial paper during the financial crisis of 2007—2009. *Journal of Economic Perspectives* 24 (1): 29 – 50.

[7] Kacperczyk, Marcin, Clemens Sialm, and Lu Zheng. 2005. On the industry concentration of actively managed equity mutual funds. *Journal of Finance* 60 (4): 1983 – 2011.

[8] Maxey, Daisy. 2010. Money funds exhale after SEC rules; should they?" *Wall Street Journal*, February 2.

[9] Moody's Investors Service. 2007. Portfolio management activities of large prime institutional money market funds . Special report.

[10] Securities and Exchange Commission. 2009. 17 CFR Parts 270 and 274, money market fund reform: Proposed rule. July 8.

[11] Securities and Exchange Commission. 2010. 17 CFR Parts 270 and 274, money market fund reform: Final rule. *Federal Register* 75, No. 42 (March 4): 10060 – 10119.

[12] Stecklow, Steve, and Diya Gullapalli. 2008. A money – fund manager's fateful shift. *Wall Street Journal*, December 8.

[13] Stigum, Marcia, and Anthony Crescenzi. 2007. *Stigum's money market.* 4th ed. New York: McGraw – Hill.

[14] U. S. Department of the Treasury. 2008. Treasury announces temporary guarantee program for money market funds. Press release, September 29.

第11章 回购协议（回购）市场

Viral V. Acharya and T. Sabri Öncü[*]

11.1 概述

美国影子银行系统在 2007 年 8 月开始的金融危机中扮演了重要的角色。影子银行系统指的是"非常像银行的金融机构，在展期债务市场里借入短期资金，充分运用杠杆的作用，然后贷出和投资长期低流动性资产（参照阿查里亚、加尔，2009）。但与银行不同的是，影子银行系统受到很少的监管。

影子银行近一段时期开始崛起。但在美国影子银行系统的出现可以最早追溯到 20 世纪 70 年代早期[①]。它的重要组成部分是证券化债务，或者只是相关的资产抵押债务（其中很多是其自身的证券化债务），例如美国国债、机构债券、公司债券、商业票据、抵押贷款支持证券（MBSs）、股票等。直到 2009 年第四季度，在美国未清偿的证券化债务已经达到了总计 11.6 万亿美元，相当于整个美国债务市场的 1/3。[②]

大部分证券化债务的形式是回购协议，回购协议（也被称做出售和回购协议，或者更广为人知的回购）是短期交易，一方以金融证券作为抵押，向另一方借取资金。20 世纪 80 年代一系列监管措施的改变，使得回购市场对一级交易商改善财务状况，利用美国政府债券、联邦机构债券和联邦机构抵押贷款支持证券进行短期或更短的融资非常有吸引力。回购市场后来也成了贷出和投资相对缺乏流动性的抵押贷款支持证券的资金来源。

官方分析数据的缺乏阻碍了对整个回购市场规模的精确估算。但是戈顿和麦特瑞克（2009a）、戈顿（2009）都估算出 2009 年回购市场的规模在 12 万亿美元（尽管这个估算可能包括一些重复计算），以未偿付额的日平均量为基础，纽约联邦储备银行在 2008 年通过一级证券交易商回购融资的美国政府债

---

* 我们要感谢纽约储备银行的 Antoine Martin 和 Joseph Sommer，他们帮助我们增进了对回购协议法律方面内容的理解。纽约储备银行或者美联储系统的其他机构，他们的评论没有一个是绝对的。我们还要感谢 Anjolein Schmeits 和 Darrell Duffie 对我们的有益评论和意见。

券、联邦机构债券、公司债券、抵押贷款支持证券为 6.5 万亿美元。2009 年
跌至 4.4 万亿美元，这样的暴跌削弱了美国的影子银行系统。尤其这种暴跌也
是 2007 年到 2009 年金融危机发生的一个主要原因。特别指出的是，在 2008
年 3 月的前两个星期涉及贝尔斯登公司的一项回购。在涉及贝尔斯登的回购
中，货币市场基金在隔夜回购市场中融入贝尔斯登持有的 AAA 级抵押贷款支
持证券，拒绝对融资延缓付款，迫使贝尔斯登公司在自己的流动池中提取现
金，最终以美联储帮助摩根大通把贝尔斯登收购而告终。

尽管回购在影子银行系统中起了重要作用，但在最近的危机中，在美国众
议院通过的法案（HR4173）中几乎没有提到回购市场，在参议院的法案和最
后在 2010 年通过的《多德—弗兰克华尔街改革与消费者保护法案》中也很少
提及。在本章中，我们来解释为什么对未来回购市场的运作保持沉默是一个重
大的错误。而且我们还要解释，不同于企业可能难以获得没有抵押的融资的流
动性风险，企业难以获得有抵押的回购市场融资的流动性风险实质上是系统性
风险。当大部分金融部门存在压力时，回购市场可能会出现资金困难。除非回
购市场的系统性流动风险能够解决，否则回购市场运作的风险仍然存在。

在本章中，我们对美国的回购市场有个初步的认识（11.2 节），叙述了它
对证券化的银行体系起着怎样重要的作用（11.3 节），对在危机中回购协议运
行的关键作用进行了讨论（11.4 节）。在对回购市场运行功能了解的基础上，
对回购市场基础设施改革问题的讨论（11.5 节），总结了关于改革的一些建议
（11.6 节），以及对未来的影响（11.7 节）。

11.2　对美国回购市场的初步了解

以下介绍的是一级证券交易商和他们的客户（即市政当局）之间的交易，
一级证券交易商需要现金，同市政当局用 100 美元的抵押贷款支持证券
（MBS）作为借 100 美元现金的交换，时间为 1 周。一周后，一级证券交易商
将会归还 105 美元来赎回抵押贷款支持证券。额外的 5 美元是 100 美元资金的
利息，而抵押贷款支持证券是借款的抵押。从市政当局的观点来看，市政当局
借给一级证券交易商 100 美元，获得了 5 美元的利息收益。如果一级证券交易
商未能在一周后归还 105 美元，市政当局取得抵押贷款支持证券的所有权。如
果市政当局在一周结束前卖出抵押贷款支持证券，那么市政当局需要买回抵押
贷款支持证券归还给一级证券交易商。如果交易商同意，市政当局可以购买可
替代的抵押贷款支持证券（很可能更加便宜）来代替以前的抵押贷款支持证
券。[3]如果市政当局不能归还抵押贷款支持证券，或者交易商不同意用其他的

抵押贷款支持证券来代替，那么交易商取得100美元，而且不用支付利息。

在交易中，一级证券交易商进行的是一个出售和回购协议，简称回购。市政当局进行的是购买和附卖回协议，即逆回购。因此，每个回购也是个逆回购，反之亦然；取决于是买方的视角还是卖方的视角。回购开始的日期称做卖出日，回购终止的日期称做买入日。因此，回购实际上是有抵押的贷款，利息通常比其他贷款要低，不存在贷款中交易对手风险的问题。但实际中，交易对手方风险也是存在的，因为抵押物的价值可能会偏离贷款资金，其中一方通常需要承担一个扣减率。[④]也就是说，如果抵押贷款支持证券值100美元，贷款可能仅值90美元，对一级证券交易商就产生了10%的扣减率。10美元的扣减率是市政当局所要求的防止抵押贷款支持证券潜在价值损失的保证金，一旦一级证券交易商不能归还贷款，市政当局取得抵押贷款支持证券的所有权，将抵押贷款支持证券出售，来弥补损失。如果一级证券交易商没有抵押贷款支持证券，那么交易商需要在其他地方找到10美元或者到出售日期时赚到10美元来买抵押贷款支持证券。这10美元是交易商的资产净值，与另外90美元构成了总计100美元贷款的债务。一级证券交易商的资产是抵押贷款支持证券，因此，交易商的杠杆率是10倍，杠杆率被定义为资产的净值除以资产的价值。

但是，如果抵押贷款支持证券价值为90美元，贷款价值为100美元，那么对于市政当局就有10%的扣减率。这10美元的扣减率是一级证券交易商要求的保证金，一旦市政当局未能在购买日期交付以至于交易商不得不购买替代的抵押贷款支持证券去代替旧的抵押贷款支持证券，用来保护抵押贷款支持证券的潜在收益。对于债务人（一级证券交易商）或债权人（市政当局）都可能有个扣减率，尽管大部分时间是债务人容易受到扣减，如果有的话。如果市政当局仅仅有10美元，那么为能够借给一级证券交易商100美元，市政当局需要卖出抵押贷款支持证券获得90美元。在这种情况下，10美元是收益，抵押贷款支持证券是负债，100美元的借款是市政当局的资产，市政当局的杠杆率为10倍。如果一级证券交易商没有抵押贷款支持证券，市政当局没有资金，就没有扣减率，那么一级证券交易商和市政当局都是无限杠杆。[⑤]

在美国回购市场，借款主要发生在隔岸市场，也就是说它们是当日交易。隔夜回购大约占了所有回购交易的一半，其中绝大多数是开放的，他们会自动延期付款直到任何一方选择退出时。其他的回购协议，称做长期回购，比当日交易要长，但不超过1年，大部分是3个月或者更短。回购协议的参与方包括商业银行、投资银行、对冲基金、共同基金、养老基金、货币市场基金、市政当局、公司和大量闲置资金的拥有者、美联储和一级证券交易商。

美联储参加回购市场主要是为了实施货币政策，一级证券交易商主要是为了为做市融资和进行风险管理。大规模闲置资金的持有者参加回购市场主要有两个原因。（1）在回购市场上得到的利息比在商业银行存款的利息高；（2）出于保险的目的，在商业银行的大笔存款没有保证，[⑥]在所谓的回购银行存款有担保债务作为抵押品。

11.3　对美国回购市场的评价

贷款由一些种类的担保作为保证最早可以追溯到 3000 年前的中国古代。据我们所知，回购在 1917 年由美联储引入到了美国金融市场。[⑦]在战时对商业票据市场征收利息税之后，银行在商业票据市场融资变得非常困难，回购使得美联储为它的银行成员提供贷款成为可能。在 20 世纪 20 年代后期，纽约联邦储备银行通过以银行承兑作为保证的回购向交易商提供贷款，以此促进一个有流动性的承兑二级市场的发展。回购在大型银行倒闭和低利率的大萧条期间被冷落，在《1951 年财政部—美联储协议》重新强调控制通货膨胀而不是维持低利率后才得到恢复（戈顿，2006）。

美国早期的回购协议有两个显著的特征。第一，应计利息被排除在回购证券价格之外；第二，即使债权人能够卖出或者交付回购证券，以包括回购期间应计利息的价格来偿付提前出售，但是回购证券的所有权取决于债务人。这些特征产生了以下影响：（1）回购证券价格被低估；（2）债权人不得不免除债务人所有回购证券在回购期间的应付利息；（3）如果债务人破产，回购证券应该自动中止，即债权人不能取得回购证券的所有权和立即出售这些证券。[⑧]这些特征直到 20 世纪 80 年代仍然是存在的。

在 20 世纪 70 年代和 80 年代早期的高通胀时期，短期利率的出现使得回购成为对大量闲置资金持有者非常有吸引力的短期投资。越来越多的企业、地方政府和州政府，在证券交易商的鼓励下，甚至教育局和其他小债权人开始将他们的闲置资金存到回购银行赚取利息，而不是存到对活期存款不支付利息的商业银行。另外，美国财政在 1974 年后开始大量借款，最终使美国的地位从债权人转为债务人，大大增加了财政债务的规模。这促进了政府证券交易商的头寸和融资的平衡增长，回购市场发展非常迅速。图 11.1 描绘了联邦储备委员会的报告中，从 1970 年 1 月到 1986 年 1 月回购市场规模的变化。

回购合同第一个重要的变化发生在 1982 年德斯戴尔政府证券公司彻底垮台后。尽管资金有限，德斯戴尔通过逆回购，以将应计利息排除在外的价格获得了巨额的债务证券，然后短期内以包括应计利息的价格将这些债务证券出售给第三方，德斯戴尔利用其中的收益筹集了更多的资金和支付利息给逆回购的

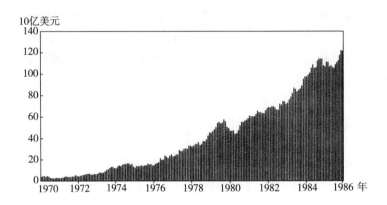

资料来源：美国联邦储备委员会。

图 11.1　1970—1986 年隔夜和长期回购日未偿付额的月平均量

交易对手方。但是在 1982 年 5 月，由于利率朝着不利于德斯戴尔的方向变动，德斯戴尔未能支付借来证券的利息。当消息传到市场，市场陷入了瘫痪，迫使美联储以最后贷款人的身份来平息恐慌和阻止市场崩溃。几近崩溃的市场暴露了将应计利息排除在外的系统性风险。因此在纽约联邦储备银行的大力倡导下，应计利息包含在回购证券的发票价格中开始成为标准的市场惯例，详情见 Garbade（2006）。

回购合同的第二个重要改变是因为另一个政府证券交易商，拥有 20 亿美元资产和充足流动资金的伦巴第沃，在三个月后即 1982 年 8 月倒闭。在 1982 年 8 月 12 日伦巴第沃之前的纽约联邦破产法院的诉讼案例中，关于回购是抵押贷款，还是作为独立的卖出和买回协议直接处理的问题，法院是没有先例的。如果回购被视为独立的卖出和买回协议，那么债权人可以立即取得回购证券。相反，如果回购被定义为抵押贷款，那么回购证券应该自动中止。在 1982 年 8 月 17 日，纽约联邦破产法院宣告伦巴第沃的回购是抵押贷款，并颁布了禁止这些回购证券卖出的限制令。尽管纽约联邦储备银行向法院提出的意见以及其他意见都认为判决将会削弱回购市场的流动性，法院仍然在一个月后重新确认了这个判决。这解决了回购是抵押贷款，还是作为独立的卖出和买回协议直接处理的模糊性问题。尽管有此规则，投资银行、共同基金和其他大型金融机构赞成回购证券自动中止申请的例外，它们不愿意在合同明确地指出回购是直接卖出和买回交易的两面。[9]

争论一直持续到 1984 年 5 月另一个证券交易商狮子资本集团的倒闭，破产法院对狮子资本集团的回购证券作出了自动中止的安排。[10]很快，议会颁布了《破产修正案》和《1984 年联邦审判法案》，结束了关于回购性质的争议，

豁免了回购中的财政部和联邦机构证券，以及银行存款和银行承兑凭证申请自
动中止。从此，这些证券的回购获得了自动中止的豁免。奇怪的是，在 2008
年 9 月 15 日倒闭之前，雷曼兄弟好像已经有区别地对待回购 105 合同。回购
105 合同在雷曼兄弟的倒闭中起了重要作用，将会在专栏 11.1 讨论。

20 世纪 80 年代交易商交付的失败促成了第三方回购的出现，即交易对手方使
用第三方代理人，称为第三方代理人，去管理抵押物。[11]第三方代理人确保抵押充
足和满足合格要求，交易双方同意使用第三方代理人提供的抵押物价格。目前美国
只有两家第三方代理机构，即纽约梅隆银行和摩根大通银行。因为这两家清算银行
有巨大的风险敞口，监管者表达了对主要交易商财务健康状况和清算银行所能会快
速在市场上传递风险的担忧。的确，美联储通过一级交易商信贷工具来扩大最后贷
款人的职责支持具有系统重要性的一级交易商，在某种程度上是对这种担忧的反应
（我们在下一章将详细讨论危机中回购市场的运行）。

在 2010 年 5 月 17 日，纽约联邦储备银行就第三方设施发布了白皮书
（《纽约联邦储备银行 2010》）强调了这些担忧，并提出了可能的解决方案来
阻止银行继续第三方回购。[12]在专栏 11.2 中，我们节选了部分 2010 年 5 月 25
日的《穆迪投资者服务》，对纽约联邦储备银行白皮书的评估。

专栏 11.1　105 回购和雷曼兄弟公司破产

2010 年 3 月 13 日，据《华尔街》报道：

*在破产前的六个星期，雷曼兄弟持有的证券能够作为抵押来偿还需要偿还
的短期贷款。银行后来持续的混乱暴露了笼罩的这种阴霾，但是短期贷款扮演
了重要角色，在华尔街一个角落里，被称为回购的市场，影响了整个金融界。*

*由雷曼兄弟的法院委任的破产审查官提出的几千页报告中，重新评估了
银行使用花招包装其金融状况和有时使用低质量资产来抵押获得贷款的。[13]*

正如在文中所讨论的，在美国，回购交易是抵押贷款，至少解释目的，
所以回购证券的所有权是属于债务人的。尽管如此，在雷曼兄弟破产之前有
一些回购交易作为直接销售来认定的，如 105 回购交易。换句话说，因为在
法律上判定回购协议与直接销售相类似，遵照直接回购，雷曼兄弟试图按照
法律处理方式来制定其会计处理方式。

105 回购的实质是 2000 年批准的金融会计标准委员会（FASB）规则，
称为 FAS140。FAS140 允许证券化债务从发行人的资产负债表中移出，所以
贷款返还的证券不再作为发行人的资产，因此当发行人陷入金融困境或者破
产时，证券的购买方受到了保护。FAS140 的通过促进了市场的证券化，虽

然它并不适用于回购市场。它其中的一个条款规定只要发行人同意以98%~102%的价格买回证券，发行人可以将证券列为资产负债表中的资产。如果回购的价格在这个标准之外，那么证券直到回购日才能作为资产写入报表。[14]

雷曼兄弟正是利用了这一漏洞。雷曼兄弟精确地做了一级证券交易商在主要文中所做的：通过贷出价值100美元的证券借款100美元，利息为5美元，除了雷曼兄弟从资产负债表移出的证券和使用借来的现金支付的一些临时债务，自2001年开始通过从事这种业务对于每个会计季度末，雷曼兄弟减少资产但收益保持不变。结果，雷曼兄弟报告的杠杆率比实际上要低得多。从某种意义上讲，雷曼兄弟的105回购交易大概是500亿美元。在华尔街那篇文章中使用了"包装的金融画面"来描述它。

专栏11.2 穆迪关于纽约美联储强加于第三方基础设施白皮书的评论

第三方回购与双方回购相似，只是增加了第三方——第三方代理人（纽约梅隆银行或者摩根大通银行，两家主要的清算银行）为借款人和现金投资者之间的现金交易和抵押提供保管、估值和争端解决服务。尽管比2008年时期最顶峰的规模下降40%，但至少有1.7万亿美元的第三方回购市场仍是一级证券交易商筹资的主要渠道（参照下图）。市场提供资金的抵押品主要包括（参照下图）国债和联邦机构证券。大约3 200亿美元缺乏流动性的抵押证券仍然占很大比例，尽管自金融危机开始后已经下降了65%。

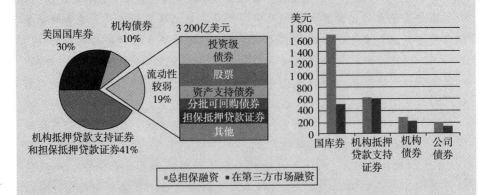

每天早晨都会发生"解套"，第三方代理人归还抵押证券给交易商——借款人，把现金给现金投资者。直到交易（回购或者滚动的隔夜回购）在下午"重绕"，第三方代理人才能在抵押的基础上借款给交易商。解套的目的是允许交易商获得其担保池的证券去进行销售，这都发生在一天之中。这种当天的信用期限延长，而在正常情况下，没有得到清算协议的授权可以在任何时点取消，尤其是在交易商信誉恶化时。

为了减少巨大数量清算银行的盘中信用扩张，工作小组提出发展"自动——替代"功能。这允许交易商获得和替换他们义务性抵押品，从而促进结算而不需要每天清算。任何存在的当日信用借款能够在定义好的交易商和清算银行双边协议下展期。

对于交易商和清算银行这都是明智的解决方法，但只实施到 2011 年 6 月。相对于以前的自动—替代的完全实施，工作小组提出了一些策略上的改进。第一，比目前更加稳健和有约束地确认交易商和现金投资者回购交易的过程。理念是开辟"第三条路"能够保证清算银行对所有未偿付回购交易有一个准确和最新的了解。通过精确地知道交易商的头寸（例如，使用什么样的抵押，扣减率是多少，期限等），清算银行对交易商延期证券的信用期限会更加自信。抵押证券级别能够计算的不确定性更少，清算银行快速撤销信用的可能性也会降低。

最后的重点市场广泛贸易确认解决方案的实施日期到 2011 年 4 月，尽管以后可能会不断地改进。

第二个建议是尽可能消除第三方回购市场解套的程序。其中的逻辑是抵押品是市场的基础而不是为了交换活跃。因此，没有获得这些资金对交易商产生的挑战并不大。如果总的风险敞口较低，清算银行可能没有动力大幅度降低交易商既存的日间信用。然而，推迟完全实施自动—替代和消除日间信用展期的不确定性，市场对回购运作结构性的影响有两点原因。首先，很多现金贷出人（主要是货币市场基金）继续以交易商的信用风险而不是抵押品的质量来作出贷款决定。其次，市场总体上有顺周期趋势——当流动性充足时，扣减率较低；当流动性不足时，扣减率较高。如果现金投资者在压力的环境下离开，清算银行将面临着一种选择——会与它们在 2008 年的一些情况相类似——对交易商承担高抵押的信用风险敞口或者严格地限制其当日信用贷款。

资料来源：穆迪投资者服务。

第三方结算是在美国使用的两种结算方式，另一种是付款交割（DVP）。例如，美联储的逆回购通过付款交割方式结算，交付证券时需要立即付款。美联储将抵押证券交付逆回购交易方的清算银行，现金需要在出售日同时支付。在购买日，交易方向美联储交付证券，美联储同时归还交易方的资金。这种回购交易被称做双边回购交易。

尽管回购市场在《破产法修正案》和《1984年联邦审判法案》颁布后迅速发展，但直到20世纪90年代中期，回购市场仍然局限于美国政府债券、联邦机构债券、公司债券和联邦机构抵押贷款证券。但是自从20世纪90年代中期以后，它已经发展成为一系列可以作为抵押的债务工具：所有类型的私有品牌的抵押贷款支持证券。例如住宅抵押贷款债券（RMBS）、商业抵押贷款支持证券（CMBSs）、所有类型的资产抵押证券（ABSs），例如自动贷款、信用卡、学生贷款和一部分结构性产品，[15]像不动产抵押债券（CMOs）、担保贷款凭证（CLOs）、担保债务凭证（CDOs），以及与这些相似的（戈顿，2009b）。

回购合同惯例最重要的改变出现在2005年。2005年4月，议会颁布了《防止滥用破产和消费者保护法案》（BAPCPA），法案在2005年11月生效。BAPCPA扩大了回购协议的定义，使其包括抵押贷款、与抵押相关的证券和来自抵押贷款和与抵押相关证券的利息。这意味着在2005年11月，有关抵押贷款支持证券、不动产抵押债券、商业贷款抵押支持证券和担保债务凭证的回购合同都支持抵押，相似的抵押证券开始豁免自动中止。我们在专栏11.3总结了美国回购市场发展的几个里程碑。

专栏11.3　重要的美国回购市场发展时间表

1917年	美联储引入了回购；应计利息被排除在回购证券价格之外，回购证券应该自动中止
1929年	回购的使用在大萧条开始后减少
1951年	议会在1951年颁布了《货币财政当局政策协议》，有利于回购的恢复
1982年	应计利息开始计入回购证券的发票价格中
1984年	议会颁布了《破产法修正案》和《联邦审判法案》豁免回购中的国债和联邦机构证券，以及银行存款证明和来自自动中止申请的银行承兑
2005年	议会颁布《防止滥用破产和消费者保护法案》，扩大了回购的定义，包括抵押贷款、与抵押相关证券以及抵押贷款和抵押证券的利息；所有与抵押相关的回购证券开始豁免自动中止的申请[16]

　　自从几乎所有类型的证券化债务都可以作为回购的抵押，就没有了统计回
购市场精确规模的官方数据。因此，没有回购市场规模在过去二十年发展变化
的官方信息。图 11.2 描述了从 1996 年到 2009 年美国政府证券市场中一级证
券交易商融资的变化，提供了自 20 世纪 90 年代中期以来回购市场指数式增长
的费用。同时，图 11.3 和表 11.1 再现了纽约美联储工作小组关于三方基础设
施的白皮书（2010），显示了从 2002 年 5 月到 2010 年 5 月三方回购市场的增
长（见图 11.3），以及三方回购市场抵押的组合和集中度。

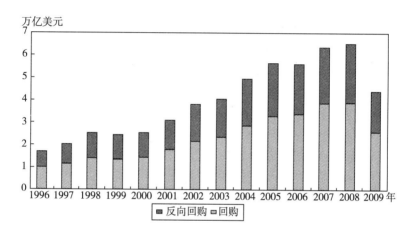

资料来源：证券业和金融市场协会。

图 11.2　美国政府证券一级交易商日融资的年平均量

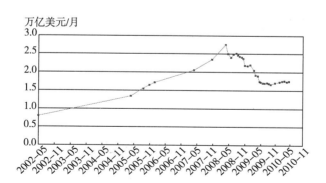

资料来源：纽约美联储工作小组关于三方回购基础设施的白皮书（2010）。

图 11.3　三方回购市场的增长

表 11.1   **2010 年 4 月 9 日的三方回购市场分析数据**

第三方回购担保的组成和集中度

资产组合	抵押物价值（10 亿美元）	所占比例（%）	前三名交易商的集中度（%）
资产支持证券（投资级和非投资级）	41.7	2.4	45
机构不动产抵押证券	112.7	6.6	46
机构（公司）债券（包括本息分离债券）	179.5	10.5	33
机构抵押贷款支持证券	584.9	9.3	45
私募不动产抵押证券（投资级）	25.2	1.5	48
私募不动产抵押证券（非投资级）	18.9	1.1	47
公司债券（投资级）	79.6	4.7	39
公司债券（非投资级）	34.7	2.0	54
股权	73.3	4.3	59
货币市场	27.4	1.6	74
美国国债（包括本息分离债券）	474.4	27.7	39
美国国债本息分离债券	38.7	2.3	46
其他	19.5	1.1	—
总计	1 710.5	100	38

三方回购投资者扣减率的分配

资产组合	抵押物价值（10 亿美元）	扣减率		
		10%	50%	90%
资产担保债券（投资级和非投资级）	41.7	0	5	8
机构不动产抵押证券	112.7	2	3	5
机构（公司）债券（包括本息分离债券）	179.5	2	2	5
机构抵押贷款支持证券	584.9	2	2	4
私募不动产抵押证券（投资级）	25.2	2	5	7
私募不动产抵押证券（非投资级）	18.9	0	8	8
公司债券（投资级）	79.6	2	5	8
公司债券（非投资级）	34.7	5	8	15
股权	73.3	5	8	20
货币市场	27.4	2	3	5
美国国债（包括本息分离债券）	474.4	2	2	2
美国国债本息分离债券	38.7	2	2	2
其他	19.5	—	—	—
总计	1 710.5			

资料来源：纽约美联储工作小组关于三方回购基础设施的白皮书（2010）。

　　最后，图 11.4 和图 11.5 描述了美国同一时期债券市场的指数化增长。应指出的是，2005 年资产抵押证券（ABS）的发行量超过了公司债券的发行量，在 2006 年仍然很高，只有在 2007 年金融危机开始时才下降。在 2008 年和 2009 年，资产抵押证券（ABS）的发行回到了 20 世纪 90 年代初期的水平。

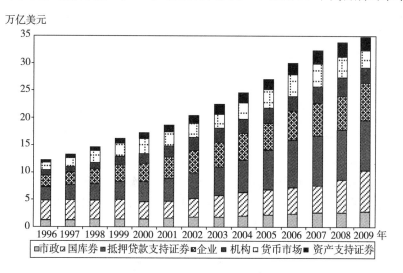

资料来源：证券业和金融市场协会。

图 11.4　1996—2009 年美国债务市场的规模

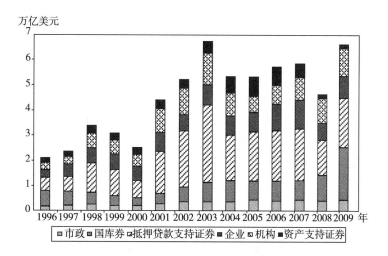

资料来源：证券业和金融市场协会。

图 11.5　1996—2009 年美国债务市场的发行

11.4 危机

2007—2009 年的金融危机不仅是传统银行业的危机，也是影子银行的危机。与传统银行不同，影子银行在 2008 年以前不能进入旨在防止大规模银行挤兑的金融安全网——存款保险制度和中央银行最后贷款人救助制度。尽管在这一时期，传统银行体系没有大规模的银行挤兑发生，我们实际上注意到在影子银行中的挤兑，导致影子银行系统的重要部分崩溃。[⑦]因为回购融资是影子银行大部分杠杆头寸的基础，大部分的挤兑发生在回购市场中。在这一时期，其他重要的挤兑主要发生在抵押借款人、资产担保商业票据（ABCP）项目、结构化投资工具（SIVs）和货币市场基金，在这仅举几例（Acharya、Gale 和 Yorulmazer，2009）。

当住宅市场在 2006 年第一季度改变方向时，次级抵押贷款市场开始恶化。因为次级抵押贷款市场没有二级市场，因此没有公开可观测到的次级抵押贷款的市场价格，北美资产抵押债券（ABX）目录提供了公开的可测的市场价格风险。[⑱]北美资产抵押债券目录由交易商银行在 2006 年 1 月引进，通过信用违约互换（CDS）合同交易，允许投资者在次级抵押债券上做市。图 11.6 显示了北美资产抵押债券的价差——也就是说，2006 年 ABX 的 BBB 级信用违约互换的价差。这个年份是次级证券高风险水平的代表。图 11.6 显示了伦敦银行间同业拆借利率（LIBOR）——隔夜指数掉期（OIS）息差（LIB－OIS）。LIB－OIS 在三个月银行间同业拆借利率和三个月隔夜指数掉期利率之间的差价，提供了政府回顾市场的代理。较高利润的 LIB－OIS 差价表明了银行体系存在较高的交易对手方风险，参照戈顿和麦特瑞克（2009a）的详细论述。

图 11.6 描绘了次级抵押贷款市场从 2007 年 1 月到 2009 年 1 月的不断恶化同银行间市场情况不断恶化的比较。两个市场在 LIB－OIS 的大跳水：在 2007 年 8 月 9 日，从 13 个基点到 40 个基点，法国巴黎银行（BNP Paribas）中止了三种结构化投资工具的赎回。2008 年 9 月 15 日，当雷曼兄弟宣布破产时，从 87 个基点到 105 个基点。相比较而言，北美资产抵押债券最重要的变动出现在从 2007 年 6 月末的 669 个基点到 2007 年 7 月末的 1 738 个基点。紧接着是 2007 年 6 月 20 日，贝尔斯登两只投资次级抵押贷款的高杠杆率对冲基金的崩盘。两只对冲基金的崩盘实际上是影子银行在投资回购市场上的运作。两只基金（其中一只在顶峰时期杠杆是其资产的 10 倍）主要用担保债务凭证（CDOs）投机次级抵押贷款；它们以担保债务凭证作为抵押从回购市场中融资。

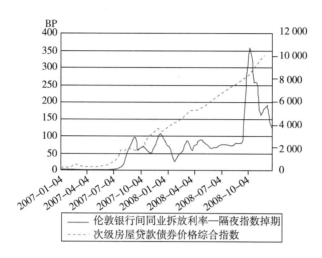

资料来源：Gorton 和 Metrick（2009b）。

图 11.6 用基点衡量的 LIB – OIS 与 ABX 对比

随着 2007 年 1 月次级抵押贷款市场情况的恶化，债权人开始质问两只贝尔斯登对冲基金使用太多的抵押来支持回购，一直持续到 2007 年 6 月中旬。当基金不能满足盈利要求，以美林集团为首的债权人，威胁宣称基金违反了回购协议和占有了它们的投资。事实上，在 2007 年 6 月 19 日，美林集团占有了 8.5 亿美元的担保债务凭证，并试图竞卖。当美林集团能够卖出价值仅 1 亿美元的担保债务凭证，低流动性和次级资产的贬值开始显而易见（阿查里亚和理查德森，2009）。彭博报告了至少 7 只其他的担保债务凭证，包括雷曼兄弟和德意志银行也循环增加了担保债务凭证和其他它们计划卖出的证券。[19] 在 2007 年 7 月北美资产抵押债券的快速增长好像是回购市场中影子银行在次级抵押贷款市场操作的反应。影子银行的操作和随之而来的系统性危机说明了回购证券豁免自动中止申请的重要性，如果回购证券能够自动中止（或者本章随后提出的另一建议），贝尔斯登基金能够破产，那么被迫的贱价出售也许能够避免。

最终，次级贷款的崩溃演变为系统性的。在 2007 年 8 月的早期，震荡接着发生在法国巴黎银行的三只结构化投资工具上，8 月 9 日，法国巴黎银行中止了这些结构化投资工具的赎回。法国巴黎银行的结构化投资工具破产，本来通过融资的资产担保商业票据（ABCPs），基本上去了流动性，并变得不可交易。法国巴黎银行宣布中止赎回产生了交易对手对风险的担忧，导致资产担保商业票据（ABCPs）市场跌到了冰点，这种冰点与 LIB – OIS

（伦敦银行间同业拆借利率—隔夜指数掉期息差）的跳水同时发生。当交易对手方风险通过市场传播，所有的短期债务市场——包括回购市场——结冰，只有中央银行向体系注入巨额流动性资金时才能解冻（参照阿查里亚和理查德森，2009）。

以交易商银行的数据为基础，戈顿和麦特瑞克（2009b）研究了回购差价和各种类型回购证券的扣减率，他们的成果复制到了表11.2。在这个表中反映的仅仅是交易商的差价和扣减率，非交易商交易对手方可能有其他的差价和扣减率。

在三个月回购和三个月隔夜指数掉期（OIS）之间的回购价差和扣减率。表11.2清晰地表明在危机开始后，次级市场像鬼火一样，很快地散及其他种类相似的非透明证券化债务，例如汽车贷款、信用卡贷款和学生贷款抵押资产支持证券，以及高信贷利率结构化产品，例如 AAA 级和 AA 级的担保贷款凭证和担保债务凭证。

表 11.2　　　三个月回购市场利率—隔夜指数掉期价差和扣减率　单位：bp，%

级别	时期	平均值	中间值	标准误差	最大值	最小值	扣减率均值
BBB + 级到 A 级公司债	整个期间	86.50	82.14	83.15	429.43	0.50	0.50
	2007 年上半年	2.01	1.95	0.61	5.30	0.50	0.00
	2007 年下半年	61.85	65.49	36.29	126.35	1.70	0.00
	2007 年	32.28	2.70	39.53	126.35	0.50	0.00
	2008 年	136.19	103.63	81.61	429.43	44.33	0.90
AA 级到 AAA 级公司债	整个期间	77.59	74.78	78.42	409.43	− 3.50	0.50
	2007 年上半年	− 1.69	− 2.05	1.90	10.44	− 3.50	0.00
	2007 年下半年	55.27	58.95	34.53	116.35	− 2.30	0.00
	2007 年	27.13	− 1.35	37.64	116.35	− 3.5	0.00
	2008 年	123.86	92.11	77.57	409.43	39.33	0.90
AA 级到 AAA 级资产支持证券——汽车/信用卡/学生贷款	整个期间	105.22	94.76	101.00	479.43	1.70	5.20
	2007 年上半年	4.44	4.00	1.77	11.00	1.70	0.00
	2007 年下半年	68.44	71.78	40.93	141.35	3.70	0.90
	2007 年	36.82	5.25	43.29	141.35	1.70	0.50
	2008 年	167.92	119.81	98.07	479.43	54.33	9.50

续表

级别	时期	平均值	中间值	标准误差	最大值	最小值	扣减率均值
AA 级到 AAA 级资产支持证券——住房抵押贷款支持证券/商业抵押贷款支持证券	整个期间	124.04	107.78	120.11	520.30	3.70	9.40
	2007 年上半年	6.41	6.00	1.76	13.00	3.70	0.00
	2007 年下半年	76.35	81.78	43.92	151.35	5.70	1.80
	2007 年	41.80	7.00	46.92	151.35	3.70	0.90
	2008 年	199.44	145.08	117.27	520.30	64.33	17.10
AA 级以下资产支持证券——住房抵押贷款支持证券/商业抵押贷款支持证券	整个期间	135.90	117.78	129.02	550.30	6.70	10.60
	2007 年上半年	9.41	9.00	1.76	16.00	6.70	0.00
	2007 年下半年	84.55	88.20	48.62	166.35	8.70	3.70
	2007 年	47.43	10.00	51.08	166.35	6.70	1.90
	2008 年	217.01	153.95	125.56	550.30	69.33	18.60
无法估价的资产支持证券/抵押贷款支持证券/所有次级证券	整个期间	108.94	109.69	84.64	295.38	7.70	37.30
	2007 年上半年	10.41	10.00	1.76	17.00	7.70	0.00
	2007 年下半年	95.62	97.83	58.54	196.35	9.70	7.70
	2007 年	53.52	11.00	59.59	196.35	7.70	3.90
	2008 年	187.28	197.88	42.23	295.38	99.33	68.00
AA 级到 AAA 级担保贷款凭证	整个期间	134.46	117.14	127.18	545.3	3.70	10.20
	2007 年上半年	6.41	6.00	1.76	13.00	3.70	0.00
	2007 年下半年	85.93	92.65	51.27	171.35	5.70	1.80
	2007 年	46.64	7.00	53.98	171.35	3.70	0.90
	2008 年	214.96	148.76	121.61	545.30	79.33	18.70
AA 级到 AAA 级担保债务凭证	整个期间	130.09	124.69	107.46	380.38	4.70	30.00
	2007 年上半年	7.41	7.00	1.76	14.00	4.70	0.00
	2007 年下半年	107.77	109.35	69.56	226.35	6.70	8.80
	2007 年	58.19	8.00	70.48	226.35	4.70	4.30
	2008 年	231.72	241.39	56.52	380.38	129.33	53.50
无法估价的担保贷款凭证/担保债务凭证	整个期间	148.32	142.60	123.54	413.75	6.70	32.40
	2007 年上半年	9.41	9.00	1.76	16.00	6.70	0.00
	2007 年下半年	122.63	124.42	80.14	256.35	8.70	10.50
	2007 年	66.69	10.00	80.34	256.35	6.70	5.40
	2008 年	268.39	256.58	63.03	413.75	154.33	57.30

注：该表数据为 2007 年 1 月 1 日到 2008 年 12 月 31 日。

资料来源：戈顿和麦特瑞克（2009b）。

像戈顿和麦特瑞克宣称的一样，回购市场不断增长的扣减率可以解释为影子银行的操作。图11.7再现了戈顿和麦特瑞克（2009a），显示了操作是如何进行的。他们检验了以下资产级别银行间回购扣减率的数据：（1）AA–AAA级汽车/信用卡/学生贷款资产担保证券；（2）AA–AAA级住宅抵押贷款支持证券/商业抵押贷款支持证券；（3）AA级以上住宅抵押贷款支持证券/商业抵押贷款支持证券；（4）AA–AAA级担保贷款凭证；（5）无法估价的资产担保债券/抵押贷款支持证券/所有次级；（6）AA–AAA级担保债务凭证；（7）无法估价的担保贷款凭证/担保债务凭证（无法估价是指抵押物在路透社和彭博社没有公开市场价格）。（1）～（4）目录并不包括次级抵押贷款和由Gorton和Metrick标注"与次级无关的"；特别指出的是，住宅抵押贷款支持证券涉及目录（2）和（3）的是一级贷款。目录（5）～（7）是直接的次级或者包括次级抵押贷款，尤其是担保债务凭证包含一些次级抵押贷款。最后，使用所有7个目录也构成了结构化债券的加权平均回购扣减率的指引。

从图11.7可以看出，影子银行系统在回购市场的操作发生在两个阶段。尽管贝尔斯登的对冲基金是最早的牺牲品，法国巴黎银行中止赎回结构化投资工具引发了第一阶段的发生。在2008年3月贝尔斯登倒闭后，美联储对货币政策进行了大萧条以后的最实质性改革，即扩大最后贷款人的范围，通过新的一级交易商信用设施（PDCF）来支持系统重要性一级交易商。但是，最后贷款人范围的扩大并不能阻止雷曼兄弟的挤兑事件，因为投资者认识到这种支持并不是没有条件的和无限的（阿查里亚，2009）。图11.7中最大的扣减率跳水，与雷曼兄弟在2008年9月15日的破产相对应，第二次较大的跳水发生在2008年夏天，与传统银行中出现无力偿还的银行金融机构的挤兑相对应，例如印地麦克银行、华盛顿互惠银行和美联银行。

随着雷曼兄弟在2008年9月15日的破产，回购市场中的美国政府债券、联邦机构债券、公司债券和联邦机构抵押贷款支持证券都陷入了停滞，一级交易商结算失败直线上升。表11.3按季度显示了从2007年第一季度到2009年最后一个季度一级证券交易商结算失败的情况。图11.8显示了在雷曼兄弟破产后一级证券交易商在回购市场进行的融资。如图11.8所示，一级交易商的借款能力下降，而贷款能力并没有下降。这可能是因为回购市场中经纪自营商影子银行大规模撤出。图11.8也说明了影子银行的信心下降和影子银行挤兑的严重程度。当美联储和美国政府让雷曼兄弟破产时，接下来发生了一系列挤兑事件，印地麦克银行不得不同美国银行合并。随后，两个仍然独立的经纪自营商，是摩根士丹利和高盛集团被迫救助银行控股的公司，正式处于美联储的监管之下。实际上，整个独立的经纪自营商华尔街体系在大约七个月的时间内都倒闭了（阿查亚里等，2009）。

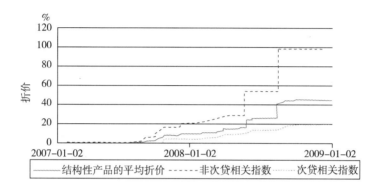

资料来源：引用戈顿和麦特瑞克（2009a）。

图 11.7　不同目录下的结构化产品的回购扣减率

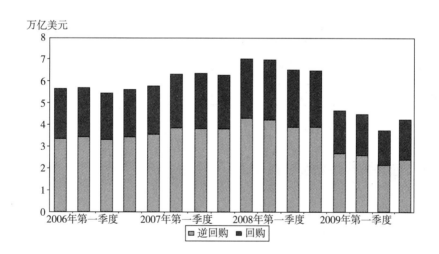

资料来源：美国证券业和金融市场协会。

图 11.8　2006—2009 年美国政府证券一级交易商日融资量的季度平均值

表 11.3   2007—2009 年金融危机期间美国政府证券一级交易商失败的结算

单位：10 亿美元

	国债		机构证券		抵押贷款支持证券		公司债	
	接收	交付	接收	交付	接收	交付	接收	交付
2007 年								
第一季度	738.1	586.8	91.2	76.6	474.6	473.8	356.1	404.2
第二季度	726.8	528.3	117.7	118.2	595.8	617.7	498.0	572.9
第三季度	834.4	549.7	239.5	231.7	805.6	819.7	822.9	884.3
第四季度	1 373.0	1 085.4	202.8	192.5	757.8	686.8	488.2	547.5
2008 年								
第一季度	3 946.2	3 835.7	234.7	221.8	1 023.3	952.1	364.8	413.4
第二季度	3 762.9	3 726.3	202.4	192.6	569.1	566.5	361.3	407.2
第三季度	3 077.4	2 784.0	238.1	228.4	463.1	425.5	199.4	214.9
第四季度	16 824.6	16 266.6	586.6	600.7	971.9	863.5	271.7	337.8
2009 年								
第一季度	1 442.9	1 286.0	143.1	167.1	867.8	950.3	168.0	225.8
第二季度	806.6	764.8	95.4	100.9	1 078.9	1 319.4	151.6	215.6
第三季度	617.7	536.8	62.1	76.7	1 283.9	1 553.2	145.3	192.4
第四季度	245.0	184.4	141.9	163.9	3 128.6	3 945.1	156.7	192.2

资料来源：纽约联邦储备银行。

11.5   回购市场改革的案例

像阿查里亚和克瑞森那莫斯（2010）所宣称的一样，通过回购市场的融资风险证券的一级发行（例如抵押贷款支持证券）来进行融资可能降到冰点或者经历在经济扩张或者金融扩张时的压力。凭它们自己，金融企业没有将这样的冰点和压力内部化的激励机制。由于有抵押和典型的短期融资协议，回购市场总体上运行很平稳。换句话说，回购通常可以延缓付款。当相关资产，例如国债或机构债券实质上是安全的，即使在有压力的时期，回购债权人也没有因延期付款受到阻碍。确实，在这一时期国债和机构债券可能是避险的安全资产。

相对应，如果相关的抵押是抵押贷款支持证券，经济衰退接着发生，既存的抵押贷款支持证券的流动性市场风险变得复杂起来。这是因为很多金融机构的投资组合持有大量抵押贷款支持证券或者缺少资金。在这种情况下，回购债权人通过被迫在流动性市场卖出他们的抵押资产来降低风险。回购债权人可能通过提高要求的扣减率或者简单地拒绝延期付款作出回应，导致了回购融资能力的下降。因为它产生了不利的波动：未来资产的购买者可能面临着不合理的扣减率，因此不能主动提供有吸引力的资产价格；反过来，目前进行回购融资抵押的能力可能会进一步下降；一个竞争市场的冰点可能会产生，在 2007 年到 2009 年的金融危机中确实出现了，像在 Acharya、Gale 和 Yorulmazer 的理论模型中所讲的一样。

概括来讲，不同于企业可能无法获得无担保融资的流动性风险（风险很大程度上是具体到企业的信用风险），企业无法获得的担保融资的流动性风险实质上是系统性风险。其他的金融企业也经历了突发状况的压力，造成了金融部门持有的主要资产的市场缺乏流动性。美联储主席伯南克已经指出了这种重要的差异，加上目前银行业流动性管理的实践中并没有充分考虑到可能在担保回购融资上出现的冰点。[20]

这导致了在经济繁荣时期，金融机构没能将在短期回购市场过度融资产生的成本内部化。在经济衰退时，它们对回购融资支付过高的扣减率，不能将资产贱卖对其他企业产生的资金外部性内部化。的确支持面临冰点的金融企业或者直接支持资产，最后贷款人可能仅仅强调了企业在经济繁荣时期忽视的一个问题，即与回购融资联系的系统性风险。审视这种方式，我们有理由认为在经济繁荣时期接受回购融资风险证券的资本要求——有效的监管扣减率——考虑到证券的系统性风险和与回购合约相关的期限错配。同样重要的是，我们有理由认为回购融资债务人破产的更好的设计比简单地授予债权人充分的权利占有抵押物并让其在流动性市场流动更好。

11.6　提出的改革

某些令人惊奇的是，众议院和参议院在回购市场改革的问题上都保持了沉默。他们仅注意到了联邦存款保险公司（FDIC）主席希拉·贝尔提出的联邦存款保险公司（FDIC）的回购交易对手方——受到监管的银行应该有 1 美元10% 的扣减率（最初提议 1 美元 20%）的提案，一旦银行被联邦存款保险公司（FDIC）接管。纽约联邦储备银行（2010）和巴塞尔银行监管委员会（2010）都提出了这个问题，希望能与行业和学术界一起，设计出更好地发挥这些市场功能的体系结构。随后，我们讨论了提出的改革，并提出了一个选择，从事前和事后的视角，对这些问题发表了看法。

　　回购市场进行的改革可能被分为三个目录：完全的政府担保机制、完全的市场自律约束机制、两者相结合。我们倾向于选择两者相结合。

　　一个极端是，一些学者（最著名的是，戈顿，2009）已经指出回购融资在很多方面与需求性存款相类似，因此容易受到信息的影响——当不利的有关抵押（或者交易对手方）的信息冲击市场时会引起敏感性的恐慌。他的提案提出用相似的方式来处理回购融资——也就是说，向回购合同提供联邦存款保险，至少使用相对安全的证券作为抵押，例如证券池的超高端级别。在这个提案下，回购融资与需求性存款有着相似的系统脆弱性，在所有可能性下，政府都会结束支持回购交易对手方都难以具体化。因此，通过明确前面的担保，向回购投资者收取担保费用是可能的。对于保险费用，客观上不仅仅是收取事前的担保费用，而且让回购投资者将回购合同固有的系统脆弱性内部化。

　　另一个极端是，其他人（最著名的是，罗杰，2009）提出回购融资不应该允许不受限制的准入抵押，甚至在交易对手违约的情况下。也就是说，应该有回购投资者主张的自动中止，当企业破产的情况下，他们应该作为担保债权人参加违约交易对手的破产。支持这种观点的论据有两个：第一，它防止了融资回购抵押物的贱价销售；第二，通过揭露回购投资者的交易方信用风险（不仅仅指抵押），投资者可以让债务人承担更多的市场约束，而且投资者可以选择更加安全的交易对手，或者向较高风险的交易对手收取更高的扣减率。不管怎样，在事前对较安全的债务人和风险较大的债务人进行了区别对待。

　　政府担保机制的有利点在于，它最终解决了事后的不确定性，通过将回购合同的风险从投资者转移到预先支付费用的政府机构。但是，它的弊端在于更加敏感和某种程度上的破坏性。向联邦存款保险公司支付费用对银行业的影响很大。当联邦存款保险公司资本化储备基金中的担保存款从1.25%到1.35%时，大部分银行没有支付费用，这种费用结构产生了较强的顺周期风险承担机制，因为当风险回报交替被关注时，风险又重新着陆了。回购保险费不能保证起任何不同的作用。可能，在某种程度上更加令人不安，例如有效的担保机制，如同事实上绝大多数证券化市场的信用风险都转移到政府的资产负债表去了。

　　房利美和房地美已经提出支持美国标准类抵押贷款，它们提出的担保机制能够扩大到支持这种次级证券池、公司贷款、自动应收账款、信用卡应收账款等。政府无力控制房利美和房地美从事这种活动，房利美和房地美的这种倾向，反过来，以牺牲纳税人为代价承担了更大的风险，扩大担保的理念实质上是所有经济的风险都应该更加谨慎。这种谨慎对于美国以外的其他政府也是必需的，如果其资产负债表已经严重扩张。

通过自动中止机制的市场约束的有利点是将回购交易的全部风险转移到了回购投资者——在某种程度上是抵押的风险，也是债务人支付能力的风险。这种方式，除了通过事后的监管，私募市场被允许有这项功能——忍受价格风险——因此提供激励措施来考虑相关的风险回报交替出现。但是，一些抵消问题也出现了。第一，回购合同最首先的问题是系统的外部性，从整体经济的立场看，风险回报对私募市场是否有效还不清晰。第二，自动中止引入了回购合同的基本风险，因为最终支付不仅同相关资产相联系，而且同整个债务人的资产池和其余的资本结构相联系。一般情况下，这可能会产生充分的事前以及事后的不确定性来降低投资者放贷给以某种类型的资产作为抵押的所有类型债务人的意愿，这种结果可能大大降低了回购融资证券化市场中一些部分事前的流动性。第三，对于回购破产豁免的基本原理是当债务人违约时，进行的回购合同降低了交易对手方风险的传播，因为它保护了债权人免受债务人其他风险和债务的影响。

以上相关的评价，我们希望的机制是灵活地让回购合同平静结束和限制无秩序贱价销售相关资产，尤其这些机制应该包含以下几个方面。

第一，一旦债务人违约，如果抵押资产是国债，也可能是机构支持证券（假设机构支持证券有政府的支持），他的回购交易对手方被允许根据目前的协议提走这些抵押物。但是，如果抵押物是其他有风险的抵押物，例如资产抵押证券和抵押贷款支持证券，回购交易对手方应该中止回购。

第二，当违约时，"回购处理基金"应该偿还风险性抵押的回购交易对手方，这种基金是联邦存款保险公司或者美联储对抵押物保守价值的评估基础上的回收金额。[21]这种价值评估以市场调查、历史评价、对交易商调查获得的预期价值等为基础。最重要的一点是这种评估应该保守。

第三，相关的回购抵押由"回购处理基金"承担，在预设的一个时期以一种规范的方式流动，即不仅仅是 6 个月（而是有一些灵活性来处理突发状况）。如果保守估计最终抵押物的回收额在支付回购债权人之上（见第 2 点），那么将根据时间进行价值调整来支付给债权人。相反，如果最终的回收低于支付回购债权人的，根据时间进行的价值调整应该从债权人那儿弥补。弥补具体规定明确地写在立法中（用联邦存款保险公司当前使用的机制来处理未被FDIC 监管银行的未保险储户）。

第四，实际上，第 2 步和第 3 步与最后贷款人的实施相似，风险性抵押资产在系统性危机的情况下如何能提供流动资金，即使在扣减率和赔偿率上都是保守的。但是，弥补特征暗示了回购解决的当局——最后贷款人——承担回购债权人的信用风险，管理回购的当局应该做到以下方面。

首先，合格的仅仅是相对高质量的抵押；

其次，为了实施最后贷款人机制向回购债权人事前收取费用，与最后贷款人所承担的剩余信用风险相对应；

再次，要求满足最后贷款人机制的合格回购债权人满足预期的破产标准；

最后，对个别回购债权人的级别，以及所有的债权人投资组合规模实施集中限制。

因此，我们希望的机制是为回购市场提供事后的流动性资金，而不是相关风险的全部担保。这种机制也要求向流动性设施支付事前费用，确保风险由市场参与方承担，在超过一定规模时不能向纳税人披露损失。它包括具有吸引力的全额保险特征和充分的市场纪律约束机制，避免了他们的缺陷。另外，与Bair女士用固定的扣减率来处理所有回购抵押的提案相对照，提案允许扣减率事前决定，以在债务人破产时保守的价格评估为基础。

11.7　展望未来

现有的金融立法提案在如何改革回购市场上都保持了沉默。我们认为由于回购市场的系统性特征和结构缺陷，这种沉默是错误的。像我们所提到的，不同于企业无法获得未担保融资的流动性风险，企业无法获得担保融资的流动性风险实质上是系统性风险：当大部分的金融部门面临资本不足和资金压力时，回购证券的市场可能无法流动。

除非回购市场的系统性流动风险问题被解决，回购市场风险仍然会存在。我们提出解决法案——与我们所提的改革货币市场的方案相类似（第10章，货币市场基金）和规范地关闭交易商和其他金融企业（第8章，"解决当局"）——强调了回购合同的风险和潜在的流动性抵押的系统性风险的外部性。在没有过度妥协市场纪律、市场流动性或纳税人资金时，这种解决方案是可以实践的。而且，我们所提出的解决方案很多可能性之一，其他的选择也是可能的。

最后，尽管我们关注的是美国的回购市场，我们的讨论和提出的改革也适用于其他国家。回顾市场在全球都存在，从中国到日本、到匈牙利、到土耳其，还有其他一些国家；虽然这些国家的历史比美国回购市场的历史短，规模比美国回购市场规模小。很多新兴国家的回购市场可以追溯到20世纪90年代早期。除美国外，最大的回购市场是欧洲回购市场，是随着1999年欧元的出现建立的，在2009年12月9日达到了5.6万亿欧元的最顶峰。[22]欧洲市场是除美国市场之外唯一的潜在的流动性金融资产可以作为回购抵押的回购市场，因此我们提出的改革同样也适用于欧洲回购市场。在其他回购市场中，回购抵押资产通常是指由统治政府发行的政府债券，所以在这些市场中，回购债权人不会出现被迫在金融危机时在流动性市场上卖出抵押资产的实质性风险。但是，如果潜在的流动性抵押资产在这些国家被接受，情况可能会改变。确实当主权信用风险成为问题时，即使是政府债券的回购市场也会容易受到影响。

无论如何，让回购市场留在金融改革讨论之外，不是个好的选择；如果这些市场不能改革，参与者不能将流动性风险内部化。未来回购市场的运行可能会导致新的系统性危机发生。

注释

①我们非常感谢美国联邦储备银行的 A 和 J 帮助我们增进对回购协议法律方面的了解，他们的评论不一定是纽约联邦储备银行和其他联邦储备的成员观点；我们非常感谢 A 和 D 的评论和建议。

②www. sifma. org/uploadedFiles/Research/Statistics/SIFMA_ USBondMarketOutstanding. pdf.

③通常，在美国回购市场上，一个便宜但等效的替代对于主要证券交易商（借款人）是可以接受的。如果不是这样，利率就上升了。

④在美国回购市场上，折价并不是用来管理交易对手风险的唯一工具。另外一个工具是将回购证券化并推向市场。抵押品的价值处于当前的市场水平，交易将通过追加保证金（债务人提供更多抵押品）或者重新定价（融资移交给债务人）来调整。见以下网站：www. sifma. org/services/stdforms/pdf/master_ repo_ agreement. pdf。

⑤换句话说，MBS（抵押贷款支持证券）和金钱都是借来的。

⑥自从危机开始，商业银行大额存款的保险额上限变为了 25 万美元。

⑦www. roaths. com/pawnbroking. htm.

⑧然后对于这些，人们表现得有点故意含糊，除非是政府的证券交易商，比如 1982 年破产的 Lombard - Wall。纽约联邦破产法庭作出了自动冻结回购证券市场的强制措施，前提是 Lombard - Wall 被抵押。见：www. nytimes. com/1982/12/17/business/lombard - wall. html。这一点一直不确定，直到 1982—1984 年美国法典修正案，第 11 条。在一个真实的交易中，买家不被约束为自动冻结。举个例子，假设一个汽车交易商在通用集团申请破产前一天向它购买了一辆汽车，他可以转售这辆汽车而不需要得到法院的许可。然而，如果这笔交易有通用集团的担保，交易商需要得到法院的许可才能卖掉这辆汽车。结构化的回购交易在形式上被当做真实交易，可以免于自动冻结。问题仍然是，法院是否将回购交易重新分类成担保交易。在 1982—1984 年以前，这将造成抵押品接受者的冻结。在 1982—1984 年以后，这只会影响被担保方的权利，使被担保方的权利小于买家权利。

⑨即使如此，法院可以自由地重新给他们分类。

⑩《Lion Capital 的破产引发了"回购"尚未解决的法律问题》，华尔街日报，1984 年

5 月 8 日。

⑪见 Copeland, Martin 和 Walker（2010）的关于三方回购市场及三方回购市场在 2010 年改革前脆弱性原因的充分讨论。

⑫截至 2010 年 4 月，三方回购市场的规模为 1.7 万亿美元。

⑬http：//online. wsj. com/article/SB100014240527487034471045751181506517900066. html.

⑭http：//knowledge. wharton. upenn. edu/article. cfm? articleid = 2464.

⑮ "Tranche" 在法语里的意思是 "切片"。

⑯它应该提到回购银行已经超出了《消费者保护法》的范围。当事人利用回购市场是依赖美国法典第 555 部分 "通用"，第 11 条，而不是专门的 "回购" 第 559 部分，第 11 条。

⑰孤立运行，就像 2008 年 9 月，总部位于西雅图的华盛顿储蓄贷款互助银行，确实发生了。

⑱这个指数由 Markit Partners 监测。见网站：www. markit. com/information/products/abx. html。

⑲www. bloomberg. com/apps/news? pid = 20601087&refer = home&sid = aYDTeHYnV3ms.

⑳来自伯南克于 2008 年 5 月 29 日在国际清算银行风险转移机制和金融稳定研讨会上的讲话："直到最近，短期回购协议经常被视做无风险的工具，从而在很大程度上经常被展期或者用短期的无担保债务来撤回有关的风险。在 3 月，迅速展开的事件表明，即使回购市场可能发生严重的破坏，投资者也相信他们能在流动性不足的市场中卖出抵押品。这种强制出卖资产会带来一种特别不利的状况，当价格进一步大幅下跌的时候会促使投资者关心交易对手方的信用风险，然后以融资压力加大的方式得到反馈……根据最近的经验，以下是总统金融市场工作小组（2008）的建议，美国联邦储备委员会和其他监管者都在审视自己有关流动性风险管理政策的指导意见，从而决定下一步能做的改进。特别是，未来的流动性计划将不得不考虑突然丧失大量担保融资的可能性。"

㉑回购重组基金应该明确有资格参与中央银行最后贷款人的救助措施。如果这样的参与不事先明确，关于此事的不确定性将破坏我们解决方案的建议。

㉒根据国际资本协会通过 14 个欧洲国家以及美国、日本的 53 家金融机构作出的调查。

参考文献

［1］Acharya, Viral V. , Douglas Gale, and Tanju Yorulmazer. 2009. Rollover risk and market freezes. Working Paper, NYU Stern School of Business.

［2］Acharya, Viral V. , and Arvind Krishnamurthy. 2010. Why bankers must bear the risk of "too Safe to fail" assets. *Financial Times*, March 17.

［3］Acharya, Viral V. , and Matthew Richardson, eds. 2009. *Restoring financial stability：How to repair a failed system*. Hoboken, NJ：John Wiley & Sons.

［4］ Basel Committee on Banking Supervision. 2010. BCBS – CGFS working group on systemic liquidity risk.

［5］ Copeland, Adam, Antoine Martin, and Michael W. Walker. 2010. The tri – party repo market before the 2010 reforms. Working Paper, Federal Reserve Bank of New York.

［6］ Federal Reserve Bank of New York. 2010. Tri – party repo infrastructure reform. FRBNY Task Force on Tri – Party Infrastructure White Paper, May 17.

［7］ Garbade, K. D. 2006. The evolution of repo contractins conventions in the 1980s. *FRBNY Economic Policy Review* (May)：27 – 42.

［8］ Gorton, G. 2009. Slapped in the face by the invisible hand：Banking and the panic of 2007. Federal Reserve Bank of Atlanta's 2009 Financial Markets Conference：Financial Innovation and Crisis, May 11 – 13.

［9］ Gorton, G. , and A. Metrick. 2009a. Haircuts. Yale ICF Working Paper No. 09 – 15.

［10］ Gorton, G. , and A Metrick. 2009b. Securitized banking and run on the repo. Yale ICF Working Paper No. 09 – 14.

［11］ Roe, Mark. 2009. End bankruptcy priority for derivatives, repos and swaps. *Financial Times*, December 16.

第 12 章　对冲基金、共同基金和交易所基金

Stephen Brown，Anthony Lynch，and Antti Petajisto[*]

对冲基金和共同基金是所谓的影子银行系统重要的参与者，它们的运作与更标准的银行系统比较相似。共同基金主要为零散客户设计，由于它们自身的监管体制和采用的策略，受到严格的监管。与之相反，对冲基金面向高资产价值的个人和机构，监管比较宽松和投资策略更多，这些基金通过很多途径在金融体系中增值。第一，它们是流动资金的主要提供者和尖端技术资本的来源。第二，它们允许投资者实现多样化的投资组合。对冲基金采取多种的投资策略，得到的回报与整个市场呈较低的相关性，因此允许更加多样化。第三，这些基金和其他机构投资者一起，在它们持有多数股票的公司的公司治理中起着重要作用。第四，通过保证金交易和采用巨额的空头头寸，某些对冲基金提供给投资者从其他途径无法获得重要杠杆率的机会。

但是代价是什么？监管者，特别是欧洲的监管者，对对冲基金使用杠杆率和空头头寸所产生的重要系统性风险非常担忧。对冲基金的种类非常多，一些使用很小的杠杆率或者没有使用杠杆率。但是，相当一部分对冲基金具有很高的杠杆率，这意味着随着资产净值（NAV）变为负值，它们可能会产生交易对手风险。如果对冲基金与其他金融企业高度关联，这种交易对手方风险就可能具有系统性。随着资产净值的下降，就必须出售低流动性资产，这也可能产生系统性风险。这些忧虑使得有关最近在华盛顿和欧盟（EU）对冲基金的监管提案得到了调整吗？共同基金以没有杠杆著称，但通常容易当日赎回，所以它们也可能容易产生系统性风险。

与共同基金和对冲基金相对照，交易所交易基金（ETFs）不能出售或者赎回个人份额作为现金，但是允许被授权的参与者——主要是大型金融机构——去购买或者赎回大批的股份通过贡献或者接受。相应地，被交易所基金持有同一篮子的证券。由于这个原因，交易所交易基金比对冲基金和共同基金

---

　　* 我们参考了纽约大学斯特恩商学院电子书《是时候进行金融改革》中关于"对冲基金和共同基金"的论述，也包括 Marcin Kacperczyk，Matthew Richardson，Philipp Schnabl 和 Robert Whitelaw 的观点。

更不容易按照常规运行，尽管被授权的参与者赎回大量的交易所交易基金可能会卖出相关的证券篮子。大部分交易所交易基金的结构与共同基金相似，也以相似的方式进行监管。交易所交易基金通过向投资者降低各种市场份额和资产类别的准入门槛来增值，包括诸如商品和货币的可选方案。它们一般比较低的费用和提供卖出短期相关证券篮子的工具，这对于活跃交易和对冲都非常有用。因此，一只交易所交易基金通过允许市场参与方交易，为在其篮子的证券提供流动资金，甚至是短期卖出，篮子的交易费用非常低。不同的交易所交易基金交易机制也避免了过时的市场净值引起共同基金中重要的市场时间选择和价值损失问题，直到 2003 年丑闻的出现。

没有证据表明未被监管的对冲基金引起或者以任何方式对近期的严重金融危机有所贡献。然而作为金融中心被高度监管的银行才是问题的根源。通过一个对冲基金的案例来说明，通过投资其他的金融产品，将必要的流动资本和银行表外的问题资本剥离出资产负债表，实际上降低了危机中的系统性风险。阿拉贡和斯达拉罕测算了 2008 年 9 月 15 日雷曼兄弟破产产生的影响，找到了在 2008 年最后一个季度持有雷曼兄弟的股票和与雷曼兄弟有联系的对冲基金。雷曼兄弟提供了保管人服务、证券信贷服务，以及为其对冲基金的客户融资，因此它的破产严重地影响了这些基金向市场提供流动资本的能力。这些结果表明在近期金融危机的较低流动性时期，对冲基金仍然是流动资本的一个重要来源。

但是，1998 年长期资本管理公司的崩溃表明在一些情况下对冲基金和共同基金可能会在金融体系中产生外部性，值得注意的是，目前，没有对冲基金与长期资本管理基金具有那么大的规模和重要的经济意义，可能市场已经从这段经历中吸取了教训：主要的经纪商和交易对手方都非常关注对冲基金无力偿还的可能性，不允许使用较高的杠杆率。因此，我们没有注意到 2008 年出现的系统重要性对冲基金，尽管当时的市场情况比 1998 年更为极端。事实上如果大对冲基金与小对冲基金的策略具有重要的关联，且策略之间有实质性不同，小的对冲基金可以出现相同的风险。据布朗和高特兹曼（2003）的研究，会计准则类型的不同解释了对冲基金回报大约有 20% 的截面分散。最后多头对冲基金被认为与共同基金一样具有系统性风险的特征。

表 12.1、表 12.2 的数据来自投资公司 2010 年的资料手册，提供的信息包括流动净值、总资产净值、共同基金和交易所交易基金的总量。表 12.3 以理柏塔斯基金公司 2009 年第四季度资产流动报告的数据为基础，提供了关于对冲基金行业资产流动的信息。首先，表 12.1 显示共同基金的总资产净值从 2003 年到 2007 年每年连续增长之后，在 2008 年显著下降，从 2007 年底的

120.01 亿美元下降到 2008 年底的 96.03 亿美元。但是 2008 年共同基金的总流动净值实际上是 4 120 亿美元（见表 12.1），共同基金的数量也在增加（见表 12.2）。所以共同基金总的资产净值在 2008 年是下降的，是受到收益为负值的影响。直到 2009 年，总资金流动都是负的，有 1 500 亿美元流出，共同基金的数量下降。但是在这一年，尽管是有资金流出，共同基金总资产净值增长到了 111 210 亿美元。表 12.3 显示从 2003 年开始共同基金开始转向对冲基金，但在 2008 年突然终止，随着对冲基金投资者在金融危机开始时安全逃出，加上负收益，导致了总资产净值从 2008 年第二季度末的 1.8 万亿美元跌至 2009 年第一季度末的 1.18 万亿美元。这说明了仅仅 3 个季度总资产净值损失了近 1/3——这是相当严重的损失。

表 12.1　　　　　1995—2009 年不同类型的投资公司总资产净值 单位：10 亿美元

年份	共同基金[①]	封闭式基金	交易所交易基金[②]	单位信托基金	总计[③]
1995	2 811	143	1	73	3 028
1996	3 526	147	2	72	3 747
1997	4 468	152	7	85	4 712
1998	5 525	156	16	94	5 791
1999	6 846	147	34	92	7 119
2000	6 965	143	66	74	7 248
2001	6 975	141	83	49	7 248
2002	6 383	159	102	36	6 680
2003	7 402	214	151	36	7 803
2004	8 095	254	228	37	8 614
2005	8 891	277	301	41	9 510
2006	10 397	298	423	50	11 167
2007	12 001	313	608	53	12 975
2008	9 603	188	531	29	10 350
2009	11 121	228	777	38	12 164

注：①共同基金的数据仅包括投资公司报告中统计的信息，不包括主要投资其他共同基金的数据。
　　②交易所交易基金 2001 年以前的数据由 SIS 提供，交易所交易基金的数据包括没有根据 1940 年《投资公司法》登记的投资公司，不包括主要投资其他交易所交易基金的交易所交易基金。
　　③总投资公司的总资产包括共同基金持有的封闭式基金和交易所交易基金。
备注：由于四舍五入，一些组成部分可能没完全计到总额中。
资料来源：投资公司机构和 SIS。

　　表 12.1 显示交易所交易基金的总资产净值在 2009 年反弹之前，2008 年

也是下降的，而表 12.2 显示交易所基金的数量从 1995 年开始每年都在增长，尽管交易所基金总的资产净值增长比共同基金快，但是在 2009 年末的交易所交易基金的总资产净值仍然比同一时期的共同基金少 10%。交易所基金总的资产净值作为共同基金总资产净值的一部分从 1993 年的零（第一只交易所基金开始时）增长到 2009 年末的 7%。交易所基金增长的原因是资本大量涌入：表 12.2 的数据显示交易所交易基金份额的净收益自从 1999 年开始每年都是正的。而规模仅仅是机构产生系统性风险的很多决定性因素之一，实际上交易所基金行业规模比共同基金行业规模小得多，但交易所基金很可能比共同基金更有能力产生系统性风险。

表 12.2　　　　　　1995—2009 年不同类型的投资公司数量

年份	共同基金①	封闭式基金	交易所交易基金②	单位投资信托基金	总计③
1995	5 761	500	2	12 979	19 242
1996	6 293	497	19	11 764	18 573
1997	6 778	487	19	11 593	18 877
1998	7 489	492	29	10 966	18 976
1999	8 004	512	30	10 414	18 960
2000	8 371	482	80	10 072	19 005
2001	8 519	492	102	9 295	18 408
2002	8 512	545	113	8 303	17 473
2003	8 427	584	119	7 233	16 363
2004	8 419	619	152	6 499	15 689
2005	8 451	635	204	6 019	15 309
2006	8 721	647	359	5 907	15 636
2007	8 749	664	629	6 030	16 072
2008	8 888	642	743	5 984	16 257
2009	8 624	627	820	6 049	16 120

注：①共同基金的数据仅包括投资公司报告中统计的信息，不包括主要投资其他共同基金的数据。

②交易所交易基金 2001 年以前的数据由 SIS 提供，交易所交易基金的数据包括没有根据 1940 年《投资公司法》登记的投资公司，不包括主要投资其他交易所基金的交易所交易基金。

③总投资公司的总资产包括共同基金持有的封闭式基金和交易所交易基金。

备注：由于四舍五入，一些组成部分可能没完全计到总额中。

资料来源：投资公司机构和 SIS。

更进一步讲，当对冲基金遭遇损失时，大概有三种途径可能潜在地产生系统性风险。（1）引起价格偏离交易时的基础价格（例如，由于赎回或加紧信用限制而被迫偿还）；（2）由于资金流失而不再有能力向市场提供流动资金；

（3）当资产净值变为负值时，会产生交易对手方风险。1940 年《投资公司法》的第 12 章 1 节 c 款和 3 节 c 款明确地限制共同基金使用杠杆和获得短期头寸的能力。

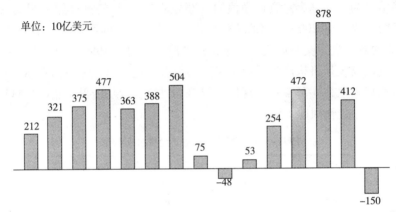

资料来源：投资公司机构的 2010 年资料手册。

图 12.1　1995—2009 年共同基金的净值流动

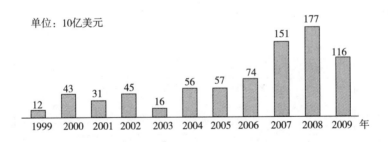

资料来源：投资公司机构的 2010 年资料手册。

图 12.2　1999—2009 年 ETF 份额的净发行量

　　这表明它们只能通过前两种渠道产生系统性风险。但是，来自对冲基金的竞争导致了多头/空头对冲基金策略的出现，刚开始出现时与法案的规定很不一致。一些空头共同基金未能获得资产头寸（卖空套头交易），因此，不是净空头违背了第 12 章 3 节 c 款，没有产生交易对手方风险。其他人使用衍生品头寸得到的是相似的结果，如果没有对冲，可能会出现不止一个问题。杠杆率和空头头寸在交易所交易基金中比在共同基金中更为常见。因为投资组合每天重新平衡，负资产净值的风险变得微不足道。交易所交易基金唯一产生的系统性风险来源是赎回后，接着是大规模地出售相关的投资组合，与第一种渠道相

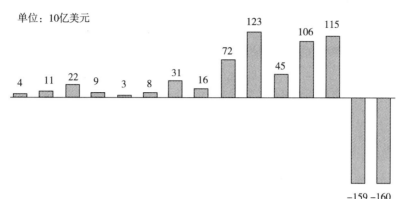

资料来源：理柏、汤森·路透公司，2009 年第四季度资产流动报告。

图 12. 3 1995—2009 年对冲基金的资金流动

类似，但并不完全一样。交易所交易基金通过与共同基金和对冲基金不同的渠道向市场提供流动资金，通过允许相关的篮子里的证券单位以较低的成本交易，这就解释了为什么第二种渠道也不能适用。

对于对冲基金和共同基金，以下可能是决定一只基金或者一个基金组织能否产生系统性风险最重要的因素。第一，基金或基金组织的资产净值；第二，基金或者基金组织的杠杆率；第三，基金或基金组织的资产流动性；第四，基金或基金组织的资金向其他金融机构转移的程度。

共同基金、交易所交易基金和对冲基金都是影子银行体系主要的参与者，加上保险公司、经纪自营商、货币市场基金、养老基金、结构化投资工具（SIVs）、中转机构等。在这个体系内，对于诸如对冲基金和共同基金的参与者提供与银行相关联的功能是非常可能的。由于参与者的监管套利受到了一些人的批评，应当指出其中的很多参与者，包括对冲基金、共同基金和交易所交易基金，没有规定明确的政府担保，但同拥有明确的存款保险担保以及"大而不能倒"隐含担保优势的受到监管的银行竞争。

对冲基金、共同基金和交易所基金的监管可以建立在两种独立的判断标准上：潜在的系统性风险和一般投资者保护。监管限制了对冲基金和共同基金产生外部效应的作用，由于产生系统性风险经常限制了它们给金融体系和投资者增加价值的能力。平衡这些考虑是非常重要的，因为共同基金的资产净值由于多头的操作命令，实质上不会为负值，共同基金远没有像对冲基金那样产生系统性风险。因为交易所交易基金实质上要求实物赎回，交易所交易基金的总资产净值仍然比对冲基金和共同基金要小些，与对冲基金和共同基金相比，交易所交易基金产生系统性风险的潜在可能性更小。因此，对系统性风险限制的监管比同样原因对共同基金的监管更加薄弱。旨在保护投资者的监管成本是很高的，当决定多大程度的监管是最优时，这些成本需要考虑进去。最后如果监管的负担太重，很多对冲基金可能倾向于离开美国，监管的限制程度可能是对美国对冲基金行业产生影响的一个因素。

12.1　美国的立法和欧盟的提案

美国众议院和参议院在 2010 年通过的《多德—弗兰克华尔街改革与消费者保护法案》中，要求对冲基金作为投资顾问证券交易委员会（SEC）登记。第 410 条提高了投资顾问联邦注册的资产门槛，从 2 500 万美元提到了 1 亿美元，这种变动旨在增加政府监管的投资顾问数量。根据《多德—弗兰克法案》的第 404 条，证券交易委员会可以要求任何投资顾问向证券交易委员会注册，要求其提供交易记录和相关的报告，"作为对公共利益和投资者的保护，或者对金融稳定监督委员会（FSOC）评估系统性风险"。数据与金融稳定监督委员会共享。向证券交易委员会提交的交易记录和报告应当包括以下事项：（1）所管理的资产和杠杆的使用；（2）交易对手的信用风险敞口；（3）交易和投资头寸；（4）估值政策和基金的实践；（5）所持资产的类型；（6）单边协议或者单边保证函，基金的特定投资者凭此可以获得比其他投资者更多有利的权利；（7）交易实践；（8）证券交易委员会经与金融稳定委员会协商，决定对公共利益和投资者保护，或者对评估系统性风险是必要和适当的其他信息，可以包括基于顾问基金的类型或规模建立针对不同等级基金顾问的不同报告的要求。

第 408 条规定了对冲基金登记的起点（法案表述为私募基金的投资顾问）是 1.5 亿美元。按照证券交易委员会决定对公共利益或投资者保护的必要性或者适当性。该条同时还要求对冲基金保存记录并向证券交易委员会提交年度或其他报告，最后，第 408 条规定了证券交易委员会在执行《1940 年投资顾问法案》第 203 条的监管规定时，对于中等规模的私募基金投资顾问，证券交易委员会应考虑到此类基金的规模、治理和投资策略，以决定它们是否造成了系统性风险，并且对此类基金的投资顾问提供反映其产生系统性风险级别的注册和检查程序。根据该条文，中等规模私募基金的组成并不明确。

对冲基金管理超过 1.5 亿美元资产必须向证券交易委员会作为投资顾问注册的要求只会影响少数正在运行的对冲基金。根据理柏塔斯公司提供的数据，在 2009 年 12 月底，多数美国对冲基金（56%）管理的资产少于 2 500 万美元。1.5 亿元新的登记起点排除了所有基金中的82%。最初的参议院法案也要求投资顾问对客户的资产使用独立第三方保管以防止欺诈，但是，最新的规定不再有此项要求。

而且，家庭办公室在《多德—弗兰克法案》第 409 条豁免报告的要求。这种豁免是非常宽泛的，因为将家庭办公室规则监管和指令的定义留给了证券交易委员会。因此，这种例外是具有危险性的，有可能成为吞噬整个对冲基金改革的漏洞。这种特殊的豁免是非常有利的。米勒（2010）指出原来的《1940 年投资公司法》第三项 c 款 1 条的豁免，允许对冲基金的增长和发展最初旨在保护家庭办公室的利益。

法案的最终版本没有包括系统性风险的税收，这项规定原本是在法案中的，直到最后一刻才删去。如果这项规定仍然在法案中，资产在 100 亿美元以上的对冲基金可能需要对系统性风险缴税。

回到共同基金，《多德—弗兰克法案》仅仅要求个人投资者和共同基金投资顾问对金融识别研究，带有这种观点的提案一般是改进投资者保护。但是产生了监管共同基金和监管对冲基金重叠的问题。两者主要的不同是，对冲基金可以使用杠杆率，而共同基金不能；对冲基金可以延缓甚至停止赎回，而共同基金不能。重要的是认识到多头对冲基金与共同基金一样具有同样系统性风险的特征。

欧盟（EU）提出的对冲基金指令比美国的法案范围更广，指令建议实施重要的法律监管和控制所有超过 1 亿欧元资产的对冲基金。它同时还限制了"第三国"（非欧盟国家）基金进入欧盟市场，欧盟指令草案所称的第三国部分将迫使想进入欧盟市场的非欧盟基金必须适用新的规则。

12.2 美国对冲基金产生系统性风险的相关立法

透明度有助于监管者评估和管理可能的系统性风险，成本也相对较低。因此，我们支持《多德—弗兰克法案》要求对冲基金向证券交易委员会报告评估系统性风险必需的交易和投资组合信息。应规定它们的资产头寸和杠杆率水平的信息需要规范和及时。但是如果对冲基金属于三个不同的类别之一，需要向证券交易委员会提供信息。

第一，法案第 404 条要求向证券交易委员会注册的投资顾问向证券交易委员会提供信息，这些信息是证券交易委员会认为的对公共利益和投资者保护必要和适当的信息，或者对于金融稳定监督委员会评估系统性风险是必要和适当的信息；私募基金顾问向证券交易委员会注册的起点是 1.5 亿美元。

第二，法案第 408 条规定对冲基金管理的资产在 1 亿美元到 1.5 亿美元豁免注册，但是考虑到证券交易委员会决定对公共利益或投资者保护的必要性，证券交易委员会可以要求其提供信息。

第三，法案第 408 条同时规定，证券交易委员会应该规定中等规模的私募基金的投资顾问反映其系统性风险的注册和检查程序。

在这三种类别间保持信息规定要求的一致性和连贯性是非常重要的。确保前一句话是非常重要的一个实施挑战。而且，中等规模的私募基金组成并不明确，所以那些基金未向证券交易委员会注册，被要求向证券交易委员会提供评估系统性风险信息也不明确。美国的立法机构——或者证券交易委员会——需要明确中等规模的私募基金的组成。

对于三种类别，《多德—弗兰克法案》授权证券交易委员会要求得到其认为是必要的能实现其目标的任何信息。鉴于证券交易委员会可能存在自己的利益冲突，在过去效率较低，如果明确地在提案中表述的限制性条款来代替证券交易委员会的授权，将会更好些。

如果一只对冲基金或对冲基金组织对金融体系产生了系统性风险，那么需要将对冲基金或者对冲基金组织视为系统性风险机构，对其进行监管（征税）或者其他。但资产净值也并不是决定对冲基金（或者共同基金）产生系统性风险的唯一因素。《多德—弗兰克法案》通过列出了一系列需要考虑的因素来决定其是否是有能力产生系统性风险的对冲基金。监管者在监管对冲基金时将这些因素考虑在内是非常关键的，我们认为决定恰当地评估对冲基金是一个真正的挑战。

对冲基金或者对冲基金组织产生系统性风险可能需要监管部门阻拦投资者在基金表现糟糕后从基金撤出，因为基金的糟糕表现可能会导致基金管理资产的流失。但是很多对冲基金在危机中决定"升起闸门"（停止接受投资者赎回申请），通过在糟糕表现后撤离基金产生的外部性是否扭曲了基金管理者何时和怎样停止接受与社会最优相关的投资者赎回申请。而目前的《多德—弗兰克法案》并没有涉及这个问题，任何类似的监管需求也不明确，鼓励了对冲基金在危机时期停止赎回。

12.3　美国对冲基金投资者保护的相关立法

改进对冲基金投资者保护是否需要增加监管还不明确。有一些重要的考虑因素：第一，基金的监管成本高昂；第二，诸如证券交易委员会的基金监管者效率存在疑问；第三，私人信息提供者对传播信息给投资者起到了重要的作用；第四，代表养老金和其他投资者的受托人，对冲基金有首要的责任尽勤勉义务。虽然最后没能在《多德--弗兰克法案》中，但是我们支持最初的参议院法案的规定，投资顾问对客户资产的使用独立管理，因为这是一个简单的方式来防止对冲基金资产不正确使用。

法案规定《多德—弗兰克法案》投资顾问向证券交易委员会注册的起点是 1 亿美元。私募基金顾问注册的起点是 1.5 亿美元。如果注册的论据是向投资者提供关于对冲基金的运行特征的必要信息，为什么这项规定只限定在超过 1.5 亿美元的对冲基金就不明白了，这样做会把除最大型的对冲基金以外的对冲基金都排除在外。法案的第 408 条是朝正确方向迈出的一步，规定证券交易委员会可以为了公共利益和保护投资者，要求管理 1 亿美元到 1.5 亿美元资产的私募基金投资顾问提供必要的信息。

根据理柏塔斯公司最新的数据，25% 的对冲基金管理的资产少于 1 000 万美元，这些基金被排除在《多德—弗兰克法案》之外，我们可以预期会看到最严重的操作问题。根据布朗（Brown）和高特兹曼（Goetzmann，2009），操作风险比金融风险更能造成基金的失败。他们发现金融风险事件通常发生在较糟的金融操作问题的背景下。所有的对冲基金都在证券交易委员会注册并以每日平均量（ADV 表格）的形式披露，效果应该更好。像要求所有的共同基金一样，没有资产规模或禁售期例外的人为限制，每日平均量（ADV 表格）不能显示竞争能力，例如采取的头寸和使用的策略，但是它能揭示基金内部和外部的利益冲突，以及存在的以往立法和监管方面的问题。

而且，注册使证券交易委员会对基金的审计成为可能，这种强制披露不能提供太多的信息，但是布朗、高特兹曼、梁和施瓦茨（2008）证明了这种信息对投资是很重要的，是基金质量的一个标志。强制披露还有利于转移受托人的举证责任，否则他会声称"没人告诉我，我们不知道"。因为对每只基金收取 12 500 美元，投资者可以从私人信息提供者那里获得更多的详细信息（包括采取的头寸和使用的策略）。这可能有利于增强约束保管人的勤勉义务，因为非常容易获得其违反勤勉义务额报告。

如果证券交易委员会使用新获得的授权来制定以保护投资者为宗旨的规则，我们支持对所有支付给基金投资者的费用，以及关于基金层面上投资者之间的税收歧视以更高的透明度、更充分的披露。这是因为费用和税收对投资者的净收益有最直接的影响，而且在现在的对冲基金中两者都没有很充分地披露。例如在以 Stuffing 被人所知的案例中，一些对冲基金分配短期资本利润给一些投资者（例如清算合伙人），而分配长期资本利润给另一些投资者（例如普通合伙人），如果这种任意的税收处理确实允许，应该像其他影响投资者净收益的重要影响因素一样，明确地披露给投资者。

一种为有限披露辩解的根据是小投资者没有进入对冲基金的机会，因为他们不能通过100万美元净收益的测试成为被认可的投资者。确实这个测试随着投资者的主要居住地被排除在净资产测试之外，已经变得更加严格。为了进一步的发展而调整认可的投资者的起点是有意义的，为什么通过排除投资者主要居住地的净资产的测试，起点突然从100万美元增加到250万美元就不清楚了。平均下来，进入对冲基金的投资者在2008年的金融危机中远比公开权益资本市场的投资者表现好，所以，很难判断哪个投资者保护更好。所以，养老保险基金可能非常容易满足被认可的投资者门槛，但这并不能保证养老保险基金的管理人有能力承担或者胜任对某只对冲基金产品的评估。

12.4 欧盟有关美国基金的立法

鉴于美国的金融机构是系统性风险从美国传递到欧洲的中转地，欧盟的提案要求对对冲基金实施更加严厉的监管，要求所有非欧盟基金必须采取这些监管措施。但是有证据表明在风险的转移上，作为货币中心的银行起着更加重要的作用。

在一封给欧盟市场运行专员的信件中，迈克·拜尼尔（Michel Barnier），美国财政部长盖特纳提出迫使非欧盟基金遵守这些法案中的新规则可能是一部保护主义的法律，会对进入欧盟市场和在欧盟市场继续存在的非欧盟基金产生阻碍。我们强烈地反对任何限制投资者使用可以获得的投资工具的立法，所以我们赞同盖特纳对欧盟立法草案中的保护主义有助于"第三国"的看法的忧虑。被大量宣传的Luxalpha的失败和其他欧盟麦道夫连结基金指向的不仅是现存监管制度的失灵，更是欧盟的受托人履行对基金托管人和分托管人正常的和惯例的勤勉义务的失败。

监管对危机非常重要的一个反应是尽可能地跨国协调来保护平等进入所有市场的机会。而且可能的市场间套利必须受到限制。

12.5 沃克尔规则

所谓的沃克尔规则是指最早由保罗·沃克尔提出的美国立法的一项规定。沃克尔规则受到美联储前主席的高度评价，限制了任何隐性联邦担保给相对少数的重要银行机构的范围，使银行业务更加核心化，而不是扩张金融中介机构和风险业务的范围。作为银行安全网的交换，沃克尔建议允许银行作为金融中介从事各种商业银行和投资银行业务，但是不允许从事非银行业务，例如自营交易、本金投资、商品投机，以及对冲基金和私募股权基金管理。这些其他的业务将被拆分到非银行资产管理公司，以金融机构各自的类型进行监管，银行法律上对拆分的经济实体没有经济利益。

综上所述，立法要求联邦政府机构颁布规则，禁止某些金融公司从事自营交易、投资或者发起对冲基金和私募股权基金。这些公司包括所有的存款性机构及其控股公司，以及由《银行控股公司法案》所定义的被当做银行控股公司对待的公司（例如经营美国业务的外国银行），其他的附属机构。

关键要记住拆分的实体即使被拆分后仍然产生系统性风险。事实上，拆分的实体在被拆分之后会比属于大型金融机构时可能会产生更多的交易对手风险，因为将会失去作为大型金融机构一部分的任何多元化利益。沃克尔规则的实施可能导致对冲基金和共同基金池增加规模和改变投资策略，因此，沃克尔规则更增加了一个机制去评估对冲基金的水平，如果它们对金融体系进一步产生系统性风险。

也就是说，沃克尔规则对具有系统重要性的非银行金融机构并不适用，这些公司要遵守美联储以后发布的需要额外的资本和质量限制的规定，因此，任何被视为系统重要性的对冲基金应该遵守这些新规则。

沃克尔规则也意味着对冲基金和共同基金不再直接地同银行和其他银行系统的成员竞争。但是，对冲基金行业可能同先前由银行经营的公开发行的基金之间的竞争会更加激烈。

12.6　结论

美国的立法仅仅考虑到对冲基金和对冲基金组织可能被视为系统性机构可能性，并以此进行监管（征税）。《多德—弗兰克法案》并没有明确地规定共同基金和交易所交易基金有可能是系统性机构。根据它们更易进一步产生系统性风险的潜在可能性，将对冲基金与共同基金和交易所交易基金区分开看起来是合理的。我们认为，美国立法会有利于宽松的监管体制，更加集中于可能产生系统性风险的对冲基金。同时我们赞成对冲基金大部分运作需要披露的宽松监管机制。因此，对管理资产超过 1.5 亿美元的对冲基金附加的报告要求（作为投资顾问向证券交易委员会注册）并不繁重。而且报告要求也不可能对对冲基金以后的经营业务成本产生实质性影响。但是，可能会增加投资者的信心，因为操作风险是对冲基金的主要风险，投资者认为提供信息的托管表格非常有用。证券交易委员会要求管理 1 亿~1.5 亿美元的私募基金顾问提供必要的信息，对增加投资者的信心起了重要的作用。对家庭办公室豁免规定如此宽泛可能会使整个对冲基金改革的努力毁于一旦。

回到共同基金，作为投资顾问向证券交易委员会注册的总资产净值起点增长到1亿美元可能会导致适得其反的结果，也就是说，会打击投资者信心，因为以前很多规模较小的共同基金被要求填写每日平均量（ADV）表格和其他授权表格，现在不再要求了。但是，私募信息提供者以非常低廉的价格提供的信息比证券交易委员会所要求的更多，大大地减少了投资顾问登记标准的改变对对冲基金和共同基金行业投资者信心的影响。

欧盟有关对冲基金的立法使得有经验的资本向市场提供流动资金更加困难，这种立法意图令人难以理解，最近的危机证明了有关流动性的规定对金融市场运行良好是非常重要的。

参考文献

［1］Aragon, G. , and P. Strahan. 2010. Hedge funds as liquidity providers. Working Paper, Arizona State University.

［2］Brown, Stephen, and William Goetzmann. 2003. Hedge funds with style. *Journal of Portfolio Management* 29：101 – 112.

［3］Brown, S. , W. Goetzmann, B. Liang and C. Schwarz. 2008. Mandatory disclosure and operational risk：Evidence from hedge fund registration. *Journal of Finance* 63（6）：2785 – 2815.

［4］Brown, S. , W. Goetzmann, B. Liang, and C. Schwarz. 2009. Estimating operational risk for hedge funds：The ω – score. *Financial Analysts Journal* 65（1）：43 – 53.

［5］Miller, J. 2010. Inventing hedge funds：A cross – cultural comparative study of institutional and individual entrepreneurship in ambiguously regulated environments. Unpublished doctoral dissertation, NYU Stern School of Business.

第 13 章 场外衍生品的监管

Viral V. Acharya, Or Shachar, and Marti Subrahmanyam [*]

13.1 概述

场外衍生品占据了所有银行和中介机构业务的很大部分。一方面，它们能使最终用户，例如工业和金融机构，以定制的方式对冲它们蕴涵的风险敞口。例如，一家航空公司可能使用这些产品对冲未来协议的价格来购买燃料，共同基金可以使用衍生品降低汇率变动的投资组合风险。另一方面，它能使银行和其他金融中介机构——为最终用户提供对冲服务的机构——获得盈利，因为通过不同的最终用户来分散风险，或者通过标准化衍生品的流动性市场分散风险给其他中介机构，衍生品反过来对冲了它们出售的定制化场外产品。中介机构赚取的利润，有一部分来自对标准化和定制的产品之间风险不匹配的补偿。非常明确的是，金融衍生品交易对经济是有价值的，它可以使用户通过选择现金流动的方式来对冲和转移风险。利率互换交易是场外衍生品市场最大的部分，非常有助于管理公司和银行的资产负债表上的利率风险。因此一点也不用奇怪，衍生品的使用在很多国家显著增长，覆盖到了股票市场、利率市场、外汇市场、商品市场和信用卡市场。

但是，2007—2009 年的金融危机暴露了场外衍生品市场有两个方面特别值得注意和需要进行改革。第一个方面是，金融创新——新的、定制的产品的设计——主要发生在场外，这也是银行衡量其所能承担的风险和决定杠杆率组合的场所，因为其中一些头寸并不反映在其资产负债表中，也不是从监管或者法定的角度披露。反映是非常真实的，因为监管资本要求没有进行适当的调整，不能正确地反映场外各个方面的风险，例如流动性风险、交易方风险和系统性风险。调整的缺失意味着与通过资产负债表和交易所交易产品相比，银行

[*] 我们接受了来自 Menachem Brenner, Rob Engle, Steve Figlewski, Matt Richardson 和 Raghu Sundaram 的初稿提供的有用意见和评论。我们同样感谢 Darrell Duffie, 高盛 Pablo Salame 和纽约联邦储备银行 Til Schuermann 的有益讨论。文中观点完全是我们自己的。

更愿意通过表外业务的金融衍生品来承担风险。例如，所谓有毒的衍生资产（例如合成信用违约互换买入或卖出质量值得怀疑的抵押贷款组合）降低了很多银行和保险公司的要求，回顾过去，监管资本相对于引起的风险损失要小得多。

第二个方面是场外衍生品风险不透明。根据定义，场外金融衍生品没有进行交易的中央市场，这与在清算所交易和结算的交易衍生品形成对比。不同于清算所通过征收保证金和其他控制风险的措施监控各种参与者头寸的风险，在场外市场中风险的监控留给了个人交易方。因此迄今为止，绝大多数的场外衍生品还未能集中清算，无论是市场参与方还是监管者都不能准确地了解全部的风险和各类市场参与方的内部联系。这产生了交易对手方风险外部性（参照阿查里亚和恩格尔，2009，阿查里亚和比森，2010）。每个交易的交易方风险受到交易对手进行的其他交易的影响，这种信息并不是显而易见的。这阻碍了针对交易方风险的适当风险控制措施和合同条款对交易对手风险精确衡量的适当调节。因此，导致了事前建立的更高风险的杠杆率和事后交易方违约结果的不确定性。

担忧主要围绕着贝尔斯登、雷曼兄弟、美国国际集团的破产或者接近破产。它们都不得不处理交易对手风险怎样通过场外联系网传播的不确定性问题，特别是在信用违约互换市场上。就美国国际集团而言，大量的交易对手风险最初是如何形成的。最后呈现的既成事实是监管者对这三家公司的其中两家给予了巨额的政府紧急救助。的确 2008 年金融危机后全球经济的混乱可以追溯到这些个别机构的破产。

2010 年《多德—弗兰克华尔街改革与消费者保护法案》（以下简称《法案》）提出衍生品的改革应该更加强调杠杆率和衍生品场外交易的透明度。在本章中，我们提供了一个《法案》关于衍生品改革立法的压缩版本（《法案》本章的原始文本大概超过 450 页），以及对改革的全面评价，继而对未来更加详细地讨论和推断。

13.2 2010 年《多德—弗兰克法案》中《华尔街透明度和问责法案》的部分

2009 年秋天，由国会议员巴尼·弗兰克领导的美国众议院金融服务委员会批准了《2009 年华盛顿改革和消费者保护法案》，对庞大的场外衍生品业务进行监管。法案要求彻底改变衍生品的结构（集中交易对柜台交易）和监管（保证金要求和透明度），但是对商业最终用户豁免。因此在 2010 年春天，由美国参议院银行业委员会提出的《诉诸美国金融稳定法案》，提出了衍生品市场改进透明度和问责的相似改革要求。

但是，在争议中前行的议会修正案，《2010 年华尔街透明度和问责法案》（2010 年 4 月 21 日批准）提出禁止美国联邦政府对于任何交易商，主要的市场参与者，交易所或者与衍生品和其他活动相联系的清算组织（有限豁免银行的某些对冲业务和涉及某些金融资产种类的衍生品）。提供救助，救助包括美联储提供的救助、利用贴现窗口借款，以及紧急流动性或者债务担保项目的救助。这种规定有可能会鼓励金融机构为了银行或者分支机构能够有资格获得联邦政府的支持，将衍生品业务从美国的银行或银行分支机构分离出来。实际上在参议员布兰琪·林肯的修正案中明确地提出了这种分离，这会使政府支持的金融机构（尤其是商业银行）退出任何衍生品市场。按照林肯的修正案，受影响的机构仍然可以持有掉期和其他衍生品，但是它们必须在独立的法律实体内进行，不能利用基金或者经营的银行业务。更重要的是债权人不能使用它们的银行资本储备来为它们的衍生品业务提供支持。

当众议院和参议院关于清算和透明度的提案被认为非常有争议时，受限制的联邦救助和林肯修正案都充满了意想不到的曲折，强烈地期待《多德—弗兰克法案》的最终决议能够最后立法阐明这两个问题。不幸的是，《多德—弗兰克法案》将关键性部分的实施决定留给了美国证券交易委员会、商品期货交易委员会（CFTC）和其他金融监管者，在以后对《多德—弗兰克法案》进行实质性的解释。

接下来是《2010 年华尔街透明度和问责法案》的摘要——《多德—弗兰克华尔街改革与消费者保护法案》涉及衍生品市场的部分。在这个描述中，我们仔细地遵照了《多德—弗兰克法案》原始的语言来保证任何条款的翻译更加客观。《多德—弗兰克法案》涉及了一些重要的方面：哪些金融衍生品会受到影响；清算；透明度和报告义务；与破产相关的问题；交易和风险缓和；以及域外执行和国际合作。

哪些金融衍生品会受到影响

第一，金融衍生品的范围。《多德—弗兰克法案》废除了 1999 年颁布的《格雷姆—里奇—比利雷法》（GLBA）的规定，也被称为《金融服务现代化法》，禁止对场外衍生品进行监管。在此种意义上，它第一次将监管的范围扩大到完全不受监管的衍生品市场。但是，其中有一个重要的例外：基于财政部长的决议，外汇衍生品（其中包括期货和掉期）将被排除在外。特别指出的是，"他/她豁免外汇掉期是基于：a. 系统性风险、不透明、杠杆率、回避和他们的结果；b. 是否存在充分的监管；c. 银行监管者可以做这项工作；d. 其他因素"。财政部长被要求一年之内向议会提供报告，说明外汇衍生品不同于其他衍生品的原因，以及外汇衍生品应该在《多德—弗兰克法案》（以下简称《法案》）中豁免的原因。①《法案》还有一个特殊条款规定衍生品合同（"掉期"）不是"保险"合同，将它们也排除在了监管之外。

清算

第二，清算要求。《法案》中对衍生品违约的处理仍然不明确。而且这种违约处理的豁免程序设计明显地带有一些传统证券业务的倾向。随着时间的流失，将会被集中清算。而且《法案》要求在《法案》实施的一年之内，"委员会"（证券交易委员会和商品期货交易委员会②）应该采用规则来审查衍生品清算组织对寻求接受清算的各类衍生品的支持。如果一系列的金融衍生品被允许集中清算（基于未偿还的利息、流动性、价格、交易设施、考虑到市场规模和清算资源的系统性风险保证金、对竞争的影响、对解决清算机构破产的慈善救助），委员会允许在清算开始前有 30 天的评议期。而且他们将定期重新评估清算的衍生品和仍然没有清算的衍生品，对一些清算的衍生品是否应该保留，以及其他的衍生品是否应该清算进行评估。

一个重要的问题是怎样对现在被描述为"即将清算"的产品实施清算要求。《法案》规定所有的情况，即现有的和新的掉期交易都需要向"掉期数据存储机构"报告。但是按照这种要求，如果现有合同在规定的时间内报告，则不需要进行清算。而且掉期要求在"掉期交易的一方"有如下情况不需要执行报告要求：（ⅰ）不是一家金融机构③；（ⅱ）使用掉期来对冲或减轻商业风险；（ⅲ）以委员会规定的方式向委员会报告其一般如何满足因参与未清算的掉期有关的财务责任。《法案》实际上考虑未来将豁免扩大到小银行、储蓄协会、农民信用体系机构，以及包括总资产少于 100 亿美元的信用合作社。

第三，清算所的经营。《法案》规定清算所必须得到批准和基于它们提供清算所需的金融资源和实施专业技能的能力重新进行评估。这要求清算所能为它们清算的产品提供合同条款、费用、保证金方式、日常价格、数量、持仓量、治理结构和利益冲突等信息。《法案》还规定："清算所对于其成员/参与方在极端或者合理的情况下产生最大的金融风险敞口的违约提供适当的担保（加上每年的操作成本）。"结果清算所必须保证对所有情况保存记录，实施监督和对所有交易对手日常信用风险评估，对提供他们正常时期风险敞口的范围基于风险收取保证金。

《法案》让清算所负责保证担保基金有最小的市场、信用和流动性风险。

这将识别出由一些大的掉期交易对手方产生的过度的交易对手方风险，部署他们的担保来支持他们为了投资风险证券的双边合同，但并没有明确地规定清算所间防止交易对手破产的精确担保共享规则。据推测留下了适当时候实践中的演进，《法案》有把清算所排除在其他企业的破产之外的特殊规定。"为了最小化系统性风险，在任何情况下衍生品清算组织都不能被迫接受另一个清算组织的交易对手方信用风险。"

最后，《法案》规定了属于内部交易监管的集中清算产品的一般治理要求，鼓励揭露清算所管理层包含的利益冲突。对于后者，《法案》要求委员会采纳对清算所的限制或者清算所在任何一个机构的投票权利，特别是系统重要性金融机构。

第四，未清算的掉期。在《法案》下，这种衍生品有违约的选择权。但是，未清算的掉期将会首先受到监管。而且它们还可能要遵守保证金和担保金要求，也应遵守透明度要求，来抵消其所产生的系统性风险（以下第 5 点详尽阐述）。另外，《法案》明确地提出——监管的自由裁量权——交易未清算的克隆品——来避免清算或者交易在美国之外的金融衍生品。因此，它要求监管者采取正确的措施来防止这种行为。事实上，《法案》授予了委员会和审慎监管者无限制权利，对用来规避清算要求的克隆品和滥用的掉期规定适当的担保金。担保金与受到清算的交易对手方类似，但并不完全一样。委员会和审慎监管者所采取措施的没有在《法案》中详细阐述。

透明度和报告义务

第五，透明度。首先《法案》要求所有现存的衍生品头寸（清算的和未被清算的掉期）在《法案》颁布 180 天之内都应该向掉期储存机构④报告，《法案》颁布后所有新的掉期（清算的和未清算的）在 90 天内（或者一个选择的法定时期内）向掉期储存机构报告。储存机构作为交易信息的接收者，有义务向监管机构提供数据（包括国外和国际机构，如果合适）来最小化系统性风险，以及公开某些恶化的市场信息（交易和清算主要掉期的分类的、新产品的参与方和开发）。为了在头寸级别上增加透明度，《法案》要求实时公开报告，即"在交易刚完成后即时报告，包括价格和数额，以及适用的技术等与掉期交易相关的数据"。

考虑到披露这些交易对市场流动性的影响，除了交易对手和客户的信息外的一些公开报告，对"大宗交易"（由委员会所定义的特殊的市场和产品）也会有一个延迟的豁免。

破产相关的事务

第六，破产豁免。在《法案》中，基于证券的掉期被视为销售和回购，以防其中一个交易对手方破产。因此，衍生品合同将会继续享有交易对手方的破产豁免——因为在销售和回购交易的情况下——至少净额结算协议和担保的分离被考虑在内。

第七，担保隔离。为了清算的衍生品交易，《法案》要求交易对手的衍生品隔离和禁止自有资金与担保混淆，尤其要求对待和处置客户的担保，以及严格的解释仅属于客户。对于未清算的衍生品交易，《法案》规定对最初的保证金隔离，但不是应交易对手方的要求支付差额的保证金（例如，基于市值计价的日常保证金要求）。如果交易对手在未清算的衍生品交易中没有要求将担保隔离，为了遵守双方就处理担保的协议，《法案》要求掉期交易商⑤或者主要的掉期参与者⑥报告季度性的有关掉期交易商或主要掉期参与者的清算程序，而且没有要求交易方在掉期执行时隔离保证金。

交易和风险减轻

第八，衍生品市场的系统重要性机构。主要的掉期参与者和掉期交易商被要求向委员会注册。因此相应地要定义什么构成了"实质性的位置"，也就是委员会决定进行有效审慎监管、管理和对系统重要性金融机构或者对美国金融体系产生重要影响的实体监督的起点。而且主要的掉期参与者和掉期交易商必须满足定期的报告要求（这在某种情况下可能包括非现金担保）和商业行为标准。尤其主要的掉期参与者和掉期交易商的资本要求应以其全部的风险为基础——包括他们未清算的交易——由审慎监管者负责监管（在没有审慎监管者时，由委员会监管）。

不同于先前立法的观点，《法案》没有提供对终端用户明确的豁免保证金要求。但是，在克进而斯多夫·杜德和布兰琪·林肯给巴尼·弗兰克和科林·彼德森（2010 年 6 月 30 日）的一封信中，参议员杜德和林肯认为立法并不想对终端用户要求保证金。

第九，头寸限额、头寸准则和大的交易报告。考虑到对冲基金的豁免条款，《法案》要求委员会建立对个人和机构持有掉期的最高头寸限额进行限制。在规定这种限制时，委员会被授权总计以下头寸：任何证券、贷款、证券组合或者基于掉期的贷款；或者任何证券、组合、证券指数、价格、产量、波动或者其中的利润，以这种掉期和相关的证券组合或指数的实质性条款为依据。委员会可以有条件或无条件豁免任何人或者一类人，任何掉期或任何类型的掉期，或者来自规定受头寸限制的任何交易或者任何一类交易。而且限制可以由委员会设定。《法案》同时也要求自律组织规定和实施对他们成员所持有的基于掉期证券的头寸限制或者头寸准则要求。

第十，最低限额投资要求。应该明确衍生品交易活动不能完全定义为沃克尔规则所提到的"所有权交易"。在这个规则下，银行保留了对冲基金和私募基金投资的权利，但必须限定在基金资本的 3% 或者不超过银行一级资本 3% 的投资额中。重要的是，禁止银行机构在投资基金破产时帮助这些投资基金摆脱困境。[⑦]因为根据这个最低限额投资的要求，衍生品不能完全包括在业务中。它们也不应该有附加的资本要求，也不会有适用于《法案》中所有权交易的数量限制（除非是合适的联邦银行机构、证券交易委员会或者商品期货交易委员会规定这种附加的要求或限制有利于保护从事这些业务的银行机构的安全和稳健）。当然，对衍生品头寸的要求应该在衍生品改革中规定。

第十一，杠杆率限制要求。《法案》要求美联储对理事会认为的可能对美国金融稳定产生"巨大威胁"的任何金融机构一个 15:1 的最大的债务与资本杠杆率。杠杆率和基于风险的资本要求适用于有担保的存款机构、存款机构控股的公司，系统重要性非银行金融机构必须不能少于"一般适用的风险资本要求"，数量不低于在《法案》颁布时对有担保的存款机构的有效要求。但是《法案》并没有明确如何通过衍生品合同[⑧]实施 15:1 最大债务与资本杠杆率的采用。来影响对系统重要性机构《法案》也没有具体规定衍生品合同中的隐性杠杆率如何将被纳计入总杠杆率的计算中。

第十二，林肯修正案（第 716 条）。最初提出的林肯修正案打算阻止参与保险的存款类机构从事衍生品业务，通过要求它们将这项业务剥离。《多德—弗兰克法案》实施了一种宽松的版本，允许参与保险的存款机构从事"真实的对冲业务和传统的银行业务"。在参与保险的存款类机构的负债表中——包括对冲交易和传统证券业务利润率、外汇和集中清算的信用违约互换（CDSs）的头寸。所有其他的衍生品业务仅仅可以由独立的和资本完善的"掉期实体"的附属机构经营（掉期交易商、主要掉期参与方、交易所和清算所）。

第十三，禁止最后贷款人的救助。[⑨]《法案》的这个规定对在处理破产时衍生品风险敞口方面有深远的意义。这条规定在《法案》颁布两年后生效（可以灵活地再延展一年）。没有联邦救助（例如美联储信贷融通的优惠或贴现窗口、联邦存款保险公司的保险或者担保），可能适用任何掉期实体的所有业务。但是，金融稳定监督委员会在三分之二多数票时，可以反对这种对美联储救助的禁止。另外一个重要的豁免是适用于参与保险的存款机构的附属机构，"这种禁止不适用和不能阻止参与保险的存款机构拥有或者建立掉期实体的附属机构，只要这种参与保险的存款机构是银行控股公司的一部分，或者控股公司的储蓄和贷款由美联储监管，这种掉期实体遵守《美联储法案》第23节 A 条和 B 条规定，以及商品期货交易委员会或者美国证券交易委员会的这类其他要求。美联储体系管理理事会将会酌情决定是否必要和适合"。但是，为了符合救助的条件，参与保险的存款类机构必须从事"真实的对冲业务和传统的银行业务"（参见第 12 点）。林肯修正案（第716节），除了允许参与保险的存款类机构从事真实的对冲业务和传统的银行业务，还允许经营独立的和资本完善的掉期实体作为附属机构。但是，联邦救助的参与保险的存款类机构如果有附属机构必须脱离出来，允许参与保险的存款类机构在 24 个月内剥离这些掉期实体或者终止作为掉期实体要求登记的业务。[⑩]

域外执行和国际合作

第十四，国外平台（交易所）。《法案》规定委员会可以要求为其美国境内的会员或其他参与人提供直接访问其电子交易和指令匹配系统的外国交易所在委员会注册。在采取此类规则或者规章时，委员会应当考虑任何此类外国交易所是否受到其母国相似的监管。如果提供了挂钩的合同，即对美元汇率进行交易的合同，委员会不允许直接的准入许可，外国交易所必须履行与美国外汇交易相似的日常交易信息要求、保存记录、限制头寸和监管要求。而且，执行当局要求外国交易所限制和降低市场头寸以防止市场操纵，如果调整报告要求、市场头寸或者其他利益，必须向委员会报告。

第十五，国际协调。《法案》在衍生品监管标准、衍生品头寸信息分享等方面规定了适当的国际协调。"为了促进对掉期和基于证券掉期进行有效一致的全球监管，商品期货交易委员会、证券交易委员会和审慎监管者应当根据情况与国外监管部门协商和协调，对掉期、基于证券的掉期、掉期机构和基于证券掉期机构建立一致的国际监管（包括费用）标准，并商定信息共享协议，只要这可能被视为对公共利益或者保护投资者、掉期交易对手方是必要的或者适当的。"

除了这些主要的问题，《法案》要求研究将头寸限制作为监管工具的有效性、掉期保证金标准的国际协调、发展标准化衍生品电子报告的算术语言的可能性，以及其他。这些详细列在附录 A 中，附有提供这些未来研究的时间表。

13.3　对提出的改革的评价

场外衍生品市场的主要失败原因在于过度的杠杆率、不透明和大型交易对手陷入困境时救助的困难。《多德—弗兰克法案》一部分的《华尔街透明度和问责法案》的金融改革突出了这些问题吗？我们总的评价是有很多积极的方面，一个可以衡量的评价只有在监管者实施以后若干年采取的改革措施之后才能作出。

应该注意的是，《多德—弗兰克法案》试图包含的是承担系统性风险的重要性机构，并不是所有的都直接指向衍生品业务（例如，在 13 章第 2 条第 10 点、第 11 点所阐述的沃克尔法则和杠杆率限制）。可以确定的是，对冲基金作为一个组织，在衍生品市场中占有重要一席。因此，对一些银行机构，例如高盛集团在对冲基金上有重要的投资，沃克尔法则下的最低投资限制将对衍生品风险的总水平有重要的影响。如果估计正确，15:1 的杠杆率限制要求也会限制所有银行的衍生品风险敞口。

但是我们讨论主要集中在《法案》规定的在法案实施后，将仍然是银行资产负债表中的衍生品业务那些内容，主要有：衍生品将标准化，以及将考虑合理交易规模集中清算，继续在场外市场交易的将受到"相似"方式的监管（第 1 点、第 4 点、第 8 点、第 9 点）；所有衍生品交易的透明度（第 5 点）；衍生品相关的破产问题，林肯修正案的调整，对掉期实体禁止联邦救助（第 6 点、第 7 点、第 12 点和第 13 点）。《法案》有关国际协调的提议（第 14 点、第 15 点）。总体上是合理的，我们仅简要地讨论，得出了大致合理的评价。

首先最重要的是，很多重要的关于衍生品的清算要求的细节仍然没有具体规定，包括证券交易委员会、商品期货交易委员会和财政部长在内，监管者们应该进一步审查。大约今后一年内，监管者们将决定要求进行集中清算的衍生品的类型。一方面，这些任务要求详细的市场知识，但不适合议会争论和进行立法；另一方面，他们要求将重要的人力资源分配给相关的监管者（特别是商品期货交易委员会），将扩大对灰色区域的监管自由裁量权，这将不可避免地导致行业重要的游说活动。因此，新的立法对审慎监管者正确监管给予了很大的信心和压力。审慎监管者面临着现存的压力和《法案》下产生的实质性的新压力，他们如何来履行他们的责任并不明确。另外，招募适当的人才来履行这些职责的任务仍然很艰巨。

考虑到系统性风险，清算条款的正确实施应该包括清算所的道德风险。当清算所为它们自己的私人利益承担风险时，可能会产生道德风险；当它们更加系统重要性时，我们冒着危机重演的风险应该将清算所未来变为政府支持企业。因此，它们涉及私人机构的有限的风险选择使得道德风险更加容易处理。考虑到它们的系统重要性，它们持续维持其风险标准是非常关键的。清算所一贯的保证金要求对避免底层的竞争也是非常关键的，除非风险的交易对手方能够转移到没有严格监管要求的其他清算所，而不是跨多个清算所分配。

但是，在一开始时豁免可能会规定将衍生品改革的范围先不扩展到外汇衍生品。这项豁免规定背后准确的指导原则没有讲清楚，但是提案隐隐地反映了银行从事外汇衍生品主要有助于它们的客户管理商业风险的事实。是否对这类衍生品进行监管由财政部长在详细评估涉及的风险后决定。然而，为什么外汇衍生品被挑出，因为一个相似的争论——它们有助于需要抵消业务风险的终端用户对冲风险——可以在整体上为大宗衍生品和利率降低风险。

考虑到《法案》对对冲交易的豁免，我们将在这章中提供直接的证据，来证明场外衍生品市场的主要系统性风险在于交易商而不是终端用户。因此，我们认可《法案》对终端用户的区别对待。但是《法案》缺少了更加重要的实施细节。豁免的头寸必须明确地用做对冲目的，这应该由监管者通过审计程序的监管来证实，同时与出现不令人满意的审计结果时进行处罚相结合（我们称为"审计和处罚"原则）。对大型和复杂组织的审计限制有效性的识别，我们建议大的掉期参与者，甚至是终端用户，应该像交易商一样遵守相似的透明度要求来避免较大尺度的监管自由裁量。

《法案》非常依赖保证金要求作为建立衍生品杠杆率的第一道防线。而且要求清算所支付保证金，以应对各种成员中最大的风险敞口失败。这可能是决定保证金要求的最好方式——而不是要求跨清算所所有头寸的保证金无秩序地增加。《法案》将有效地要求清算所只充分担保其成员风险级别中最大的风险（例如，单一信用违约互换中的最大风险）是一种简单而合理的方式。假定在同一天两个单一信用违约互换不可能同时违约，这就意味着在绝大多数时间内票据交易所都被保护得很好，对其成员提供的实质性担保是有效的。确实对最大的风险提供充分的担保可能是采取头寸限制更好的方式（《法案》建议进一步考虑对其潜在有效性的研究）。这其中所隐含的头寸限制是基于成员产生多少担保的能力，而不是外生的数量限制。

认识到场外市场克隆简单绕过场外结算的范围，《法案》要求监管者向场外头寸收取保证金，以与清算这些头寸相似的方式，尽管不是完全一样，以及授权监管者采取措施来应对逃避头寸。但是可能有一些与任何衍生品都不相似的定制衍生品。在此方面，希望监管者能够根据每个产品的风险来收取保证金可能会令人失望，这也导致了行业和监管者之间"如果你有能力就来抓我"情形的出现。监管者需要投入巨大的工作量来即时对个人交易商衍生品头寸的改变作出反应。

在这里，场外市场这个领域的透明度起着关键的作用。幸好《法案》在这方面做得非常好。《法案》最大的"力量"在于为监管者对交易对手方级别的透明度、所有市场参与方的价格指数级别，以及总计头寸和不同市场参与者的透明度（一年两次）进行了立法。通过要求对所有场外衍生品以正确的方式实行这种透明度标准，而不是只对集中清算的衍生品。《法案》有助于保证监管者在未来的危机中获得金融机构间的内部关联信息。推迟了《法案》允许的合理执行和报告"大宗交易"间的时间，这将允许市场做市商有充分的时间在信息公开前对冲自己的仓位，不会阻碍它们向市场继续提供流动性资金⑪。不仅如此，透明度的标准通过收集以下信息也会得到改进（我们将会详细地进行解释）。担保支持不同的合同（为了确保系统性风险敞口）；在压力情况下潜在的风险敞口，而不仅仅是在经济好的时期倾向于变小的当前风险敞口；不同交易参与方的最大的潜在风险敞口；一些单一机构的级别的集合版本（即未披露交易对手方或客户的个别机构的最大的潜在未担保风险）应该被所有市场交易方获得。原则上在这样一个透明度标准下，交易对手风险可以在本质上得到缓和，每个衍生品合同将能更好的通过其价格和担保要求来反映来自其他交易的交易对手风险，涉及的参与方的风险敞口。⑫

考虑到接下来修正的林肯修正案。要求衍生品在独立资本化下的潜在合理性，在银行控股公司陷入困境时容易解决：如果资本化得当，可以简单地剥离衍生品附属机构。豁免传统证券的利息、外汇衍生品、独立资本化的信用衍生品的合理性在于，银行目前大量使用了这些产品来对冲它们账面上的业务风险。但是并没有对对冲的动机进行明确的识别，因此对监管者超时"审计"、"处罚"滥用和要求非对冲交易更好的资本化或者转移到更好的资本化的附属机构的自然推论就无法识别。不是要求——或者甚至建议——基于对冲动机的豁免"审计或处罚"待遇是《法案》的一个重要缺陷。这也产生了银行对《法案》关于杠杆率的潜在意图的自由裁量，例如，通过在银行的自有负债表中的传统证券业务部门建立大的衍生品头寸。以防止大型银行的破产，如果大型的未担保的风险敞口被发现在传统证券领域，金融体系可能面临着贝尔斯登、雷曼兄弟和美国国际集团事件的再度重演。确实应该要有资本完善的衍生品附属机构，但是所有的风险可能实际上都在银行的主要账面上。

但是在我们的评估中，《法案》关于衍生品在衍生品和掉期实体有关的破产解决机制方面的提议最为薄弱，大概有三个问题造成了这种薄弱。

第一，限制包括清算所在内的掉期实体的联邦救助，排除了一种重要的机制来处理事后系统性风险。《法案》应该认识到绝大多数合同转移到集中清算平台，清算所将成为系统性风险的重要集聚地。它们的资本水平将受到监管。当有一个不可预料的对大成员或者一些市场的大冲击时，这些水平的资本总会有一些是不合格的。这时不能有丝毫的犹豫，必须即时向清算所提供临时的流动性救助。但是，如果没有这种救助，资本市场可能会以同样的方式停滞，像贝尔斯登、雷曼兄弟和美国国际集团的问题使市场停滞一样。如果管理系统性风险的理事会三分之二多数票同意时，《法案》则实质上允许联邦救助掉期实体。在危机的中期，自由裁量是不必要的不确定，可能导致在突发事件中代价高昂的耽搁，与2008年9月的情形相似。

第二，在清算所濒临破产的情况下，《法案》明确禁止将其头寸转移到另一个清算所。应该尽最大努力建立一个有秩序的解决机制，如果有一个足够健康的清算所经营的产品与濒临破产的清算所相似，让这个交易所来处理一些未偿付的头寸（如果不是所有的）可能会更加有秩序，特别是对于那些难以流动或很快抛售的头寸。另外，《法案》好像过分限制了清算所在压力情况下的事后解决机制的选择。即使在更加正常的情况下，跨清算所转移头寸可能实际上都会降低系统性风险，因此禁止这种转移可能并不是审慎的。

第三，像我们书中别处所争论的出售和回购协议（回购市场）的情况，当衍生品交易在系统重要性交易对手方濒临破产时，可以缓和其破产豁免的债券。通过同意从破产中豁免债务——主要从担保或者交易担保部分自动中止——衍生品交易对手方有效地向短期和即时的陷入困境的公司提出要求。然后衍生品头寸就成为了与参与运营的短期债权人相等同的。在所有系统性危机中——1934年联邦保险公司成立之前的恐慌，1984年伊利诺伊大陆银行的破产，1998年长期资本管理公司的倒闭，2007—2009年的金融危机——最终陷入困境公司的短期债权人都被保留（各自的），通过中止商业银行清算所凭证、政府紧急救助和联邦储备要求存款，联邦储备或者联邦政府支持把债务兑换成股权，这很好地结合起来。所有这些都避免了贱价清算和市场中流动资金的枯竭。当破产豁免的利益明确时——它降低了交易对手方的风险和风险的传播，又反过来在经济繁荣时期产生了更大的交易流动资金——这以容易引起鲁莽的经营为代价，当这样的行为发生在系统重要性机构时，始终会包括纳税人基金和根深蒂固的"大而不能倒"问题，一个系统性的破产豁免是监管者在指定时期内将购买一些安排好有序的衍生品例外的。

不考虑准确实施的不确定性和一些我们已经发现的关键性缺陷，我们相信在原则上，很多提出的改变随着时间的过去，有可能稳定衍生品市场和改进其功能和监管。通过要求标准化的产品（大规模的交易和充分商品化）在交易所或者集中清算所交易（现存的或者新成立的），《法案》在场外衍生品头寸杠杆率的建立上取得了进展。通过规定场外衍生品不仅被清算，而且应该高度透明化，《法案》在降低场外市场系统性风险和主要市场参与者的破产成本上走得更远。但是，所有实施的这些改革马上就被证明了是一个艰巨的任务。因此，作为按步骤的途径去审慎得到正确的细节，我们总体的建议是开始对这次危机中场外市场压力主要根源的信用衍生品实施改革。从场外到集中清算的成本和收益的变动，可以被考虑或者评价其他市场，例如利率、外汇和期货衍生品市场。这种观点产生的主要原因是信用衍生品在现在的危机中表明具有系统性。潜在的风险主要在金融机构间转移，而其他市场例如利率和外汇衍生品大部分没有受到危机的影响，代表着大量的风险在金融机构和终端用户间转移。

在对《多德—弗兰克法案》关于衍生品的改革作出总体评价后，我们进行如下介绍。在第 13.4 节中，我们讨论了从场外市场转移到集中交易或清算的具体内容，在依靠保证金要求与提高透明度之间的权衡，为什么首先解决交易商风险是非常重要的，以及为什么所提出的改革有利于终端用户。而且我们讨论了系统性风险产生导致了集中清算平台的建立，以及改革法案是否恰当地处理了这种风险。我们在 13.5 节得出结论，并预测改革怎样在未来影响全球的衍生品市场。在附录 C，我们也讨论了主权信用衍生品的发行和是否有必要像在欧洲一些地方所要求的禁止它们。

13.4　清算、保证金、透明度和清算所的系统性风险

信用衍生品是否应该集中清算

近年来场外衍生品的发展，特别是信用违约互换市场，使衍生品监管的呼声越来越高。[13]任何衍生品合同关键的问题是担保（或者保证金）要求。如果担保要求太低了，那么交易对手方风险的问题显然在于他们自身。如果担保要求太高，他们可能通过简单地持有现金储备来移除与经营风险相关的衍生品利益。同样地，建立担保要求的精确标准将最终会随着时间让每一个交易所或者清算所得到实践（也可能交易所与清算所合作）。但是，一些指导是必要的，特别是怎样使仍然在场外市场的定制衍生品获得利润。

我们想强调信用衍生品的风险敞口根本上与相关的传统衍生品是完全不同的性质，例如利率掉期。与其他掉期相似，按市值计价的单一信用违约互换——一种信用衍生品，随着市场评估其相关企业信用风险的变化而波动。尽管这些日常波动与其他衍生品的日常价格变化相类似，可以在标准保证金体系进行恰当地处理，信用违约风险能保护卖方对交易对手方的潜在责任。当突然发生信用事件时，最高可支付全部合同的名义本金。在几乎每个案例中，债务远远地超过了包括日常保证金流量变化的担保价值，这会使买方暴露在重要交易对手方风险下，缺乏保护。

在集中清算下，这种"跳跃违约责任"将最终取决于清算所。一种可能

的方式是限制交易对手方风险，然后要求担保数额与信用违约风险保护卖方的掉期的名义本金数额相等，但这可能导致成本较高。一种更加便利和便宜的选择也会限制大部分交易对手方风险，在信用事件中，被要求用信用违约风险来保护卖方交纳的保证金等于全部单一最大单个参考实体的风险敞口。额外的保证金将担保信用违约风险保护卖方能够偿还潜在的来自单一信用事件的债务。只有在多个实体偿还同一个信用违约风险保护卖方并同时违约的情况下，将会有剩余的交易对手方风险。保证金要求将被视为一个"集中费用"，将被附加提出保证金要求。需要涵盖在没有信用事件时的所有信用违约风险保护卖方开放头寸价值的日常波动范围。[14]

信用违约互换合同区别于其他衍生品的另一个特征是，没有明显的对作为最终用户的其他头寸的自然对冲进行保护。这与外汇衍生品和利率衍生品形成对照，他们最终用户的头寸是互相相反的，所以对冲活动实质上降低了系统性风险。另外，信用违约互换交易固有的特征是为保护信用违约风险买方的操作错误风险敞口，因为信用风险与宏观经济周期相联系，所以当交易对手方（信用违约风险保护卖方）变得更有风险时，非常具体精确。因此，信用违约互换的监管必须首先改变，因为信用违约互换交易对手方风险的具体化，以及金融部门潜在的系统性风险，可能与经济下滑结合在一起。一种实际的方式是采用我们提出的监管，将逐渐地转移到单一机构，并将指数信用违约互换集中清算。当采用了保证金要求时，正如以前所讨论的，这些信用违约互换仍然在场外市场。为了减少监管的漏洞，其他衍生品市场将随着时间增加。而且，当信用违约互换改革落实到位，监管者应该要求有关当事人披露，以了解双边保证金的质量和对利率、货币和期货衍生品的风险管理。基于这些信息，政策制定者能够更加准确地评估是否需要在这些市场中增加监管和采用哪种类型的监管。

保证金要求与透明度

《法案》是否完全解决了场外衍生品市场不透明的难题？这个问题的答案在某种程度上是混合性的，明确的是有关公司和主权的单一信用违约互换将转移到集中清算平台（已经通过平台建设努力在某种程度上实现了），可能以后会转移到交易所，这会显著降低这些产品的不透明度。不仅如此，自从《法案》主要对清算的衍生品要求透明度，未清算的衍生品市场目前仍然是开放的。《法案》并没有要求这些剩余的场外头寸强制披露，而是将实施保证金制度或者资本金要求的负担留给了监管者，希望它们足够强大来遏制风险，在可能的情况下将交易转移到集中清算产品。

在讨论《多德—弗兰克法案》对未清算的衍生品要求保证金的提案之前，

让我们重新审视下目前交易商使用担保来缓解交易对手信用风险。出现的整体画面清晰地显示在交易对手方之间的衍生品合同中有充足数量的担保，未担保的部分仍然足够引起交易对手方风险和伴随的系统性风险问题。

关于场外衍生品市场使用担保情况的具体细节来自国际掉期和衍生品协会（ISDA）近年来对全球市场的调查。国际掉期和衍生品协会（ISDA）在 2000 年对场外衍生品行业其中 67 个成员公司的担保使用情况进行了调查，包括最顶尖的五家银行——高盛投资公司、花旗集团、摩根大通、美国银行和摩根士丹利。从那时起，报告的担保协议数量从 12 000 份几乎增长至 151 000 份，而据估计流通中的担保数额从 2 000 亿美元增长至 2008 年底的 2.1 万亿美元，在 2009 年末大约是 4 万亿美元。

不仅担保范围不断增长是一个持续的趋势，根据信用敞口量和交易量（图 13.1 和图 13.2），而且保证金使用的重要性在大部分金融机构中也不断增长，在 2008 年末分别达到将近接受担保的 84% 和担保交付的 83%。使用政府证券作为担保也在上升。随着其他形式的担保（例如公司债券和股票）使用的下降，保证金和政府债券的使用达到了平衡，这种趋势是对高质量担保品要求的提高，特别是在贝尔斯登和雷曼兄弟破产以后，提供的担保价值由于交易商（例如高盛集团）[15]囤积担保作为储备开始下降。根据巴隆文章中的某些统计数据，借出担保赚取的费用大约贡献了交易商在衍生品交易中三分之一的利润。[16]

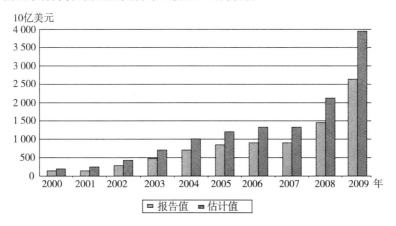

资料来源：国际掉期和衍生品协会，2000 年至 2009 年保证金调查报告。

图 13.1　2000—2009 年报告的和估计的总担保价值的增长情况

当有担保的交易根据规模分类，在交易对手方混合相关的担保协议有个重要的分类（见图 13.3）。大企业间绝大多数的担保协议都是对冲基金和机构投资者在交易（50%），接着是公司（15%）、银行（13%）和其他（21%）。

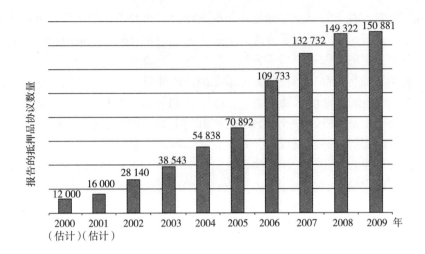

图 13.2　2000—2009 年报告的担保协议的增长

而另一个极端，小的金融机构——少数未偿付的担保协议调查受访者——主要是其他银行。[17]大约二分之一中等规模的金融机构的担保协议都是其他银行和公司进行交易。中型金融机构也与对冲基金和机构投资者有交易往来，但是比大金融机构的比例相对小些。其他的交易对手方包括期货交易公司、特殊目的的公司、国家、超国家金融机构、私人银行客户和市政当局，交易对手方大约 21% 是大型机构，10% 是中型机构，小型机构仅占 1%。

　　除了有关担保协议的交易对手方的特点有重要差异之外，担保协议与交易的百分比应该根据基础合同的不同类型进行分类（见表 13.1）。这种差异部分上是基础交易风险和交易对手方风险的反映，也反映了市场份额的具体规模和其发展情况。如图 13.2 所示，担保最多的场外衍生品合同是信用和固定收益类衍生品（以 60%～70% 被担保的交易量和风险敞口为特征），而外汇衍生品、股权和期货很少有担保（交易量和风险敞口为 45%～50%）。这可能反映了外汇衍生品和期货衍生品通常更多用来做对冲，最终用户作为其一方交易方。而固定收益和信用衍生品在交易商对交易商的交易中占有更高的比例。但是现在并没有可获得的进一步调查的详细数据，获取更加细微主要市场特征。

　　根据场外衍生品担保的特征，最近国际货币基金组织对源自场外市场系统性风险的研究发现，场外市场中大部分与系统性风险相关的交易对手方风险仍然没有担保（达到了近 2 万亿美元）。[18]国际清算银行（BIS）在半年一次的衍生品调查[19]中提出的数据估计有 2 万亿美元的净信用风险，比国际清算银行在 2009

资料来源：国际掉期与衍生品协会，2000 年到 2009 年保证金调查报告。

图 13.3　担保交易的交易对手方

年 9 月季度评论引用的国际掉期与衍生品协会（ISDA）调查的大约 1 万亿美元未担保衍生品要高。利用来自十个季度的报表信息，国际货币基金组织估计以上提到的美国最主要的五家银行在 2009 年第三季度总共持有 5 000 亿美元到期的场外衍生品应付款风险敞口。五家最大的欧洲银行——德意志银行、巴克莱银行、瑞士联合银行、苏格兰皇家银行和瑞士信贷银行——在 2008 年 12 月大约有 6 000 亿美元到 7 000 亿美元未担保的风险（由剩余的衍生品到期测算出）。

　　根据国际货币基金组织的报告，产生这种剩余的风险敞口有两种原因。首先，国家、AAA 级保险公司、公司、大银行和跨国机构"自从它们被视为享有特权的和（尤其是）安全客户，大的复杂金融机构并没有提供适当的担保"。其次，基于合同的双边性质，交易商双方商定交易商之间的交易不进行适当的担保。事实上，信用可靠的交易商相互的合同中一般是没有担保的。

表 13. 1　　　　　　　　　2003—2009 年被担保的交易额和风险敞口

项目 \ 年份	要求提供担保的交易额							被担保的风险敞口						
	2009	2008	2007	2006	2005	2004	2003	2009	2008	2007	2006	2005	2004	2003
场外衍生品	65	63	59	59	56	51	30	66	65	59	63	55	52	29
固定收益	63	68	62	57	58	58	53	71	66	65	57	58	55	48
外汇衍生品	36	44	36	37	32	24	21	48	55	44	44	43	37	28
股权	52	52	51	46	51	45	27	52	56	56	56	61	52	24
金属	39	38	37	37	31	24	18	47	41	34	34	44	40	18
能源	39	40	42	48	36	26	16	47	39	41	44	37	30	15
信贷	71	74	66	70	59	45	30	66	66	66	62	58	39	25

　　资料来源：国际掉期与衍生品协会，2000 年到 2009 年保证金调查。

　　据报告估计，三分之二被"标准化"的场外合同都转移到了清算所，像政策制定者提出的一样，银行需要找到超过 2 000 亿美元的原始保证金和担保基金：需要额外的 800 亿美元去覆盖清算的信用违约互换，400 亿~500 亿美元为利率掉期；900 亿美元为股票、外汇和期货。而且如果监管者规定交易商在其账户保留的剩余三分之一（非标准）的场外合同规定 10%~20% 的特定资本水平，这会要求银行持有额外的 700 亿美元到 1 400 亿美元的资本来适当反映这些风险。而且在这种情况下，非标准化金融衍生品不再同标准化衍生品对阵，这意味着银行将持有更多的资本来应对非标准化合同的违约。据估计，银行需增加的额外资本金将在 1 500 亿美元到 2 500 亿美元。

增加原始担保的要求看起来是不可避免的，交易对手方的风险在最近的危机中得到了见证，不同的平台和产品间缺乏适当的净担保产生了是否保证金或者资本金要求是最好的方法来处理剩余的衍生品合同和是否他们能设计得更有效率的问题。其中一个极端，确定的是目前担保下的未清算衍生品会产生大量的系统性风险。另一个极端，当未清算的场外头寸被要求充分的担保，交易对手方将可能发现通过交易被清算的标准化产品承担基本风险的成本，而不是他们要求的自定义产品。[20] 因此，如果目标是收缩不透明的场外市场，监管者可以简单地提高保证金要求的警戒线，有效地使这些产品对对冲者不具有吸引力。实际上在很多案例中，被最终用户用来对冲的自定义场外产品不可能有任何集中清算的交易对手方。监管者怎样来处理这些问题？我们知道无论哪里的银行监管，监管者设计的资本要求的下降不幸地造成了系统性风险和杠杆率的缺陷，因为它们过于粗糙和容易被滥用。没有理由相信这里的结果将会有任何不同。一种解决方案不是形成系统性风险，而是同时有效地利用自定义场外衍生品成本，因此是所要求的。

向透明度标准前进

一种比增加保证金要求更好的解决方案是要求定期披露交易商和大的掉期参与者对所有场外衍生品的风险敞口，而不是仅对集中清算的衍生品。通过要求所有的交易商以及大的掉期参与者提供如下场外衍生品头寸经常的风险报告，这些日常的信息可以最小化。

将风险敞口分类为：

产品类型（例如单一或者指数信用违约互换、利率期货、货币掉期等）；

交易对手方类型（银行、经纪商—交易商、公司、单线保险公司等）；

合同到期日；

交易对手方的信用评级；

应该报告的风险敞口的规模：

总值（最大名义风险敞口）；

净值（考虑到双边净值协议）；

未担保净值（由交易对手方提出的公认的担保）；

公允价值条款（考虑到市值的变化）；

主要的货币目录。

未担保的净风险敞口应该进一步调整和规定，也是基于压力测试的潜在风险敞口，考虑到风险敞口的替代，假设严重的市场情况时有诸如 2～4 个星期的替代时间。

应该提供详细的报告，为实体最大的交易对手方风险敞口（即最大的 5 个或 10 个交易对手方）提供详细的上述信息，占总风险敞口的实质比例，即 75%。

保证金要求报告列明企业附加的担保责任如下：

总额外责任，以防止公司经历一两个或者更多的等级降级；

由不同的交易对手方总计的最大责任（例如，前五名）。

尽管这个单子可能包括大量的信息，这种披露的成本不会太高。投资银行已经获得了内部风险管理的信息，的确它们在季度报告中会出版一些（参照附录 B：2010 年 8 月对高盛集团和花旗集团披露水平的综述）。因此，以标准化的形式每月披露这些信息给监管者对它们并不是一个额外的沉重负担。一些为客户保密的集合版本反而能够在某种程度上让市场更加透明，例如以季度为基础，有助于加强对未担保的风险敞口组合的市场约束。[21]而且，交易对手方风险敞口的市场透明度将创造每个场外市场金融机构的风险等级、让新交易能够选择最小风险的交易对手方。

总体而言，我们建议场外市场的功能运作应该更加依赖透明度，而更少依赖监管设计规则，例如基于资本、担保或者头寸限制，这些在某些情况下过于死板，可能招致监管套利。[22]这与以市场为基础来缓解风险相一致，比行政许可更加灵活。但是即使监管者自己设计的保证金要求可能无法令人满意，提出的场外透明度仍然起作用。例如，如果监管者要求每个金融机构最大的（例如，前五名）交易对手方的风险敞口能够充分地担保，那么这能够以合理的成本有效地缓解场外市场大部分的系统性风险。一旦破产，因为监管者提前拥有必要的信息，所以能够知道精确的风险敞口，可以预先采取措施来控制系统性风险的传播。

首先解决交易商的问题

衍生品市场主要的参与者是大的金融机构、商业银行和投资银行、共同基金、养老基金、对冲基金和保险公司。例如惠普国际的评级报告中指出，美国衍生品市场由金融业尤其是其中五家银行主导，摩根大通、美国银行、高盛集团、花旗集团和摩根士丹利占有总行业名义额的96%和80%的行业净货币信用风险敞口。图13.4描述了这五家顶级银行在不同的市场中所占的份额。图13.5显示了每家银行衍生品合同未偿付的名义数额，其中摩根大通占有的市场交易份额超过30%。

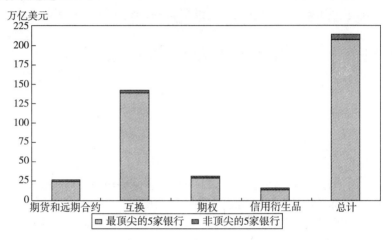

资料来源：财报报告，货币监理署办公室，2009年第四季度。

图13.4　2009年第四季度衍生品合同的集中度——所有的商业银行

从这些数字清楚地看出应该首先实施对场外衍生品市场的改革，对这些主要的交易商银行的改革也很紧迫。重要的是，这些银行不仅作为中介和交易商在衍生品市场提供服务，它们还购买和出售衍生品来管理其资产负债表的风险，在所有权交易中进行头寸投机。另外，它们还直接或间接地控制一些可能是场外衍生品产品主要用户的投资公司，例如，包括对冲基金在内的资产管理机构/私人银行机构。目前的报告标准不能完全将所有权和资产管理——基于来自对冲相关交易的衍生品交易区分开来，所以不能将银行作为交易商和中介功能进行的衍生品交易同所有的业务区别开来。一旦在《多德—弗兰克法案》下的《林肯修正案》（详情参见第13章第2节第12点和第13点）颁布实施，将会有效将银行的附属机构是否可以申请"对冲者例外"，同应该是其头寸区分开来，银行业监管者应该定期进行监管和审计（与其他风险报告一起），对庄家和纯交易商附属机构应该规定更高的担保和资本金要求。

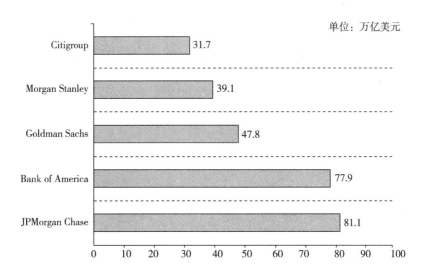

资料来源：德意志银行、《华尔街》，美国货币监理署。

图 13.5　2009 年第一季度美国银行业持有的衍生品合同的名义价值

提出的改革有利于最终用户

场外衍生品的最终用户，包括一些大西洋两岸最大的公司（例如卡特彼勒和汉莎航空）都表达了对提出的衍生品改革的担忧。其中一些公司向其各自的监管者递交了备忘录，指出场外衍生品市场的改革会最终增加它们的风险、减少投资资本和使经济增长放慢。为了更好地评估这些担忧的有效性，应该首先认识到场外衍生品市场最终用户的相对重要性和它们使用这种产品的动机。

根据 2009 年国际掉期与衍生品协会（ISDA）的报告，世界 500 强中 94%分布在 32 个不同国家，都使用衍生品。包括 92% 的美国公司、100% 的英国公司、97% 的德国公司、100% 的法国公司、100% 的日本公司都使用衍生品。在 2009 年 7 月惠誉国际评级公司的文件中对衍生品被各种规模公司广泛使用有更加详尽的分析，该分析以来自标准普尔应集中 1 500 个所有公司中选取了100 个来自不同行业的公司为基础。这个报告阐明了各个行业衍生品的使用趋势，表 13.2 详细地列出了从每个行业选出的公司的资产和债务。

在金融服务行业，最重要的用户组成部分（前面提到的最顶尖的五家银行）是在惠誉国际评级公司的报告中审查的 36 家公司。这 36 家公司，只有 4家公司没有衍生品的风险敞口。[23]惠誉国际审查了 13 家地区性银行，这些银行的衍生品业务没有较大的全国性银行广泛。研究表明，利率衍生品平均占据了总的净风险敞口的 85%，而货币衍生品平均占总风险敞口的 7%。在保险行业，利率衍生品在被审查的 4 家公司的资产负债表上占主导地位，但是并不奇怪的是，美国国际集团和美国城市债券保险公司（MBIA）显示了总计相当大的净信用衍生品的名义数额（美国国际集团 2 560 亿美元，美国城市债券保险公司 1 650 亿美元）。

惠誉国际评级公司同时也审查了 14 家公共事业公司和电力公司。公共事业公司曾经使用衍生品对冲管理的业务种类的价格风险。因为管制放松和能源交易市场日益活跃，众多电力和天然气公司也发展了自营业务进行衍生品的投机，数量远大于对冲它们自己的产品和购买所必需的衍生品。但是，自从安然公司破产（至少部分原因是由于衍生品交易中使用复杂的特殊目的公司），出现的变化情况是政府能源合同需要更加详细地披露会计规则，因此很多公司解散或者出售了它们的这些交易功能。对 14 家公司的审查中，只有 3 家公司（管理资源有限公司、埃克森公司和佛罗里达电力照明公司）公开了自营交易中衍生品的使用，自营交易可能用来作为市场定价或者从优越的市场信息优势中获利。调查显示，整体业务相关的交易业务的规模也受到限制。[24]

与电力公司相似，石油行业在过去几十年对衍生品的使用也有着丰富的经验。对 7 家能源公司的调查中，其中 6 家公司使用的衍生品 97% 集中在期货衍生品。根据惠誉国际评级公司对能源公司的调查，埃克森美孚石油公司——美国最大的能源公司——在 2009 年第一季度末没有衍生品的风险敞口。另外，两家公司（康菲石油公司和厄尔巴索公司）有交易操作，而且使用衍生品为它们的运营进行风险管理。非交易业务主要包括对冲原油和天然气产品。尽管石油公司积极地在市场上向客户出售天然气、原油和其他产品，通过这种市场努力获得的市场信息这些商品基本的交易价格是有用的。结果石油公司为了获得来自风险敞口使这些产品价格变动的利润进行交易活动，而不是仅仅对冲。因此，当场外衍生品的最终用户的确在参与者数量方面代表了市场的重要组成部分，它们的使用被少数大公司控制，特别是大的保险公司。不仅如此，这些场外衍生品的最终用户表达了对场外衍生品改革的忧虑。第一个忧虑就是交易商业务总成本的增加——由于透明度和更高的保证金要求——可能增加最终用户自身的对冲成本，作为交易商会以不同的形式将成本传递给这些最终用户。第二个忧虑是改革将迫使交易商倾向于集中清算的标准化产品，这会降低最终用户找到自定义产品对冲的能力，因此增加了他们的基本风险。例如，一个航空公司可能不能对冲燃油价格，只能对冲原油价格，可能就不会与航空公司燃油价格的变化完全一致。

最终用户的对冲成本必须要增加吗？我们不能进行量化，随后我们会详细解释。但是，即使最终用户的成本上升，有一个公平价格要求平衡经济增长和金融稳定是存在争议的。信用违约互换市场在金融危机中的经历强调了由场外合同产生的系统性风险不是平衡经济增长和金融稳定的适当价格风险。在一些案例中，例如外汇衍生品，情况恰恰相反，由市场参与者产生的基本风险是使用自定义的、未清算的衍生品陷入系统性结果的困境。

我们的观点认为，增加透明度和降低衍生品交易商交易对手方的风险应该在其最终承担的风险和成本方面有利于最终用户。目前，最终用户通过分配他们的对冲到不同的交易商或者通过信用违约互换购买对交易对手方的保护来管理交易商的交易对手方风险。这些方式不仅没有效果，而且存在欺诈。在目前的危机中，交易商经常承担相似的头寸。在这些案例中，从第二交易商那购买保护来预防第一交易商的违约与承担第一交易商的违约风险没有什么不同。

与现在的实际相对应，交易商预先将资金和直接持有的场外头寸更高的保证金一起注入集中清算所，会降低最终用户面临的违约风险。

表 13.2   2009 年 6 月 6 日衍生品资产和负债   单位：百万美元

	公司	总资产	衍生品总资产	衍生品总负债[a]
挑选出的保险公司	美国国际集团	819 758	10 192	5 197
	大都会人寿保险公司	491 408	9 351	4 009
	保诚金融	427 529	7 430[b]	4 621[b]
	MBIA	27 907	1 126	5 332
挑选出的公共事业公司和电力公司	杜克能源公司	53 584	491	649
	南方电力公司	49 557	20	461
	南方公司	48 863	1 437	506
	美国电力公司	45 865	710	353
	FPL 集团公司	45 304	1 016	1 762
	爱迪生公司	44 429	950	948
	佛罗里达电力照明公司	41 687	2 219	2 219
	PGZE 公司	41 335	298	542
	Entergy 公司	36 613	351	91
	AES 公司	34 838	202	467
	统一爱迪生公司	34 224	279	464
	第一能源公司	33 557	383	869
	发展能源公司	30 903	5	935
	中部电力公司	19 676	142	221

续表

	公司	总资产	衍生品总资产	衍生品总负债[a]
挑选出的能源和石油公司	埃克森美孚石油公司	222 491	NA	NA
	康菲石油公司	143 251	7 442	7 211
	阿纳达科石油公司	48 154	533	84
	克洛斯提柏石油公司	37 056	2 397	66
	切萨皮克能源公司	29 661	1 978	635
	厄尔巴索石油公司	22 424	873	896
	光谱能源公司	21 417	26	22

注：a 包括净额结算调整的影响；
　　b 提出的总额不包括净利润。
资料来源：惠誉国际评级公司，季度文件。

虽然发生的可能性较小，但仍有一种不能排除的可能性，清算所可能自身会破产（参见下一部分）。但是有适当的机制——例如最后贷款人——来处理这种极端的情况。从美联储的系统性角度借款给清算所是更好的选择，尤其是借款给其实力雄厚的成员企业，而让实力较差的破产。另外，因为风险能够清晰地从清算所可获得的市场范围信息看到，采取预防的措施比以前的体制要早，风险大部分受到监管者的监控。

在以上提出的改革中，监管者打算对交易商业务实施有效的保证金来控制它们对其他机构所产生的系统性风险。因此，最终用户也支付至少这个价格的一部分才是公平的。可选择的情况是这些风险没有产生和由利益方支付——交易商和最终用户——但是如果交易商违约是适度的，一般由纳税人承担。确实这种不正当的激励措施是刚刚我们所看到的信用泡沫产生的根源，必须在其造成下次危机前进行抑制。

另外，争论的一个焦点是是否衍生品改革应该直接扩大到最终用户，还是应该得到豁免。最终用户是否应该像交易商那样提交详尽透明的报告和对保证金要求的豁免，这样的多论是合理的。保证金要求应该考虑到最终用户目标获得的衍生品头寸也是适当的。但是，这种豁免不能完全无限制地留给监管者裁量。重要的是认识到一旦对交易商规定更高的资本金要求和透明度，而最终用户享受对冲者豁免，场外市场过多风险最有可能集中的位置将会是最终用户领域。当然，监管者应该对最终用户持有的用来对冲的操作头寸进行认定。

正如《法案》所提出的，重要的是如果这些最终用户违反了有关对冲状态的某些标准，最终用户与选择不分等级的交易商处于同样的监管之下，而且最终用户应该被要求提供详细记载其衍生品潜在的风险敞口的对冲文件。对这种对冲文件应该定期进行审计，审计揭露出对冲文件存在欠缺的最终用户，或者找到一种实质性的方式来判断衍生品头寸是适合交易商的仓库还是投机平台，应该进行罚款和长期取消他们的对冲者豁免，规定透明度要求和保证金要求。

但是"审计和赔偿"系统并不完善，不能阻止所有对冲者豁免的滥用。这种来自滥用的风险对"主要掉期参与者"影响更大，因此值得对他们更详细的审查。大的公司可能有更大的对冲需要，要求较大的衍生品头寸进行对冲。但是，他们在对冲者豁免下使用衍生品的能力带来了结束杠杆的风险和"大而不能倒"的地位。同交易商一样，他们非常应该为系统性风险承担成本。

集中清算所：具有系统性而不能破产

势头集中地——一部分通过诸如标准化信用衍生品等一些产品，一部分是通过《多德—弗兰克法案》的立法——成立了中央交易对手方（CCP）清算所，为场外衍生品提供了降低交易对手方信用风险的一种方式。中央交易对手方在两个原始交易对手方之间，在原始买方面前是卖方，在原始卖方面前是买方。因为其长期和短期头寸都是自动抵消，只要原始交易对手方的交易继续履行，中央交易对手方在衍生品合同上就没有损失或者获利。但是，中央交易对手方暴露了来自每个参与者的交易对手方风险。为了最小化这种风险，中央交易对手方建立了一套控制措施和方法，包括严格的成员资格准入、稳健的保证金体制、清算违约管理程序和支持其业绩的重要财力资源。

清算所通过为不同资产类别和交易商提供机会，可以实质性降低风险，实质性改进分配效率。同时如果大量的合同在同一家清算所清算，也潜在地允许市场参与方降低保证金的数额。因此不同衍生品在同一中央交易对手方共同清算，不仅会改进净赚交易对手方风险敞口的机会，也会激励市场参与方在没有增加系统性风险情况下清算其衍生品。同时，如果没有众多的清算所，监管者冒着场外衍生品零散交易而增加的系统性风险（例如，如果违约管理程序不能同时进行或者在风险敞口数据上缺乏充分的信息分享）和过度产生担保的风险。不仅如此，迫使用于清算的单一清算所的建立可能会将垄断地位产生的风险集中起来。

找到中央交易对手方最佳的数量不是唯一建立场外衍生品集中清算的障碍，也需要考虑到清算场外交易的难度。首先，在中央交易对手方中的多边净额结算有利于降低交易对手方风险，当交易的合同不再统一和合同主要的条款仍然没有揭露给其他参与方时，多边净额结算可能受到限制或者甚至不能进行。而且如果一个场外交易者违约付款给中央交易对手方，中央交易对手方面临着高昂的替代成本风险。合同越不标准，成本越高。

即使在成功地将衍生品交易从场外市场转移到集中交易所后，中央交易对手方也要承担他们不履行义务的风险。如果众多的交易对手方一起违约或者同时受到影响，清算所可能没有足够的资源去覆盖所有未偿付的头寸。一般情况下清算所都是运转良好的，只有极少数清算所经营破产。例如，1974 年法国白糖市场价格猛增，随后改进了有关参与方违约的保证金要求，结果法国国家储蓄清算市场被商务部长关闭。相似的事件发生在吉隆坡（期货清算所，1983），原因是棕榈油合同违约，也发生在中国香港（期货担保公司，1987），原因是期货交易失败。㉕

在美国近代历史上也有一些交易所濒临破产的例子。20 世纪 70 年代，商品期货市场中两个短暂的插曲引起了严重的逾期结算造成的流动性问题。1976 年，由于在纽约商品交易所对缅因州土豆期货合同的操纵，发生了历史上最大的期货合同违约，涉及价值 5 000 万美元土豆的 1 000 个期货合同。相似的市场混乱发生在 1979 年末，当银的价格前所未有地上升，同时亨特兄弟被估计持有三分之一的世界银的供应量（其他由政府持有）。纽约商品交易所（COMEX）有关杠杆率规则的改变刺激了一系列保证金要求的出现，引起了纽约商品交易所将保证金要求提高了一倍，这使市场的流动资金更加枯竭。证券交易委员会在随后关于白银危机的报告中指出"对于 1980 年 3 月最后的 6 天，似乎政府官方、华尔街和大多数公众，对单个家庭其义务的违约煽动了白银市场，更加严重地拖垮了美国的金融系统"。

股市的中央结算也经历了相似的问题。在 1987 年股票市场崩盘的余波后，芝加哥商品交易所（CME）的大交易对手方在结算日未能偿付，留给了交易所 4 亿美元的缺口。交易所主席里奥·迈克莱姆，要求伊利诺伊银行承诺担保平衡，而该银行已经超越了其信贷额度。在交易所营业前的三分钟，银行授权支持。迈克莱姆不止一次地说，如果交易所没有在那天早晨营业，就永远不会营业了。更糟的是，纽约证券交易所（NYSE）主席也表示，如果芝加哥商品交易所那天早晨没有营业，纽约证券交易所也不会营业了，纽约证券交易所也不会再重开。㉖即使这种偶然事件重复发生的可能性不大，但仍然是系统难以承担的高风险。

2008 年 9 月，雷曼兄弟的破产重新引起了人们的这种担忧，但是小型清算所的破产。雷曼兄弟的保证金账户上有 40 亿美元用来支持对客户的承诺，在芝加哥商品交易所在对能源、利率和股票指数期货有很大的赌注。法院委任的审查员，安东·沃卢克斯在报告中揭露了这个世界最大的芝加哥商品交易所（雷曼兄弟破产的申请人）混乱的详细细节。芝加哥商品交易所指证雷曼兄弟用自己的资金偿付赌注，而不是卖出这些头寸，雷曼兄弟在另外两天继续增加头寸。其后，芝加哥商品交易所召开了紧急会议命令银行的头寸强制转移，第一时间也是唯一的时间由交易所操作员实施。

在芝加哥商品交易所处理清算成员之前，包括经纪商瑞富的拆分，雷曼兄弟危机的风险使芝加哥商品交易所面临来自监管者越来越大的压力，将更多的衍生品合同转移到集中清算，引起了将一些交易对手方在同一地方违约的忧虑——清算所。最近的插曲加大了这种忧虑，中央交易对手方的破产会突然使很多主要的市场参与者受到实质性损失。

正如先前的例子所证明的，监管和干预对清算所免于破产是非常必要的。考虑到一些形式的集中清算可能是场外衍生品的一个重要方面，如果一方单方面违约，清算所将处理未偿付的交易和防止连锁反应发生。在很多案例中，集中的交易对手方是属于交易商财团的私有公司和其他市场参与者。这可以确保清算所有雄厚的财力，但风险仍然需要像其他实体产生的系统性风险一样受到监管。集中交易对手方的风险将会自然而然由建立的保证金承担，正如以上所讨论的，适当的首次和中央交易对手方保证金程序变化是系统性风险监管者的一项任务。

在这种背景下，注重回顾历史是很重要的，我们发现清算所的破产是由于较差的风险管理或者其相对承担过高的风险。这与银行和大金融机构的案例是非常对应的，而找到的案例中，破产与较差的风险管理和过度的风险承担没有关系的则相对是一个例外。所以当清算所明显具有系统性时，或者是金融部门"大而不能倒"的成员，它们的风险承担业务应该有一个限制的范围，道德风险也应该有限制的。因此在集中清算的平台，交易所之间的竞争看起来并没有引起风险管理和控制方面的竞争。为了尝试增加交易量，清算所会接受过低的合同担保；如果有的话，甚至会出现竞争的情况（桑托斯和斯格因克曼，2001）。

在不幸的情况下，当集中交易方自身面临着违约，应该毫不犹豫地去挽救纳税人的资源，而不是同情个别的金融机构。这种系统性风险是最后贷款人应该关注的，因为从道德风险的角度来看，拯救清算所比拯救一个作为做市商更加审慎，因为它是风险交易和危及内部公共基础设施功能的私有风险承担机构（与贝尔斯登相关的案例，事实上更清晰的大量的信用违约互换合同）。因此当一些道德风险仍然存在时，相对于个别金融机构，会更加保持沉默，因为清算公司更加透明和系统性风险监管者积极监管。监管工具设计得非常有利于降低风险，所以有充分标准化的合同，我们欢迎从场外向中央交易对手方的转移。

13.5　结论：改革《法案》会怎样影响未来的全球金融

我们推测《多德—弗兰克法案》提出的场外衍生品改革关键的四点将对全球有着重要的影响。主要包括：（1）加强美国与跨国清算所和交易所的合作，潜在地也包括大的交易商银行；（2）全球透明度平台和服务的兴起，为衍生品交易和头寸提供了有用的数据；（3）最终用户对冲要求逐渐转移到集中清算平台和交易所；（4）大型金融机构做市商与所有权交易/资产管理头寸的分离。

为什么加强跨清算所和交易所合并有两个合理的原因，可能在接下来提出的场外市场（OTC）改革中实施。首先，在早些年集中清算可能单独发生在个人产品领域（例如，信用衍生品、利率衍生品等）。我们相信集中清算会首先发生在信用衍生品，然后是相对标准的利率和外汇衍生品。自定义产品将可能仍然在未清算范围，至少是市场革新允许其以合理的成本转移到清算所的一段时间后。由于缺少跨清算共享担保的平台交易商违约的规则，将可能降低投资组合担保金利润，短期来看，会增加交易商的担保要求。但是，市场基础设施和组织可能对加强担保要求和成本作出反应。清算所和交易所可能受到合并的刺激，因此在违约时制定担保分享协议，反过来主动提供更高成本、有效的担保协议给交易商。为了确保它们能够向客户提供更多的投资组合，而不是看到客户由于交易商分散在不同的市场，担保商自身可能也发现合并的好处。不仅如此，更高的透明度和在个人平台上的交易登记将有助于监管者防止大型金融机构违约，并在不同的交易平台上分享这种信息。这也有利于巩固跨平台合作，特别是全球的跨平台合作将受到部分国家监管部门的鼓励。当然，这种合并也隐含着系统性风险可能集中在平台和少数的交易商手中，除非它们的杠杆率和风险都管理得很好。这对未来中央银行和系统性风险监管委员会都是一个关键性挑战，特别是为了预先阻止大型清算所和交易所的潜在失败。

其次，另外一点就是调整透明度的需要，这种需要带来的市场反应是由类似存托及结算机构（DTCC）的机构提供全球清算服务的形式，以及类似麦盖提这样的金融信息服务公司提供全球信息的收集和传播服务。更高的标准化产品有利于这种全球聚集，较早提出的合并也需要这种全球数据储存库。此外，如果这些新信息第三方卖方可以获得，即使有些延迟和粗糙，可以进行数据挖掘，可能会精炼出更加直接有用的交易对手方风险敞口和风险的测量方法。的确，中央银行和系统性风险管理委员会可能会发现以这种形式外包一些数据处理比完全自己处理这些风险数据效率更高。《多德—弗兰克法案》提出建立的金融研究办公室，负责收集交易水平数据任务，以有助于了解系统性风险。在金融研究办公室、第三方卖方、政策机构和学术研究间创造出一种健康的并带些竞争的氛围是令人满意的，有助于想出怎样能最好地分析都能获得的新数据。

再次，很有可能的是，标准化产品会逐渐地转移到集中的清算所和交易所，集中清算所和交易所将允许诸如大型对冲基金和专门衍生品交易公司（尽管是最初合并的推动者）的进入，跟目前场外市场的透明度相比，这些平台提供的贸易前和贸易后的透明度将会更高。这些参与者的进入应该会降低这些衍生品的交易成本，也会吸引最终用户（对冲者）将一些对冲从交易商银行的定制化产品转移到集中清算平台，可能会出现一些使定制化产品同集中清算结合的市场革新。在一些情况下，即使可能还非常遥远，允许散户进入某些与现金市场相近的衍生品也是可能的。例如，信用违约互换可以被看做标准化的公司债券，加上适当的风险控制能够以这种方式交易信用风险可能会对散户交易商有价值，并扩展信用市场。不仅如此，考虑到有关标准化产品的对冲产品目录涉及的基本风险，一些定制化对冲将会仍然在场外市场。总体上如果进行改革，我们相信最终用户将会面对较低的交易对手方风险和更有效率的偿付。

最后，但并非不是重要的一点，银行资产负债表上传统银行产品相联系的纯做市商功能（特别是在利率衍生品和外汇衍生品领域）与通过所有权交易和诸如对冲基金这类的投资资产管理公司做盘一定会更加分离前者的一些业务，在《多德—弗兰克法案》下通过享有进入基金和存款保险的特权受到传统的支持。但是，风险承担业务将被分离出去，以便在很大程度上缓和道德危机。这种分离在独立公司的情况下不是必需的，只要风险、资本充足率和监管有独立的会计准则。我们在本章中已经强调的一种方式是组织对冲和衍生品的交易商功能分离出附属机构，采用"审计和处罚"策略（在本章中已经解释）来保证对冲的附属机构不是投机的工具。

而所有这些令人关注的趋势会在接下来十几年、二十年得到人们的关注，关于衍生品的争论任何时候都不可能停止。当面临巨额违约和一些实力雄厚的公司、政策机构或者国家正在遭遇痛苦时，也总会有偶尔抵制衍生品的情形。可能这些争论就每一时期提起的意义而言是有用的，会提醒当市场不完备时，衍生品会自然地用做对冲。它们也会促进杠杆率的提高，已经发现在过去的金融危机中杠杆率对系统性风险的贡献。对杠杆率的监管需要改进衍生品交易的基础设施，以及对大的参与者（其杠杆率更可能造成系统性风险）的衍生品头寸做些可能的限制。最后，我们监管衍生品刚好找到了平衡点吗？我们只知道是当下次危机来到时，但很可能我们未能预测到——可能在一种新的"绿色能源"的资产分级，或者在目前亚洲初期的衍生品市场，或者在我们今天甚至无法想象的其他的"口袋"里。

附录 A：《多德—弗兰克法案》有关场外衍生品未来研究的相关条款

1. 研究限制头寸对美国交易所的影响

①商品期货交易委员会应组织研究依据本章过度投机，以及将交易转移至美国交易所之外的境外市场进行交易强制施行头寸限制的影响。

②向国会报告：

在依据本章其他条款实行头寸限制 12 个月内；

商品期货交易委员会主席应就美国国内外衍生品增长或下降的情况每两年向国会提交一份报告，报告应包括对导致增长或下降原因的评估、监管机制对系统性风险的管理成效、报告期间受美国监管的市场参与者的合规成本的比较，以及可获取的数据的质量；

要求在国会收到报告之后 30 个立法日举行听证会。

2. 强制使用金融衍生品标准化算法描述的可行性研究

①证券交易委员会和商品期货交易委员会应组织对强制要求衍生品行业采用的可用于复杂标准化衍生品进行的标准化计算机可读算法描述进行联合研究。

②目标。研究所定义的算法描述在设计上应便于计算机对各个衍生品合同进行分析，并计算复杂衍生品的净风险敞口。

③研究还将检查算法描述以及标准化、可延展的法律定义，作为衍生品合同约束性法律定义的范围。研究将检查对可能实施的衍生品合同的后勤保障。研究应限于对衍生品合同交易说明书的电子版式，并且不考虑披露专利性估价模型。

④在《多德—弗兰克法案》颁布之后 8 个月内，应提交报告给众议院的农业委员会和金融服务委员会，参议院的农业、营养与林业委员会，以及银行业、住房和城市事务委员会。

3. 掉期国际监管和统一保证金方法的研究

①商品期货交易委员会和证券交易委员会应联合组织研究关于：

a. 美国、亚洲和欧洲的掉期监管；以及

b. 美国、亚洲和欧洲的清算所和清算机构监管；

c. 确认美国、亚洲和欧洲相似的监管领域以及可统一监管的其他领域。

②在《多德—弗兰克法案》颁布之日后 18 个月内，商品期货交易委员会和证券交易委员会应将报告提交给参议院的农业、营养与林业委员会，银行业、住房和城市事务委员会，众议院的农业委员会和金融服务委员会，该报告包括：

a. 确认各个地理区域内的掉期以及基于证券掉期的交易所和监管者，列出主要合同及其交易量和估算价值，以及确认参与这些市场的主要掉期交易商；

b. 确认各个地理区域内清算掉期和基于证券掉期的交易的主要交易所以及监管者，列出主要合同及其交易量和估算价值，以及确认这些清算所和清算机构在这些市场上的主要清算会员；

c. 说明对美国、亚洲和欧洲的掉期清算的比较方法；

d. 说明用于各种掉期、基于证券掉期和掉期组合建立保证金的各种系统。

4. 稳定价值合同[27]

①在《多德—弗兰克法案》颁布之日起 15 个月内，证券交易委员会和商品期货交易委员会应联合组织研究，以决定稳定价值合同是否应列入掉期的定义范围。在依据分项作出所要求的决定时，两个委员会应共同与美国劳工部、财政部以及监管价值合同发行人的州政府机构进行协商。

②如果两个委员会认定稳定价值合同应列入掉期的定义范围，两个委员会应共同决定对稳定价值合同从掉期定义豁免是否适当和符合公众利益。两个委员会应共同发布实施依据本项要求的决定的规章。尽管有本章其他条款的规定，在这些规章生效之前，本章的规定应不适用于稳定价值合同。

表 13.3　　　　　　　　　　　　　　**未来研究的期限**

研究	期限	章节
限制头寸对美国交易所的影响研究	实行头寸限制 12 个月内	719（a）
强制使用金融衍生品标准化算法的可行性研究	《多德—弗兰克法案》颁布之后的 8 个月	719（b）
掉期国际监管和统一保证金方法的研究	《多德—弗兰克法案》颁布之后 18 个月内	719（c）
稳定价值合同	《多德—弗兰克法案》颁布之后 15 个月内	719（d）
信息自由法豁免对商品期货交易委员会的影响研究	第 748 条实施后的 30 个月内	748
碳市场监管的研究	《多德—弗兰克法案》颁布之后 6 个月内	750

《多德—弗兰克法案》中还有另外两种研究，但与我们的讨论没有直接的联系。

5. 研究信息自由法豁免对商品期货交易委员会的影响

①委员会总检察官应当组织研究：

a. 第（2）项（A）分项建立的依据《美国法典》第5章中第552条（b）款第（3）项（被称为《信息自由法案》）规定的豁免是否会帮助举报人向委员会披露信息；

b. 豁免对公众获取有关委员会对商品期货与期权市场监管的信息有什么影响；

c. 对委员会是否应该继续使用豁免提出建议。

②在本条颁布之日后30个月内，总监察长应当向参议院银行、住房和城市事务委员会以及众议院金融服务委员会提交本条所要求的研究结果的报告。

6. 对碳市场监管的研究

跨部门小组应当对目前和未来碳市场的监管开展研究，以确保一个高效、安全和透明的碳市场，包括对现货市场和衍生品市场的监管。

附录 B：目前交易商银行提供的场外披露

为了帮助投资者衡量公司卖出信用违约互换的财务影响，美国财务会计准则委员会（FASB）引入一种新的标准来消除两种现存会计准则间的不一致，在2008年11月会计年度结束后实施。其中一条规则包括财务担保，与它们的经济风险条款和信用衍生品回报条款相似。它要求合同广泛地披露保险的买方拥有保护合同的基础工具的信息。但是，如果有担保的一方没有自己的资产或者已投保的工具，那么保护被归类为一种衍生品，在另一种会计准则下并不要求披露。实际上监管要求财务担保和信用衍生品的风险由其中之一的工具种类，同一经济条款下的一个企业承担。

财务会计准则委员会的新标准包括信用违约互换的卖方，即《多德—弗兰克法案》中作为承包人卖出保护的企业。他们必须披露信用衍生品性质和条款的细节，原因主要是其偿付和履行风险的现实状况。而且卖方需要提供未来可能被要求支付的数额、衍生品的公允价值，以及这些条款是否允许卖方从第三方收回现金或资产用来支付订立的保险范围。

我们详细地研究了两个主要市场参考者高盛集团（表13.4）和花旗集团（表13.5）在衍生品市场中的抵押数据、公允价值和信贷风险敞口的名义价值。从这些披露可以看出，报告准则中公平交易的差异：

高盛集团报告的信用违约互换的风险敞口通过：

到期日；

信用评级；

总值、净值，以及抵押物净值。

表 13.4　高盛集团关于信用违约互换风险敞口的会计信息披露

场外衍生品信用风险敞口（百万美元）

等价的信用评级	截至 2009 年 9 月							
	0~12 个月	1~5 年	5~10 年	10 年或更长	总计	净额结算	风险敞口	净抵押品风险敞口
AAA/Aaa	1 482	3 249	3 809	2 777	11 317	(5 481)	5 836	5 349
AA/Aa2	6 647	12 741	7 695	9 332	36 415	(20 804)	15 611	11 815
A/Aa2	31 999	46 761	29 324	31 747	130 831	(111 238)	28 503	24 795
BBB/Baa2	4 825	7 780	5 609	8 190	26 404	(12 069)	14 335	8 041
BB/Ba2 或以下	3 049	13 931	2 903	1 483	21 366	(5 357)	16 009	9 472
未评级	666	1 570	387	148	2 771	(224)	2 547	1 845
总计	48 668	86 032	49 727	53 677	238 104	(155 173)	82 931	61 317
等价的信用评级	截至 2009 年 6 月							
	0~12 个月	1~5 年	5~10 年	10 年或更长	总计	净额结算	风险敞口	净抵押品风险敞口
AAA/Aaa	2 743	4 524	4 623	3 209	15 099	(6 221)	8 878	8 520
AA/Aa2	6 989	20 669	9 252	9 252	46 162	(32 641)	03 521	9 759
A/Aa2	36 715	39 178	28 307	28 760	132 960	(103 597)	29 363	25 539
BBB/Baa2	5 091	10 211	3 435	7 238	25 975	(11 908)	14 067	8 492
BB/Ba2 或以下	5 849	11 576	2 814	1 983	22 222	(5 965)	16 257	10 160
未评级	859	1 386	623	446	3 314	(83)	3 231	2 808
总计	58 246	87 544	49 054	50 888	245 732	(160 415)	85 317	65 278
等价的信用评级	截至 2009 年 3 月							
	0~12 个月	1~5 年	5~10 年	10 年或更长	总计	净额结算	风险敞口	净抵押品风险敞口
AAA/Aaa	4 699	6 734	5 994	2 964	20 391	(8 178)	12 213	11 509
AA/Aa2	18 619	40 015	22 228	10 095	90 957	(71 881)	19 076	16 025
A/Aa2	21 148	33 369	16 955	19 767	97 239	(66 342)	30 897	25 220
BBB/Baa2	8 185	19 413	6 833	12 571	47 002	(31 280)	15 722	10 358
BB/Ba2 或以下	8 734	9 922	3 568	1 652	23 976	(8 116)	15 760	10 339
未评级	2 670	1 007	312	360	4 349	(371)	3 978	3 314
总计	64 055	116 460	55 890	47 409	283 814	(186 168)	97 646	76 765

续表

等价的信用评级	截至 2008 年 11 月							
	0～12 个月	1～5 年	5～10 年	10 年或更长	总计	净额结算	风险敞口	净抵押品风险敞口
AAA/Aaa	5 519	3 871	5 853	4 250	19 493	(6 093)	13 400	12 312
AA/Aa2	26 835	30 532	33 479	18 980	109 826	(76 119)	33 707	29 435
A/Aa2	25 416	27 263	17 009	24 427	94 115	(59 903)	34 212	28 614
BBB/Baa2	11 324	17 156	8 684	14 311	51 475	(29 229)	22 246	16 211
BB/Ba2 或以下	11 835	10 228	4 586	3 738	30 387	(12 600)	17 787	11 204
未评级	808	803	916	215	2 832	(11)	2 821	1 550
总计	81 737	89 943	70 527	65 921	308 128	(183 955)	124 173	99 326

资料来源：高盛集团的年度资产负债表。

表 13.5 概括了作为保护卖方（担保人）公司的信用衍生品投资组合在 2009 年 9 月 30 日和 2008 年 12 月 31 日的主要特征。

表 13.5　　　　　花旗集团信用违约互换风险敞口会计准则披露　　　　单位：美元

2009 年 9 月 30 日的以百万美元计	期货偿付的最大可能数额	应支付的公允价值
根据产业/交易对手方：		
银行	860 437	46 071
经纪自营商	301 216	17 661
单线保险公司	—	—
非金融机构	2 127	96
保险公司和其他金融机构	151 326	12 753
按产业/交易对手方总计	1 315 106	76 581
根据衍生品工具：		
信用违约互换和期权	1 314 282	76 383
总收益互换	824	198
按衍生品工具总计	1 315 106	76 581
根据评级：		
投资级别	759 845	23 362
非投资级别	422 865	33 231
没有评级	132 396	19 988
按评级总计	1 315 106	76 581

续表

2009 年 6 月 30 日的以百万美元计	期货偿付的最大可能数额	应支付的公允价值
根据产业/交易对手方:		
银行	899 598	71 523
经纪自营商	322 349	30 798
单线保险公司	123	89
非金融机构	4 805	231
保险公司和其他金融机构	138 813	14 756
按产业/交易对手方总计	1 365 688	117 127
根据衍生品工具:		
信用违约互换和期权	1 363 738	116 600
总收益互换	1 950	527
按衍生品工具总计	1 365 688	117 127
根据评级:		
投资级别	813 892	49 503
非投资级别	342 888	46 242
没有评级	208 908	21 382
按评级总计	1 365 688	117 127
2009 年 3 月 31 日的以百万美元计	期货偿付的最大可能数额	应支付的公允价值
根据产业/交易对手方:		
银行	919 354	123 437
经纪自营商	345 582	56 181
单线保险公司	139	91
非金融机构	5 327	5 121
保险公司和其他金融机构	135 729	21 581
按产业/交易对手方总计	1 406 131	206 411
根据衍生品工具:		
信用违约互换和期权	1 404 928	206 057
总收益互换	1 203	354
按衍生品工具总计	1 406 131	206 411
根据评级:		
投资级别	808 602	88 952
非投资级别	362 851	79 409
没有评级	234 678	38 050
按评级总计	1 406 131	206 411

续表

2009 年 12 月 31 日的以百万美元计	期货偿付的最大可能数额	应支付的公允价值
根据产业/交易对手方:		
银行	943 949	118 428
经纪自营商	365 664	55 458
单线保险公司	139	91
非金融机构	7 540	2 556
保险公司和其他金融机构	125 988	21 700
按产业/交易对手方总计	1 443 280	198 233
根据衍生品工具:		
信用违约互换和期权	1 441 375	197 981
总收益互换	1 905	252
按衍生品工具总计	1 443 280	198 233
根据评级:		
投资级别	851 426	83 672
非投资级别	410 483	87 508
没有评级	181 371	27 053
按评级总计	1 443 280	198 233

注:出售的信用衍生品接受的公允价值数额是 58.90 亿美元。

花旗集团报告的风险敞口包括:

交易对手方性质(银行、经纪自营商、保险公司等);

衍生品工具类型(信用违约互换、总收益互换等);

公允价值以及应付的最大名义价值;

新的监管机制应该要求这些报告更加标准化。

附录 C:主权信用违约互换市场

从 20 世纪 90 年代开始,根据惠誉国际评级公司的记录,总共发生了 8 起主权债务违约事件。其中包括印度尼西亚和俄罗斯联邦(都在 1998 年)、阿根廷(2001)、摩尔多瓦(2002)、乌拉圭(2003)、多米尼加共和国(2005)、厄瓜多尔(2008)和牙买加(2010)。随着最近希腊债务危机而来的是其他主权债务发行人的信用品质不断下降。特别是在欧洲,针对主权信用违约互换市场的监管需要已经受到人们的质疑。在 2010 年 5 月,德国证券监管者——联邦金融监理局采取单方面的行动，禁止某些主权债券、相关的信用违约合同以及权益证券无券放空。

从一些年前主权信用违约互换实际上还不存在，到主权信用违约互换主要在新兴市场经济交易，根据国际清算银行在 2009 年 6 月末公开的数据（与非主权合同相比较）。主权信用违约互换市场迅速发展到 1.76 万亿美元。考虑到大量的主权债券未偿付，应该有一个保护买方的实质机制。但是在主权信用违约互换市场卖方保护的缺乏已经胜过了它的增长。在 2009 年 6 月发起的 SovX，15 个平等主权实体的加权欧洲指数，为投资者提供了新的渠道来表达对主权债务市场的观点，已经显著地改进了流动性。SovX 在业务上相对于诸如投资级公司债指数和信贷风险标准指数的公司信用违约互换合同有了稳定的回升；现在位于金融部门信用违约互换指数的前列（见图 13.6）。然而，主权信用违约互换市场占整个信用违约互换市场相当小的份额，主权信用违约互换的风险敞口相对于政府债券的规模也是相对适度的。尽管主权信用违约互换成倍的增长仍然会持续，特别是依据在过去这些年的净交易，持有量（见图 13.7）正在受到一些国家财政的关注。但是图 13.8 显示，无论在哪里主权信用风险都越来越是一个问题（例如最近希腊、葡萄牙、西班牙、意大利和爱尔兰的形势），相对于更安全的国家（例如美国和英国），政府债券市场信用违约互换的评级更高，一些像英国和法国这样非常安全的国家在这种背景下也显示了压力的信号。

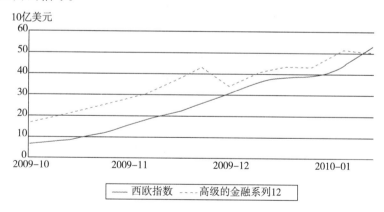

资料来源：摩根士丹利研究"信用衍生品见解：主权信用违约互换市场——从公司的视角"，2010 年 1 月 29 日；美国证券托管结算公司。

图 13.6　SovX 与财务的总名义未偿付额

对巨额财政赤字的市场影响的忧虑在 2009 年末和 2010 年初开始涌现。在 2009 年 11 月末政府所有的迪拜世界公司出现财务困境后，投资者的注意力开

始转移到主权债务风险问题上。但最近关注转移到欧元区外围，巨额预算赤字
导致了一些国家政府债务和国内生产总值（GDP）快速增长的预期。在2009
年11月，证据表明希腊可能会失去欧洲央行（ECB）对希腊银行的资金支持，
欧洲央行不再使用希腊的政府债券作为担保。相对于绝对长期和相对基准的德
国国债，希腊政府债务的信用违约互换点差和收益率差价暴涨。同时，当主权
信用违约互换点差自从那一时期全盘暴涨，欧洲的银行最初经历了在公司股权
和他们自己所有的公司信用违约互换的市场估价（更多的是亚洲和欧洲的交
易对手方），都是由于政府担保和通过它们持有的政府债券的主权信用风险的
风险敞口价值的下降（见图13.10）。

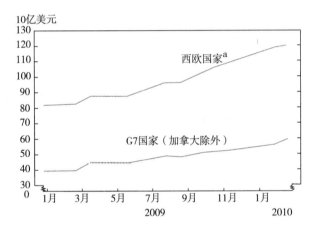

注：a. 西欧国家包括麦盖提信贷风险标准SOVX的西欧指数的15个成员，不包括葡萄牙和
挪威。

资料来源：美国证券托管结算公司，英格兰银行2010年第一季度通报。

图13.7　主权信用违约互换合同的净名义交易商风险敞口

　　一般而言，主权信用违约互换有众多的市场参与方交易，包括银行、资产
管理公司和对冲基金。这些市场参与方有很多原因进行主权信用违约互换交
易；基础交易和对冲特定的政府债券风险敞口，对冲直接的主权信用风险敞
口，或者简单将单一公司风险从公司所在国的主权信用风险隔离出来。但是最
近主权信用市场的事件已经引起主权信用违约互换处于紧张的市场审查中，使
得欧洲的政治家们要求禁止无实体主权信用违约互换交易。

　　作为希腊困境的自然反应，欧洲的政策制定者和评论家很快对主权信用违
约互换市场对严重负债国家信用等级的作用提出了质疑，例如希腊能够在资本
市场上重新融资。事实上，他们已经注意到他们将考虑禁止信用违约互换用来

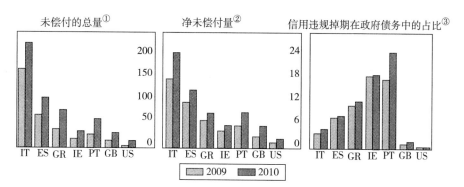

未偿付的总量①　　　　净未偿付量②　　　信用违规掉期在政府债务中的占比③

注：①净名义价值是信用违约互换合同买入的总和或为所有仓储合同卖出的总和；10 亿美元计。

②净名义价值是由净购买者买入的净保护的总和；10 亿美元计。

③净名义信用违约互换额占政府债务的比例。

[AF = 奥地利；BE = 比利时；DE = 德国；ES = 西班牙；FI = 芬兰；FR = 法国；GR = 希腊；IE = 爱尔兰；IT = 意大利；NL = 北爱尔兰；PT = 葡萄牙；GB = 英国；US = 美国][b]

资料来源：经济合作与发展组织；美国证券托管结算公司；国际清算银行季度评论，2010 年 3 月。

图 13.8　主权信用违约互换总额

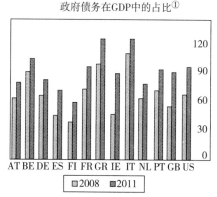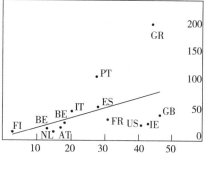

政府债务在GDP中的占比①　　　　赤字对比CDS溢价的改变②

注：①2008 年的实际数据和对 2011 年的预测值。

②纵坐标显示了 2007 年至 2011 年政府赤字占 GDP 比例的总和；横坐标代表了 2009 年 10 月 26 日到 2010 年 2 月 17 日期间信用违约互换点差的变化。2007 年到 2009 年的实际数据和 2010 年至 2011 年政府赤字占 GDP 比例的预测值。

资料来源：经济合作与发展组织；美国证券托管结算公司；国际清算银行季度评论，2010 年 3 月。

图 13.9　政府债务、赤字和主权信用溢价

作为投机的赌注。不仅如此，直到现在都没有强有力的证据表明主权信用违约互换市场的活动导致了利差的扩大和限制了政府借钱的能力。甚至德国的监管部门——联邦金融监理局都承认它们准备禁止裸卖空。第一，美国证券托管结

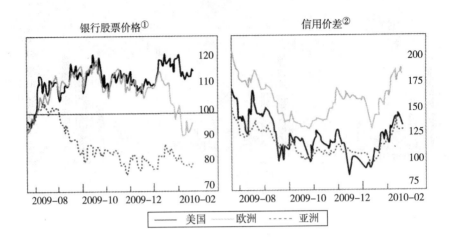

银行股票价格① 信用价差②

—— 美国　　…… 欧洲　　----- 亚洲

注：①银行股票价格；② 信用差价

以当地的货币；6 月 31 日，2009 年 = 100

银行部门的等加权平均高级 5 年信用违约互换差价。

资料来源：Datastream，Markit，国际清算银行的计算；国际清算银行季度评论，2010 年 3 月。

图 13.10　银行股票价格和信用违约互换点差

算公司的检查报告自 2010 年开始显示希腊信用违约互换头寸的净未偿付额在一年期间发生了小小的变化。希腊的净头寸在 2010 年 1 月 1 日的那周是 87 亿美元，自从那时一直在 85 亿美元和 92 亿美元之间徘徊（同一年前的 74 亿美元相比较），没有数据显示在 2009 年和 2010 年未平仓合约急剧增加。第二，信用违约互换和债券之间的无套利关系表明信用违约互换相对容易推动债券价格更高或者更低。自从债券变得难以借款和短期债券的卖出保护变得非常困难，信用违约互换推动债券价格更高或者更低变得非常困难。事实上基础仍然是稳定的——政府债券和信用违约互换利差在实质上仍然是一致的（对于包括希腊在内的绝大多数国家）和未偿付头寸仍然是恒定的——进一步认定了信用违约互换市场上的裸卖空业务对政府债券市场没有影响或者只有很少的影响。

另一个支持我们观点的证据是信用违约互换市场是欧元区危机产生的结果，而不是原因，这是奥特曼由下而上对评估主权风险的分析（见专栏 13.1）。使用一国私有部门的公司财务的完好数据去发现增加的违约风险，奥特曼的度量标准在 2010 年 5 月之前就已经向希腊和葡萄牙国内经济下滑发出了警告的信号（见表 13.6）。

但是全球并没有一致去禁止或者限制主权债券的卖空或购买相关联的信用

违约互换，显而易见这种禁止的副作用可能会非常大。银行将需要使用其他方式去对冲国家特性的风险，例如创造一个国家债务的短期头寸或者相关的短期股票指数。政府债券的卖空业务直接对政府债券的价格有着更大的影响，因为它涉及在市场上卖出实际的工具。一个禁令可能会移除所谓的负面基础交易者（购买债券和短期相关联的信用违约互换的投资者）对政府债券的潜在需求，影响了政府债券市场的流动性。另外，完全禁止无保证头寸对基础对冲有着无法预料的影响，例如购买主权信用违约互换去对冲一国公司债券的头寸。

表 13.6   选择国家的私有部门的财务健康状况——Z - 指标评估

国家	上市公司的数量	5 年公共模型[1]			信用违约互换利差的平均违约率[2]	1 年公共模型[3]		
		平均违约率	标准偏差违约率	平均评级	5 年[2]	平均违约率	标准偏差违约率	平均评级
荷兰	61	3.33%	7.52%	ZB	2.83%	0.153%	1.020%	ZB -
英国	442	3.62	11.60	ZB -	6.52	0.218	2.580	ZC +
加拿大	368	3.70	12.20	ZB -	4.15	0.164	3.350	ZB -
美国	2 236	3.93	9.51	ZB -	3.28	0.139	2.320	ZB
法国	297	5.51	9.72	ZC +	3.75	0.290	2.060	ZC +
德国	289	5.54	13.10	ZC +	2.67	0.268	3.960	ZC +
西班牙	82	6.44	9.63	ZC	9.39	0.363	1.360	ZC
意大利	155	7.99	10.20	ZC	8.69	0.493	1.650	ZC
葡萄牙	30	9.36	7.25	ZC -	10.90	0.482	0.827	ZC
希腊	79	10.56	14.40	ZC -	24.10	0.935	3.660	ZC -

注：[1]Z - 指标的违约率从 2010 年 1 月 1 日到 2010 年 4 月 1 日；
    [2]假设有 40% 的回报率，基于从 2010 年 1 月 1 日到 2010 年 4 月观测到的信用违约互换利差；
    [3]违约率以 $1 - e^{(-5 \times s/(1-R))}$ 的形式计算。

资料来源：风险度量组织，2010；麦盖提；电子计算机会计数据库。

专栏 13.1   自下而上的主权违约风险评估

国家经济状况会周期性地失去控制，为了国家在国际商业和金融市场上重新运行，需要巨额的债务重组或者痛苦的紧缩计划进行紧急救助。最近的例子包括 20 世纪 80 年代的一些拉丁美洲国家、20 世纪 90 年代末的东南亚国家、1998 年的俄罗斯、2000 年的阿根廷，这些国家的严重问题不仅影响到本国的人民和市场，而且产生了金融震荡。与我们目前正在经历的希腊和其南部欧洲邻国的情况相似。

　　这些国家糟糕的情况通常首先让大部分人都震惊，包括评级违约风险的机构和在突然受到威胁的国家定居的公司。与希腊相似，不久前的韩国，在1996年作为"亚洲四小虎"之一的是最高的评级"AA－"，一年之内被降级到"BB－"，即所谓的垃圾级别之一，如果没有国际货币基金组织500亿美元的救助，就会违约。

　　学术界和市场参与者们在使用GDP增长值、相对GDP的债务水平、贸易和金融赤字、失业率和生产率这些通常的宏观经济指标，对即将发生的国家经济和金融问题提供适当的早期预警方面没有突出的成就。没有绝对保证能提供厄运来临的早期预警透明度的魔术公式，我们相信人们通过分析一国私有部门的健康程度和加重的违约风险可以更好地理解主权风险——一种典型的自下而上的分析。例如 A 所建立的 Z 比分数模型（1968）和最近（2010）的风险度量 Z 度量系统，可以提供一种重要的主权脆弱性的测量方法。

　　Z 度量系统包括一些公司违约风险基础的测量方法——例如利润率、杠杆率和流动性，还有股票市场价值测量和一些宏观经济压力变量。每一个因素都赋值为一个加权，通过为每个国家的上市公司集合这些测量方式，以及计算平均信用分数和违约可能性，人们可以评估出一个国家私有部门的总体健康程度。我们的 Z 比分数测试显示从泰国开始亚洲金融危机向东亚和北亚蔓延之前的1996年末，韩国是所有亚洲国家中最具风险的一个国家。泰国和印度尼西亚紧接着韩国成为下一个最脆弱的国家。但是根据传统的方法，韩国仍然被视为信用良好的国家。

　　目前欧洲的情况也是具有启发意义的。在最近违约可能性的测试中（见表13.6），使用我们新的 Z 度量方法，希腊明显是最具风险和私营部门健康程度最差的国家，加上5年的平均累计的违约可能性超过了1 000个基点（10.56%）、紧接着是葡萄牙（9.36%）、意大利（7.99%）、西班牙（6.44%）。德国和法国显示的适度信用风险人群（5.5%），在我们的调查中，英国（可能是个惊喜）和荷兰公司部门的风险最小。美国和加拿大显示的也是健康的指标。除了希腊明显例外，我们5年期公司平均违约可能性接近国家的平均值，违约可能性来源于在2010年已过去的月份中的信用违约互换市场的5年期合同。希腊信用违约互换市场的违约可能性是其公司部门违约可能性的两倍多，在美国和西班牙也观察到了相似的差异，尽管它们的违约可能性处于较低的水平。当然，在这些国家有50%的公司的违约可能性比平均值要高。

　　所以为了政府符合紧急救助和补贴的条件，在规定促进政府重要的制裁秩序时，我们应该认真提升私有企业的价值，而不是破坏。改进公司的健康程度可能是促进国家健康度回升的一个早期指标。

　　无论如何，所提出的场外衍生品市场的改革，如果希望排除市场交易动机，应该让政府重新保证他们能够自由地获得交易信息，这只不过是场外衍生品市场能够提供的急需的透明度。场外衍生品市场将照亮市场中迫切需要的光亮，排除像禁止裸卖空这样的极端措施。

注释

　　①即使财政部最终决定将外汇掉期和远期合约排除在外，《法案》仍然规定交易的当事人应该遵守某些业务操作准则，并要求这些交易必须向掉期数据储存库或者商品期货交易委员会报告。

　　②《法案》将商品期货交易委员会和证券交易委员会对衍生品市场的监管进行了划分。商品期货交易委员会对"掉期"和一些市场参与者进行监管，而证券交易委员会对"基于掉期的证券"进行相似的监管。《法案》对掉期的定义包括"利率、货币、股权、信贷、固定收益和期货衍生品，以及一些对商品远期和某些证券交易的豁免（例如证券期权）"。特别指出的是场外外汇掉期和远期也包括在掉期的定义内，但是财政部长有权将它们从掉期条款的定义中剔除。

　　③金融机构包括掉期交易商、主要的掉期参与者、商品基金经理和在《1940 年投资顾问法》下的私募基金、雇员服务计划，或者主要从事银行相关业务的机构、具有金融的性质。

　　④在法案下，掉期存储机构是指采集和维护与掉期有关的交易或者头寸，或者条款与条件的信息或者记录，为掉期提供集中化存档设施服务的第三方。

　　⑤掉期交易商是指以下任何人：（i）自身在掉期交易中作为交易商；（ii）掉期做市商；（iii）出于自身利益，在正常业务工作中定期与交易对手方签订掉期；或者（iv）从事导致该人被公认为掉期交易商或者做市商的任何活动，但是如果出现投保的存款机构在向客户发放贷款的同时与该客户签订掉期的情况，则该机构不得视为掉期交易商。

　　⑥主要掉期参与者是指"非掉期交易商的任何人，并且（i）持有委员会决定的任何主要掉期种类的大量头寸，不包括：（I）用于对冲或者减轻商业风险的头寸；以及（II）任何《1974 年雇员退休收入保障法案》第 3 条第（3）项和第（32）项定义的雇员服务计划（或者因任何这项计划而持有的合同），主要目的是对冲或者减轻与该计划运营直接有关的风险而持有的头寸。（ii）其未清偿掉期造成大量的对手方风险敞口，该风险敞口可能对美国银行体系或者金融市场的金融稳定造成严重危害。或者（iii）（I）是资本额被高度杠杆化的金融机构，并且该机构不受适当联邦银行业监管部门所决定的资本要求约束；和（II）维持委员会决定的任何主要掉期种类的大量未清偿头寸"。

⑦沃克尔规则在最终规则颁布12个月前就已经生效或者法案颁布后的两年内，在两年的过渡期开始时，可能会有进一步的延期。

⑧系统重要性机构指的是银行控股的公司的总固定资本等于或大于500亿美元或者由管理委员会监督的非银行金融机构。

⑨禁止最后贷款人支持通常涉及"互换推出条款"，因为该条款有效地促进了很多衍生品业务由被担保的银行业到独立的资本实体。

⑩禁止联邦救助并不阻止参与存款的机构作为掉期实体从事掉期或者有关信用违约互换的基于证券的掉期，如果它们都被清算。因此，该条款有利的结果是允许银行实质上在他们的负债表中保留被清算的信用违约互换，而并没有失去联邦救助的利益，推动了信用违约互换的集中清算。

⑪委员会需要对以下条款作出决定："（i）确保这种信息不能识别参与者；（ii）规定构成特殊市场和合同的大的名义掉期交易的标准（大宗交易）；（iii）规定适当地延迟向公众报告大的名义掉期交易（大宗交易）期限；（iv）并考虑公开披露是否会实质上降低市场的流动性。"

⑫不仅监管者拥有在自己管辖范围内的清算所和交易所衍生品风险敞口的信息是非常重要的，获得其他全球金融中心的信息也是很重要的。《法案》认识到了这点，规定了国际跨清算所和数据库信息分享的充足范围。但是实施问题将会相当复杂，仍然有很多未知情况。

⑬行业和监管者都提供了各种对场外市场规模的估计，但他们都强调了相似的过去和现在的趋势。在过去的十年中，场外市场无论是在美国还是在国际上，经历了指数式的增长（从1998年开始每年超过20%的复合式增长），信用衍生品作为重要的动力紧随其后。今天，以来自国际清算银行的最近数据为基础，场外市场占据了所有衍生品市场名义未偿付额的90%，全球所有类型的场外合同未偿付名义总额到2009年6月，四年之内已经翻倍达到了605万亿美元。

⑭实际上，我们的建议相当于施加头寸的限制，但是它的规模——因为适用于每一个市场参与者，应该要求清算所最大的头寸提供适当的担保。以防清算所对特殊的企业组织产生担忧，例如那些在一个行业和企业，单一最大风险敞口的定义可以扩大到包括这种企业组织。

⑮"高盛集团要求担保，它不会给予"，彭博，2010年3月15日。

⑯"监管金融衍生品的案例"，巴伦，2010年3月22日。

⑰国际掉期与衍生工具协会的67个成员都参与了2009年的保证金调查，调查以执行担保协议的数量为基础将参与答辩者分为三个规模的组，分类的起点是作为一个大型机构是1 000份协议。在这种标准下，20个金融机构被划分产大型；拥有51~1 000份协议的金融机构被认为是中型（有25家金融机构划分到了这个类别）；剩下的金融机构少于50份担保协议的，被划分为小型（有22家金融机构划分到了这个类别）。

⑱www. imf. org/external/pubs/ft/wp/2010/wp1099. pdf.

⑲国际清算银行衍生品统计分析，2009年6月，表19，备忘录条款。

⑳此外，另一个更微妙的策略将被立法，在发生违约时，不管是集中清算还是交易所，

都声称场外交易市场是比较低级的。这将确保未清偿的场外交易产品仍然存在，但受到大量交易对手风险和高保证金的制约；反过来，只有这些产品的定制收益足够大时，它们才是值得的。

㉑对信用衍生品的一系列报告最近由美国存管信托和结算公司（DCTT）出版，但是很明显，他们缺乏我们认为的需要评估对手和系统性风险足够粒度的透明度标准（匿名情况下）。

㉒一些经济学家认为，提高透明度可能会破坏搜集信息的激励机制，实际上会阻止做市商做市，反过来可能会降低市场流动性。然而，我们注意到，当大交易商失败时，需要衡量非流动性成本和金融脆弱性上升的成本。我们认为适当的聚合信息披露应该普遍传播到市场。

㉓没有暴露衍生品的四家金融机构是 New York Community Bancorp Inc. , Hudson City Bancorp, Vornado Realty Trust 和 ProLogis。

㉔通常，一个石油公司的交易风险点在于它净卖空大宗商品，抵消了其作为生产者的自然多头属性。

㉕详见 See Hills, Rule, Parkinson 和 Young（1999）。

㉖Nicholas Brady 和 Gerald Corrigan 1987 年对股票市场大崩溃的调查（沃顿商学院关于金融服务的论文，第一次年度会议，华盛顿特区，1997 年 10 月 29 日）。

㉗术语"稳定值合同"是指任何合同、协议或者交易，能为参与方提供贷款利率、担保如流动性保证合同、合同到期前银行或保险公司提供的账面价值。其他国家或者联邦管辖的金融机构，能为任何个人提供利益，或是作为雇员福利计划的混合基金投资。一个合格的递延薪酬计划是由一个有资格的雇主，国内税收法典 403（b）（免税的年金）中所安排描述的，或者一个合格的学费计划组成。

参考文献

[1] Acharya, Viral V. , and Alberto Bisin. 2010. Counterparty risk externality: Centralized versus over – the – counter markets. Working Paper, NYU Stern School of Business.

[2] Acharya, Viral V. , and Robert Engle. 2009. Derivatives trades should all be transparent. *Wall Street Journal*, May 15.

[3] Hills, Bob, David Rule, Sarah Parkinson, and Chris Young. 1999. Central counterparty clearing houses and financial stability. *Bank of England Financial Stability Review*.

[4] Santos, T. , and José A. Scheinkman. 2001. Competition among exchanges. *Quarterly Journal of Economics* 116（3）：1027 – 1062.

第四部分
信贷市场

第 14 章   政府支持企业（GSEs）

Viral V. Acharya，T. Sabri Öncü，Matthew Richardson，
Stijn Van Nieuwerburgh，and Lawrence J. White[*]

14.1   概述

在金融危机开始后，尽管议会为重塑美国金融监管机制在持续地努力，但并没有尝试对两个抵押巨头进行改革——房利美（或者先前的联邦国民抵押贷款协会 FNMA）和房地美（或者先前的联邦住房贷款抵押公司 FHLMC），两家都是政府支持企业（GSEs）——在美国议会通过的法案并由奥巴马总统在2010 年 6 月签署后成为法律。

事实上，唯一提及房利美和房地美隐藏在《多德—弗兰克法案》有关抵押贷款改革的各种各样副标题的部分里[①]，而不是颁布立法，这种副标题显示了关于政府支持企业在次级抵押贷款市场的掠夺方面的调查结果，得出了以下结论：

房利美和房地美的公开——私募身份的交叉是站不住脚的，必须重新解决来确保提供给消费者和让消费者接受住宅抵押贷款，条件是合理反映它们偿还贷款的能力和容易理解，不存在不公平、欺诈或滥用……议会的意图是加强保护、限制和监管住房抵押贷款的条件，相关的信贷惯例在房利美和房地美实质性意义的结构改革没有颁布实施时是不能完备的。

根据近期《金融时报》的文章[②]，美联储主席伯南克相信房利美和房地美的改革蓝图应该在 2010 年春天形成一个轮廓，但是财政部长盖特纳在一年后才提出了房利美和房地美最后解决方案。我们认为这种延迟是个严重的政策错误，我们将在本章中讨论。

尽管房利美和房地美不是唯一的政府支持企业[③]，我们在本章中涉及的政

---

* 作者参考了纽约大学斯特恩商学院电子书《是时候进行金融改革》中关于"迈向美国抵押贷款市场的新体系：政府出资企业的未来"的论述，也包括 Stanley Kon 的观点。

府支持企业仅指这两家企业。关键的政策问题是：如果认为它们在这次危机中起了重要的作用，那么该采取什么样的改革措施？我们在本章中提出了一些建议可能有助于回答这个重要的问题。我们早期的建议，以及对政府支持企业在2008年中期和晚期出现的危机的分析，可以在杰菲、理查德森等著作中找到。

14.2　建立

房利美是为了应对20世纪30年代的大萧条，作为罗斯福新政的一部分创立的。房利美由联邦住宅管理局（FHA）在1938年特许建立，是帮助联邦住宅管理局稳定抵押贷款市场的政府机构。而作为1934年《国家住宅法》创立的一部分，联邦住宅管理局的宗旨是确保抵押贷款由私募债权人借给低收入或中等收入的债务人，房利美最主要的任务是购买、持有或者卖出联邦住宅管理局担保的抵押贷款。1948年，对房利美的授权扩大到包括退伍军人管理局（VA）担保的住宅抵押贷款。

《1954年联邦国民抵押贷款协会宪章》将政府支持的借款转移到了房利美基金的二级市场运作，同时规定房利美豁免除财产税之外的所有地方税，规定联邦储备银行为房利美提供各种服务。这个法案也开辟了房利美的二级市场运作转移到私人部门的一条途径。

在1968年，房利美是准私有的，以致排除在了美国政府年度预算和资产负债表之外。所有老房利美直接的政府补贴业务都被转移给了联邦住宅管理局，同时建立政府国民抵押协会（GNMA），老房利美大量的二级市场操作被拆分到了由私人股票持有者所有的新房利美。但是，新房利美从来不是一个完全的私人企业，因为它仍然享有《1954年联邦国家抵押协会宪章》给予的优惠政策。

1970年，美国议会授权了另一家私人企业——联邦住房贷款抵押公司（房地美），与房利美竞争。正如《1954年联邦国家抵押协会宪章》所描述的，两家政府支持企业都有以下宗旨：

第一，为住房抵押二级市场提供稳定性；

第二，对私募资本市场的适当回应；

第三，通过增加抵押投资资金的流动性和改进住房抵押融资可获得投资基金的分配，对住房抵押贷款二级市场提供持续的救助（包括为低收入和中等收入家庭提供抵押贷款，这种抵押贷款业务的经济回报可能少于其他业务的回报）；

第四，通过增加抵押投资的流动性和改进住房抵押融资可获得投资基金的

分配来改进获得国家（包括中心城市、农村地区和服务水平低下的地区）的
抵押信贷。

与房利美相似，房地美曾经也豁免了州和地方的收入税，以及豁免了某些
证券交易委员会的规定。获得了 22.5 亿美元的美国财政部基金，让美联储作
为其财务代理人，以及一些其他的特别优惠政策（具体细节参见弗莱姆和怀
特，2005；杰菲和奎格利，2007）。

14.3 危机

政府支持企业有两个重要的功能。第一个功能——担保功能——最主要的
争议：政府支持企业化证券来担保标准类抵押贷款的信用风险[④]。标准类抵押
贷款是满足政府支持企业监管者制定标准的贷款。标准类抵押贷款是所有标准
中贷款规模最大的；贷款超出确立的规模限制被称为"超额贷款"。政府支持
企业从最初的抵押贷款者那里购买标准类抵押贷款，将其打包成转手[⑤]抵押
贷款支持证券，然后出售抵押贷款支持证券给私人投资者[⑥]。但是，政府支持企
业承担这些抵押贷款的违约风险。他们提供这种担保收取很少的费用（例如，
2007 年平均 22 个基点），他们持有 0.45 美元的资本是其所担保的每 100 美元
抵押贷款的面值。

事后，好像政府支持企业接受的赔偿不足，资本也不足以承担违约风险。
较低的担保费用和 45 个资本基点主要是为优质抵押贷款设计的[⑦]。但是根据
2009 年秋政府支持企业的报告，Jaffee（2010）指出房利美已经担保了 80 亿
美元次级抵押贷款、2 590 亿美元次优（选择性代理）抵押贷款和 5 910 亿美
元其他高风险抵押贷款。房地美没有担保任何次级抵押贷款，但是担保了 1
560 亿美元的次优抵押贷款和 4 070 亿美元的其他高风险抵押贷款（摩尔，
2010）。这是为什么它们的总资本不足以承担相关风险的一个原因。

它们的第二个角色实质上是对冲基金，购买优质或非优质抵押贷款证券
（次优级以及次级），它们通过发行所谓的机构债券来融资购买这些资产。[⑧]因
为有隐性的政府担保，现在已经成为明确的政府担保，政府支持企业借款的利
息低于市场在没有担保时要求的借款利息。政府支持企业购买这些资产的杠杆
率在住宅市场最繁荣时，大概是令人惊讶的 30∶1。再次说明了政府支持企
业——通过它们自己选择的杠杆率——具有不足的资本率。另外，它们的抵押
贷款投资组合是长期债务，它们发行的机构债券则是短期债务，它们的资产对
利率的变动比它们的债务更加敏感。当政府支持企业对冲这些风险，期限错配
暴露了它们对抵押贷款价格模型不正确的设定。

　　尽管批评家担心这些利率风险没有得到充分的对冲，最终将会引起政府支持企业资金困难，正是他们的担保和在投资组合中所持有的抵押贷款的信用风险导致其倒闭。Jaffee（2010）在报告中指出，加上所担保的更高风险的抵押贷款（先前提到的），房利美总共持有了 220 亿美元的次级抵押贷款投资组合和 250 亿美元的次优抵押贷款，而房地美持有了 640 亿美元的次级抵押贷款投资组合、220 亿美元的次优抵押贷款，以及 180 亿美元其他高风险的投资组合，总计 1 510 亿美元。

　　2006 年晚些时期，房地产市场泡沫破裂，房利美和房地美在抵押贷款投资和担保上经历了前所未有的损失，彻底摧毁了它们薄弱的资本金。2001 年，房利美和房地美开始购买风险性私募证券，它们的持有量在 2003 年后开始膨胀（例如，杰菲，2010；摩尔，2010）。例如，Jaffee（2010）在文章中指出，在它们的新业务中，高风险贷款所占的比分比从 2003 年的 21% 到 2004 年的 44%，2005 年是 45%，2006 年是 51%。一些支撑它们抵押贷款投资证券的抵押贷款主要流向了低收入家庭，因此有助于政府支持企业通过"任务"监管者——美国住房与城市发展部（HUD）实现购房的目标。

　　让我们仔细看下政府支持企业对冲基金的功能。为了购买一美元的抵押贷款支持证券，它们大量借款夫购买额外的抵押贷款支持证券。图 14.1 显示了政府支持企业的账面杠杆率，以总资产除以普通股的方式测量，时期为 1995 年到 2007 年。我们需要注意的是政府支持企业维持这种高杆率投资是有风险性的，相对低流动性抵押贷款支持证券（这一时期的账面杠杆率超过20:1）。这提出了隐性政府担保重要性的一种理念。

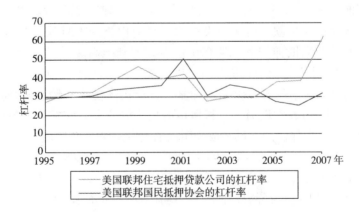

资米来源：联邦房地产企业办公室总年度报告，彭博资讯。

图 14.1　1995—2007 年政府出资企业的账面杠杆率

实际上，相关研究估计，数以万计的美元从纳税人转移到政府投资企业在金融危机爆发前就已经开始了。例如，在 2001 年 5 月的研究报告中，国会预算办公室（CBO）计算出年均隐性补贴从 1995 年的 68 亿美元增加到 2001 年的 136 亿美元。但是，政府支持企业对这种分析机制提出了质疑，后来的学术研究证实了这种结论。使用以隐性政府担保为基础的标准化折扣盈利模型，帕斯莫尔（2005）估计总价值某时在 1 190 亿美元和 1 640 亿美元之间，其中股东各自得到了 500 亿~970 亿美元。使用以价格选择为基础的选择性机制，卢卡斯和麦克唐纳（2006）的报告认为是价值较少，为 280 亿美元，尽管最近作者进行了更新，卢卡斯和麦克唐纳（2010）的报告指出这种价值在更接近现实的模型中可能会增加。他们显示的风险价值占了房利美 1 650 亿美元和房地美 1 120 亿美元的 5%，与它们在目前金融危机中的损失出奇地接近，如果人们相信国会预算办公室的估算。

房利美和房地美的债务同时也产生了对政府隐性担保重要性论的一些观点。政府支持企业债务发行的利率一般是在 AAA 级公司债和美国国债之间，购买者是国内机构投资者，以及外国中央银行和主权财富基金把它作为美国国债的等价物购买。据估计，由政府支持企业发行的债券隐性政府担保的成本可能来自政府支持企业支付其出售的机构债券的利息和私募机构支付给政府支持企业类似的债券利息（大概是 AA－级）。奎格利有一个关于不同的研究报告使用不同的方法得出差价的详细评论。在该证据的基础上，国会预算办公室得出了政府支持企业拥有总资金优势约 41 个基点。帕斯莫尔（2005）在文章中指出从 1998 年到 2003 年 40 个基点的类似补贴，而卢卡斯和麦克唐纳再次得出的是较低的 20~30 个基点。

隐性政府担保对政府支持企业发行的机构债券，以及由政府支持企业发行的抵押贷款支持证券，以不断增长的国外投资需求起着重要的作用。资金流量的数据显示外国持有的包括房利美和房地美发行在内的美国机构证券数量增长了 3 倍，从 2002 年的 4 920 亿美元（占全部的 10.8%）达到了 2008 年的 1.46 万亿美元（占全部的 21.1%）。这是非常麻烦的事情，不考虑财政部官方这些年相反的观点，政府支持企业的债务确实成为了政府债务。因此这种债务的违约可能会对美国官方主权债务产生影响。图 14.2 显示了外国持有机构和政府支持企业支持证券的分类数据。

正如以上所提到的，在资产方上，政府支持企业的投资组合变得更明显具有风险，随着它们在国会和各类管理机构的压力下购买配置了劣质抵押贷款。"美国住房与城市发展部"（HUD）命令政府支持企业增加住房抵押贷款的份额给低收入家庭，从 1996 年的 40% 到 2001 年的 50%，到 2008 年的 56%。一些分析家（例如，平托，2008）曾经争辩政府支持企业的劣质贷款的赌注还会更大。

为了应对房地产和抵押贷款市场的混乱，《2008 年房地产与经济复苏法案》赋予了美国财政部无限制购买房利美和房地美证券，如果财政部长认为这种措施对以下几个方面是必要的：

稳定金融市场；

防止可获得抵押贷款融资中断；

保护纳税人。

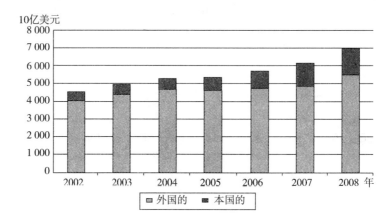

资料来源：美联储发布的分析，美国资金流量账户的资金流动。

图 14. 2　外国持有的机构证券数量

无限制授权使投资者确信两个政府支持企业将由联邦政府维持偿付能力。当房利美和房地美的巨额损失威胁到它们的偿付能力时，在《2008 年房地产与经济复苏法案》下新成立的联邦住房融资机构（FHFA）在 2008 年 9 月 7 日接管了它们，在雷曼兄弟 2008 年 9 月 15 日破产前 8 天。

正如国会预算办公室的文件所讲的，财政部在 2010 年 5 月已经注入了总计 1 449 亿美元给这两个机构，国会预算办公室计划额外增加 650 亿美元给房地美和房利美维持偿付能力，一直到 2019 年。国会预算办公室（CBO）进一步估计纳税人最终损失的总和可能达到 3 000 亿 ~4 000 亿美元。

14. 4　建议

自从 2008 年 9 月垮台，政府支持企业"大而不能倒"的问题已经被众多分析家和政治家议论。当债权人破产时，股东和有优先权的股东失去了他们所有的财产。随着后来不适当的行动，政府支持企业具有系统性风险和"大而不能倒"是毫无怀疑的，争论的是破产的四点原因。

第一，正如图 14.2 所显示的，其债务被外国大量地持有，正确或者错误地认为这是美国政府支持的债务。这种债务的违约可能被视为美国政府支持不再让人信任的信号，对美国主权债务的发行有着严重的影响。

第二，政府支持企业担保大约 5.4 万亿美元的抵押贷款（有 27% 仍然保留在它们的投资组合中）。担保的损失可能会通过金融部门对交易对手方有重要的影响，而且正如这次危机所证明的，政府支持企业实际上是优质的抵押贷款市场。在危机中，政府支持企业的消失将会严重削弱无任何支持的房地产市场。

第三，政府支持企业持有大约价值 1.5 万亿美元的抵押贷款支持证券。这些证券的清偿（或者几近威胁的清算）将会导致这些证券的贱价出售和引起其价值的暴跌。暴跌又意味着其他金融机构资产负债表进一步的巨额损失，导致更贱价的出售和价值的损失以及其他金融部门陷入潜在的死亡旋涡。

第四，由于它们的规模和在抵押贷款市场的存在，政府支持企业也是衍生品市场的最大参与者，主要是在利率掉期市场对冲利率风险。政府支持企业的倒闭将暴露它们在衍生品市场上交易对手方在其衍生品负债表中可能的损失。大量的交易对手方风险和政府支持企业已经暴露的不确定性，可能会引起很多金融机构的挤兑和衍生品市场的停滞。

加上，这些原因隐含着政府支持企业目前的组成形式将被视为"大而不能倒"，没有风险管理惯例、监管部门或者决议机构能够处理这些。不同于以后金融法案中没有提出大型金融机构的结构性改革，政府支持企业需要通过一个激进的蜕变来改变他们的商业模式和实践。

我们认为由奥巴马政府和国会提出的三个问题应该得到解决。

首先，政府支持企业的对冲基金功能需要完全终止。角色不再是政府发起的巨额对冲基金，以抵押贷款形式的合同进行交易。最初这项业务是为了改进二级抵押贷款市场的流动性。这种理由已经过时，因为现在市场在投资和交易标准抵押贷款支持证券上已经有超过 30 年的经验。我们假设政府能够逐渐减少政府支持企业资产负债表的资产——例如，通过把他们集中到类似 20 世纪 80 年代晚期和 20 世纪 90 年代早期储蓄和贷款危机中所创立的重组信托公司中。这个企业将会持有抵押贷款支持证券一直至到期日或者逐渐在私募市场出售。私募投资者将增加私募资金来购买政府支持企业的资产。在接管协议下，目前的计划是从 2009 年 9 000 亿美元的限额每年降低 10% 的投资，直到达到 2 500 亿美元。这是迈向正确方向的一步，但并没有走得太远。

其次，政府支持企业的担保功能应该重新审视或者可能停止，应该通过以下方式完成。

第一种选择是完全国有化标准类贷款的担保业务。这种国有化的合理性在于在下次抵押贷款危机中，政府将必然关闭任何私有证券公司——私有房地美或房利美。这种机制的缺点是没有可以获得的市场信息来保证政府收取合理的保险费和担保功能仍然在经济上可行。目前的担保费用太低，一旦这种选择被采用，需要重新调整。

第二种选择是充分私有化担保业务。在这种方案下，政府支持企业将会完全解散。这将会限制由隐性政府担保产生的市场扭曲，例如人为地降低融资成本和抵押贷款利率。注明必须符合抵押贷款条件是十分谨慎的前提。例如所有池里的标准类贷款的抵押贷款支持证券有80%的贷款价值比率或者更少（或者包含在私募抵押贷款保险中），已经证明了债务支付与收入比率大概是35%。因此，这些贷款刚开始时信用风险较低。

这个理念是将来自贷款池的现金流分为各个级别。最高级别实际上没有信用风险，因此不需要任何信用担保。这个级别应该至少是所有标准类贷款的80%；如果在高级别承担首要的损失后仅有50%的回收率，违约率将需要超过40%。这种标准类抵押贷款的损失是空前的，甚至是自大萧条之后最差的房地产市场。在这种情形下，仍然有20%的贷款作为隐含某些信用风险的次级份额被证券化，并在私募市场上交易。来自私有企业的次级份额可能没有包含保险，例如债券保险商。

第三种选择，这是公募—私募的混合体，将会看到政府支持企业的消失，但是将会继续担保所有标准类抵押贷款支持证券。从投资者的观点来看，一个潜在的有利条件是继续但保所有标准类抵押贷款支持证券（无信用风险），是建立一个拥有充分的人力资本的投资团体，围绕着无违约率的抵押贷款支持证券。在这种情形下，私募抵押贷款证券商们将会从发起人那购买抵押贷款，以及发行低违约率的抵押贷款支持证券。在实际中，这仅对以上所提及的20%的次级债是必要的。但是，它仍然可能要求大量的私募资金去保证所有抵押贷款支持证券的标准类抵押贷款信用风险。

我们相信在这里政府将会起到重要的作用。特别是抵押贷款违约保险将会通过一种新的公募—私募合作的方式提出，效仿2002年11月的《恐怖主义风险保险法案》。特别是证券商将会购买的保险25%来自大保险公司，75%来自新形式的政府企业。像恐怖主义风险一样，私人保险市场将有助于建立一个抵押贷款违约风险的市场价格。新成立的政府企业将会支付一笔以市场价格为基础的费用，这确保了政府也接受了信用风险适当的赔偿，这是与先前危机处理机制的一个关键性区别。

在私募的情形中，应该对同房地美和房利美一样的具有风险的证券商实施监管，来防止证券商进入大的系统性对冲基金，保证能够提供私募保险的保险公司资本情况良好。

在原则上，公募—私募保险不仅能够提供给标准类贷款池，还可以扩展到非标准类的贷款（超额优级、次优级和次级）。确实，这种结构将有助于重振非优质抵押贷款市场。因此，我们建议这种方式也有助于非标准类抵押贷款市场。这将会保证政府得到系统性信用风险的赔偿，最终承担所有抵押贷款。像在 2008 年的危机中，房地产危机的大部分违约风险，实际上集中在非优质抵押贷款部分。

最后，政府支持企业应该从促进低收入家庭房产所有和不发达地区房屋所有权的业务中出来。我们相信无论政府支持企业未来的决定怎么样，目前的两种授权让抵押贷款市场具有流动性、运转良好和促进服务水平不高的组织或地区准入抵押贷款是相互矛盾的。

目前的方式是政府通过政府支持企业进行干预——来保持对所有家庭抵押贷款利息人为地很低——是非常昂贵和无效率的。如果政策的客观目标是补贴低收入人群的房屋所有权，那么联邦住宅管理局和证券商、房利美以及美国住房与城市发展部更适合对不发达的群体和地区扮演这种角色，而不是所有的家庭。这种专注的机制价格会更加透明和有效率。

一般而言，我们会建议政府重新评估住房补贴作为限制不公平的工具的效果。住房补贴，无论他们是住房——抵押利息税抵扣，还是收入（租金）免税来源于拥有房屋，都扭曲了住房相对于其他消费品和投资品的价格。同样地，他们可能导致美国经济过分投资相对没有收益的住宅资产来代替更有价值的商业资本。

14.5 前进之路：如果政府支持企业没有重整的未来规划

现在的金融立法提案对房利美和房地美的未来完全保持沉默。考虑到它们在危机中扮演的重要角色、它们的系统性特征、它们的结构缺陷和所有持续的紧急问题，我们认为这是一个错误。

尽管政府支持企业目前由于托管处在政府的控制下，其所产生的损失主要是由于在 2008 年 9 月 7 日之前获得或者担保的抵押贷款的恶化，而且政府支持企业处于政府控制之下的时间越长，就越难建立新的结构体系。我们尤其担心惯性地回归到它们以前准政府/准私有机构。这对它们不充分资本的状态、承担过多的风险和它们的金融倒闭将是一个简单的解决方法。这无疑不是奥巴马政府——或者其他政府所追求的明智路线。

与所观察的略微不同，政府支持企业债务的隐性担保代表着美国政府资产负债表的主要债务。美国政府债务占 GDP 的比例现在接近了 100%（通过其他计算方式几乎达到了 120%，接近了 1945 年第二次世界大战时的水平）。从 2001 年（当时在 40% 以下）开始，政府债务占 GDP 的比例开始稳定增长，这是引起经济复苏仍然有大量失业，家庭仍然无负债、住宅价格仍然不景气，以及全球经济摇摇欲坠的原因。联邦债务更高的增长不可能忍受随之而来的重大的全球冲击（例如欧元区的主权债务危机或者亚洲经济的放缓）。

美国政府从一开始就应该重视资产负债表中提供给金融部门的担保质量重要性，特别是政府支持企业。这会约束财政预算考虑它们的担保和认识到政府可能发生的杠杆率高于目前的杠杆率。我们认为，合理的财政预算会要求政府有一个平稳退出担保机制的计划。政府是否可以看透下一次选举，或者把钱交给下届政府，为了长期持续增长利益的短期牺牲品，纳税人将会是美国政治的检验方法。

最后需要注意的是，假设政府支持企业进行改革，没了美国政府的支持，重要的是明确的担保没有通过，因为金融体系其他处的隐性担保。一种能够想象大的、复杂的金融机构因为"大而不能倒"而拥有担保，或者在影子银行世界中尚未成形的企业，可能填补这个空缺。考虑到抵押贷款市场的规模，监管者应该确保抵押贷款担保和抵押贷款支持证券都不能高度集中在低资本化的机构。考虑到美国金融体系对抵押贷款补贴的上瘾，以及历史上一直不愿意监管房地产部门（甚至这些市场出现系统性风险时），我们有理由不太乐观。

注释

①见《多德—弗兰克法案》，第 15 条，"抵押改革和反掠夺性贷款法"，副标题 H，"杂项规定"，次标题 1491，"国会认识到对政府出资企业改革以保护、限制、监管住宅抵押贷款信用的重要性"。

②见《房地美似乎需要更多的现金支持》，载《金融时报》，2010 年 2 月 24 日。

③联邦住宅贷款银行系统同样是政府出资企业。

④2008 年 8 月以前，它们的审慎监管者是联邦住屋企业督察局（OFHEO）。它们现在的监管者是美国联邦住房金融局（FHFA）。FHFA 是根据 2008 年《住房和经济复苏法案》下的《联邦住房金融监管改革法案》（2008）而设立的，这个法案由乔治·布什总统于 2008 年 7 月 30 日签署生效。

⑤也就是说，基础的抵押贷款借款人的利息和本金支付让渡给了 MBS（抵押贷款支持

证券）投资者。

⑥通常，政府出资企业仅仅与发起人安排一个互换，互换抵押贷款证券，然后让发行人决定他们是否持有这些证券，或者把这些证券卖到二级市场。

⑦优质抵押贷款是借给那些信用评分高的借款人的抵押贷款，而次级抵押贷款是借给那些借不到优质抵押贷款的借款人。替代机构（Alt - A）抵押贷款通常指借给那些有较高信用评分但收入证明较少的人。次级贷款是借给那些低信用评分的人，不管他们有没有收入证明。"其他高风险抵押贷款"包括与次级抵押贷款和替代机构抵押贷款有相似特征的贷款，比如高的贷款价值比例，低的 FICO（美国的一种信用评分）信用评分，和/或者只关注利率/类似期权特征的利率可变抵押贷款，但并不是严格和上面指定的那样。

⑧它们的债务被认为是机构债务，可能是因为 1938 年房利美首次特许它是一个政府机构，尽管房地美从来都不是。

参考文献

［1］Frame, W. S. , and L. J. White. 2005. Fussing and fuming over Fannie and Freddie：How much smoke, how much fire? *Journal of Economic Perspectives* 19：159 - 184.

［2］Jaffee, D. , 2010. The role of the GSEs and housing policy in the financial crisis. U. C. Berkeley Working Paper Prepared for Presentation to the Financial Crisis Inquiry Commission.

［3］Jaffee, D. , and J. M. Quigley. 2007. Housing subsidies and homeowners：What role for government - sponsored enterprises? *Brookings - Wharton Papers on Urban Affairs*, 103 - 130.

［4］Jaffee, D. , M. Richardson, S. Van Nieuwerbugh, L. J. White, and R. Wright. 2009. What to do about the government sponsored enterprises? In *Restoring financial stability：How to repair a failed system*, ed. V. V. Acharya and M. Richardson. Hoboken, NJ：John Wiley & Sons.

［5］Lucas, D. , and R. McDonald. 2006. An options - based approach to evaluating the risk of Fannie Mae and Freddie Mac. *Journal of Monetary Economics* 53 (1)：155 - 176.

［6］Lucas, D. , and R. McDonald. 2010. Valuing government guarantees：Fannie and Freddie revisited. In *Measuring and managing federal financial risk*, ed. D. Lucas. Chicago：University of Chicago Press.

［7］Moore, D. , 2010. CBO's Budgetary treatment of Fannie Mae and Freddie Mac. *Congressional budget Office Background Paper*, January.

［8］Passmore, W. 2005. The GSE implicit subsidy and the value of government ambiguity. *Real Estate Economics* 33 (3): 465 –486.

［9］Pinto, E. 2008. Statement before the Committee on Oversight and Government Reform. U. S. House of Representatives, December 9.

［10］Quigley, J. M. 2006. Federal credit and insurance programs: Housing. *Federal Reserve Bank of St. Louis Review* 88 (4): 281 –310.

第 15 章　信用评级机构的监管

Edward I. Altman，T. Sabri Öncü，Matthew Richardson，
Anjolein Schmeits，and Lawrence J. White[*]

15.1　概述

信用评级机构是提供商业信誉评估业务的公司——特别是揭示公司、政府等经济主体按合同约定如期履行债务或其他义务的能力和意愿，近年来其业务以抵押证券化风险评估居多。作为 2007 年至 2009 年的金融危机的推动者，信用评级机构广受业内外人士的质疑和谴责，究其原因，主要归责于评估过程中的两大特征。

第一，早在 20 世纪 30 年代，美国金融法律便授权信用评级机构作为美国金融市场债券信用级别的信息发布者。近年来，其他国家也颁布了相似的法律。以日本为例，20 世纪 80 年代中期，日本财政大臣推行的经济政策中包括只有达到投资级别（被评为 BBB 级或更高级别）的企业才能发行公司债券。1975 年，美国证券交易委员会创立"国家认可统计评级组织"，强化信用评级机构在市场中的核心地位，形成行业门槛，致使其他新的评级机构难以进入。事实上立法者以评级作为风险评估的主要依据，也大大提升了国家认可统计评级组织的地位（例如，参见怀特，2010）。

第二，目前大部分评级机构采取的是向"受评机构收取费用"的模式。也就是说，在信用评级的过程中，证券发行人既要自主选择评估机构，又同时支付评估费用。在经济利益的推动下，为了争取更多的客源，信用评级机构往往主动迎合。当然，该模式同信用评级机构的主要职责——为证券的信用级别提供客观的分析相矛盾。信用评级机构在公正、客观声誉与商业利益之间难以取舍，同时其作为全国认可统计评级组织的强势地位，成为导致金融危机的首

* 我们要感谢 Thomas Cooley 对我们有用的评论和建议。我们要特别感谢斯特恩商学院评级机构工作小组的 Laura Veldkamp 、Ingo Walter 对我们的意见和建议。

要原因。

另外，由于利益冲突，信用评级机构对担保证券及其结构产品评级过程中的评级质量以及方法缺陷也是造成金融危机的重要原因。

《多德—弗兰克法案》通过完善各项措施以加强内部管理并提高评级的准确性、减少评级中的政策性依赖，试图全面、综合地解决这些问题并作出概念性的改进。对于减轻用户在信息选择过程中的负担，提高行业竞争力、评级质量以及创新能力等方面都起到一定的积极作用。但是，《多德—弗兰克法案》在解决"受评机构收取费用"模式中激励机制的偏差以及寻求信用评级的最佳商业模式的问题上仍显得力度不足。同时，该法案似乎希望通过加强美国证券交易委员会的监管以及完善立法等方式来代替市场机制，而此举必会带来负面效果。在本章节中，作者主要分析信用评级机构在金融危机中的负面作用，研究《多德—弗兰克法案》的立法意图，并对信用评级过程的改进方案提出相关意见与建议。

15.2   金融危机

国际三大评级机构——穆迪投资者服务公司、标准普尔公司、惠誉国际评级公司，对 2007—2008 年的次贷危机起到决定性的作用。三大评级机构最初作出的良好评价对于次级抵押贷款债券以及相似产品的销售起到了关键的作用。反之，次级抵押贷款债券的销售也成为美国房价上涨及 1998 年至 2006 年间信贷泡沫膨胀的主要原因。2006 年中期，美国房价趋于平稳后开始下跌，房屋贷款的违约率大幅度提升，而原先对该债券的评级也显得过于乐观。次级抵押债券的大规模降级给原本膨胀的美国金融体系造成巨大的冲击并造成全球金融市场大震荡。

图 15.1 中显示了与住房抵押贷款支持证券绑定后因其降级而造成的影响。该图表明，几乎所有的发行于 2005 年至 2007 年期间的高级别资产抵押证券（ABS）和债务抵押债券（CDO）都被评为 AAA 级，但是截至 2009 年 6 月仅有 10% 的证券被标准普尔公司评为 AAA 级。同时，60% 证券的评级低于 B级，几乎是最低的信用级别。抵押贷款支持证券（MBSs）（未显示）也经历同样的信用评级下滑，其中有 63% 在 2005 年至 2007 年期间发行的 AAA 级证券于 2009 年 8 月被降级（52% 被降为 BB 级或更低）。

而关键的问题是，评价机构的监管者以及金融机构的审慎监管者是否拥有像图 15.1 能够显现评级过程中的固有缺陷或者反映其对宏观经济的不确定性冲击（即信用评级机构的坏运气）。

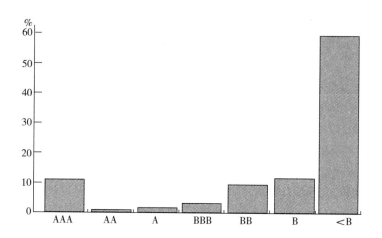

注：标准普尔公司从 2005 年到 2007 年发行的美国 AAA 级资产抵押证券、债务抵押债券。

资料来源：国际货币基金组织，全球金融稳定报告，第 2 章 "重启的证券化市场：政治提案和陷阱"（2009 年 10 月），93. Web link：www.imf.org/external/pubs/ft/gfsr/2009/02/pdf/text.pdf。

数据来源：标准普尔公司。

图 15.1　2009 年 6 月 30 日的信用评级分布

无论是从理论角度还是从实践的角度，对该问题都有过多的研究。在以下的几个章节中，我们主要关注以下三个问题。

第一，监管对信用评级的依赖和在现有制度中的评级要求的作用；

第二，评级机构商业模式带来的利益冲突；

第三，利益冲突外的评级质量。

监管对信用评级的依赖

评级机构对抵押贷款支持债券评级的巨大失误主要是由于其在证券市场上的核心地位——而该地位是由立法规定并要求各大机构投资者严格遵守的。从 20 世纪 30 年代起，审慎监管要求银行、保险公司、养老基金、金融市场互助基金以及证券公司在作出证券投资决定时，要以评级机构的评级为主要标准。

1975 年，美国证券交易委员会将三大评级公司（穆迪投资者服务公司、标准普尔公司、惠誉国际评级公司）认可为 "国家认可统计评级组织"（NRSRO）成员，使得三大评级机构的地位更加明确。之后的 25 年里，美国证券交易委员会仅指定四家公司成为 "国家认可统计评级组织" 成员，逐渐成为进入评级行业的不透明门槛。随着惠誉国际评级公司吞并四家评级公司，

2000 年底,"国家认可统计评级组织"又回到原来的三大成员。同时,2000 年到 2009 年间,次级贷款证券化的不断发展,而仅有三家评级机构有资格对其进行评级,特别是由审慎监管金融机构持有的 AAA 级或 AA 级高评级债券。

Sy(2009)提供一份巴塞尔委员会关于信用评级银行监管分析。该分析汇集了来自 12 个国家 26 家信用评级机构的调查结果,称信用评级对鉴定资产投资资格、判断资产需求、提供风险预估等方面起到至关重要的作用。其中主要包括美国以"国家认可统计评级组织"的评级作为交易经纪人资本支出和在新巴塞尔协议下设置银行风险权重的主要依据。

在当前金融危机的情况下,对信用评级的依赖促使审慎监管金融机构从事监管套利。尤其是这些金融机构一般以该债券作为盈利的工具,而其利润越高,即代表其被评级的程度要比实际危险得多。金融机构可以把过多的风险归咎于审慎监管政策〔例如,参见卡洛米利斯(2009)中的详细论述〕。

另外,由于 AAA 级债券在资本获取上被授予特殊待遇,金融机构在政府担保的前提下融资成本过低,因此政府支持企业、"大而不能到"的金融机构、美国联邦存款保险公司等都争先套利交易 AAA 级债券。有无数案例证明在金融危机期间金融机构进行监管套利,以下四个案例尤为明显。

第一,在美国国际集团 2007 年年度报告 122 页指出,由现在臭名昭著的美国国际集团的金融产品组织出售的 5 270 亿美元的 AAA 级资产抵押证券信用违约互换中,有 3 790 亿美元并非以套期保值为目的,而是为了促进金融机构的获得资本宽减。如果一个 AAA 级的证券公司出售 AAA 级的证券,监管机构对其资本充足率是不作要求的。

第二,人们都将焦点集中在破产的美国国际集团 2008 年在金融产品计划上损失了 408 亿美元,很少有报道提到美国国际集团一年在生命保险和退休服务计划上损失了 375 亿美元。这些损失主要是因为生命保险和退休服务计划失败的证券化贷款业务,各种咄咄逼人的抚恤年金利益条款,以及超过 5 000 亿美元的资产投资组合的投资损失。证券化贷款在正常情况下被视为低风险的业务,因为投资的抵押物是安全的短期资产。但是,在这场金融危机中,美国国际集团开发的某些 AAA 级抵押贷款支持证券和将近 2/3 的现金抵押期限较长,从 3 年到 10 年不等。这暴露出美国国际集团的期限配置不合理,如果美国国际集团的证券的借款人没能递延他们的贷款,结果就会产生大量损失(在一些极端情况下已经得到了证明,例如雷曼兄弟)。

第三,另一个在本次危机爆发前监管套利的例子证明了以利用信用评级为基础为了满足资本充足率要求,阿查里亚、施纳布尔和苏亚雷斯(2010)的文章显示商业银行建立"管道"投资工具来资产证券化,而同时保证这些新的证券化资产使用新的信用担保。这些信用担保主要是为了通过"管道"投资工具的 AAA 评级降低银行的资本充足率要求。据我们现在所知，众多涉及这项业务的商业银行在这场危机中受到严重的创伤。例如，两个最大的当事方，花旗集团和荷兰银行，通过资产负债表中所谓特殊目的投资工具分别融资了 930 亿美元和 690 亿美元的 AAA 级证券，两家都损失惨重。

第四，相似的是，2007 年 7 月（危机开始的时间）前 18 个月，瑞银集团持有的 AAA 级次级抵押贷款支持证券从 50 亿美元增加到 500 亿美元以上。美林集团也进行了相似的增加。但这些数字若同房地美、房利美和联邦住房贷款银行系统（其他的住宅政府支持企业）相比较，就非常小了。根据 2008 年 4 月雷曼兄弟的报告，政府支持企业将近期有 3 000 亿美元这种证券。实际上根据这份报告，这类已发行证券大约有 1.64 万亿美元，而高达 48% 被银行、经纪自营商和政府支持企业持有。

"受评机构收取费用"模式中的利益冲突

因对自身声誉的考虑，几大评级机构于 20 世纪 70 年代初期采用的"受评机构收取费用"模式受到严格约束（参见 Covitz 与哈里森，2003）。事实上，有成千上万的政府证券、公司证券发行商等着评级机构来评级，单个证券商的离去对评级机构的生意并不造成太大威胁。此外，传统债务的评级过程非常透明，偶然发生的错误很容易被发现。

但是，对于结构型抵押债券来说，被评级债券发行量大，边际利润率高，而发行商相对较少，激化了该模式中的利益冲突。因此，发行商威胁将其业务转与其他评级机构具有强制性。图 15.2 表明 2002—2007 年，结构型债券对于穆迪投资服务公司的业务日渐重要。该图特别显示了结构型金融产品与穆迪投资者服务公司其他业务之间的收益明细。

另外，被评级的证券要比传统债券更加复杂与不透明，因此在评级过程中的错误更难被发现。发行商借此操纵评级标准并听取评级公司出具的有关结构性债务的意见（参见国际货币基金组织 2009 年年度报告）。

大多数金融市场分析师都认为目前几大评级机构采用的商业模式降低评级质量，减轻了评级机构的责任，是造成严重利益冲突的主要原因。该冲突不仅是由于谁为评级付费，更是由于评级机构为被评公司提供其他有偿服务。

在近期的论文，如博尔顿、弗雷克斯和夏皮罗（2008），马蒂斯、迈克安德鲁和罗歇（2009），桑焦尔吉、索科宾和斯帕特（2009），斯克雷塔和德肯普（2009）的论文都为利益冲突的争论提供了理论上的支持。在上述文章中提及由于发行商付款造成的过高评级，以及在实践中所谓的"评级买卖"，即

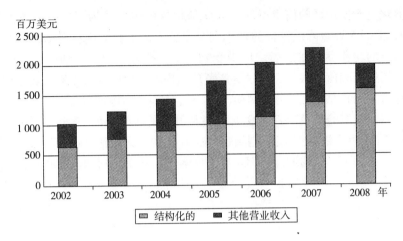

资料来源：2002—2008 年穆迪投资者服务公司年度报告。

图 15.2　穆迪投资者服务公司的收入

发行商可以致使全国认可的统计评级机构为其评出最佳等级。论文中对信用评级组织商业模式发展前景的建议将在本章最后予以论述。

由于利益冲突争论的性质，研究者开发出了对这些理论影响的测试，而且克拉夫特、戈德史密斯和维克利（2009）对 2001—2007 年的次级和次优级抵押贷款支持证券进行了详细分析。他们发现对抵押贷款支持证券的信用评级包含着有用的信息，他们所有的证据都非常让人讨厌。博尔顿、弗雷克斯和夏皮罗（2008）以及马蒂斯、迈克安德鲁和罗歇（2009），都认为评级膨胀更可能在"大跃进"时期发生。克拉夫特等指出在 2005 年到 2007 年中期评级开始快速的膨胀，甚至是在调整了信用风险和交易特征之后。

这些作者同时也指出，对于已经进行信用评级，但更加不透明的抵押贷款支持证券，例如那些基于少量调查上的贷款，履约能力比抵押贷款支持证券更差。这样的结果与桑焦尔吉、索科宾和 Spatt（2009）以及斯克雷塔和 Veldka-mp（2009）的研究保持一致，这些研究都强调了透明度的重要性。本米莱克和德乌格什（2009）同样提出了利率与"评级选购"冲突的证据。他们发现仅有一家机构进行评级，特点与评级选购是一样的，更有可能被降级，还可能比这更严重。

而上述论文中所论述的住宅抵押贷款支持证券的结构化产品的评级问题，例如商业抵押贷款支持证券（CMBs）。例如，斯坦顿和华莱士（2010）分析了在危机之前和危机中商业抵押贷款支持证券的履约。他们表示在发生危机的那段时期贷款承保标准并没有严重恶化，相反在商业抵押贷款支持证券市场上的大部分失败反而有助于更高级别的商业抵押贷款支持证券评级膨胀的增长。

就这一点来讲，根据 2009 年 8 月高盛集团的报告，抵押贷款支持证券资本结构在引起危机的十年间已经发生了显著的改变。而且，报告将商业贷款池分类为 AAA 级、AA 级、A 级、BBB 级、BB 级和权益。报告提供了中间次级级别的证据，因此信用增级在危机前十年是始终下降的。例如，1995—2007 年，贷款池中的 AA 级从（26.8%，21.2%）下降到（9.5%，7.2%）。

经验证据表明利益冲突在经济危机中扮演着重要的角色。这种证据由信用评级机构的雇员进一步补充，反映到国会和其他监管委员会。虽然其中一些证据由于事件的不同解释和一些雇员存在不满，可能需要持保留态度，但是绝大部分证据都非常支持结构化产品利益冲突问题。相关证据显示，边际利润率连同对这些产品的评级，是金融机构在这个市场上提供适当资源并考虑增长的核心问题。事实上，一些证据甚至表明信用评级机制的改变是对市场份额损失的反应。[①]

评级质量

除了利益冲突以外，对于评级质量以及准确度的强烈质疑依然存在，特别是对于结构性产品的案例。信用评级机构没有完全知悉被评估产品的具体情况，也没有考虑违约相关性。漏洞寻找法及数据代入法是确定级别的常用方法，而依赖评级的投资者没有足够的信息去检测其评级的质量。用漏洞寻找法及数据代入法评估次级房屋抵押贷款支持证券的信用时表明其漏洞重重，高估了其抵押贷款的质量，而低估了它们履约的相关性。

作为一个典型案例，哈尔和怀特（2009）的论文已经明确指出，使用与评级机构的相似标准，他们注意到在不同模型假设下 AAA 级的变化，例如贷款相关度和回收率。他们认为虽然按照理论模型，评为 AAA 级是指抵押贷款支持证券的高级，但是将抵押贷款支持证券/不动产抵押债券次级部分评为 AAA 级别是不合理的。相似的观点也存在于 Coval、杰瑞克和斯塔福德（2009）和格里芬以及唐（2009）的论述中。

评级质量的另一个方面是评级变化的时效性和精度，对信用评级机构在危机监管调查中扮谁的角色普遍的观点认为，信用评级机构在它们结构化产品的分析中对房地产崩溃的反应过慢。在危机中评级机构（CRAs）评级的刚性系数作为其不法行为的证据，评级机构偏爱稳定的评级有一段历史（例如，奥特曼和 Rijken，2004，2010）。评级机构认为短期信用质量的改变可能会导致未来评级逆转，已经引用的调查显示发行人相对于频繁变动，更喜欢稳定，特别是就降级而言。而且，因为持有的投资组合变动会引起交易成本的变动，一个机构投资者遵守评级相关的监管规定，更愿意避免受评级波动的上下循环模式驱动的投资组合。[②]

15.3　评级制度中的公共利益

如果评级结果虚高或者质量过低，评级机构几乎不负任何责任，也没有任何制度要求评级机构改善评级质量。事实上，在利益冲突的阴影下评级机构的竞争只会让评级质量更加恶劣，博尔顿、弗雷克斯、夏皮罗（2008）的论文对该观点进行了详细的理论阐述。[③]贝克尔、Milbourn（2008）的论文对评级机构间竞争的影响进行了进一步的说明，其以对标准普尔、穆迪国际评级公司在公司证券评级业务市场份额的提升所带来的影响为例，证明了评级竞争造成的质量下降。许多研究者认为对结构性金融产品的评级过程甚至比该评级结果还经不起推敲。

即使评级机构的商业模式转变成"投资者支付"模式和投资者免费"搭便车"的问题可能得到解决，也仍然存在潜在的激烈竞争。也就是说，审慎监管的机构将满足监管标准的最低级别的评级货比三家，寻找遵守限令下的最高收益（达到收益）。这会需要市场（有可能是投资者）相信对证券的投资比评级（错误）显示的更有风险。正如早前所阐述的，众多机构投资者，尤其是大型复杂金融机构（LCFIs），不仅仅是评估内部风险，还用来进行监管套利。

利益冲突的争议和住宅抵押贷款支持证券最初评级的低质量，一直鼓励发展替代模型和不受这些问题限制的概率。[④]但是，鉴于"全国认可的统计评级机构"的评级是监管程序的一个重要组成部分和投资战略的关键决定因素，所以仍然存在改革的必要。

对信用评级业的监管应该包括众多公共利益目标：

完全地改变或者显著地降低现在评级机构对全球资本市场运作的权力和影响；

向投资者、发行人、监管者和其他主要的市场参与者提供有关违约和由公司、金融机构和国家发行的证券债务，以及与这些一级证券相关的衍生品工具在违约时可能损失的有意义和精确的信息，重塑人们对信用评级机构和金融市场的信心；

改变或者降低目前信用评级机构商业模式固有的利益冲突，特别是"发行人支付"模式。

15.4 《多德—弗兰克华尔街改革与消费者保护法案》

对评级机构过高评级的严厉批评主要源于 20 世纪末对亚洲金融危机以及其他金融欺诈造成的巨大损失，而 21 世纪早期安然公司以及世界通讯公司的评级过程则非常透明，对其批评主要是针对评级下调机制的迟缓。对于抵押证券的评级，批评主要集中在评级机构最初对该证券过高和乐观的评级。因此，金融监管改革中包括对评级机构监管的具体规定就不令人意外了。

法案第四条第三款名为"信用评级机构的改革"，旨在加强对评级机构的监管以及重塑投资者对评级程序的信心。

政府的角色

《多德—弗兰克法案》（2010）强调信用评级的系统重要性、公共利益属性，以及作为监管依据的属性。该法案一个关键性的前提是利益冲突，特别是对结构化金融产品的编排提出建议，并提出结构化金融产品的评级偏差应该得到重视。⑤

《多德—弗兰克法案》颁布了内部控制、治理、独立性、透明度和流动性标准的新规则，并在证券交易委员会中成立了称为"信用评级办公室"的机构，其职责在于执行委员会的规定，主要包括：在评级的过程中维护用户以及公众的利益，促进评级的准确性，防止评级过程中受到利益冲突的干扰。⑥

《多德—弗兰克法案》（以下简称《法案》）提出了内控体系以及评级年审程序，并规定如果全国认可的统计评级机构"未能就特殊级别或次级别证券在持续的时间内进行正确的评级……或者没有充分的金融管理资源去持续进行拥有良好信用的评级"，或者如果违反涉及评级、出售和营销分离方面的规则，证券交易委员会有权中止或取消其注册登记。⑦

《法案》进一步要求每一个全国认可的统计评级机构应该公开披露有关全国认可的统计评级机构决定的每一类型的债务人、证券、货币市场工具的最初信用评级，以及这些评级随后的任何变动的信息，这样做是为了允许信用评级的投资者对评级的精确度进行评估和对不同的全国认可的统计评级机构作出比较。⑧为了增加评级机构执行和方法的透明度，《法案》要求每一个全国认可的统计评级机构披露用于信用评级以及变更信用评级的信息、程序、方法，并强调对评级的潜在限制和没有包含在信用评级中的风险类型（例如流动性、市场、关联度和其他风险）。而且，《法案》要求评级机构提供对信用评级可能的波动、任何可能导致评级改变的因素和评级对这些因素敏感度的解释和测算。

最后，该法案的其他条款中，最著名条款是要求信用评级机构与发行证券的公司取消豁免证券交易委员会的"公平披露"（FD）规则。[9]

对于全国认可的统计评级机构，立法案明确的尝试是信用评级机构应该高度负责和开发更高质量的证券风险方面的相关信息系统。特别指出的是，我们赞成提案的以下几个方面。

一些监管措施：因为监管者是信用评级的最大消费者之一，通过评级来决定金融机构的资本金要求和制定对投资者的审慎规则。

对由全国认可的统计评级机构提供的评级进行定期的审计，证券交易委员会有权根据其发现撤销全国认可的统计评级机构的资格（至少就特殊级别和次级证券而言）。

但是，我们所担忧的是关于全国认可的统计评级机构的维持和授予资格方面的立法。虽然需要对全国认可的统计评级机构进行监管，一些条款的履行义务非常繁重，看起来似乎收益甚微。在实践中，考虑到其成本不变的特点，这将对全国认可的统计评级机构的创新造成相当重的负担，因此会加强较大评级机构的垄断地位。人们希望未来监管的程度会有所改进。而且，立法能否成功取决于证券交易委员会实施有效监管的能力——而过去在这方面实施得并不是太成功。在这方面的一个建议是探索出相当于美国公众公司会计监督委员会这样的对评级机构监管的专门机构。这将如何替代或补充现在的证券交易委员会的信用评级办公室还不明确，但是确实是值得考虑的。

最后一点，《法案》提出取消"公平披露"（FD）规则对信用评级机构的豁免会毫无疑问地降低全国认可的统计评级机构的市场权力，但也可能会出现意想不到的结果。经验证据表明取消"公平披露"（FD）规则的豁免将会减少评级变更的信息量，因此可能会对金融市场产生消极的影响（参照乔瑞、刘和石，2005）。

对全国认可的统计评级机构评级的依赖

至于对全国认可的统计评级机构评级的依赖，《多德—弗兰克法案》明确要求取消金融监管的联邦和州法律。而且，法案规定替换"投资级别"和"非投资级别"的说法。特别规定将后者替换为"不能满足信贷价值的标准"。而且，该法案提出联邦机构需对其对信用评级的依赖进行重新审视，发展不同的信贷价值标准，并根据这些不同标准来调整监管。[10]

我们非常支持取消要求监管机构依赖信用评级的特定表述。这一点是非常重要的，因为评级对评估固定成本证券不再是充分条件，我们将在下一章进行阐述。另外，我们赞同评级机构应该通过增加潜在的结果，提供不止一种单一点上的风险评估。例如，除单一的违约风险评估之外，应该有对不同的结果情形进行合理分布。

但是监管者也应该参考其他机构的风险评估。除了信用评级机构对违约风险的评估之外，监管者和投资者需要考虑到模式/误差错误、流动性/融资风险以及市场风险。对不同的结果情形进行合理分配对引起危机的次级抵押结构化的金融崩溃非常有用。例如，对不同结果情形下的房地产价格下降的评级移动要比单一的评级设计效果要好。

15.5　《多德—弗兰克法案》与利益冲突

为了鼓励评级机构有效地工作，《多德—弗兰克法案》定义的责任标准是未能从独立机构调查或获得分析。例如，投资者现在可以对评级机构提起诉讼，如果评级机构未能对信用评级的证券进行合理的调查。评级机构现在需要遵守所谓的专家责任；换句话说，他们不再豁免第一修正案中有关私人权利行为的规定。[11]在这方面，《法案》提出因为信用评级机构有效地扮演着债务市场上"守门人"的角色，为了客户的利益进行商业评估和提供分析服务，它们应该与证券分析师、投资银行和审计师履行一样的会计和责任标准。[12]

至于信用评级机构的独立性问题，潜在的利益冲突连同"发行人付钱"的模式，以及有关信用评级机构提供的与评级不相关的服务，《法案》禁止"全国认可的统计评级机构的销售和营销考虑影响其进行的评级"。《法案》不允许合规官方进行评级和销售，当全国认可的统计评级机构的雇员成为全国认可的统计评级机构评级证券的承销商，需要进行年度评审。[13]

但更为重要的是，《法案》条款要求对结构化金融产品和"发行人付钱"和"投资者付钱"模式带来的利益冲突进行两年的研究。研究是为了论证建立公共或私人设施或者自律监管组织委托全国认可的统计评级机构进行结构化金融产品信用评级的系统的可行性。[14]评审应该包括对全国认可的统计评级机构的收费机制、衡量信用评级精确度的指标、鼓励全国认可的统计评级机构进行更精确信用评级的创新的激励机制。

虽然研究总是会伴随着批评的声音，《法案》进一步要求全国认可的统计评级机构对结构化金融产品进行最初评级，防止结构化金融产品的发行人、发起人和承销商选择最初的全国认可的统计评级机构来决定最初的信用评级，并对这些评级进行监督。在颁布的这些规则中，委员会应该充分考虑条款HR4173 的第 939D 款，由参议院在 2010 年 5 月 10 日通过。应该根据第 939D

款来建立体系，除非委员会认为有另一个可选择的体系可以更好地服务公共利益和保护投资者。[15]

第939D款要求评级委员会隶属在证券交易委员会下的信用评级办公室，主要由结构化金融产品的投资者构成，该委员会的工作是为评级机构给发行人提供的结构化证券确定最初评级。也就是说，信用评级办公室将会建立一个为评级机构提供的集中清算平台，将通过三个步骤来工作。

第一，公司对其结构化债务进行评级需要先去评级委员会，取决于证券的性质、评估所收的费用。

第二，评级委员会从被批准的评级机构中选出一个评级机构进行证券的评级。这项选择将会非常随机，建立在优秀程度、评级机制的质量、评级机构在债务评级上的经验，从历史的角度来看同其他评级机构相比较得出的该评级机构的优势。

第三，收取费用后，评级机构会进入评级的程序。允许发行人进行其他的评级，但是最初的评级必须经过这项程序，不再允许发行人自己选择评级人。

HR4173第939D款由参议员艾尔·弗兰克提出，后成为众所周知的《多德—弗兰克修正案》，由参议员以大多数票通过，但在参议员和众议院金融改革议案的最后版本中被淡化了。议会不同意对众多的全国认可的统计评级机构进行评级授权的分配。因此，作为典型国会妥协，它们授权证券交易委员会来进行该如何做的研究。

立法在某种程度上通过第939D款强调了"发行人付款"带来的利益冲突。该项改革降低了评级兜售和在没有听取信用评级机构的多种观点意愿进行妥协的情况下激励了评级的膨胀。这是因为，取消发行人自己选择评级机构的机制减少了评级兜售的范围，消除了评级机构通过提供有利的评级来吸引客户的动机。如果评级委员会使用专家意见作为标准，这种结果更可能会引发评级机构之间提供更高质量产品的竞争。也就是说，评级机构更有动力去投入资源、创新和进行高质量的工作。现在仍然没有进行高质量评级的激励机制，因为他们没有相应的回报。实际上，因为发行人付钱给评级者，一种观点认为这种报酬机制甚至会导致评级者争相降低门槛。

当然，这个问题最后可以归结到研究的结果和监管者是否遵守《多德—弗兰克法案》和HR4173第939D款，如果没有发现更好的选择。一方面，法案在这方面的规定是有意义的，但存在大量实施上的问题，不仅仅指支付方式和证券交易委员会执行和管理这种体系的能力。另外，人们担心HR4173第939D款可能会导致意想不到的结果，例如评级神圣化，像中彩票一样被选出的评级者作为官方批准的评级，可能会重新成为风险评估的唯一成员。另一方面，法案可能授予证券交易委员会太多的自由去实施并不充分重视金融危机发生的主要原因（由于利益冲突和监管对评级依赖造成的评级程序的崩溃）的这种毫无意义的改革。

《多德—弗兰克法案》在其他方面的改革似乎也并不是很充分。例如，《法案》提出要求对初步评级更多的信息披露看起来似乎朝正确的方向迈出了重要一步，但非常容易进行规避。投资银行非常了解评级者使用的方法，可以预测哪个评级机构更愿意主动提供最高的评级。通过记录评级来处罚比其同行表现差的评级机构，促进更多的一致性评级，可能会降低评级的不一致性，但是使评级更加相似的这些方法也会减少多样化评级的信息量。这会使投资者特别是监管者没有得到很好的告知。

作为最后的评论，支持全国认可的统计评级机构对其错误负责引入了法律责任的概念。扩大的法律责任将会明显增加它们的责任和进一步改进其行为，这可能会对体系产生相当高的成本。根据这种结构，几乎任何事前对发行人违约的信用评级都是错误的。这可能会导致不必要和不公平的法律诉讼，导致高估公开评级中违约的可能性。我们因此更喜欢让市场来惩罚不正确评级的评级机构，这与实施商业判断规则和促进竞争是一致的。

至于其他的管辖权，鉴于评级机构美国以外的其他地区监管仍然对其很依赖的特殊地位，评级机构在世界范围内监管议程中占据突出位置就一点不奇怪了。具体来讲，二十国集团（G20）、英国金融服务局、金融稳定理事会、国际货币基金组织、经济合作与发展组织和欧盟委员会的提案中都提出对信用评级机构更加严厉的监管和加强监管的国际合作来保证对评级机构的管理和利益冲突的解决，这些提案中也提出增加透明度和提高评级程序的质量。G20、英国金融服务局和欧盟的提案中建议对结构化产品进行差异评级。经济合作与发展组织的提案集中在通过简单的登记要求降低进入门槛增加评级业的竞争，通过鼓励非请求评级来促进新型商业模式的小型评级机构的扩张。欧盟和经济合作与发展组织的提案对信用评级商业模式的改变和降低监管对全国认可的统计评级机构评级的使用似乎更加明确（例如，欧盟的提案中建议国际合作从"发行人付钱"模式转变到"投资人付钱"模式）。但是，正如我们对《多德—弗兰克法案》的详细分析，增加竞争不一定会促进高质量的评级；转为"投资人付钱"的模式也不能解决利益冲突的问题，只要投资者有动力去使用信用评级来满足监管资本要求。

最近（2010 年 6 月 2 日），欧盟委员会提出了对评级机构监管框架的修正案，采纳了 2009 年 4 月提出的在欧盟层面上加强监管的国际合作。在委员会现在的提案中，一个新的欧盟监管机构——欧盟证券市场局将会建立，该机构拥有直接监管信用评级机构的权利。欧盟证券市场局将信用评级机构的登记、监督和日常监管，以及对从公告发布到评级机构违反监管撤销其登记等采取适当的监管措施。尽管这种提案将所有的监管权力都转移到了欧盟证券市场局，但也允许欧盟证券市场局将权力委托给国家有关部门。在适当的时候，例如在日常监管的现场检查。另外，提案允许国家有关部门要求欧盟证券市场局（ESMA）检查对信用评级机构的撤销登记是否满足条件或者使用评级机构发布的评级是否应该被中止，如果对其的评估严重、持续地违反监管。但是，责任仍然在欧盟证券市场局。[16]虽然我们同意欧盟委员会提出的欧盟层面上的单一集中监者可能会给评级机构提供一个相对简单的监管环境，但我们仍然担心集中监管者能否把巨大的信息变为对评级机构的监督和评价其执行的能力。

修正案的另一个内容是欧盟委员会要求结构化金融工具的发行人不仅向它们所选定的评级机构提供信息，也应该向其他有利益关系的评级机构提供信息。法案的这个内容看起来似乎想加强评级机构之间的竞争，避免在"发行人付款"模式下的利益冲突，增加透明度和提高评级的质量。我们相信这是朝避免利益冲突和加强评级机构之间的竞争的方向走的正确的一步，可能会形成一种混合商业模式，在这种模式下，一些评级机构会公开披露评级，而另外一些评级机构可能保持评级私有，并出售给相关利益的投资者。

最后，2010年6月3日，新闻报道了修正案，欧盟委员会重新表达了它们对全球评级业缺乏竞争的忧虑，承认其进一步对结构方案进行研究的意愿，其中包括欧洲信用评级机构的建立或者其他独立对评级有重要作用的公共实体。这种确认使我们相信评级机构仍然会在很长一段时间处于世界范围的监管议程之内。

15.6　展望未来

对金融危机中评级机构角色的典型观点是，投资者在投资方向上迷茫了，因为政府暂停了对评级机构的批准。但是，我们的分析显示最终并不是投资者受到了欺骗，相反是纳税人受到了欺骗。是这样来运作的：因为发行人支付给了评级机构费用进行证券评级，发行人最终得到其想要的评级，这其中存在着巨大的利益冲突，导致了虚高的评级。多亏一些学术研究和近期信用评级机构官方提供的证据，我们现在知道了所发生的事实。因为政府围绕评级来建立自己的监管结构，像美国国际集团、花旗集团、荷兰银行、瑞士联合银行、房利美、房地美、美林集团、雷曼兄弟以及进行风险业务的其他投资者由于这些虚高的评级都没有持有充分的资本进行缓冲。评级机构充当了处于投资者和发行人之间的邪恶联盟。紧接着是对纳税人的紧急资助，如果没有评级机构在金融体系的中心所种下的因，这场危机可能不会以这种方式发生。

《多德—弗兰克法案》代表了对信用评级机构监管方式的重大改变。立法强调了两个核心问题：第一，全国认可的统计评级机构在金融体系中的核心作用和少数信用评级机构在信用评级业的垄断地位；第二，"发行人付钱"模式的利益冲突和一些投资者怎样使用这些评级。

监管机构是评级机构最大的消费者之一。但是，它们对评级的依赖，加上既存的利益冲突和监管套利的可能性使整个系统变得更加不稳定。在未来，可以明确的是评级机构的模式需要发生很大的改变。而且立法是朝正确的方向迈出了重要的一步，人们希望《多德—弗兰克法案》可以通过其委任的研究引起重大的变革。另外，我们也需要重视监管对信用评级的依赖和利益冲突问题。

监管对信用评级的依赖

评级对评估固定成本证券的风险和描述金融机构的风险并不足够。一般有三种风险需要被评估：违约风险和模型风险、流动性/融资风险和市场风险。尽管接下来的评论对所有的证券都适用，我们仍然使用结构化证券作为例子。

违约风险和模型风险　我们并不完全了解信用评级机构评估违约可能性和结构化预期损失的程序。它们事前的分析质量很差吗？还是我们事后对他们的评价太简单了？很明显，情况为滥用提供了机会——经济家参与评级结构化产品，评级机构同样也参与结构化产品、前面所提及的利益冲突等。但是我们先暂时搁置程序的问题。

相反，我们想集中讨论结构化的产品（例如，公司债券）是否能以可比较的方式进行评级。我们相信答案是"不能"，监管者需要建立一种对待结构化产品像对待金融业投资的方式。结构化证券是一种由贷款/债券/抵押投资组合所支持的优先发行的证券。从数学的方式看，这些结构化证券的支付与相关投资组合的期权组合相似，如果进一步进行结构化分类，例如所谓的双层担保债务凭证，那么支付方式与期权相似，在学术上被定义为复杂的期权和从业者文学。

了解与期权组合是非常有用的。大量的文献都显示评估对期权组合相关资产的波动非常敏感，复杂期权波动更大。所以对于结构化产品，除非分析者非常确定投资组合中相关贷款的波动性和相关性，它们必须输入到它们的模型中，否则模型的结果将会非常不可靠。实际上，哈尔和怀特（2009）以及 Coval、杰瑞克和斯塔福德（2009）都模拟了结构化产品评级的敏感性，对违约关联性和违约可能性作出假设，注意到了模型的不可靠点。[⑰]

评级是估计违约的可能性和违约所造成的损失。估计可能精确，也可能不精确，精确度需要包含监管者对风险的评价。这个问题在这一点上还没有其他的方式。甚至在世界上如果有分析师可以构建完美的结构化产品相关假设的细微改变都可能产生重大的影响。正因为如此，这些证券从本质上与由全国认可的统计评级机构评级的单纯功能的公司债券和市政债券等传统证券是不同的。

流动性/融资风险 在同样风险下的证券由于流动性不同，收益率可能不同。众所周知的一个例子是未挂牌国债对挂牌国债。[⑱]流动性在不同的时期是有价格的，例如在危机中，当投资者需要将证券转换为现金，一些证券市场的交易就非常难。结构化产品明确地划分到这个等级，有助于一些所谓的次优级和 AAA 级证券的收益比传统 AAA 级证券的收益高。从历史上看，一些金融机构因为其融资来源相对"黏性"可能持有一些非流动性证券（例如，投保人、存款人等），它们总计的投资组合风险很低，这并不一定是真实的。因此，监管者更应该重视公司投资组合的流动性。

市场风险 即使一些证券有着同样的违约率和预期损失，具有同样的流动性，这些证券可能会由于市场风险级别不同会有不同的评级收益。市场风险对保险公司的危害最大，因为公司会受到固定成本证券价值下跌以及其他投资的冲击，因为保险公司的融资来源会变得干涸，如果消费者和企业转换为现金。结构化产品，特别是安全的 AA 级和 AAA 级，尤其在这方面容易受到影响。这些证券几乎所有的风险都是市场风险，个别贷款/债券/抵押的个别风险都被多样化了［参见，例如，Coval、杰瑞克和斯塔福德（2009）；朗斯塔夫和迈尔斯（2009）］。几乎在很少的情况下，这些证券才会发生广泛的违约，但公司还是能支付得起损失的。因此，具有同样违约率和预期损失的公司债券同结构化证券相比较，应该风险更小，因为前者的大部分风险被多样化了。

了解风险不仅仅指对预期损失的估计，也应该知道风险何时发生（例如，包括信用风险和市场风险）；当投资组合可能受到损害（例如，流动性）；我们怎样来评估这些事前的损失。监管者需要多维输入来判断金融机构投资组合的审慎性。附加信息条款会产生以下的影响，与结构化产品相关。

与评级一起，评级事前精确度（或者信息）的测量，可能一些结构化产品不应该被评级；

与评级一起，其精确度，对证券在二级市场流动性的评估；

与评级一起，其精确度、流动性，对其市场风险的评估。

作为说明，抵押池中的 AAA 级双层担保凭证虽然是 AAA 级，但实际上精确度、流动性非常低，市场风险非常高。额外有用的信息是各种相关证券的目前市场价格。大量的证据表明市场价格实际上是最多和最简单的信息，虽然有关违约可能性和损失与信用评级相比充满了易变性。

可选择的商业模式

很显然，评级机构的模式需要修改。这个话题已被讨论数年，而最近的金融危机让这些担忧变成现实。对于该系统应该以修正为主既是提高评级机构之间的竞争（因而提高评级质量），同时对利益冲突有所修正。

尽管如此，关于法案是否会造成当前等级评定被一些机构投资者作为实现监管套利的工具的讨论并不多见，在坚持监管机构的安全标准的同时还需承担过高的风险，因为全国认可的统计评级机构的评定结论都过于乐观。由此可知，诸如"投资者支付"之类的可选模式很可能也受到权力滥用等的威胁，同时，对于评级机构所存在的问题也并未提出解决方法，欧盟关于适当转换模式的提案也为时尚早。

投资者或许也确实想要尝试在套现的过程中与评级系统进行博弈，而十分明显的是，当前对评级机构的批评已经激励一批新的成员加入信用风险评级产业。这些新公司或者模式，或许并没有被全国认可的统计评级机构所指定，但是它们还是可以为投资者和监管者提供一些额外的预估，例如，对发行人违约可能性的分析，以及对预期可能产生收入分配的预估。相比于老牌评级机构所采用的传统"全周期"评级过程，许多这些新入行的企业都倾向于主张使用"时间点"分析模式去评估违约的可能性，它们认为这种方法更加具有及时性，当然也更加不稳定。机构投资者和他们的董事会所面对的挑战是如何分析这些新的研究方法，用来判定可能的价值增值并将所产生的利润与所增加的支出相比较。

在坚持"发行人付款"模式的问题上，博尔顿、弗雷克斯和夏皮罗（2008）认为对信用评级机构的预先支付将会消除利益冲突，对所有评级实施披露将会缓和评级兜售问题。一种可选择的方式建立在 HR4173 第 939D 款基础上，由《多德—弗兰克法案》强制实行。这种方法由马蒂斯、迈克安德鲁和罗歇在 2009 年提出（同时参见雷波伊，2009；理查德森和怀特，2009）。主要的观点是发行人不再选择评级机构，反而需要经过一个集中清算的程序。这种理念在理论上和实践中都非常积极，实践中显示结构化金融产品发行人选择评级机构的利益冲突问题是首要的问题。马蒂斯、迈克安德鲁和罗歇在 2009 年提出的法案是一种可选择的方式。在本章中的提案以及雷波伊（2009）、理查德森和怀特（2009）提出的方案都有解决以下问题的优势："搭便车"问题，因为发行人仍然付钱；利益冲突问题，因为是监管机构所选择的评级机构；竞争问题，因为监管者的选择建立在某种程度的精益求精的基础上，因此鼓励了评级机构投资资源、创新和进行高质量的工作。但是正如我们以上所提到的，这是建立在监管者对监督和评估信用评级机构的能力充满信心的基础上。

所以，我们现在对信用评级机构的监管迈出了新的一步，很多问题得到了很好的重视，也有一些问题被推迟了。希望我们的建议有助于新法案授权进行的新研究。

注释

①例如，金融危机调查委员会 2010 年 6 月 2 日的听证会，由 Mark Froeba 和 Eric Kolchinsky 做了"信用评级的公信力，基于这些评级的投资决定和金融危机"的证词。

②事实上，由学者和实践者发展起来的所谓时间点模式，诸如结构化和 Z - 分数类型的模式，相比那些采用保守、贯穿整个周期、长期标准的信用评级机构，通常会对评级下调和违约提供更高级的预警信号。确实，Altman 和 Rijken（2004，2006）发现评级机构平均要比那些采用多元预测模型的机构多花 1.6 倍的时间来发现评级变化的信号。同时，当信用评级机构改变评级的时候，与采用时间点模式相比，改变评级（特别是评级下调）的数量仅为需要改变的 0.6 倍。

③在 Skreta 和 Veldkamp（2009）的模型中，竞争会导致评级注水，但是这个结果的发生是因为更多（竞争）的评级者——即使他们努力做到评级的准确性——为无意中作出乐观的错误评级提供了更多的机会，然后评级公司可以投机性地进行选择。

④确实，我们知道至少有 4 家公司最近在向这个方向努力，比如 Morningstar Inc. Audit Integrity 的评分、Bloomberg 的 CRAT 评分和 RiskMetrics 集团的 Z - Metrics 方法。本章的其中一位作者（Altman）也在为最后一种方法努力。

⑤见标题8，副标题 C，次标题931，"发现"。

⑥见标题8，副标题 C，次标题932，"加强监管，全国公认统计评级机构的责任和透明度"。

⑦见标题8，副标题 C，次标题932，"加强监管，全国公认统计评级机构的责任和透明度"。

⑧见标题8，副标题 C，次标题932，"加强监管，全国公认统计评级机构的责任和透明度"。

⑨见标题8，副标题 C，次标题939B，"根据公平的信息披露制度消除豁免权"。

⑩见标题8，副标题 C，次标题939，"删除法定有关的信用评级"。

⑪见标题8，副标题 C，次标题933，"私人行为的心理状态"。

⑫注意，在这方面，把消除信用评级机构在信息公开披露规则上的豁免权写进法案和事先描述，看起来好像是有意义的。

⑬见标题8，副标题C，次标题932，"加强监管，全国公认统计评级机构的责任和透明度"。

⑭见标题8，副标题C，次标题939F，"对指定信用评级的研究的制定规则"。

⑮见标题8，副标题C，次标题939F，"对指定信用评级的研究的制定规则"。

⑯http：//europa. eu/rapid/pressReleasesAction. do？reference = MEMO/10/230.

⑰一个特别惊人的例子是结构化的合成债务抵押债券（CDOs）是由 BBB 级别中间级的住宅抵押贷款支持证券（RMBSs）的次级部分组成的。BBB 级已经代表了在多元化抵押贷款池中的选项，所以把从 RMBSs 中而来的 BBB 级证券放入池中不会增加太多额外的多元化，反过来，假设合成的基础证券是 CDOs，这将会产生较大的影响，特别是用更高级别的证券。

⑱新发行国债是指最近发行的国债，比其他国债更具流动性，其他国债又被叫做已发国债。

参考文献

［1］Acharya, Viral, Thomas Cooley, Matthew Richardson, and Ingo Walter. 2010. Manufacturing tail risk：A perspective on the financial Crisis of 2007—2009. *Foundations and Trends in Finance* 4（4）：247 – 325.

［2］Acharya, Viral, V. , Philipp Schnabl, and Gustavo Suarez. 2010. Securitization without risk transfer. SSRN；available at：http：//papers. ssrn. com/so13/papers. cfm？abstract_ id = 1364525.

［3］Altman, Edward, and Herbert Rijken. 2004. How rating agencies achieve stability. *Journal of Banking and Finance* 28（11）：2679 – 2714.

［4］Altman, Edward I. , and Herbert A. Rijken. 2006. A point – in – time perspective on through – the – cycle ratings. *Financial Analysts Journal* 62（1）：54 – 70.

［5］Altman, Edward, and Herbert Rijken. 2010. Improving rating agency default predictions by adding outlook and watch list categories：Comparison with point in time models. Vrije University, Amsterdam, Working Paper and NYU Department of Finance Working Paper（Summer）.

［6］Ashcraft, Adam, Paul Goldsmith – Pinkham, and James Vickery. 2009. MBS ratings and the mortgage credit boom. Working paper.

［7］Becker, Bo, and Todd Milbourn. 2008. Reputation and competition：Evidence from the credit rating industry. Working paper, Harvard Business School.

［8］Benmelech, Efraim, and Jennifer Dlugosz. 2009. The credit rating crisis.

NBER Working Paper No. 15045.

［9］Bolton, Patrick, Xavier Freixas, and Joel Shapiro. 2008. The credit ratings game. NBER Working Paper No. 14712.

［10］Calomiris, Charles. 2009. A recipe for ratings reform. *Economist's Voice*.

［11］Coval, Joshua, Jakub Jurek, and Erik Stafford. 2009. The economics of structured finance. *Journal of Economic Perspectives* 23 (1): 3 – 25.

［12］Covitz, Daniel, and Paul Harrison. 2003. Testing conflicts of interest at bond rating agencies with market anticipation: Evidence that reputation incentives dominate. FEDS Working Paper No. 2003 – 68.

［13］Griffin, John, and Dragon Tang. 2009. Did subjectvity play a role in CDO credit ratings? Working paper, University of Texas, Austin.

［14］Hull, John, and Alan White. 2009. The risk of tranches created from residential mortgages. Working paper, University of Toronto.

［15］International Monetary Fund. 2009. *Global financial stability report: Navigating the financial challenges abead.* Washington, DC: IMF, October. www. imf. org/external/pubs/ft/gfsr/2009/02/pdf/text. pdf.

［16］Jorion, Philippe, Zhu Liu, and Charles Shi. 2005. Informational effects of Regulation FD: Evidence from rating agencies. *Journal of Financial Economics* 76: 309 – 330.

［17］Longstaff, Francis, and Brett Myers. 2009. How does the market value toxic assets? Working paper, UCLA.

［18］Mathis, Jerome, Jamie McAndrews, and Jean Charles Rochet. 2009. Rating the raters. *Journal of Monetary Economics* 56: 657 – 674.

［19］Raboy, David. 2009 Concept paper on credit rating agency incentives. Congressional Oversight Panel, January 9.

［20］Richardson, Matthew, and Lawrence J. White. 2009. The rating agencies: Is regulation the answer? In *Restoring financial stability: How to repair a failed system*, ed. Viral V. Acharya and Matthew Richardson. Hoboken, NJ: John Wiley & Sons.

［21］Sangiorgi, F., J. Sokobin, and C. Spatt. 2009. Credit – rating shopping, selection and the equilibrium structure of ratings. Working paper, Carnegie Mellon.

［22］Skreta, Vasiliki, and Laura Veldkamp. 2009. Ratings shopping and

asset complexity: A theory of ratings inflation. *Journal of Monetary Economics* 56:
678 – 695.

[23] Stanton, Richard, and Nancy Wallace. 2010. CMBS and the role of
subordination levels in the crisis of 2007—2009. Working paper, University of Cali-
fornia, Berkeley.

[24] Sy, Amadou. 2009. The systemic regulation of credit rating agencies
and rated markets. IMF Working Paper.

[25] White, Lawrence J. 2010. Markets: The credit rating agencies. *Jour-
nal of Economic Perspectives* 24: 211 – 226.

第 16 章 证券化改革

Matthew Richardson, Joshua Ronen,
and Marti Subrahmanyam[*]

16.1 概述

证券化通常指将消费贷款和商业贷款汇集为公共储蓄金，并以此为基础在资本市场上发行有价证券的过程，因此这些证券所能带来的回报首先取决于那些作为共同储蓄金的贷款的表现。证券化在美国财政体系以及广泛的经济领域中的地位越来越重要，它在过去的 25 年中持续增长并成为个人及商务中一种重要的信用及金融资源。

有一种普遍的看法认为 2007 年到 2009 年金融危机的中心问题是资产支持抵押证券的损失。具体来说，基于以上的观念很多政策制定者把责任归咎于"贷款并证券化"模式以及贷方和证券化机构在整个游戏进程中的"不要脸"行为《多德—弗兰克华尔街改革与消费者保护法案》提出的建议主要是让证券化机构保留 5% 的证券化贷款（随时依据监管机构的调整而变动）。

即使这样一种要求通常来说有助于改变激励，而且在实际生活中会在资本市场里表露出来，但我们仍要质疑，"不要脸"恐怕不是金融危机的主要原因：金融机构实际上只是坚持把它们证券化资产做大。这种做法并不能防微杜渐，阻止危机发生，反而最有可能转变为危机的主要诱因。我们怀疑有两个因素导致这种行为发生。首先，价廉物美的政府保障（例如通过房利美和房地美）或者隐含的保障因素（例如因为做得太大而被政府保护不会失败）减弱了市场规律的调节作用。其次，监管机构的武断——通过资产负债表来降低法定资本额或者将那些具有优先权的市场准备金留住——而这些准备金则被一些

---

* 我们要感谢 Thomas Cooley 和 Anjolein Schmeits 对我们有用的评论和建议。我们参考了纽约大学斯特恩商学院电子书《是时候进行金融改革》中关于"证券化改革"的论述，也包括 T. Sabri Öncü, Stephen Ryan, Stijn Van Nieuwerburgh 和 Lawrence J. White 的观点。

互相冲突的评级机构高估了。

证券化是一种相对来说较新的银行业务形式。第一份抵押担保债券是在 1983 年 6 月由房地美发行的。然后迅速地被许多金融服务业的同行所效仿。 1990—2006 年，住房抵押贷款的发行量以 13% 的年复合增长率，从每年 2 590 亿美元增加到每年 2 万亿美元。像汽车贷款、信用卡、房产抵押贷款、设备贷款、助学贷款以及其他资产作为担保的资产抵押证券（ABSs），由 430 亿美元增长到 7 530 亿美元。

2006 年，将近 2.9 万亿美元的资产抵押证券及抵押借款上市发行（图 16.1 和图 16.2 显示了资产抵押证券发行量以及证券化率）。据估计，证券化构成了 30% ~75% 的市场借贷，其中包括 59% 的未偿还家庭抵押借贷。从历史上看，大多数银行将它们的信用卡资产和重要的汽车销售份额证券化为资产抵押证券（花旗集团，2008，10.11）。总体上，根据联邦储备系统官员公告最新收集的资料来看（2009 年 9 月），美国消费贷款的 25% 都已经证券化。

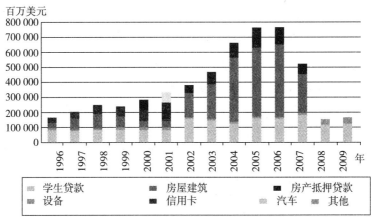

资料来源：证券业和金融市场协会。

图 16.1　资产抵押证券发行

证券化带来的好处包括效率的提高以及金融成本的降低，还包括不断提高的贷款创造，并且大体上说，金融和投资产品的发展迎合了工业化时代投资者和证券发行者的特殊需求。举例来说，没有能力使特殊风险多样化或者从国家其他地区吸引存款的房产放贷者可以将他们的资产证券化，从而使借贷者能够规避可分散风险的保险金支付，进而降低金融资本并扩大抵押借贷市场。同时，证券化可以将资本从借贷发起者的资产负债表中空出来，这样他们能够发起新的借贷。为了强调证券化的重要地位，七国财长会议宣布"现在的形式呼吁我

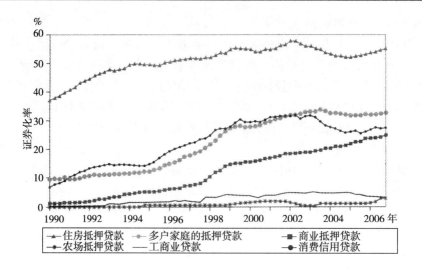

资料来源：来自美联储的美国资金流动账户，时间为 1990 年第一季度到 2006 年第四季度，分享证券是计算一定比例证券化的贷款，而不是未偿还的总贷款。

图 16.2　以美国资金流动数据为基础的不同级别贷款的证券化率

们采取急迫与非常的行动，来重新启动次贷市场和其他证券化资产"（2008 年七国财长会议）。同时在其发布的《全球金融稳定报告》中，国际货币基金组织指出："重新启动私人证券化市场对抑制信用危机所带来的崩溃以及制衡政府和中央银行的调节措施有着重要的作用，这一点在美国尤其突出。"

同时，证券化又被视为某种诱因。在 2007—2009 年的金融危机中，这种诱因引发了严重的系统性问题，从而导致证券化产品价值的大量流失。我们将在下个章节深入讨论证券化在金融危机中所扮演的角色。

16.2　金融危机与证券化

有相当多的实际证据表明，抵押市场放贷标准的显著滑坡导致了金融危机。例如，2002—2006 年，所有三种主要抵押贷款（优质、次优级、次级）的贷款价值比都戏剧性地增长，与此同时，拥有完备文件的抵押贷款的受欢迎度则戏剧性地降低了。图 16.3 显示了这段时期内次级抵押贷款的质量在不断降低。在此种证据背景下，一种对危机发生原因的解释吸引了大众的注意力：贷款并证券化这种有缺陷的证券化模式。通过贷款，这种模式使抵押放贷者降低对借贷者以及贷款监督的动力。这就是俗称的，这让他们在游戏中"减少皮肤"。

虽然这个证据不能被忽视，但这个解释的过程不可如此简单粗略。即使是通过证券化，抵押贷款放贷者在整个过程中确实依然保持某种程度的"面皮"，他们相当一部分收入的份额源自抵押贷款服务。例如，危机发展造成的抵押贷款服务权丧失，使最大的放贷机构——全国金融服务公司遭受了巨大的账面贬值。更进一步地讲，银行在获得大量证券化服务费用的同时，也要面对证券化过程中持有所有贷款所带来的风险，这个过程通常要持续 2~4 个月。

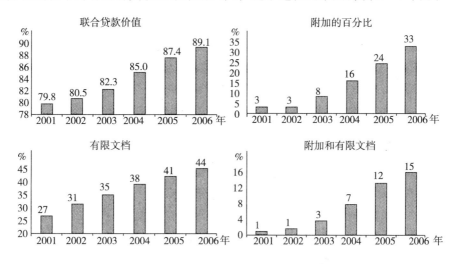

注：数据提供了贷款质量的三种测算方式：贷款与价值比率、有限文件和挂靠的。

资料来源：贷款绩效，保尔森公司。

图 16.3　2001—2006 年次级贷款质量的下降

另外，因为证券化机构在整个游戏过程中没有清晰明显的"皮肤"，可见，它们很多都将自己暴露在证券化贷款固有的风险之中，这种风险源于这样一个现实：它们提供的证券和信用强化成为了放贷机构隐性或显性的资源。银行通过建立资产负债表——例如——对规则进行套汇，从而持有证券化资产并以证券化的形式向投资者们提供流动资金或者信用保障。这些保障以及其他信用强化措施，无论是隐性的还是显性的，都把部分或者全部的风险转嫁给了证券化机构，方法是通过建立一个备用信用评级水平或者承诺回购未违约的财产。以防到期的承诺续约失败。但是，如果资产被束缚于资产负债表，那么这种资产负债表对于资本的需求大约就只有总资本要求的十分之一，并且这些资本还不会被证券化。这种规范的套汇令金融机构能够在巴塞尔协议Ⅰ一级资本规定协议下安全有效地增加它们的杠杆效应（负债运营）。

然而有一些持谨慎的实证观点的学术论文认为：由于放贷者在游戏中

"脸面"这个问题上的相反选择,他们试图坚持优质贷款并卖光那些劣质贷款。此观点参见伯恩特和古普塔(2009);戴尔·阿里西亚、Igan 和莱文(2009);埃鲁(2009);蒋、尼尔森和 Vytlacil(2010);凯斯、慕克吉、塞鲁和维格(2009,2010);涵和苏菲(2009)和 Purnanandam(2010)。

考虑关键性问题,凯斯、慕克吉、塞鲁(2010)的论文是一个代表性的例子。他们将关注的焦点放在次贷市场上,并提供了关于银行在证券化过程中借贷标准下滑的实证。他们使用了大量的、一系列美国次贷市场数据,并宣称证券化贷款因为信用评级的不同而被分为截然不同的两种情况,这些都反映在FICO 的 620 这一评分门槛之中[①]。具体地说,如果达到了 620 分这一门槛,贷款的证券化更可能实现,620 分这一门槛是由政府投资公司房利美和房地美指定的贷款资格指导标准确立的。文章作者认为,依据政府投资公司坚守这一门槛的投资者催生了某种不停增长的需求,他们需要那些相对来说高于信用分水岭的贷款。图 16.4 显示了在 620 分这一分水岭,手续不完备的贷款(没有资质认证手续或者没有收入信息确有部分资产信息的贷款)拖欠情况。

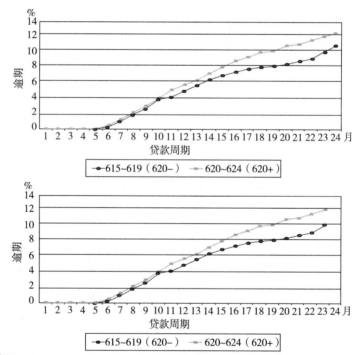

资料来源:Elsevier. Benjamin Keys, Tanmoy Mukherjee. Amit Seru 和 Vikrant Vig 允许转载,《金融监管和证券化:来自次级贷款的证据》,《货币经济学》杂志 56 期,2009 年第 5 期,721 - 724 页。

图 16.4   证券化贷款的拖欠情况

从图 16.4 可以看到，同低信用评分项目比较起来，高信用评分项更容易被拖欠。

证券化贷款更高的拖欠率也许可以用这样一个事实来解释：证券化使原来存在于放贷者和贷款固有风险承担人群之间的连接越来越弱。与一些刚性的信息相反（如 FICO 的评分），一些弹性信息（如借贷者失去工作的可能性，借款人目前的信用报告不能揭示其即将到来的消费，或者借贷者拥有可以被投资者执行的收入和财产等）无法被第三方认证。最大投资者与放贷者之间距离的增大会诱使放贷者放弃收集借贷者的弹性信息，因为放贷者们不用承担这些由他们发放的贷款所带来的最终恶果（当它们被证券化后）。据预计，当放贷者拥有足够的机会在资产负债表上保留他的贷款时，他们的第一选择就是花费资本获得这些弹性信息。

理智的投资者理应希望贷款拥有相应更高的价格和违约期。有证据表明，事实的确如此。举例来说，蒋、尼尔森和 Vytlacil 主张手续不完备的贷款应该定价为需要 29 个基点益价。然而，作者向我们展示：贷款违约率，即使已经根据更高的利率调整过，依然很高。这一切都表明，投资者不足以抵消额外的风险。

那么问题就发展为何私人机构——证券化公司以及资产抵押证券投资者们不能和放贷者们签署合约，以保证他们有足够的动机去监视借贷者以及监管贷款的动向。正如违约的代价不能完全由资产抵押证券的持有者转移到低质量贷款借贷者那里就会引起市场崩溃一样，最合理的解释就是，证券化市场上的多方都接受了某种来自美国政府的隐性或显性的保障。[②]只要其中某种保障措施还在证券化过程中施行——从借贷方、证券化机构或者投资方来说——监管的动机可能会在某处被扭曲，并暗中影响到每一处，并最终导致整个链条的崩溃。例如，初级抵押贷款支持证券的投资者享受政府证券化公司的保障，根本无须关心贷款的质量问题，因为它会对政府保证的本金充满信心，同样地，如果投资者是一家享受联邦存款保险公司存款保障的存款吸纳机构，那么他通过严格规章来规避风险贷款的需求就会减少。

的确阿查里亚、库勒、理查德森和沃尔特（2010）认为庞大复杂的金融机构都用 AAA 级证券化产品来进行风险追踪是这次危机发生的主要原因。[③]金融机构承担了这个风险，因为几乎不需要规范的资本就能给予这些产品高投资等级的标签。几乎所有运作的公司都使用了 AAA 评级的规范化套汇形式的证券。这些证券提供了诱人的收益，但是，因为它们的 AAA 评级，又不需要很规范的资本（见第 15 章 "评级机构的规范"，此章完整讨论了证券化机构、评级机构以及公共投资者之间的互相影响是怎样置整个系统于风险之中的）。

关于规范化套汇的讨论能解释两种看起来互相矛盾的事实吗？（1）一些证券化机构在整个游戏过程中确实有品，"脸面"；（2）根据贷款的特征来调节的话，证券化贷款比其非证券化的相反部分表现得差吗？考虑到第一点，很多大型复杂金融机构都曾经是证券化业务中的主要参与者。根据规范化套汇的观点，他们在整个游戏过程中有品、有"脸面"基本上跟动机的一致性没有一点 AAA 的关系，但是几乎和资本的信念有着密不可分的关系。这个也许可以解释相对于他们如此低的份额来说，居然可以和占主导地位的 AAA 资产挂上钩这一事实。虽然持有 AAA 级的资产，但是依然要和其他购买了相同证券化资产的投资者们拥有同等的动机，关键在于金融机构进行证券化持有的潜在动机可不是让你做这个相反的选择。

考虑到第二点，因为金融机构由政府担保可以获得低成本的资本。所以它们无限增长的欲望推动证券化产品的价格突破并远离其基本价值。如此一来，如果其他条件不变，证券化贷款就会被非常顺利地定价，因为这些贷款是与政府便宜的担保相联系的，并且它们甚至不需要太多的监管资本④。考虑到它们在超级和高级部分都有投资，一个有趣的问题就是金融机构是否也在证券份额上投资。如果缺少这一份投资的话，他们的动机就是残缺的——相对于他们应该拥有的来说。

如果在游戏中有品不是最首要的，而是证券化过程中催生的规范化套汇，那么金融规范应该被重新设计来彰显出证券化的这个特点。当然，这两条应当相关的：游戏中越有品，就有越多条条框框。这就是说，资产负债表上的资产来自于有品游戏的负本制约，然而那些卖出去的就不能算了。动机也会向着在游戏中保持有品靠拢，形式则是高等份额需要相对较少的限利资本。同时，假如放贷的不保留那么多有风险的份额，那么高等份额就没那么高等了，前提是评级机构好好干活。

然而，实际上如果私人机构不能解决放贷方会做相反选择这一问题的话，应该努力的规范目标就应该是要求这些证券化机构持有的份额额度要和那些资产固有的风险额度相匹配。这就是说，也许该引诱这帮放贷者提供声明包购的标准，以此来把可预期的违约率降至最低。但是，把资本适足要求调至一个适当的额度来保证证券化机构设想的有效风险（明显以及隐含的）可以被完全覆盖，这件事依然很重要。一个好的规则标准应该是这样的：资本的要求应该介于这两者之间——承担自身持有的贷款风险的金融机构，以及证券化贷款给这些机构所带来的有效信用风险。这样可以保证信用的产生不会被过分的资本要求所阻碍。监管者为了保证金融机构的安全，制定了这些盲目的措施并强加于人，然而这些措施忽略了给业务和消费者提供信用。

16.3 《多德—弗兰克华尔街改革与消费者保护法案》

提到证券化，根据《多德—弗兰克法案》（以下简称《法案》）第九项标题 D，它说到"资产抵押证券化进程的改进"实际上忽略了问题的重点。虽然它的愿望很美好，但是这法案还是把焦点集中在一些次级事件上了：游戏中的有品问题，更好的证券化产品透明度机制，透明度机制的统计与规范标准，以及与新建立的统计标准相适应的资本充足要求。

《法案》中的关键字句要求："联邦银行委员会应该协同努力制定规章制度，要求证券化机构保留与其发行销售或转移给第三方的资产抵押证券同样信用风险份额的股权。"⑤不光如此，监察机构还要求"如果不是拥有资格认证的房产抵押资产，证券化机构必须保留资产中不少于 5% 的信用风险资产份额"。⑥拥有资格认证的房产资产的例外情况源于某种假设：仅仅在劣质贷款运作中，我们才讲究游戏中的有品。总而言之，监管机构被授权低成本来规范这些证券化机构。为了阻止这些机构在那些需求催生出的风险动机下干坏事，规定应该阻止一个证券化机构"转移或隐匿某些根据资产的要求其应当承担的信用风险"。这个法案还同时要求进行一项研究，考察基于这些要求的资产抵押证券级别与基于 FASB167、FASB166 要求的资产抵押证券级别的联合影响。

从揭露的需要这一方面来说，这个《法案》要求"每一个资产抵押证券的发行者都将他发行的每一等级每一份额证券背后的财产信息公示"。⑦《法案》还进一步描述：

● 资产抵押证券发行者所提供的数据格式标准，在某种程度的合理性上，应该便于相似等级的资产发行的债权之间的数据进行比较。

● 要求"如果投资者需要通过上述数据才能独立赢得他的血汗钱，那么资产抵押证券的发行者要对资产或者贷款等级进行起码最低限度的公示。这些数据包括与放贷人及代理人有关的独特标识，运作证券的放贷者和中间人进行赔付的机制与额度，以及蕴涵在这些证券化机构的放贷人运作过程中的风险总量"。

在这份提及证券化的法案的最后部分，金融服务监督理事会的主席被分配了一项任务，他要组织进行一项研究，来考察上述风险带来的宏观经济影响效果。为了抵御这些风险所需要研究的项目包括：（1）分析房地产价格泡沫所蕴涵的风险影响；（2）分析怎样通过由债权人承担和证券化机构所承担的实际房产债务风险比例来合理有效地使房产价格泡沫降至最低；（3）除了其他建议外，评估一下这种调节需要还是不需要货币政策的支持。⑧

在某种程度上这种证券化手段在国际上亦被认同，他们关注的焦点也在于让证券化机构或放贷者保有证券资产的某些风险份额（见二十国集团和欧洲委员会声明）。相应地，欧洲金融稳定理事会（FSB）提议，把导致危机的根本原因归结为：金融机构把证券化作为一种手段，以此通过资产负债表集资，进而达到规避资本充足要求这一目的。FSB 呼吁将允许这种行为的条文删除，并且建议对资本充足度作出一个清晰的、足以囊括资产负债表手段的界定。

16. 4　上述提议的评价

自身利益在其中

国会针对证券化提出主要建议之后所产生的指导性原则——从字面上看，证券化机构在操作过程中要自身利益——是有道理的，这一结论对于几乎所有的证券化模型来说都是自然而然的：让投资者和证券化机构的动机并轨。这一点还有待实现，所以在某种意义上说——这就是说，其实市场挺失败的——我们需要一种强制的规定性标准来保障对资本改变的估价，只发生在被持有的风险保障金中，而风险不是被转让的。

但是以我们现有知识结构来说，尚未有实证性的，涉及证券化机构有品度的相关研究。所以我们制定相关法规的基础——即使在某些场合是真实的——最终也只是一些并不真实、充满争议的假设。进一步讲，即使自身利益的缺失是证券化市场失败的某种根源，我们仍然需要某种理论架构完善的观点来解释为何私营解决不了这个问题。我们确信探索这一方面问题最好的线索是金融系统中存在的、过于价廉物美的政府保障。如存款保险、"大而不倒"保障和政府支持企业的债务津贴等。

毫无疑问，对这个问题更加直接的攻击必然会导致对政府保障代价合理化或分散化的呼吁。这些问题会在一些章节具体讨论，第 5 章 "繁重的系统化风险"，第 8 章 "决策权"以及第 14 章 "政府资助企业"。鉴于法律法规不能纠正政府保障的代价过低问题，而这个又是动机问题产生的根本原因，所以也许我们要保证对于金融系统的其他部分来说，有一个好的解决方法。《多德—弗兰克法案》的第九条，D 条目在处理证券化方面有一定的价值，但是还有一些主要的问题值得关注。

一个问题就是：关于保留 5% 份额的自身利益问题的建议，是某种僵化的规定。[9]固定在 5% 这一标准的经济资产预留金不随一些因素的改变而改变，如贷款透明度或者潜在的风险差异、资金池份额的独特性或者整个结构的其他风险特征。很明显，预留金的额度应该根据这些要素的变动而调整。毫无疑问，法案恰当地将某种低成本处事权力赋予了监察机构：根据这种权力，从谨慎的角度出发，它们可以要求那些金融机构根据监察机构制定的风险标准，把份额控制在 5% 以下来限制资产证券化等级的风险程度。但是，我们还不清楚，监察机构会不会使用它们的这种权力降低预留金份额——即使这额度非常符合当时的情形。甚至在一些情况下，金融机构通过比较安全的资产低押发起贷款，对于这些安全的资产来说，5% 会显得过高（在一个更极端的例子里，对于有些证券化产品来说，他们背后的资产就受市场来监控和交易影响的贷款），我们也不清楚监察机构基于怎样的原因和通过何种手段才能制定出这个例外情况，因为在这个例子里没有什么动机会促使人这么做。他们也许只是选择用更谨慎的做法来避免大家都不希望看到的损失出现，省得到时候出事了大家都来怪他们。更深层次的原因是，我们并不清楚这些监察机构是否掌握了必需的技术和评价能力来分析必要的信息，从而能判断出自身利益的份额是多少。

在这一方面最值得我们注意的例外就是对有资质的房产抵押所采取的免税政策。我们要为政府认识到有资质的房产抵押拥有不同的风险特点而喝彩，上述提到过一些人的著作向我们揭示这种资产在整个体系中很容易作弊。如果你总览一下政府支持企业的资质要求的话，你会发现那些恰好符合了要求的贷款质量要远远低于那些恰好不符合要求的。监察机构在定义贷款质量时要尤其警醒，这将会是一个很大的挑战。

证券化背后的经济原因是：人们如果扩大信用市场，那么他们需要将信用风险从银行引入更宽广的资本市场领域。虽然银行在放贷方面更专业，但是它们同时也把所有的贷款挂在资产负债表上。所以典型的证券化模型就受利于某种合约，在这种合约中，银行保留小部分风险（传说中的自身利益份额）来保障利益一致性，然后把大部分转移到共同基金、养老基金、对冲基金以及资本市场投资者那去。但是这种证券化的观点并非得到所有研究者的赞同，戈顿和麦特瑞克认为，证券化代表了一种为公共投资机构、公司进行服务的委托银行的新形式。

从某个角度——总体上说我们需要更安全的证券，所以首先需要把证券化产品变为风险产品——来说，标准模型会显示：银行持有了证券中更具风险性的份额。明显地，我们从危机中吸取的教训显示其实金融机构专门反着做，它们利用优势，通过持有 AAA 级评级资产，来达到它们的资产充足要求。或许，在戈顿和麦特瑞克关于银行的观点里，金融机构持有 AAA 级资产的原因是它们本就是证券化银行的附属品。

除了维护自身利益之外，我们就没啥别的能用来匡扶时局了吗？《多德—

弗兰克法案》也许可以，举例来说，通过直接做特殊规定，把保险标准与银行机构之间的差异挂钩，而这些差异的基础则是不同的风险等级的资产。在这种情况下，我们就可以在不考虑自身利益问题的情况下控制证券化资产的风险。例如，标准可以根据历史信用记录等特别规定一个最大的贷款余额比率和最大的贷款收入比率等。这种方法，从理论上讲，应该出现房产资产抵押贷款免税的政策以及政府保障证券保险。

或者，从更大的角度来看，我们是否应该将保险标准和对自身利益的要求结合起来？

实际上，第 14 章"抵押资产改革与反优势借贷法案"，试图通过为住房抵押资产制定最低限度的保险标准来达到上述所说的结合。其中一条更重要的条款就是"根据联邦银行机构与委员会磋商所下达的联合指示，债权人只有在满足以下条件后才可以进行房产抵押贷款：基于丰富翔实的信息、充足信念和理由，债权人要明确：根据贷款的期限、税额、保险及评估情况，在贷款到期时消费者是否有足够的能力偿还贷款"。[⑩]不仅如此，法案的条款还描述了借贷者是否具有偿还能力的一些细节特征，如信用历史、收入情况以及他们现在所承担的责任情况等，同时还包括在标准不明晰的情况下收入情况的确认以及贷款种类等信息。虽然大部分人都会认同减少强制优势借贷会使证券化的操作过程有所改善，但是我们并不能很清楚地以此推论出贷款偿还是可行的。

当然，一些贷款甚至是抵押贷款，在经济上或许都是可行的，即使债务人有赖账的机会也是如此。毫无疑问的是，贷款背后的利率会准确地反映欠债的情况。事实上，这就是信用危机中市场价格的基础。用直接相应条文来规定相应的操作标准，这样会对放贷者起到一定的约束力，进而阻止某些贷款的生成。这些贷款往往通过各种方法本能地降低自己的风险，如各种天才的控制手段、遥控系统或者更简单地运用不同的信用周期，比如要求付更高的预付定金等。换言之，这样能阻止放贷者通过对本地市场情况的熟悉来操纵贷款的评价信息，比如哪个贷款能扩大以及怎样定价。

信息披露

《多德—弗兰克法案》中关于怎样提供更好的信息透明度的部分在原则上还是做得不错的，虽然我们还需要更加斟酌哪些信息是被揭露的。危机中一个主要的问题在于：某些公司因为持有的证券化产品出现问题而倒闭的时候，其他一些并未持有类似产品的公司也连带着受了损失。因为在总体上根本就没有很准确的消息显示：哪家公司之前持有了什么证券化产品以及这些证券值多少钱。这种不确定性程度在政府通过强势手段根据资质不同把大公司区分开后更强了。

我们有理由强迫资产保留证券相关从事者提供他们的资产及贷款等级信息，但是我们并不清楚投资者和监督者们应该怎样使用这些卷帙浩繁的信息。所以一个更实际的办法就是呼吁在拥有相似资产等级背景的证券之间建立一个标准风险度量体系比较模板。当下统计机构提供的比例数据还不够翔实。应该建立一个可以将以下要素都囊括进去的、更加广阔的分级系统，这些要素包括：非流动性（例如，作为财政报告的 1、2、3 级，以及一些类似的分类，在整个市场疲软的时候）；背后贷款的集中与分散程度；证券的信用风险（市场疲软时的表现）以及在这些风险评价模型中有可能出现的模型计算误差。设计和应用类似模板的人应该负责将上述要素囊括进去（以上诸点以及其他方面在本书第 4 章"测量系统风险"、第 13 章"非在场交易的金融衍生品之监管"以及第 15 章"信用评级机构的监管"中有详细讨论）。

资本充足要求以及证券化模型

从统计的角度出发，对于所有的被转让资产以及相应的债务和投资者自己保留的部分来说，也许更高的自身利益要求会进一步把它们整合。结合这种充足要求，监察机构于是决定将资本充足要求建立在所有整合的资产和债务这一基础上。作为补充，对于那些在充足资本计算中应该被整合但没有整合的资产和债务，它们保留了处置的权力。这样做无疑会不公正地将大量成本强加给证券化机构，进而阻止证券化机构的发展以及信用产品的流通。最后也是最重要的一点是，相对于那些还没有实施这些措施的国家来说，这些要求会将美国金融机构推向一个很不利的位置。

《多德—弗兰克法案》呼吁，根据金融统计标准 166 及标准 167 着重强调的资本充足要求，我们应该对与此相关的自身利益问题所带来的冲击进行研究。我们认为这是个相当切题的研究。最近，2010 年 1 月 28 日，银行监管机构最终制定了一个规定："基于风险的资本、资质指导意见；资本维护；规范化资本；公认的统计标准修改带来的影响；合并资产支持商业票据计划；以及其他相关事务。"在这一条例中针对资本充足要求，风险应对策略被着重强调出来。[11]这一规定于 2010 年 3 月 29 日生效，它会"合并资产支持商业票据计划独占性从风险加权资产中清除。并且为中介保留权力，来要求银行机构处理那些应当根据风险资本要求进行整合但没按照统计标准整合的实体，从整体结构上说，这些实体应当同银行机构保持相关的风险一致性"。[12]

这个规定再一次强调，在风险的级别和性质上，银行机构应当同它放出的资本保持一致，并且中介认为规定标准 166 和标准 167[13]号的效力和银行机构的风险资产率会让常规的资本充足要求更好地反映信用风险。同时他们还断言："最近发生的危机告诉我们，事实上，那些结构中的放贷银行机构暴露出的信用危机（以及那些结构中的资产），比中介预计中的还要严重。还有一点超出了中介之前预期的是，这些信用危机，包括信誉危机，更多情况下跟非契约性危机有更紧密的联系。"（见 4640 页）如果中介仅仅根据暴露出来的契约问题来概括风险资产充足要求的话，那么他们就小瞧了信用危机中放贷银行机构暴露出来的真正问题。貌似这就是中介通过资本充足要求中的 167 号标准把所有的资产和债务整合起来的理由，但是有些时候其中某些或者全部的资产根本和那些放贷机构的契约性风险确实没有任何关系。这一点或许也可以解释保留的处置权力为何可以将那些根据 167 号标准并不需整合的资产和债务一并纳入到资本充足要求的计算之中。

在自身利益这一解决途径上，上述规定跟我们的结论是一致的。除了中介的那种将新的统计标准和风险资本原则并轨的企图之外。然而，设计的标准还是遗漏了 167 号标准提供的相关参考信息。这些信息提供了不同资产和债务的分级信息，反映了整合机构固有的、因不同资产与债务分级制度而导致的危机意识缺失现状。中介不承认应该从资本率中将不同的级别的资产与债务分离出来或者制定一个零级风险加权，他们制定的标准在涉及拥有不同等级的资产与债务的整合机构，并且在统计固有的风险意识缺失时，会失去并轨性（这一章最后的附录中会详细讨论这个问题）。[14]

16.5　结论

未来的改革应该把关注点集中在证券化机构主动抵制监管套现和运作更公平的保障资本上。从某个方面来说，这些改革还没有实施的情形下，对自身利益问题的讨论是合理的。这就是说，证券化过程中保留的资产成分应当给证券化机构足够的束缚力，从而使它们能规范自己的动机；这就是说，保留资产里的份额应该实打实地起作用。监察机构应当查明包括第一补偿份额在内的混合保留资产，这样能缓和一些监管套现带来的影响，在这些监管套现中，它们往往持有比最低风险要求和最低资本充足要求多得多的份额。

银行监管机构最近启动了一项法案，其中心内容是通过资产负债表金融操作来试图防范监管套现。最重要的是，这项法案要求所有的资产和债务应该根据 FAS167 规定进行整合，并以此为基础生成资本充足要求。为了达到效果，绝大部分资产和相关债务都要在资产负债表上反映出来。作为补充，就算 167 号标准没说，监察机构也会保留相应的要求整合的权力。这可以增加资本充足要求并阻止监管套现。

不幸的是，这些规定造成了意外的结果。因为坚持通过资产负债表实体把所有的资产和债务整合起来，这个规定导致了过度资本化，并因此附加了大量不公正的成本，这样的后果可能会阻止证券化过程和信用产生机制。我们建议资本充足度只建立在证券化机构拥有现金权的那些资产以及能完全负责的债务上。我们可以将不同的资产和债务从资本充足要求中划分出来，以此实现这个目的。首要的基本规则应该是：证券化过程中的每一美元利息都应当 100% 符合法律规定的资本适足度要求。但是如果信用风险当真被转移的话，那么我们就不对资本作什么要求。

附录：证券化的会计标准（FSA 第 166 号/第 167 号，《多德—弗兰克法案》和银行机构规则）

不同的类别：（1）资产，只能用做解决合并的利益可变实体（VIE）的负债；（2）对于合并利益可变实体（VIE）的债务，债权人对信贷的主要受益人没有追索权，必然是认识到主要受益人基于这些资产（不同的分类）既没有拥有现金流的权利，也没有解决这些债务（不同的分类）的义务。

在美国会计准则 FSA 第 167 号下，这个理论信奉主要受益人为了控制利益可变实体的合并，VIE 的资产和负债被合并到财务报表之中，而不是控制个体的资产或者承担解决个体债务的责任。的确，合并的标准——根据会计研究公报第 51 号——是主要受益人在可变利益实体中是否具有"财务控制权收益"。根据美国会计准则 FSA 第 167 号第 14A 条，合并的本质特征包括"引导利益可变实体的活动来显著影响其经济表现的权力"和"吸收实体损失的义务或者有显著影响利益可变实体并从实体获取收益的权力"（重点强调）。财务会计标准委员会（FASB）明确地强调，由于合并，主要受益人适当的资产和负债不可避免地混入了"非资产"和"非负债"，这把实体当做概念的方法造成的。因此，由美国会计准则 FSA 第 167 号第 22A 条和第 23A 条规定的不同分类，能够纠正由于混合造成的资产和负债的混淆，从而使财务报表更加透明，金融机构也可以更加准确地测算资本。

在某些情况下一个担心的声誉风险可能会发生，将导致合并机构不同分类的资产和负债固有的风险不能在假设的表外风险敞口上减少。考虑到特定性质的证券化资产和可能发生的风险假设，一个非契约的假设（法律上无法执行）将暴露声誉风险仅仅而且应该能视情况进行具体评估的结果。特别是，声誉风险可能在一个狭窄的范围内发生：在好的时候（当标的资产表现良好），也就没有必要把投资者整体化——他们没有遭受损失；在不好的时候，为了保持声誉，把投资者整体化是不可行的，发起人没有法律义务，如果这么做也被当做不理性的，这会导致证券化产品的未来收益看起来很低，影响其声誉。据推测，机构实施的检查揭露出表外业务假设的风险敞口是可能的。在那样的情况下，资本充足率也会相应调整。[15]事实上，这也与巴塞尔银行监管委员会最近（2009 年 9 月）在联合论坛上一篇关于特殊目的实体的报告相一致。报告建议"如果在最初或者是 SPE（特殊目的实体）存续期内的任何一个时间点，有一种可能性或者有金融机构支持的证据，包括非合同的支持，那么为了监管评估和内部风险管理的目的，SPE 的业务活动和风险就应该合并聚集在一起"。

然而另一种解决这个问题的方法是让发行人/证券化机构自己正式承诺不吸收非合同的风险和损失，然后对于任何违反承诺的行为进行适当的处罚。

在美国会计准则 FSA 第 167 号下，单独识别资产和负债，作为金融系统的重要一环，让合并的机构继续进行证券化在本质上是无风险的。基于风险的资产权重不影响杠杆比率的计算，另外对资产和负债分类同样需要排除杠杆比率来纠正合并机构本质上合并的"非资产"和"非负债"。应用简单的规则如把所有合并的资产和负债来计算资本要求是比较迟钝的手段，因为这样并不会考虑不同的证券化机构在有效风险敞口上的横断面差异。

要求大多数证券化载体合并的标准由美国会计准则 FAS 第 167 号负责解释。不排斥不同分类的（无风险）资产和无追索权的负债通过这样的计算，具有深远的意义：资本要求高到一定程度必然会增加证券化机构的成本，从而引导小规模的证券化。也许，担忧法案要求会促进开展理解信用风险自留要求和新的证券化会计准则共同影响的研究。考虑到这个问题的重要性，它应该被直接立法承认。

注释

①费尔艾沙克公司——FICO——提供了分析个体信誉度的方法，主要通过观察多方面因素，包括还款记录、债务比率、信用种类和大量的信用调查。FICO 的分数范围是 300 ~ 850 分，分数越高代表信用越好。

②例子包括政府出资企业的隐含担保，联邦存款保险公司（FDIC）对存款机构存款的隐含担保，极端表现为对大型复杂金融机构（LCFIs）"大而不能倒"的隐含担保。

③Gennaioli，Shleifer 和 Vishny（2010）提供了对危机的另一种解释，同样是围绕证券化。相反，为了监管套利，他们认为在投资者偏好低风险证券的同时忽视低概率风险的模式中，会导致过度证券化和更大的金融动荡。另外，Gorton 和 Metrick（2009）认为，机构投资者和企业需要对银行存款有新的抵押形式自然导致了证券化的发展。但是，FDIC 没有提供任何类似这样形式的保险，当房地产市场崩溃的时候，大型复杂金融机构的偿付能力

的不确定性暴露，即一个运行的回购市场和失败的银行部门。

④注意，这个故事里的重要元素是评级机构扮演的角色。大量的证据表明，评级注水取决于是否拥有发行人证券及对评级公司选择、付费等利益冲突（详细的分析，见第 15 章，对评级机构的监管）。评级注水会允许越来越多的问题贷款来适应监管套利框架。

⑤见标题 8，副标题 D，次标题 941，"信用风险保留"。

⑥在《多德—弗兰克法案》中，合格住宅抵押贷款并没有定义本身。相反，这部分法案要求联邦银行机构，委员会，住房和城市发展部，联邦住房金融局主管来共同决定其定义。为提供立法指南，要求借款人对他们本身的收入、支付收入比例等财务状况提供证明是明智的。其他提到的潜在限制是这样一类抵押贷款产品，比如利率可调节、"气球膨胀式付款"、负摊还或者只支付利息。

⑦见标题 8，副标题 D，次标题 942，"资产支持证券的信息披露和报告"。

⑧见标题 8，副标题 D，次标题 946，"风险保留要求对宏观经济影响的研究"。

⑨注意到许多抵押贷款的出借人不是银行机构，可能不具备持续的流动性来源，比如存款。另外一个可能性是需要贷款手续费的出借人在过期贷款上赚取费用。于是，如果在确定的时期内违约发生（例如，在分期还款结束前），出借人只能拿到一部分手续费。贷款出借人还没有卖掉抵押贷款服务的权利，抵押贷款服务通常收取 0.5% 的手续费，于是，手续费会鼓励出借人去选择好的贷款并监管它们。

⑩见标题 14，副标题 B，次标题 946，"抵押贷款最低标准"。

⑪联邦公报 78，第 18 期，星期四，2010 年 1 月 28 日，《规则和监管》，第 12 章第 325 款，RIN 3064 - AD48。

⑫这条规则是"改变美国公认会计准则时，对风险加权资产的影响有两种选择，一个是两个季度的延迟，另一个是两个季度的部分延迟。它进一步提供了推迟两个季度和在两个季度内逐渐采用的选项，在机构监管的程序下，会限制包括对贷款和租赁损失补贴（ALLL）在内的二级资本成为 ALLL 的一部分，从而对银行组织相关的资产进行巩固，这是改变美国公认会计准则的结果"。推迟和在连续时期内逐渐改变只适用于机构基于风险的资本要求。

⑬其中，美国会计准则 FSA 第 166 号和 FSA 第 167 号，建立了报告公司资产转移设立特殊目的实体的新标准，在 GAAP（一般公认会计准则）下的可变利益实体（VIEs）和为合并的 VIEs。在 FSA 第 167 号下，银行机构会被要求合并资产、负债和权益以 VIEs 的形式，没有统一的合并标准，被 FSA166 号和 FSA167 号取代。截至 2010 年 1 月 1 日，大多数银行被要求实施新的合并标准。机构基于风险的资本和杠杆规则（全体的，资本规则）通常需要银行机构新设一个合并的可变利益实体，在这些规则下，并以它的杠杆率和风险资本率来决定持有的资产。

⑭美国会计准则（FSA）第 167 号，段落 22A 在标题"绩效"下进行独立分类，声明如下："企业应当对当前的财务状况进行独立报告（a）资产合并的可变利益实体只能解决合并的可变利益实体的债务（b）对于债务合并的可变利益实体，债权人不借助于主要受益人的一般信用。"

⑮有过这样的先例，排除某些资产后与银行风险加权资产合并。第 12 章第 3 款第 1 (c)（1）部分声明"尽管非金融机构的资产是为了会计合并的目的，这些资产（以及信用等量的公司表外项目）还是被排除在银行风险加权资产之外"。

参考文献

［1］ Acharya, Viral, Tom Cooley, Matthew Richardson, and Ingo Walter. 2010. Manufacturing tail risk: A perspective on the financial crisis of 2007—2009. *Foundations and Trends in Finance* 4（4）: 247 – 325

［2］ Acharya, Viral, and Philipp Schnabl. 2009. How banks played the leverage game. In *Restoring financial stability*, ed. V. V. Acharya and M. Richardson, 83 – 100. Hoboken, NJ: John Wiley & Sons.

［3］ Acharya, Viral, Philipp Schnabl, and Gustavo Suarez. 2010. Securitization without risk transfer. Working paper.

［4］ Berndt, Antje, and Anurag Gupta. 2009. Moral hazard and adverse selection in the originate – to – distribute model of bank credit. *Journal of Monetary Economics* 56: 725 – 743.

［5］ Board of Governors of the Federal Reserve System. 2009. G19: Consumer credit. (September). www. federalreserve. gov/releases/g19/current/g19. htm.

［6］ Citigroup. 2008. Dose the world need securitization? （December）, 10 – 11. www. americansecuritization. com/uploadedFiles/Citi121208_ restart_ securitization. pdf.

［7］ Dell'Ariccia, Giovanni, Deniz Igan, and Luc Laeven. 2009. Credit booms and lending standards: Evidence from the subprime mortgage market. European Banking Center Discussion Paper No. 2009 – 14s.

［8］ Elul, Ronel. 2009. Securitization and mortgage default: Reputation versus adverse selection. FRB of Philadelphia Working Paper No. 09 – 21.

［9］ G – 7 finance ministers and central bank governors plan of action. 2008. (October 10). www. treas. gov/press/releases/hp1195. htm.

［10］ Gennaioli. Nicola, Andrei Shleifer, and Robert Vishny. 2010. Financial innovation and financial fragility. Working paper.

［11］ Gorton, Gary B. 2008. The panic of 2007. Yale ICF Working Paper No. 08 – 24.

［12］ Goton, Gary B., and Andrew Metrick. 2009. Securitized banking and the run on repo. NBER Working Paper No. w15223.

［13］Jaffee, Dwight, Anthony Lynch, Matthew Richardson, and Stijn Van Nieuwerburgh. 2009. Mortgage origination and securitization in the financial crisis In *Restoring financial stability*, ed. Viral V. Acharya and Matthew Richardson, chap. 1, 61 – 82. Hoboken, NJ: John Wiley & Sons.

［14］Jiang, Wei, Ashlyn Nelson, and Edward Vytlacil. 2010. Liar's Loan? Effect of origination channel and information falsification on delinquency. Working paper.

［15］Keys, Benjamin, Tanmoy Mukherjee, Amit Seru, and Vikrant Vig. 2009. Financial regulation and securitization: Evidence from subprime loans. *Journal of Monetary Economics* 56: 721 – 724.

［16］Keys, Benjamin, Tanmoy Mukherjee, Amit Seru, and Vikrant Vig. 2010. Did Securitization lead to lax screening: Evidence from subprime loans. *Quarterly Journal of Economics* 125: 307 – 362.

［17］Krainer, John, and Elizabeth Laderman. 2009. Mortgage loan securitization and relative loan performance. Working paper, Federal Reserve Bank of San Francisco.

［18］Mian, Atif, and Amir Sufi. 2009. The consequences of mortgage credit expansion: Evidence from the U. S. mortgage default crisis. *Quarterly Journal of Economics* 124: 1449 – 1496.

［19］Purnanandam, Aniyatosh. 2010. Originate – to – distribute model and the subprime mortgage crisis. Working paper, University of Michigan.

［20］Rajan, Raghu. 2008. A view of the liquidity crisis. Mimeo, University of Chicago.

［21］Stein, Jeremy. 2002. Information production and capital allocation: Decentralized vs. hierarchical firms. *Journal of Finance* 57 (5): 1891 – 1921.

第五部分
公司控制权

第 17 章 改革薪酬及公司治理

Jennifer Carpenter, Thomas Cooley, and Ingo Walter

在这一卷的其他章节里我们陈述了宏观审慎以及微观审慎监管层面上的一些重要问题,通过整合这些问题,我们可以在增强金融系统的抗风险能力的同时,把对系统的效率、创造性以及竞争性的损害控制在最小范围内。经常会有这样的争论出现:这些手段是必需的但并不是很有效,因为金融公司的暗箱操作、激励机制以及常规管制才是一切问题的根本。近些年来,批发银行将它们大概一半的收入投入到奖金池中,而且支付的分红份额在价值方面很容易受到短期波动的影响,所以我们很有必要重新考虑一下补偿制度以及它在保护整个金融系统和经济系统免受危机侵害方面所扮演的角色。无论是对高级管理层还是高风险补偿的雇员来说,这个问题都是一样的。从某个方面来说,实际上——报酬制度在公司层面上常使管理层的决策受到歪曲,并危害整个金融界所达成的某些共识——强调这一点其实是很重要的。在这里我们从两个重要的角度来考察这个问题——报酬实践以及公司治理——并且思考,如果可能的话,外部规范是否应该在其中发挥一些作用。

17.1 关键问题

欧美的政客和一般大众一直以来都对银行以及其他金融机构——包括那些本该倒闭确依靠政府救济来挥霍纳税人钱财——的机构的雇员收入颇丰这一点义愤填膺。随着金融规范活动的展开,他们开始相信:金融公司那种充满风险的员工激励机制要为最近发生的危机负上一部分责任,而且貌似会成为下一个问题的根源。大致上讲,近期的报酬对比证据表明,银行以及金融服务业雇员的国民收入份额是在持续增长的——这种收入增长明显和其相关部门在经济总量中增长不相符[1]。这已经说明,相对于全部金融活动来说,相当重要一部分工作的内容是价值再分配,而非价值创造。它们通过多种方式把金融财富从金融活动的最终消费者那里转移到中介方手中,这些手段包括极端的交易价差、授权委托、基金管理费、信息不对称的滥用、名目众多的超前交易以及明显持续增长却无法用正常分配回报来解释的高收入②。在金融市场中，正是这种可疑的优先再分配财富而不是创造财富，才给"金融无用"论之类的宣言提供了理由。③

一般的辩论都把金融批发业的公共形象通过这种形式进行放大：它们的收入全给雇员发工资福利了，这种夸张一般把令普通人瞠目结舌的高收入作为证据，甚至有时还会掺杂着普遍的对经济状况的不满情绪。即使不考虑它带来的实际益处，这种对金融行业的定性行为已经普遍接受了，并且激起了一股暗流，夹杂着大众的怨怒，要求必须对金融行业的实际报酬发放进行精准而平衡的讨论。在某些情况下，这种怨怒的声音变得越来越强，特别是当那些收入过高的银行或者其他金融公司雇员在金融危机中一败涂地的时候，它们只得依靠纳税人来自救，并请求他们帮助自己渡过难关。所以，大众普遍感觉自己被金融系统一再背叛。看起来，似乎是金融业巨头们那让常人无法理解的锡纸包的耳朵——或者是某些烂点子——阻止他们留意到这个系统自身的合理性有问题，因为这些问题对他们而言是个威胁，会逐渐侵蚀他们将来获得的收入和财富。

除了我们讨论的金融部门薪酬资源中的价值创造，以及收入私有化风险社会化的问题之外，本章讨论的第三部分是报酬与风险激励制度之间的关系问题。这个问题的中心是某种流传甚广的观点：金融部门中的薪酬结构通过奖金池的设置，鼓励行业内的风险倾向、隐瞒信息以及侧重风险领域的商业策略，当这些行为综合到一起的时候，最终就会成为整个系统中内化的风险因子。

这三点——针对大众对于整个金融业，尤其是美国金融业那种高收入增长水平的抱怨而建立起来——已经形成了一种普遍的平民的呼吁，要求对金融行业收入进行规范，采取惩罚性税收措施，甚至对金融机构设置薪酬上限。相反，这些观点也遭到了一些反对意见，例如，如此制约的话，会损害金融业吸引和保留那些有才能的高管们的能力，正是这些高管们使得整个金融系统得以健康、稳定地发展，并且在很多情况下，才使金融业可以回报那些给它们提供金融救助的纳税人。

17.2　危机

金融公司的薪酬结构应该在何种程度上为 2007—2009 年的金融危机负责呢？虽然实际的薪酬行为基于某种衡量员工绩效的标准，而且这种标准实际上让我们相信，它们是在刺激员工去追求过高的风险业务，而不是降低风险，但是薪酬制度本身并不是问题产生的温床。

金融公司的薪酬制度实际上是建立在股份分红基础上的，所以经理人与股东有休戚与共的倾向——虽然这样会产生疑问：是不是大众股民和持股的经理人都会产生同样的系统性风险行为[④]。当危机发生时，金融公司的高级雇员的个人财富受到了巨大的损失[⑤]。但是，对于规范机构以及社会来说，更大的问题在于：因为政府会默默或直接使用纳税人的钱来保障金融公司"大而不倒"，一定要做大，这种潜在的系统性风险就被直接内化在股份中。我们知道，有一部分金融公司的理事会（也许是在股票分析家和股东的压力之下）直截了当地鼓励一些借贷和交易行为，正是这些行为最终导致了危机爆发。所以，新的金融规范应该对两个领域的改善同样关注：一般股东的风险动机以及经理人的风险动机。

17.3　短期衡量标准以及前期建议

一些国家已经实施或者最少是开始呼吁对金融部门采取薪酬限制或者征收惩罚性税收。2009 年 3 月，虽然最终没有通过，美国众议院核准了一项对接受联邦援助的公司的福利征收 90% 额度税款的提议。6 月，美国政府指定 Kenneth Feinberg 作为执行层薪酬特别指导，让他评价和核准接受援助的金融公司的薪酬问题。在 2009 年 9 月 20 国集团峰会的开幕会上，法国和德国呼吁国际社会对银行从业者设置薪酬限制。在 12 月，英国宣称他们将对收入达到 25 000 英镑的英国银行从业者一次性征收 50% 的奖金税。而法国则宣布会为征收这种税款提供支持，美国和德国还没有采取相同的措施。虽然在导致金融危机这一点上看法一致，但是国际社会对薪酬这一问题的不同反应很可能预示了在薪酬环境发展前景这一问题上，各国一致的分歧和措施的阶段性——特别是当一切都稳定下来，金融这一行业中人力资源竞争又恢复一如既往的激烈之中。

因此，一些人相信国际合作金融规范对于阻止金融公司通过司法裁决的选择进行市场套现来追求人力资本是很有必要的。2009 年 9 月 20 国集团一致赞同这种观点：金融部门极端的薪酬制度促使这个行业中极端风险倾向的产生，并要为金融危机的发生负责任。20 国集团设置了一系列针对薪酬制度的原则，这些原则规定了在重要的金融机构中有 3 个管理层级：管理绩效与风险激励、公司治理以及规范监察。或许 20 国集团在这些原则中最着重强调的一点是需要披露高管们通过与红利制度并行的延迟性薪酬和回补机制——"马吕斯"来降低风险。金融稳定委员会（FSB）的实施标准特别对回补制度的份额和时间制定了清单，例如锁定 40% ~60% 的份额的回报起码要用 3 年时间。董事会建议公司禁止雇员利用个人对冲策略来削弱风险透因预期。FSB 还建议，遵照股份持有政策，作为制衡保障性奖金的措施，起码应该有 50% 的薪酬与员工持有的股份挂钩。

为了对薪酬制度进行管理，FSB 提议成立一个薪酬委员会，该委员会拥有独立的功能，可以通过与公司风险委员会的合作来评估薪酬系统带来的风险激励。为了保留足够的资金作为运营资本，FSB 赞同给所有花样繁多的薪酬设立一个上限，让它只成为公司总收入的一小部分。他还建议国家报告标准应该包括详细的收入细节披露、绩效衡量标准、风险调控手段以及高管津贴构成结构和数量的量化信息。最后，FSB 呼吁，为了防范机构和系统性风险，监管者应该重新考虑一下公司薪酬制度，并在国家司法裁判中保留有效持久的标准。金融部门的管理者们应该采取矫正行为，例如，对那些拒不执行的公司，提高它们的资本充足要求或者修改它们的薪酬结构。他们还可以在可疑的薪酬制度这一方面，阻止某些公司主动提出合并和兼并战略。

17.4 美国薪酬制度以及公司治理指导意见

2010 年 6 月，美联储与财政部以及联邦存款保险公司最终联合完成了它们对于监管范围内金融公司的完备薪酬激励政策的指导意见。这些指导意见设计的目的是与 20 国峰会形成的初步意见保持一致。

美联储建议建立明细的薪酬以及公司治理结构并保留强制建立它们的权力。特别是，美联储主张在以下条件下应建立平衡的风险激励机制。（1）对衡量员工薪酬的绩效标准进行事前的风险调节。（2）建立不同的薪酬机制并延长绩效的考察周期，已经支付的薪酬要由风险程度决定。（3）考虑金保护伞以及优厚解雇金在刺激雇员冒风险方面发挥的作用。这些指导意见不光适用于高层，同样适用于有能力进行巨大风险交易的一般非高层，例如拥有巨大权限的经纪人。

联邦政府还呼吁应该在银行风险管理、内部管理以及对组织安全负责的各理事对薪酬激励制度实施掌控权的过程中，把对薪酬制度的监管整合起来。它同时还表明一种信号，政府正在考虑把薪酬批准和金融部门的合并收购联系起来。另外补充一点，联邦政府已经开始着手大规模反思银行组织的薪酬激励来帮助寻找和实施最好的薪酬机制。

17.5 《多德—弗兰克法案》

《多德—弗兰克华尔街改革与消费者保护法案》（以下简称《法案》）包含了从美国金融危机中总结出的关于高管补贴最重要的法律规定。它代表了自2002 年《萨班斯—奥克斯利法案》颁布以来，在公司治理方面最重要的改革，《萨班斯—奥克斯利法案》大部分条款是针对所有公司的，而不仅仅是金融公司。它其中的某些改革应该被看做增补性而不是基础性的，原因我们后而详细论述。也就是法案对薪酬制度作了一些重要的建议。

"股东决定薪酬"。《多德—弗兰克法案》要求股东在了解高层薪酬的基础上，必须有表达自己观点的权利。这些观点已经存在一段时间了，但并未形成特别完整的意见。他们要求建立某种代表制度，包括由股东们的票选决议来决定高管的薪酬。股东们的选标不会被绑定且不被董事会否决。

"薪酬委员会结构"。《法案》要求薪酬委员会只能由具有非常严格独立意义的委员们组成。它还赋予他们权利雇用独立的薪酬与法律顾问。在法律条文关于"构建的原则"的形式方面有很重要的语言规则，具体来说，《法案》宣称，以下的"构建的原则——这一段落不可被理解为（1）要求委员会按照薪酬顾问或者法律顾问的建议和意见来运作和活动；（2）影响薪酬委员会根据职责完全行使其独立判断的能力和职责"。

"薪金揭露 VS 绩效"。《法案》还要求公司陈述其薪酬政策并且提供数据，这些数据基于——现实中高管的津贴数额，包括股份分红与现实中公司金融绩效之间的关联。另外，公司应公布 CEO 年度薪酬和中层雇员的年度薪酬，以及两者之间的比例。

"回补机制"。《法案》要求公司尝试对不当的基于激励制度发放的薪酬奖励进行纠正。无论是否在虚假统计中存在故意的欺骗，公司必须建立一个清晰的、针对过去三年中的绩效统计所发的奖金的回补和恢复机制，否则所有的名单都会将其排除在外。

"套期保值避险措施"。很重要的一点，《法案》授权证券交易委员会根据规定要求：每一个公开运营的公司要在其年度股东委托书中披露是否发行者的雇员被允许购买金融工具（包括已付款合约、股酬合约、双限合约以及对冲基金）来规避发行者交给雇员的股票市值缩水，这部分股票是作为雇员部分薪酬来计算的。这个要求还提供了一个薪酬与绩效之间关系的附加透明度标准。在被不良资产救助计划（TARP）救助银行覆盖的时期，美国财政部薪酬监管者，Kenneth Feinberg，在他的监管范围之内，禁止所有的银行高管们股票分红的部分收入进行套期保值。

"金融公司薪酬的规范监督"。作为这些改革的补充,虽然对所有机构都适用,《法案》还针对金融公司制定了一些特殊要求,详细来说,它授权美联储去建立规则,用以建立针对薪酬激励安排充分的披露制度,以及阻止这一安排鼓励不合宜的风险行为或者可能发生的这些公司的金融损失。

17.6　分析

总的来说,这些改革并不代表美国主要的高管薪酬的变革,一个简单的理由就是他们没有约束起来。在效果上,他们提议提高透明度,并建立更多的市场规则,不用尝试通过与公司管理者合作来完成这一过程,这是很明智的。

在很长一段时间内,有一条很强的原则规定了美国公司治理的形式,它就是被人熟知的"经营判断原则"。特拉华州法庭,著名的美国商业公司集散地,以尊重和维护经营判断原则而闻名。经营判断原则坚持一点,公司的董事在做对他们来说最佳的经营决策或否决的时候是不能被阻止的,无论这决策是好是坏。在《多德—弗兰克薪酬改革法案》中,在建构的规则这一点上它基本上重申了这一点。为什么这是一件好事?来试想一下假如不是这样的话。假如股东和其他利益方可以因为决策者们的决策失败而诟病或者惩罚他们的话,那么就很难吸引到别人来做决策者,而且决策者们也不愿做重大决策。在公司治理中有个时间一致性问题,为了解决这个问题,股东们愿意联合起来。这就是他们买特拉华州公司股票时做的事情,因为他们知道在那个地方经营判断原则是被坚决执行的。

这并不表明股东的决定薪酬权力只是一个空有形式的改革。从股东不满足而喧闹这个角度来说,股东决定薪酬这一点增加了公司治理的透明度。

金融公司的特殊性质产生了一些需要分类的特殊问题,其中之一把焦点集中在金融公司的股东以及整个社会之间资产的持续冲突上。社会需要银行系统提供运行良好的支付系统以及信用市场功能,就像它需要公共工程提供不间断的水电供应一样。所以金融中介不可避免地拥有很强的公共事业性质——它们具有特殊性。

1929—1933 年以及 2007—2009 年的金融危机显示出,金融市场的停滞对于整个经济繁荣来说是灾难性的,并且需要花很大的力气和很长的时间才能治愈。过去的危机证据表明恢复在现实的经济部门里要长达 10 年。

这样一来,社会资产同那些追求利益最大化的具体金融机构的资产就迥然不同了,这些机构天生就不会计算由于他们的集体行为所带来的系统性风险造成的成本消耗。不光如此，这些机构因为其特殊性，受益于明确或隐含的保证，因此股票市值最大化相对于具体公司价值最大化来说要冒更大的风险。对次贷产品过分投资的冲动可能同样来自于股东和经理人与交易人双方面的压力。在这个程度上讲，股东的动机是问题所在，一些规范性措施忽略了这一点。例如，更倾向于获取股利分红而不是现金薪酬，并且因此增强了股东监管而没有对股东的风险动机进行改革，这样只会增加更多风险投机行为。

政治领域与大众出离的愤怒主要集中在银行从业者的收入水平上，但是，仅仅收入水平主要反映出财富从股东那里转移到了经理人手中这一现象。除了对社会总产值以及社会福利的影响之外，我们的社会并没有明确地规定在股东与雇员之间应有怎样的利润分配。与社会关联甚重的并非大部分集中在薪酬水平上，而是在这种薪酬结构所形成的风险激励机制上。并不是说我们花了纳税人很多钱去支付美国国际集团总裁 1.7 亿美元的工资这一点令人气愤。而是他们在拿了这么多钱之后，在毫无风险制约的情况下，就把 1.700 亿美元注入了他们公司才让人不爽。监管机构应当对这些高管们拿了钱之后干啥更感兴趣，而不是天天盯着他们拿了多少钱。

如果说哪个群体有理由抱怨金融机构薪资水平过高的话，那就是这些机构的股东了，因为最终是由他们来支付大部分账单的。即使在最成功的公司之中，从测量标准——例如市盈率或市值与账面价值比这些数据中反映出的不温不火的金融批发公司股价，为我们的说法提供了证据。同其他经济部门相比，这个部门的盈利质量是很差的。但是，相对于坦然接受工资帽这种可以增强他们在谈判桌上讨价还价的筹码来说，他们更急于偿还掉金融救援款从而解除金融规范机构施加在其身上的薪酬限制。貌似按理说代表广大股民根本利益的董事会觉得明星雇员和交易人为股票带来的增值跟他们的工钱相符，如果因为薪酬限制而损失了这些人才的话，对于公司长期收益和生存来说这就是最严重的威胁之一。又或者说股东们宁愿高薪养着经理人让他们去做风险投资，而不愿让薪酬规范机构把它们的公司拖到一条更安全，但是没什么油水可赚的沟里去。

特别强调这一观点：金融危机并非是加强股东与金融公司经理人之间矛盾的因素，Fahlenbrach 和斯图斯（2009）找不到证据表明那些 CEO 和高层与股东穿一条裤子的公司在金融危机中的表现好到哪里去了。如果说发现了什么的话，他们证据证明的情况恰恰相反。这进一步暗示我们，问题不单单是股东和经理人之间的冲突这么简单，更多的是股东与社会之间的冲突。

这种冲突为薪酬规范的出台创造了机会。但是，对不计其数的、偏好不同风险的且技能与工作各异的金融雇员们的薪酬结构实施直接的规范监管看起来野心过大了。貌似先把股东们的资产同社会资产绑在一起，然后让股东们各自设计自己的合同条款来承担相应的风险，这样做起来会更容易也更有效率一些。

举例来说，在薪酬合同中使用回补机制的很少。也许你要说这是因为股东们缺少跟他们讨价还价的权利罢了。另一个截然不同的解释是，从股东角度出发，这样做成本太高，并且特别没效益。为了降低风险而采取倾向性的工作方式，经理人可能会因此向股东收取费用，例如更高的薪水，这样会使整个薪酬的成本更高。回补机制的威胁还在于，它甚至可能让经理人回避某些在股东看来是可以赚钱的行为。如果规范机构能成功地通过制定合适的保障与资本价格来使股东们对控制系统性风险感兴趣的话，那么股东和董事会会很乐意对一些不合意的风险项目决定采取回补措施。

同样地，股东也许有理由不喜欢使用延期现金薪酬，或是所谓的内部债务。一项新的研究[6]表明，在那些 CEO 们获得大部分延期薪酬支付的公司里，最近的授权披露显示，这种行为导致了股票价值、公司总市值以及活力的严重下降——即使是债券升值的情况下。这告诉我们，即使金融机构大量使用延期薪酬制度可以获得很好的社会效益并降低公司风险，股东也不会欢迎这种做法，甚至对具体公司来说，它们的市值会下降。最有效的规范方法应该是既符合股东利益要求的薪资方案，同时又可以限制经理过分的风险倾向。

在某个程度上讲，股东资产是不能和社会资产绑在一起的，或者说，如果股东无法被充分赋权，也许应该有机构来扮演这样的角色，它可以拥有某种程度的灵活性、持续性并对薪酬活动实施规范监管。但是，它必须要考量限制的成本是不是以牺牲股东对绩效与创造力、不可预期风险的渴望为代价的。

合理的合约条文应当包括以下元素。

• 基于股票或者其他基于绩效的薪资激励促使员工发挥创造力和提高效率来创造价值。

• 对于绩效考量所作的事前风险调节的目的是阻止员工对虚假利润或者所谓的"虚假的 Alpha"的追求。

• 通过股权激励或者其他绩效激励来提升效率与创新从而提升价值。

• 回补机制让经理人有明确的动机去控制和降低风险。

• 对于降低风险的行为建立保障性现金薪酬来鼓励和保护，这样人才就不会在强迫的情况下才这么做了。

明智的规范措施不会设置工资最高限额或薪金限制或是阻止发放保障红利。虽然说给薪金设置工资最高限额对于投票人来说是喜闻乐见的，但是，这样做会损害股东们吸引和保留最杰出人才的能力——只有在公司详尽的系统性风险被恰当评估和定价之后，才可以被定义为"杰出"。严格的薪酬限制如此一来就不能为规范者以及纳税人服务，因为从本质上讲，并非是薪金的水平，而是薪酬中潜在蕴涵的风险动机威胁了金融系统的安全与公正。他们给自己设立保障性红利的动机并不产生任何风险。如果这代表给经理人付过高的工资，对于社会来说这并不是一个大问题。如果这代表吸引最杰出人才的价格，那么这也许和社会的目的是一致的。如果这代表了要通过限制薪酬强迫经理人降低风险的话，那问题就大了。

如果监管机构或者董事会成功地将回补机制的威胁施加于杰出的、拥有大量机会的经理人身上的话，平均上说，它们也许就得付更多的薪水给这些经理人，而不是更少。相反地，如果沃克尔规则和其他新的银行活动制约政策意味着最终这些公司不再需要高价人才，而这些人才也都去另谋高就的话，这些机构的平均薪金水平就会从内部降低。

明智的规范措施同样要避免对薪酬中某些特殊形式的份额进行详细的规定，因为对于不同的、具体的领域来说什么才是最好这一范畴看起来似乎是太大了。规定延迟薪酬要用受限制的股票形式支付这一做法同样忽略了这一点延迟现金薪酬看起来更能使经理人珍惜公司的安全和公正，因为它和普通债券很像，不同的仅仅是要降低风险而已。

对于规范机构提出的对于薪酬安排增加揭露与透明度的要求，我们是很欢迎的。当代美国的统计标准，举例来说，只要求披露收入前五位的高管的薪酬细节。但是，在金融机构中会有远远多于这个数目的雇员拥有进行危害金融稳定活动的权利——同前面提到过的高薪酬风险雇员一样——他们有些时候的收入比最高级的管理人员还要高。最起码对于规范者来说，更深、更广的披露制度是必需的这一点是毫无疑问的。实际上，监管机构建立一个常规薪酬实施与绩效表现的数据库的话，对社会来说会更有价值，并能够为将来的薪酬评价提供一个基础。

17.7 《多德—弗兰克法案》、美联储以及二十国集团薪酬改革的评价

《多德—弗兰克法案》要求在薪酬方面增加股东的发言权，这应促进薪酬改革朝健康有益的方向发展，使这一改革达到股东利益与社会利益相一致的程度。因此，只要能解决金融机构的股东与纳税人之间的利益冲突，如对联邦担保进行正确定价，就足可强化股东的权利，从而使其能够对管理薪酬具有相应的影响力。

美联储强调，由于存在联邦安全网络以及未定价或定价过低的系统性风险，股东和纳税人之间的利益冲突仅在银行机构的层面上可能不会得到彻底解决，因此要寻求直接对薪酬政策进行调控。它提出的对风险事先控制、递延支付、延长运行周期、事后结算等主张，正如其提出的强化风险管理在公司监管中的作用一样，都是管理风险激励、减少道德风险的行之有效的原则。

虽然这些具体目标应作为重要的建议性指导准则，但美联储在实施时应采取谨慎的态度。考虑到各银行机构及其员工状况的差异性，以及各种可能已经拨款执行的合约，我们认为美联储不应（可能也做不到）控制薪酬和监管。或许可在金融机构董事会中用一位采取中间立场的官员取代首席风险官甚至美联储的代表。对运行措施的风险进行事先调控，以使某个员工对其行为所产生的风险后果立即承担责任，则是一条成熟的会计原则。但就薪酬而言，由于评价新活动的风险具有复杂性，加之各种激励措施对测量误差的敏感度不同，要想有效地实施这一原则可能具有相当的难度。基于这一理由，我们主张最好尽可能将其与递延支付和较长的运行周期这两个原则结合应用，并视需要采用事后调整的方法。

美联储继续在银行机构层面上对薪酬支付政策及结果定期进行评审的计划非常好，这样能产生新的有用信息，使我们知道哪些方案行之有效，哪些行不通。该评审过程不仅本身促进有益的改进，而且还应就该过程中需要进行调控的各方面提供比现有来源更具体的信息。

与美联储一样，金融稳定委员会的执行标准也包括了一系列成熟原则，如对执行官施加下行风险、确保薪酬委员会的独立性以及改进信息披露等要求。但它反对固定奖金，我们认为这一点不具有建设性。因为这些奖金不可能导致不稳定行为的产生，而且这实际上可成为必要的"胡萝卜"，奖励给那些具有聪明才智且必须承担下行风险的员工。此外，它所建议的发放最低限额的基于股份的薪酬可能并不实用，因为股东们都想利用这个股票型薪酬拉拢经理们，并从有利于自己的角度评价具体的最低限额。实际上，股东的风险激励效益与社会是有差异的，而股票和期权薪酬只会加剧这一问题。

金融稳定委员会呼吁改进信息披露，这一点大家都说好，但千呼万唤不出来。当管理者们运用金融产品如股酬交换或双限合约来对手中的受限制股票和期货进行套期保值时，实际上就颠覆了这些薪酬工具要达到的激励目标。他们还使该薪酬价值至少一部分实现了有效的货币化，这种规避行为不仅减少了激励效益，而且增加了流向管理者的薪酬价值。高成本的期货和股票组合得以合法化，只要该成本费用中包括与绩效相关的效益，并对管理者因承担公司与现金薪酬有关的额外风险而提供补偿。但如果管理者被允许降低这种激励效应，并预先将这些薪酬工具价值的更多部分装进自己的腰包，那么至少应提醒股东们注意。

《多德—弗兰克法案》要求所有公司都必须披露是否允许管理对冲。二十国集团的方案则更进一步，完全禁止金融机构从事管理性保值业务。完全禁止从事管理性保值业务或许太严厉了。虽然大多数情况下，管理性保值操作似乎不是个好主意，但某些行业（如技术行业）的公司采用股票和期权薪酬作为集资的一种形式，而不仅仅作为激励机制。如果因市场不完善而使外来资本太昂贵，这样做也有其原因。在这些情况下允许进行管理性保值操作或许有道理，《多德—弗兰克法案》在这个问题上为公司提供了灵活性。

17.8 国际上薪酬改革发展状况

由于金融市场的全球属性和各大银行、资产管理机构以及其他金融中介机构之间的竞争，其他国家也存在与美国类似的高管薪酬问题，因此这些国家也对此展开了热烈的讨论。英国已开始修订各银行的薪酬方案，首当其冲的就是那些在金融危机中接受救助的银行。而在欧洲大陆此类讨论更加热烈，尽管他们对金融批发中介机构的高管和承担风险的专业人士薪酬发放的水平和规则可能了解并不多。在某些情况下（如在英国），人们形成了普遍认同的意见，从而导致对薪酬课以很重的附加税，不得不由全体市场玩家来共同消化。

在欧盟层面上，对薪酬问题讨论的焦点是提出相关立法，以重新审视银行资本要求。在 2010 年 6 月，欧盟委员会同意对银行家的奖金加以限制。该规则已在欧盟部长级理事会得到批准并在欧洲议会表决通过，这些规定也适用投机性投资公司和其他资产管理公司。

欧盟法律规定，对于低收入职工，现金奖金的比例限制在 30%；对于大额奖金发放，现金奖金的比例限制在 20%。奖金的 40% ~ 50% 递延 3 ~ 5 年。奖金总额的一半必须以与该企业绩效挂钩的股票或其他证券支付。而且，奖金必须与基础工资关联更紧密，以减少奖金构成中激励效应的风险。此外，还制定了奖金收回规定，个人或企业只要被证明与造成的重大损失有关，即收回对其的奖励。

如果金融公司接受纳税人的救助，就不得支付奖金，直到政府的财政支持到位为止。虽然在欧盟框架内为国家监管机构提供了某种程度的灵活性，但同时也规定了对那些坚持奉行风险性薪酬政策的公司进行严厉的金融和非金融惩罚的措施。

实际上欧盟的规则对于各大银行来说不大可能构成严重的合规问题，因为很多银行此前已经采取了类似的奖金发放措施。与此形成对照的是，资产管理公司所面临的调整远比银行大得多。因为欧盟致力于将银行和其他中介机构置于相同的奖金基础之上——指出金融危机造成的损失要在银行和资产管理公司之间平均分摊，而不平等的待遇会导致产生监管套利。

但银行和机构型投资方辩解说，欧盟的薪酬法会导致金融服务活动向美国大规模转移，而美国的同类公司则会争辩说，《多德—弗兰克法案》的其他特征也会使业务朝相反的方向转移。因此只要欧盟和美国的监管范围保持广泛的平衡，就不太可能发生主要双边活动彼此向对方转移的情况。同样令人质疑的是，瑞士、新加坡或其他金融中心是否愿意或有能力对可能导致重大系统性损失的金融交易承担监管责任和风险。

17.9　金融企业的公司管理需要专业化吗

现代经济理论的一项基本原则是，在完善的资本市场上，公司利润的最大化会产生最佳社会效益，而且对于大多数行业，政府的干预弊多利少。但长期以来人们认为，银行业乃至金融中介就像公用事业那样，是这一规则的例外情况。可以毫不夸张地说，经济繁荣一方面依赖风险借款人的信用度，另一方面依赖某些类型投资者的履约放贷，而且提供这种具有社会效益的中介服务的金融机构同时又作为货币政策的传递者。但是，保证金融市场的平稳运行并不使这些机构实现利润最大化，而且如前所述，其作为主要交易商所享有的特权可进一步扩大社会利益与具体公司利益之间的差距。

为弥补这个差距，在1929年股市崩盘和20世纪30年代经济大萧条之后，对银行系统进行了严厉的管控。在近几十年中，不仅监管完全放松，而且还新产生出其功能相当于银行的一类机构。它们虽然实际享受着银企优惠政策，却不在银行系统之内或可以设法绕过有形的银行监管，而且新的金融产品不断出现不仅有利于金融创新，也有利于采取逃避法规监管的各种手段。2007—2009年的金融危机说明需要对金融业的监管进行一次彻底的检讨。因此，金融企业必须具有专业化的公司治理结构，这是现代金融监管的要素之一。虽然普通企业的公司治理一般都由股东进行，但由于社会对这些金融机构偿付能力的关注，要求监管方、风险管理方以及无担保债权人能够发挥作用，更多参与公司决策。

17.10 结论

从金融监管的角度来看，金融企业的薪酬发放确实是一个问题——不是因为股东与管理者之间的利益冲突，而是因为股东与社会之间的利益冲突。在当前环境下，金融企业因其在经济中发挥的特殊作用而享有特权和补贴，这是一笔丰厚的世袭财产，它们从中受益匪浅。这种情况歪曲了激励的意义，也扭曲了金融服务业薪酬等级和结构。如果能够解决这种严重扭曲状况，尤其是与系统性风险相关联的扭曲，那么薪酬和管理问题就可迎刃而解。

增加透明度、遵循良好的指导准则、经常进行检查等措施诚然值得称赞，但对薪酬机制进行更直接的干预既不可能奏效，也不明智，其主要理由有两条。

一是合同法的制约。可以制定并实施合约而不需裁定其是否公平是美国体制所坚守的壁垒之一，这是人力资本市场的关键要素。任何干预劳务合同的企图都有悖法律，因此不可能实现。

二是法院有尊重企业管理特权的传统。虽然美国高等法院在 1933 年罗杰诉希尔的案件中确立了法院有权对过高薪酬进行干预的权利，但此后很少否决由公司董事会作出的决定。商业评判原则是最高原则，它强调公共公司的董事们只要根据其最佳业务判断作出决定，则无论该决定是优是劣，董事们均不承担任何责任，法院也不能否决董事会已作出的决定。

注释

①Viral V. Acharya 和 Matthew Richardson 版本，《恢复金融稳定》（Hoboken, NJ: John Wiley 和 Sons, 2009）第 8 章，同样可见 Thomas Phillipon 和 Ariell Reshef 的《1909—2006 年美国金融业工资和人力资本》，美国国家经济研究局，第 14644 页，2009。

②2010 年 3 月，高盛提交给美国证券交易委员会的报告显示，它们在 2009 年的 131 天中每天至少赚 1 亿美元，在交易界一个极其不可能的结果，这远离了其作为主要金融中介机构的角色。

③Willem Buiter，《无用的金融，有害的金融和有用的金融》，载《金融时报》，2009 年 4 月 12 日。

④例如，Clementi 和 Cooley（2009）。

⑤见 Rudiger Fahlenbrach 和 René Stultz，《银行 CEO 的激励和信贷危机》，工作论文，2009，www. ssrn. com/abstract＝1439859。

⑥Chenyang Wei 和 David Yermack，《递延补偿，风险和公司价值：投资者对 CEO 激烈

的反应》，纽约大学工作论文，2010。

参考文献

［1］ Boni, Leslie, and Kent Womack. 2002. Wall Street's credibility problem: Misaligned incentives and dubious fixes? *Brookings – Wharton Papers in Financial Services* (May).

［2］ Byrd, J., and K. Hickman. 2002. Do outside directors monitor managers? Evidence from tender offer bids. *Journal of Financial Economics* 32 (Fall): 195 – 221.

［3］ Clementi, Gian Luca, and Thomas F. Cooley. 2009. Executive compensation: The facts. NBER Working Paper No. 15426 (October). Available at http: //papers. ssrn. com/so13/papers. cfm? abstract_ id = 1493019.

［4］ Erhardt, N., J. Werbel, and C. Shrader. 2003. Board of directors diversity and firm financial performance. *Corporate Governance* 11, no. 2 (Spring): 102 – 110.

［5］ Fahlenbrach, Rüdiger, and Rene M. Stulz. 2010. Bank CEO incentives and the credit crisis. *Journal of Financial Economics*.

［6］ Galbraith, John Kenneth. 1973. *Economics and the public purpose*. New York: Macmillan.

［7］ Kane, Edward J. 1987. Competitive financial reregulation: An international perspective. In *Threats to international financial stability*, ed. R. Portes and A. Swoboda. Cambridge: Cambridge University Press.

［8］ Krozner, Randall S., and Philip E. Strahan. 1999. Bankers on boards, conflicts of interest, and lender liability. NBER Working Paper No. W7319, August.

［9］ Saunders, Anthony, Anand Srinivasan, and Ingo Walter. 2001. Price formation in the OTC corporate bond markets: A field study of the inter – dealer market. *Journal of Economics and Business* (Fall).

［10］ Shivdasani, A., and D. Yermack. 2003. CEO involvement in the selection of new board members: An empirical analysis. *Journal of Finance* 54, No. 5 (Fall).

［11］ Smith, Clifford W. 1992. Economics and ethics: The case of Salomon Brothers. *Journal of Applied Corporate Finance* 5, No. 2 (Summer).

［12］ Smith, Roy C. , and Ingo Walter. 1997. *Street smarts: Linking profes-sional conduct and shareholder value in the securities industry.* Boston: Harvard Busi-ness School Press.

［13］ Walter, Ingo, and Roy C. Smith. 2000. *High finance in the euro -zone.* London: Financial Times – Prentice Hall.

［14］ White, Lawrence J. 1991. *The S & L debacle: Public policy lessons for bank and thrift regulation.* New York: Oxford University Press.

第18章 会计体系和金融改革

Joshua Ronen and Stephen Ryan

由金融机构提供的关于其金融工具和交易的综合广泛的信息报告对促进美国金融系统的长期稳定是非常重要的。因为金融机构的经营者必然在某种程度上被报告上的会计数据而评价，这会激励他们让这些会计数据表现得令人满意（例如，价值和收入增长或者风险下降）。金融报告的目的不是在任何特定方向倾斜这些激励措施，而是尽可能通过概念上的会计核算方法和说明性的披露来真实和可靠地描述金融工具和交易。配备这种金融报告，这是投资者和监管者的任务，通过理解和使用这些报告的描述来促进银行经营者作出正确的决定，总体来讲，有利于促进金融系统的良好运行。

在本章中，我们认为三种长期存在的金融报告问题引发了金融危机中的连锁反应：在当前采用的损失模型下银行的贷款损失储备；在缺乏流动性市场的公允价值评估；衍生品的杠杆率和与衍生品类似的低价值但高风险的金融工具，包括来自证券化剩余的或者其他次级的留存利益。

我们也讨论了建立会计准则标准的政治干预，目前美国通常接受的公认会计准则（GAAP）与国际会计标准的融合都是令人头痛的问题。我们的建议是：

当前采用的银行贷款损失储备的损失模型应该被一种预期的损失机制代替，因为后者与对一些其他金融工具的经济评估和使用的公允价值会计准则是一致的。动态损失储备的提议不符合金融报告的宗旨，因为它与现存的会计理念是完全不一致的。而动态损失储备的目标——鼓励银行在经济实力提升时期去增加资本是值得称赞的。如果与公认会计准则保持一致，这个目标可能无法完成。

甚至在缺乏流动性的市场或者系统性风险受到关注时，我们仍然推荐金融工具公允价值的评估，它比总计的摊余成本评估要好，因为后者超越了一些即期报参汇或者所有未实现的收益和亏损，测量公允价值是以目前的卖出价值结构还是已贴现的现金流量计算存在争议是有其合理性的。在两种公允价值测量方式之间进行选择时，会计标准制定者需要作出比较，因为当相关的市场缺乏流动性时，两种测量方法展示的是不同的优势和缺陷。我们建议会计标准制定者要求公司以柱状的形式提交或者协调两种测量基础，因为这些信息与监管者和投资者是密切相关的。

尽管有限，金融工具的摊余成本是分析各种金融工具有用的和可靠的信息。由于这个原因，最近我们支持美国会计准则委员会（FASB）要求公司提交资产负债表（另外，柱状图的形式也是出于同样的目的）。金融工具的摊余成本和公允价值都是"用来承担收集或者和支付合同的现金流，未变现的收益和损失，及其他的综合收益报告"。

衍生品包括的杠杆率和与衍生品相似的低价值但高风险的工具应该全面地在金融报告中描述。最自然和最灵活的方式是通过披露，而不是资产负债表这些头寸来推算税前收益目标。我们建议对标准化可选择的衍生品杠杆率测量要求的信息披露包括以下方面但不限于此。（1）所有衍生品和相似头寸的税前收益，在某种程度上不应该是合同净额结算协议；（2）税前收益头寸净值，当他们在公司的证券投资组合中由其他的头寸进行经济上的套期保值。

银行监管者和政治家不被允许干涉公认会计准则，使得金融报告服从以追求高效率的银行业监管目标和其他政治目标。

会计准则的融合，不应该以现在高质量的融资报告或者有能力随着时间改进会计标准的账户标准建立的程序为代价。

18.1 银行的贷款损失准备金

背景

银行目前的贷款损失准备金，在美国公认会计准则和国际会计标准下，使用的是已发生损失模型。在这种模型下，银行积累的津贴（净未偿付贷款额）和对贷款损失以下情况的规定。一是"已发生的"（美国银行业监管者所指的"已发生的"是"内在的"，在银行现存的贷款投资组合中）；二是"可能的"；三是"可能是合理的评估"建立在可获得信息的基础上。作为银行贷款投资组合内潜在的损失准备。

各方——著名的有金融稳定论坛在 2009 年 4 月的报告，和美国财政部在 2009 年 6 月提出的改革金融体系的提案——都认为在经济繁荣时期，已发生损失模型收益备抵贷款津贴太低而不能弥补贷款损失，因此当经济周期转变时，加剧了金融体系的恶化。各方建议用"动态的"贷款损失准备金来代替已发生损失模型——银行积累的长期的贷款损失或者通过周期违约可能性和预期的违约损失率——甚至直到周期转变的期望时间超过贷款的剩余使用时间时。动态的贷款损失准备金被期望促使银行在经济繁荣时期积聚更多资本，这样能在经济萧条时期经受得住考验。

预期的贷款损失准备金是国际会计标准委员会（IASB）正在考虑的。在某些方面不太完善，但更加客观，美国会计准则委员会（FASB）在 2010 年 5 月公布的草案中提出了对预期贷款损失准备金的形式、金融工具会计准则、衍生工具和对冲业务会计准则的修正。预期的贷款损失准备金构成了损失模型和动态的贷款损失准备金之间的中间领域。在这种机制下，银行的贷款损失准备金被期望发生，并超过建立在一些指定信息基础上现存贷款剩余期限。国际会计标准委员会的考虑和美国会计准则委员会的提案两者间最主要的不同是指定信息的内容。

美国会计准则委员会在公布草案中提出的机制包含以下特征，以及对显示的贷款损失准备金可能产生的影响。

贷款的信用损失累计门槛可能会被取消。这种特点将对以个人贷款水平记项的这类均匀类型的贷款有很大的影响，难以满足门槛的要求。

金融机构将会吸收所有与过去事件有关的所有贷款剩余期限的剩余现金流的现存条件通过。这种提议将会禁止银行——监管者——制裁在评估已发生或者固有损耗时，使用比贷款的剩余期限更短的冲销期限。

对于均匀贷款池，损失是以贷款池位进行累计计算，金融机构应该决定贷款池适当的历史损失率，并根据现存的经济因素和状况进行调整。在作这些调整时，金融机构应该假定在报告期末贷款池现有经济状况仍然没有改变；也就是说，他们不能预见未来事件或者在报告期限不存在的经济状况。通过这些特征，美国会计准则委员会有效地保留了已发生损失模型中贷款损失应该是已发生的或者是现存贷款损失中固有部分的要求。与此相反，国际会计标准委员会正考虑要求金融机构去预测未来事件和现存贷款剩余期限的经济状况，预期损失准备的形式更加完整和客观。

应计贷款损失的期限应该短于现存贷款的期限。预期的时间在商业周期的转角处（我们指的是当贷可能款违约和考虑到违约变化的重要性预期贷款的时间）。时间的不同在很大程度上决定了在已发生损失模型中应计贷款损失的相对值。美国会计准则委员会与国际会计标准委员会方法的区别就是预期的损失准备。

需要特别指出的是，银行贷款的平均期限一般比预期的商业周期转变的时间要短，两种预期贷款损失准备的方法——美国会计准则委员会和国际会计标准委员会都与银行已发生的损失模型相似，因为商业周期转变时，无法得知预期的损失。对于期限长于预期商业周期转变的银行贷款,国际会计标准委员会预期贷款损失准备的方法与动态的贷款损失准备比较相似,因为商业周期转变时已产生这些预期。与此相反,美国会计准则委员会的方法没有捕获到这些贷款商业周期的转变,因为对未来事件和经济状况的预测并不在方法考虑之内。

问题

关于目前的提案有两个主要的问题。第一个问题是公认会计准则(GAAP)的已发生模型是否应该被动态的或预期的损失准备方法替代。第二个问题是是否公认会计准则中的贷款损失准备应该调整为鼓励银行在经济繁荣时期建立更充分的资本金来为不可避免的经济衰退作更好的准备。

我们认为已发生损失模型可能会人为地降低应计的贷款损失,尤其是在两种情况下。第一,当银行目前履行的贷款期限比其贷款预期的剩余期限要短,这是美国监管部门所允许的;第二,均匀贷款难以满足模型可能的损失条件。另外,预期损失方法与经济评估和一些其他金融工具使用的公允价值会计方式是一致的。由于这些原因,我们建议用预期损失方法来代替已发生损失模型。

动态损失准备的提案应该被驳回,因为它与会计准则理念是完全相反的,它的理念是禁止金融机构与现存风险敞口不相关的一般商业风险应计项目,以及银行其他金融工具使用的会计准则方法。绝大多数贷款合同的到期日和有效的到期日比非常不确定的商业周期的期限要短;结果,动态的贷款损失准备使得实际的信用损失变得模糊,并产生了人为的收入平衡。动态损失准备是一种支持银行在经济繁荣时期增加资本储备的间接方法。虽然看起来似乎是一个有价值的目标,但是提高资本应该通过在经济强劲时期要求更高的资本率或者有效监管的会计准则,而不是与公认会计准则和以公认会计准则为基础的金融报告透明度相妥协而保持一致。

建议

目前的银行贷款损失准备模型应该被预期损失方法所代替,因为后者与经济评估和其他金融工具使用的公允价值会计方式是一致的。动态损失准备的提案不适合金融报告的目的,因为它与已经建立的会计准则标准是完全相反的。虽然动态损失准备的目标——鼓励银行在经济繁荣时期增加资本——是值得肯定的,但不能通过与公认会计准则妥协相一致来实现。

在美国会计准则委员会不完整但更客观的预期损失准备方法和国际会计标准委员会(IASB)更完整但更主观的方式之间进行权衡,无论选择哪种方式,我们都建议要求金融机构披露与现存贷款剩余期限内的未来事件和经济状况相关损失的增加值。

18.2　市场流动性和公允价值评估

背景

在银行金融工具评估标准方面，我们认为公允价值比摊余成本更好，即使是当相关的市场缺乏流动性时，公允价值评估的可靠性涉及系统性风险。[①]摊余成本会计方式抑制了一些或所有未实现的损失或收入的即时报告，因此降低了金融机构自愿披露的需求和动力，这就是金融机构很少或几乎不使用摊余成本进行解释的简单原因。这种信息的抑制延长了价格和资源分配的调整进程，但这些进程的效率是非常重要的，在经济危机中起着非常关键的作用。

市场缺乏流动性对评估公允价值的实际问题应该得到会计标准制定者的重视。这可能会通过扩大对机构使用的内部模型和评估公允价值时难以察觉的投入的披露来解决。未实现的损失或收入的部分源于流动性的缺乏。在 2009 年 4 月，美国会计准则委员会要求按照这些原则增加披露。

金融会计准则标准（FAS）的 157 条（美国会计准则委员会，2006）说明中将公允价值定义为变现价值——金融机构接受的价值从卖出资产或者金融机构将要购买的价值在评估日有序的交易中结束义务。美国会计准则委员会的金融会计标准 157 条第 3 款要求对缺乏流动性金融工具的变现价值评估包含非流动性的折扣溢价，在某种程度上一个金融工具虚拟的有序交易的贸易条款将会包含这种溢价。直观地讲，包含了某种程度的市场非流动性折扣溢价的变现价值使得意愿买方在这种虚拟交易中能够要求和接受来自意愿卖方更好的条件。

鉴于包含的折扣率溢价的有限性，缺乏流动性金融资产的变现价值，机构一是可以出售或者选择出售资产（例如，贱价销售），机构二是可以持有的资产通过市场流动性的恢复或到期的价值（无论哪个先来）之间占据了一个中间区域。我们把后者价值称为"完成价值"，持有的期限称做"流动性界限"。这种假设的中间区域与目前实际发生的非流动性金融工具交易并不相符，不论是通过立即的贱价销售还是通过"流动性视线"内的规范交易。也不能捕获到，当相关市场由于缺乏流动性以致买方和卖方无法达成交易条件时交易将不会发生的事实。

很多当事人都批评变现价值会计准则是要求金融机构将市场缺乏流动性的资产降到贱价销售的价格。这种观点反映了对金融会计准则标准 157 条和美国会计准则委员会金融会计标准 157 条第 3 款的错误解释，正如上文所述，批评实际上准确反映了审计人员迫使报告金融机构依靠可观测到的交易价格的动机，甚至这些交易部分或者完全都是被迫的。

但是，一些人准确地批评了的变现价值准则要求金融机构将市场非流动性的金融工具的价值低于完成价值，甚至它有能力和意愿持有金融工具通过"流动性界限"。这些当事方非常赞成拥有这种能力和意愿的金融机构应该取完成价值来记录金融市场工具，或者更合理的是以完成价值和贱价出售价格的平均加权值，这种加权反映了机构持有金融工具通过"流动性视线"在之前出售他们。我们将这种加权平均价值称为现金流量贴现。

问题

有两个关键性的问题：（1）决定以会计确认为目的对缺乏流动性的金融工具更好的评估方式——变现价值或者现金流量贴现值；（2）是否金融机构应该被要求披露变现价值与现金流量贴现值对非流动性金融工具的不同。

解决第一个问题要求会计标准制定者作出权衡，因为这两种可选择的基础对金融工具评估会表现出不同的优点和缺点，当相关的市场缺乏流动性时。这些权衡因为存在非流动性风险在市场功能中属于故障。

预期的贷款损失准备金是国际会计标准委员会正在考虑的。在某些方面不太完善，但更加客观，在美国会计准则委员会（FASB）2010 年 5 月公布的草案中提出了预期贷款损失准备金的形式，金融工具会计准则、衍生工具和对冲业务会计准则的修正。预期的贷款损失准备金构成了损失模型和动态的贷款损失准备金之间的中间领域。在这种机制下，银行的贷款损失准备金在一些指定信息的基础上被期望发生超过它们现存的贷款剩余期限。国际会计标准委员会的考虑和美国会计准则委员会的提案最主要的不同是指定信息的内容。美国会计准则委员会在公布草案中提出的机制包含以下特征，以及对显示的贷款损失准备金可能产生的影响。变现价值同现金流量贴现评估相比有三点优势。第一，至少在原则上，变现价值的使用让不同金融机构使用的相同金融工具的价值评估是一样的；也就是说，变现价值同现金流量贴现值相比较，是市场需求多而机构需求少的方法。第二，变现价值不包含金融机构观测不到的和可改变的能力和意愿，因此是更加可验证的方法。第三，通过吸收缺乏流动性金融工具的折扣率贴现，变现价值减少了银行获得缺乏流动性金融工具代替其他相似的流动性金融工具的动力。通过比较，现金流量贴现包含了持有非流动性金融工具更高通过"流动性视线"产生报告的会计收益超过最初的可能性。虽然对于个别银行负载非流动性资产可能是理性的决定，但是这种实践将产生系统性风险，正如全书都在论述的。变现价值评估主要的缺陷在于它不能反映机构在"流动性视线"期间持有金融工具的意图和能力的经济重要性。现金流量贴现方法的优势和缺陷同变现价值的优势和缺陷刚好相反。

双方有效论证的是是否变现价值在缺乏流动性的会计确认方面比现金流量贴现值更好。一些人赞成变现价值是由于它在机构间优越的可比较性、可证实性和激励获得相关非流动性金融工具。但是，我们强调现金流量贴现方法与机构在流动性视线期间持有金融工具的意图和能力更加相关，这提供了管理的灵活性去显示意愿和其他私人信息。我们建议会计准则制定者通过调节现金流量贴现值和变现价值重新权衡——以及摊余成本，这是一种用于某种金融分析目的的可靠方法——以柱状图的形式，由罗恩（2008）和 Sorter（1972）提出。

实际上，美国会计准则委员会近来已经朝这个方向开始前进了。在公布的草案中，委员会提出机构需要提交其资产负债表中"由承担合同的现金流支付或收款的金融工具"的公允价值和摊余成本。这也提出了金融机构需要提供信息来调节这两种方法。这种信息可能对银行监管者评价银行持有的缺乏流动性金融工具的偿付能力和在"流动性视线"间持有的能力和意愿非常有用。

建议

尽管合理的论据可以用来支持变现价值和现金流量贴现值，两种方法连同摊余成本，都应该在金融报告中提交和进行调节。这将对目前的金融报告要求有个重要的改进。变现价值与现金流量贴现值，两者在银行缺乏流动性的金融工具的差异。特别对于银行监管者是最重要的。

18.3　衍生品和其他包含杠杆率的金融工具

衍生品、证券化剩余权益以及其他金融工具（与衍生品类似的金融工具）价值很小，但是同传统的金融工具相比有更高的风险。这些与衍生品类似的金融工具通常作为净资产和流动性资产来处理，在金融报告中提交的是净值。但是，这些金融工具表现为净资产少于净负债时可以被替代。例如，证券化中保持的剩余权益将作为"证券化资产提交"。这种总计的提交强调了这些金融工具包含了金融杠杆率。

在第 13 章中以同样的形式讨论了证券化，金融机构经常使用提交这种金融工具的净值去利用资本金监管的漏洞来弥补信用金融工具和其他风险性金融工具缺乏的资本金。

问题

金融报告需要更加透明地反映出类似衍生品金融工具所包含的杠杠率——工具的类型和总计。这可能通过资产负债表、补充说明或者管理层的讨论和分析披露反映出来。

各种会计准则方法完成的总资产负债表取决于涉及的金融工具。例如，一个证券化所保持的摊余成本能够通过证券化股权的要求合并被补偿。这将记录所有的股权资产包括所有合并机构的资产和所有作为合并机构债务的股权的卖出获益（这是金融会计准则标准第 167 条所采取的方法，在第 13 章中讨论过）。作为选择，剩余利益可以补偿给在没有要求合并时的现金金融工具。后者方式更加灵活，因为它允许部分的补偿（例如，当剩余利益并不承担所有证券化的风险）。这种方式更加普通，因为它对所有低价值和高风险的金融工具起作用，不仅仅是被设计为使用特殊目的股权的金融工具。

建议

在我们看来，最自然和最灵活的方式是通过披露包含杠杆率在内的类似衍生品的金融工具的信息，而不是在资产负债表中反映。我们建议要求对标准化的可选择的杠杠率措施的披露，包括但不限于所有衍生品和相似头寸的所有推算税前收益；推算税前收益的净值，当他们在机构投资组合中的其他头寸能很好地被对冲。

18.4 银行监管不应该干预公认会计准则

背景

在金融危机中，对公认会计准则标准施加的政治压力非常大。政治压力通常集中在制定的公认会计准则要更加服从于银行监管的目标。这些目标可以分为两种：（1）要求银行在经济繁荣时期持有更多的资本，从而能应对经济周期转变的冲击；（2）允许银行机构在经济萧条时期较小的资产减值去保存它们削弱的监管资本。第一个目标的一个例子是提取全周期的损失准备去鼓励银行在经济强劲增长时期增加资本金，从而有助于发生经济萧条时更好地生存。第二个目标的一个例子是在经济危机期间暂停公允价值。在早前的讨论中，我们详细评估了这些棘手的会计准则提案。在这里，我们讨论同样棘手的会计标准制定的政治压力问题。

可能这种压力最极端的例子是有代表性的爱德华·帕尔穆特提出的对原始版本的《金融稳定促进法案》的修正案，美国众议院金融服务委员会正在对其进行讨论。修正案可能给银行监管者理事会的有效投票权超过了公认会计准则。幸运的是，提出的修正案被驳回了。

尽管有这种积极的进步，但是希望政治压力在会计准则的制定上完全消失并不能太乐观。这种压力无论何时产生都必须被消除。我们认为银行监管者不应该对公认会计准则有任何越权。

最直接的方式是公认会计准则规定通过在经济困难时期降低银行的监管资本率，低于要求的水平减少了银行系统总的债务和降低了金融资产的价格，这可能会产生系统性风险。但是，如果银行监管的资本是唯一受到关注的，那么解决的最自然方式则是调整监管资本比率（例如，在经济繁荣时期提高监管资本比率，在经济萧条时期降低监管资本比率），或者监管会计原则（RAP）将被计算（注：我们怀疑监管者在经济萧条时监管宽容的智慧，将在稍后讨论）。在政府金融报告中对公认会计准则进行干预并不是解决的办法。

这些普通做法最主要的障碍是《1919 年联邦存款保险公司改进法案》（FDICIA），法案包含了很多限制银行监管者实施监管宽容能力的条款。这些《联邦存款保险公司改进法案》中的条款是银行监管者在 20 世纪 70 年代和 80 年代推迟实施监管宽容的最好依据，因此在相当大程度上增加了解决节俭危机的成本。

尤其指出的是，《联邦存款保险公司改进法案》第 121 条要求监管会计准则（RAP）与一般接受的会计准则保持一致，除非银行监管者认为对任何已投保的存款类金融机构的一般接受的会计准则的实施与在本部分第一段中提出的客观目标 1 不一致。帕尔穆特提出的最有代表性的修正案实际上否定了《联邦存款保险公司改进法案》的第 121 条。通过制定较为宽松的公认会计准来允许银行监管者实施模糊的监管宽容。

问题

帕尔穆特提出的具有代表性的修正案和其他对公认会计准则的政治压力产生的问题总是比他们意图强调的问题更严重。公认会计准则和金融报告相对的优势是提高透明度和有利于消息灵通的投资大众，通过财务报参信息，这些信息量是有用的，但没有必要再复杂化。透明度在金融市场和其他市场中起着重要的作用，但透明度与安全和稳健的银行监管的角色是有区别的。如果高风险的金融机构和金融资产的潜在投资者没有感觉到能获得透明的信息，他们将会对这些金融机构和金融资产充满恐惧和反感，造成金融市场缺乏流动资金和加剧系统性风险。这些问题每天都会以很多方式存在和对经济造成影响，而不仅仅是在金融危机时的系统性风险方面。

这些政治压力为了不合适的目的将会代替使用公认会计准则：要求银行在经济繁荣时期增加资本金和允许银行监管者在经济萧条时期实施监管宽容。公认会计准则的使用是潜在地允许监管宽容的实施，这可能非常令人担忧。监管宽容不利于激励银行。如果银行预期监管宽容，它们事前可能会承担更多的系统性风险。因此应该极少实施监管宽容，如果实施，也应该极其小心地实施。如果实施监管宽容，银行监管者也应该以最容易理解和最可控制的方式来实施（例如通过调整监管资本比率要求或者监管会计准则的方式）。监管宽容也应该透明地实施，因为银行监管者会受到诱因问题的影响，赋予银行监管者通过非透明的金融报告掩盖其失误的权力是一种错误银行监管的方式。

而且据了解银行监管者对会计准则了解甚少。会计准则的制定是非常复杂的程序，要求对这一领域有广泛和深入的了解。这些标准具有个别的复杂性，并互相交错，还涉及实践中对其精确的解释。特别对于管理对银行有重要影响的金融工具和交易会计准则，需要非常高技术性的标准。回顾过去，因为考虑到这些困难，美国会计准则委员会偶尔也会作出糟糕的决定。但是在对其防御上，也显示出相当的意愿和能力去接受批评，很快重视这些错误，起草的标准透明度也不断增加。

相信监管者与公认会计准则管理者一样好地履行是不可能的。甚至在他们自身的专长领域，银行监管者经常表现得非常迟缓。例如，官方让 20 世纪 70 年代中期的储蓄危机更严重，直到 20 世纪 90 年代利率开始上升时才缓解。后来，银行监管者又未能识别出不断增长的未约束的信用扩张以及高度杠杆率的投资和消费的风险，这种风险在全球金融系统中长时期蔓延，对最近的金融危机起了重要的作用。

建议

银行监管者和政治家必须不被允许干涉公认会计准则和财务报告追求更有效的银行监管。如果政治家想允许银行监管者实施监管宽容，他们应该提出对《联邦存款保险公司改进法案》第 121 条和其他条款进行修正，这样银行才能去调整监管会计准则，不打乱公认会计准则。

18.5　与国际会计准则标准的融合

美国公认会计准则和国际会计准则标准的融合一直是美国证券交易委员

会、美国会计准则委员会和国际会计标准委员会很多年来努力的目标。国际会计标准委员会和美国会计准则委员会在 2006 年签署了一项有关实施合作计划的合作备忘录（MOU）。2009 年 11 月对合作备忘录进行了修正，2010 年 6 月再次进行了修正。2009 年 11 月的合作备忘录将 2011 年 6 月作为完成合作计划大量重要和复杂项目的最后期限。2011 年的合作备忘录保留了这个目标期限，提出这项计划是"改进国际会计准则和美国公认会计准则最迫切需要的"。合作计划中的项目涉及金融工具、公允价值评估、金融工具会计准则、租赁协议和保险合同，2011 年 6 月的目标期限只适用于这些项目中的前三个。无论是否能完成这个目标，这项工作计划对两个组织未来一年都是史无前例和令人吃惊的工作量。

在原则上，会计准则的融合是值得期待的，因为它提高了使用不同会计准则标准的金融报告之间的可比性，因此提高了会计准则使用的领域。但是在实际中，融合不应该以现在高质量的财务报告和不断改进会计准则标准能力的方法为代价。虽然在美国对会计准则制定者的政治压力有时候是非常大的，但对国际会计准则标准的政治干预变得更加多样和复杂，因为它取决于很多国家不同的政治环境和会计准则惯例。而且，欧盟对采用每一个会计准则都有一个政治上的长期程序，很多其他国家和地区也是这样。这种程序包括事前的投票和事后国际会计标准委员会会计准则产生的收益，反映了高度的政治性。在我们看来，同美国会计准则委员会相比较，国际会计标准委员会的会计准则更多地包含了政治上的折中、规定的模糊性和实施上的灵活性。

我们也注意到在最近的合作计划中，两个组织都试图尽可能融合会计准则标准。当它们在实质问题上无法达成一致时，它们会同意这种分歧，并提出不同的会计准则方法。一个例子是两个组织不同的预期贷款损失准备模型；公布的草案也吸收了许多其他的例子。虽然这些差异影响了会计准则融合的目标，我们相信这种协议的分歧必要时是一个明智的选择，取决于双方不同的政治环境。而且，毫无疑问在美国会计标准的政治支持更胜一筹——结果就是国际会计准则标准的采用（例如，完全融合）。[2]

注释

①参见瑞安（2009）。斯特恩白皮书的执行摘要可在 http://whitepapers.stern.nyu.edu/summaries/ch09.html. 上找到。

②有关美国和国际会计准则标准的融合更广泛的讨论参见海尔、洛茨和维索基（2009）。

参考文献

［1］ Financial Accounting Standards Board. 2006. *Fair value measurements.* Statement of Financial Accounting Standards No. 157. Norwalk, CT: FASB.

［2］ Hail, Luzi, Christian Leuz, and Peter Wysocki. 2009. Global accounting convergence and the potential adoption of IFRS by the United States: An analysis of economic and policy factors. FASB independent research report (February).

［3］ Johnson, S. 2008a. The fair – value blame game. www. cfo. com, March 19.

［4］ Johnson, S. 2008b. How far can fair value go? www. cfo. com, May 6.

［5］ Ronen, J. 2008. To fair value or not to fair value: A broader perspective. *Abacus* 44 (2): 181.

［6］ Ronen, Joshua, and George H. Sorter. 1972. Relevant accounting. *Journal of Business* 45 (2): 258.

［7］ Ryan, Stephen. 2009. Fair value accounting : Policy issues raised by the credit crunch. In *Restoring financial stability*: *How to repair a failed system*, ed. Viral V. Acharya and Matthew Richardson, chap. 9. Hoboken, NJ: John Wiley & Sons.

结　　语

写这本书最大的挑战是全篇所关注的问题非常动态——不断地演进，不断面临新的信息。我们所讨论的对金融体系的监管不是一个固定的环境，而是不断地尝试适应监管和其所服务经济的新的信息。所以本书的作者将这本书写得有特点是非常具有挑战性的。

当我们把书稿完成时，世界经济已经因欧洲主权债务危机问题开始摇摇欲坠。我们试图解释和公开对欧洲 91 个金融机构压力测试结果的影响。这些对大型复杂金融机构拥有更高透明度的市场需求是重要的指标。同样也是国家政府和监管者制定规则和让金融系统更加安全的重要指标。

市场在某种程度上是令人失望的——不仅是因为除了 7 家银行之外的所有银行测试的结果，而且因为测试被设计为一种人们达不到高成功率的一种方式。虽然希腊债务重组在大多数金融市场参与者看来是预料之中的结局，压力测试包含了更好的情节。众所周知，法国和德国银行大部分拥有的一些国家的国债都经历了再融资问题，但压力测试忽略了这种持有的风险通过高于隐含市价率来评估它们。按照压力测试的不透明，一些大型欧洲银行对市场的期望值被调低。最后，只有 1 家希腊银行、5 家西班牙银行和 1 家德国银行未能通过压力测试，这让人难以放心。实际上不仅仅是欧洲系统重要性金融机构的破产威胁到全球金融市场，希腊主权债务的违约同样威胁到全球金融市场。

将欧洲的实践与美国美联储在 2009 年 2 月到 5 月进行的压力测试进行比较分析是非常有用的。虽然很多人抱怨我们在压力情景下已经打击了失业率，假设的房地产价格下降实际上比大萧条时期更糟。更重要的是，压力测试最后的目标非常清楚：监测潜在的破产金融机构，或存在资本不足的金融机构，负责让它们增加满足审慎标准的附加资本，如果不行的话，政府会这样做，因为它们稀释现有股东会产生不良后果，在管理到位的情况下，接近完全透明的压力测试结果的释放对市场有非常有益的影响。19 家银行中的大概一半银行都被发现想要清晰地揭露在中度和重度压力情景下它们面临的资金缺乏情况。政府所有权利益的威胁、稀释和工作损失导致了缺乏资本的银行的管理层立刻发现问题。所有金融机构信用风险评估，不仅仅是增加资本需要改进。一种积极的放大效应似乎控制了美国金融体系，如此每年的压力测试目前被视为未来监管工具的一部分。

从迄今对系统性风险的审慎监管中得出的一个重要教训是，有关欧洲压力测试令人失望和先前美国压力测试成功，金融机构所产生的系统性风险通过使用市场数据的组合和场景分析可以事先被评估。这些事前的评估可以合理地预测哪些金融机构更有可能在危机中资金不足。反过来讲，这些评估可以被用来有效对金融机构系统性风险征税（例如，在美国压力测试下通过资本金要求，更多的是通过税收）。如果这些金融机构不能缴纳这些税收，或者它们结束时资本不足，那么一个明确的解决方式是以有序的形式终止它们或者在经济好的时期重组它们是必要的。

当这两种工具发挥了适当的作用，（1）事前系统性风险评估；（2）可靠和有序的事前解决方案，市场仍然对系统能够忍受极大的压力有信心。缺少这样的工具，机构仍然非常脆弱，金融中介受到了损害，而且没有什么可以做的，去避免逐步增强的压力场景，大规模的倒闭和避免恐慌将主要通过纳税人倒闭基金来管理（在欧洲，预期正在增长）。

全球金融部门正在通过资本在跨国家、跨金融机构和跨家庭分配而变得混合。每天都以数以千计的美元进行交易。如果"管道"漏水，最终这种混合将不能有效地运作，一些"水龙头"可能会让资本一起流出去。我们希望通过这本书让读者相信全球金融最主要的漏洞是持续的政府担保价格的错定。直到我们确定全球金融部门这种最主要不足的原因时，我们才能对重塑金融稳定作出努力。所有正在做的无谓尝试都可能结束。

在本书中我们用大量的章节详细讨论、分析和评论了《多德—弗兰克华尔街改革与消费者保护法案》，了解到导致目前我们时代最严重的金融危机的关键不足是："大而不能倒"和"太具有系统性而不能倒"目前没能为当它们陷入困境时对其他金融机构产生的影响支付成本。以认识到这个不足为基础的未来金融改革是一个好的开始。但是法案并没有完全重视这个不足。法案留下了大部分需要监管者来完成的内容——美联储体系、联邦存款保险机构、美国证券交易委员会和期货交易委员会。我们相信通过不止一种方式，这些监管者将会使用我们先前提出两种重要工具使法案的实施更加完善。欧洲银行压力测试的结果告诉我们，市场仍然怀疑监管对系统性风险的重视在某种程度上软弱无力。他们希望有更好的信息和更完善的监管。

我们希望用时间、思考和公民权的精神汇集的纽约大学斯特恩商学院组成的小组所编的这本书，对审慎监管者开始设计新的和强健的全球金融架构有一些帮助。只要有可能，我们仍然会抱着强烈的兴趣继续参与这方面的改革。

关 于 作 者

Viral V. Acharya，金融学教授，研究专长为银行和其他金融机构的监管、公司金融、信用风险、流动性风险、主权债务、危机和经济增长。

Barry E. Adler，伯纳德佩特里商务和法学教授，纽约大学法学院信息系统和技术副主任，主要研究领域为破产、合同、公司和公司金融。

Edward I. Altman，马克斯 L. 海涅金融学教授，研究专长为公司破产、高收益债券、不良债权和信用风险分析。

John H. Biggs，美国教师退休基金会高管、前主席、董事长和首席执行官，研究专长为退休融资、公司治理、会计准则、金融和投资。

Stephen J. Brown，戴维 S. 勒布金融学教授，研究专长为对冲基金、共同基金、日本股票市场、实证金融、资产配置和投资管理。

Christian Brownlees，计量金融学博士后，研究专长为金融波动和金融原理、金融高频率数据、非线性时间序列模型和统计计算。

Thomas Cooley，莫维奇瑞特斯和帕格奈利－伯尔经济学教授，研究专长为宏观经济理论、货币理论和政策、金融机构财务行为。

Robert F. Engle，Michael Armellino 金融学教授，研究专长为金融计量和市场波动，因分析随时间波动的经济时间序列的突出成就被授予了 2003 年诺贝尔经济学奖。

Farhang Farazmand，金融学博士生，研究方向为实证资产定价。

Xavier Gabaix，金融学教授和马丁格鲁伯资产管理公司主席，研究专长为资产定价、高管薪酬、经济和宏观经济中的本源比例法则、非理性行为的因果关系。

Marcin Kacperczyk，金融学副教授、国家经济研究局成员，研究专长为机构投资者、实证资产定价、共同基金、社会责任投资和行为财务学。

Nirupama Kulkarni，哈斯商学院房地产学和金融学博士生，研究方向为信用风险、银行和金融机构的监管、主权债务、危机和房地产金融。

Hanh Le，金融学博士生，研究专长为公司金融、公司治理、金融机构的治理和监管。

Samuel Lee，金融学副教授，研究专长为金融市场流动性、公司金融和公司治理。

Anthony W. Lynch，金融学副教授，研究专长为资产定价、共同基金和投资组合选择。

Thomas M. Mertens，金融学副教授，研究专长为资产定价、宏观经济学和计算金融学。

Vicki G. Morwitz，市场营销研究教授，研究专长为消费者行为、营销研究、定价心理领域、公共卫生交流的有效性和政治营销。

T. Sabri Öncü，金融学客座副教授，卡第尔哈斯大学国际金融学副教授，研究专长为资产定价、金融计量、产业组织实证方法。

Lasse H. Pedersen，约翰 A. 保尔森金融学和选择投资学教授，研究专长为流动性风险、保证金要求、卖空、螺旋效应、流动性危机、动态交易和股票、债券、衍生品、期货、货币和场外证券的估价。

Antti Petajisto，金融学客座副教授，研究专长为资产定价、共同基金、交易所基金、对冲基金、指数基金、指数设计和业绩评估。

Thomas Philippon，金融学副教授，研究专长为宏观经济学、风险管理、公司金融、商业周期、公司治理、利润操纵和失业。

Matthew Richardson，查尔斯西蒙应用金融经济学教授、所罗门金融机构研究中心主任，研究专长为资本市场效率、投资和实证金融。

Joshua Ronen，会计学教授，研究专长为均衡披露、代理理论和资本市场。

Nouriel Roubini，经济学和国际商务学教授，研究专长为国际宏观经济学和金融学、财政政策、政治经济学、增长理论和欧洲货币问题。

Stephen G. Ryan，会计学教授，研究专长为会计计量、以会计为基础的评估和风险评估、金融机构和金融工具的金融报告。

Shelle Santana，市场营销学博士生，研究方向为情绪对价格影响的领域、现金的主观价值和数学认知。而且，她在信用卡行业有丰富的工作经验。

Anjolein Schmeits，金融学助理教授，研究专长为公司金融、金融中介和银行学、公司治理、信息经济和金融合同。

Philipp Schnabl，金融学副教授，研究专长为公司金融、金融中介和银行学。

Kermit Schoenholtz，金融学兼职教授，研究专长为金融市场、货币政策和宏观经济学。

Or Shachar，金融学博士生，研究方向为信用风险、金融机构监管和金融计量。

George David Smith，经济学助理教授、兰格恩计划的国际商务和学术主任，研究专长为公司战略和结构、金融监管和金融市场发展史。

Roy C. Smith，肯尼斯朗格尼企业学和金融学教授，研究专长为国际银行和国际金融、企业金融和机构投资实践、职业操守和职业道德。

Marti G. Subrahmanyam，查理斯 E. 梅瑞尔金融学和经济学教授，研究专长为公司证券的评估、期权和期货市场、资产定价（特别是与流动性、市场宏观结构、利率期限结构条款和固定收益市场有关）、家族企业和实物期权定价。

Richard Sylla，亨利考夫曼金融机构和金融市场史教授、经济学教授，研究专长为货币史、银行学和金融学。

Stijn Van Nieuwerburgh，金融学副教授，研究专长为金融学、宏观经济学、一般均衡资产定价、宏观经济中的房地产定位。

Paul A. Wachtel，经济学教授，研究专长为货币政策、中央银行学、经济转轨中的金融领域改革。

Ingo Walter，西摩米尔斯坦金融学、公司治理和伦理学教授，最近的研究重点是全球金融服务业的产业组织和竞争力绩效。

Lawrence J. White，Arthur E. Imperatore 经济学教授，研究专长为金融中介的监管。

Robert F. Whitelaw，爱德华 C. 约翰企业金融学教授，研究专长为市场效率、股票收益、股票和债券市场的风险与收益预测，对冲和风险管理。